São Paulo na disputa pelo passado

SERVIÇO SOCIAL DO COMÉRCIO
Administração Regional no Estado de São Paulo

Presidente do Conselho Regional
Abram Szajman
Diretor Regional
Danilo Santos de Miranda

Conselho Editorial
Áurea Leszczynski Vieira Gonçalves
Rosana Paulo da Cunha
Marta Raquel Colabone
Jackson Andrade de Matos

Edições Sesc São Paulo
Gerente Iã Paulo Ribeiro
Gerente adjunta Isabel M. M. Alexandre
Coordenação editorial Cristianne Lameirinha, Clívia Ramiro, Francis Manzoni, Jefferson Alves de Lima
Produção editorial Maria Elaine Andreoti, Thiago Lins
Coordenação gráfica Katia Verissimo
Produção gráfica Fabio Pinotti, Ricardo Kawazu
Coordenação de comunicação Bruna Zarnoviec Daniel

Biblioteca Brasiliana Guita e José *Mindlin*

UNIVERSIDADE DE SÃO PAULO

Reitor Carlos Gilberto Carlotti Junior
Vice-reitora Maria Arminda do Nascimento Arruda

Pró-Reitoria de Cultura e Extensão Universitária
Pró-reitora Marli Quadros Leite
Pró-reitor adjunto Hussam El Dine Zaher

Biblioteca Brasiliana
Guita e José Mindlin
Diretor Alexandre Macchione Saes

Publicações BBM
Editor Plinio Martins Filho
Editora assistente Amanda Fujii e Millena Santana

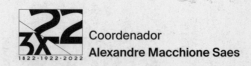

Coordenador
Alexandre Macchione Saes

Edições Sesc São Paulo
Rua Serra da Bocaina, 570 – 11º andar
03174-000 – São Paulo SP Brasil
Tel.: 11 2607-9400
edicoes@sescsp.org.br
sescsp.org.br/edicoes
/edicoessescsp

Publicações BBM
Biblioteca Brasiliana Guita e José Mindlin
Rua da Biblioteca, 21
Cidade Universitária
05508-065 – São Paulo, SP, Brasil
Tel.: 11 2648-0840
bbm@usp.br

São Paulo na disputa pelo passado

O *Monumento à Independência*, de Ettore Ximenes

Michelli Cristine Scapol Monteiro

© Edições Sesc São Paulo, 2023
© Michelli Cristine Scapol Monteiro, 2023

Direitos reservados e protegidos pela Lei 9.610 de 19.02.1998.
É proibida a reprodução total ou parcial sem autorização, por escrito, das editoras.

Edição	Plinio Martins Filho
Assistência de edição	Amanda Fujii, Mirela de Andrade Cavalcante
Preparação	Camila de Souza Gonçalves,
	Isabelle Costa Silva, Isac Araujo dos Santos,
	Millena Santana Machado
Composição	Amanda Fujii
Projeto gráfico	Estúdio Arquivo
Capa	Ricardo Kawazu
Revisão	Boris Fatigati, Raira Cortes

Ficha catalográfica elaborada pelo
Serviço de Biblioteca e Documentação (SBD) da
Biblioteca Brasiliana Guita e José Mindlin (BBM-USP)

M775s

Monteiro, Michelli Cristine Scapol.
   São Paulo na Disputa pelo Passado: O Monumento à Independência, *de Ettore Ximenes /*
   Michelli Cristine Scapol Monteiro. – 1ª ed. São Paulo: Edições Sesc, 2023.

   404 p. ; 17 x 26 cm. ; il.

ISBN 978-85-9493-236-5

1. Monumento Histórico. 2. Escultura. 3. História Urbana. 4. História do imaginário. 5. Independência do Brasil.
I. Autor. II. Título.

CDD: 725.94

Bibliotecário Resp.: Rodrigo M. Garcia, CRB8ª: SP-007584/O

Sumário

COLEÇÃO 3 VEZES 22 *7*

Modelagens atemporais – Danilo Santos de Miranda *9*

Prefácio – Paulo César Garcez Marins *11*

Introdução *15*

Capítulo 1 Um monumento para São Paulo *35*
- 1.1 A gênese da ideia *36*
- 1.2 Preparativos para o centenário *53*
- 1.3 Entraves e competições *66*

Capítulo 2 Um concurso internacional para um monumento nacional *81*
- 2.1 Exigências e expectativas do edital *82*
- 2.2 Artistas e projetos em debate *98*
- 2.3 Entre a incógnita e a incompletude *105*
- 2.4 Recepções ásperas *114*
- 2.5 Imperfeições *134*
- 2.6 Preferências *149*
- 2.7 Ouvindo o público *184*

Capítulo 3 Um artista internacional para o monumento nacional *195*
- 3.1 Moderno e nacional em questão *196*
- 3.2 Uma escolha controversa *213*
- 3.3 Uma escolha estratégica *248*

Capítulo 4 O monumento, o museu e o parque:
lugar de memória da nação *283*

4.1 O Ipiranga em obras *284*

4.2 As decisões de Ximenes *292*

4.3 O museu e o monumento *317*

4.4 Imprevistos e decepções no Centenário *330*

Considerações finais *359*

Lista de figuras *365*

Fontes consultadas *373*

Referências bibliográficas *389*

Agradecimentos *401*

Sobre a autora *403*

COLEÇÃO 3 VEZES 22

A Biblioteca Brasiliana Guita e José Mindlin – BBM/USP tem a satisfação de apresentar a obra *São Paulo na Disputa pelo Passado: o Monumento à Independência de Ettore Ximenes*, de Michelli Cristine Scapol Monteiro, como parte da COLEÇÃO 3 VEZES 22, que reúne, entre outros, os trabalhos vencedores do Prêmio teses e dissertações sobre o bicentenário da Independência do Brasil.

O Projeto 3 VEZES 22, constituído a partir do Conselho Deliberativo da BBM/USP em 2017, tem como objetivo precípuo a produção e disseminação de conhecimento em torno dos temas do bicentenário da Independência, do centenário da Semana de Arte Moderna e dos desafios de nosso tempo. Isto é, por meio do cruzamento dos "três" 22 – 1822, 1922 e 2022 –, o projeto estimula a reflexão de conceitos norteadores de nossa formação nacional, tais como os de soberania e modernidade, para tentar responder as provocativas questões lançadas sobre nossa sociedade no contexto das celebrações do bicentenário de 1822 e do centenário de 1922: o que comemorar?; por que comemorar?; e, como comemorar?

Os trabalhos premiados para compor a COLEÇÃO 3 VEZES 22 refletem o vigor de nossa produção acadêmica contemporânea. Ao explorar novas temáticas, dimensões de análise e fontes de pesquisa, como também iluminar novos personagens, eventos e narrativas, as obras da presente coleção problematizam as versões canônicas de nossa história, desafiam interpretações tradicionais sobre a constituição da sociedade brasileira e abrem novos horizontes para pensarmos o futuro do país.

A Biblioteca Brasiliana Guita e José Mindlin agradece o inestimável trabalho da comissão avaliadora das teses e dissertações sobre a temática da Independência, de trabalhos defendidos entre 2014 e 2018, composta pelos professores João Paulo Pimenta, Cecilia Helena de Salles Oliveira, Iris Kantor e Alexandre Macchione Saes.

Ao reiterar uma de suas principais finalidades – a de promover e disseminar estudos de assuntos brasileiros –, a Biblioteca Brasiliana Guita e José Mindlin espera que a COLEÇÃO 3 VEZES 22 possa estimular a permanente reflexão sobre nosso passado, respondendo aos temas e problemas que nos provocam no presente, nos auxiliando na construção de uma sociedade brasileira mais justa, democrática e inclusiva.

A concretização da COLEÇÃO 3 VEZES 22 dependeu do intenso trabalho realizado pelo setor de publicações da BBM/USP, conduzido pelo editor Plinio Martins Filho e pela editora assistente Millena Santana, a quem agradecemos. Em nome da Direção da BBM/USP e da coordenação do Projeto 3 VEZES 22, reconhecemos e agradecemos a entusiasmada iniciativa e o decisivo comprometimento de Jacques Marcovitch com todas as atividades desenvolvidas pelo projeto.

Boa leitura.

ALEXANDRE MACCHIONE SAES
Coordenador do Projeto 3 vezes 22
Biblioteca Brasiliana Guita e José Mindlin

Modelagens atemporais

Danilo Santos de Miranda
Diretor do Sesc São Paulo

A palavra *monumento* deriva de um termo latino que descreve a faculdade da memória, o fazer recordar. Num sentido individual, os locais dedicados às pessoas que já não se encontram entre nós consistem no local paradigmático de homenagem e partilha de lembranças entre indivíduos vinculados afetivamente. Nas sociedades históricas, essa intenção rememorativa extrapola o âmbito do indivíduo, relacionando-se às dinâmicas de poder e suas construções narrativas. Nessa articulação, a memória coletiva se espacializa, assume a forma de prédios, esculturas, arcos, dentre outros marcos públicos que, ao responderem às conjunturas temporais que os engendraram, também evidenciam o modo como aquela sociedade considera e trabalha seu passado.

A comemoração do primeiro centenário da Independência do Brasil, ocorrida durante a República Velha, se somou à disputa entre as cidades do Rio de Janeiro, capital do país à época, e São Paulo, que despontava como importante centro comercial e urbano da nação. Conjugava-se a tal conjuntura a chamada política do café com leite, fundamentada na alternância entre as oligarquias paulistas e mineiras no comando da federação. A pesquisa *São Paulo na Disputa pelo Passado: O Monumento à Independência de Ettore Ximenes*, da historiadora Michelli Cristine Scapol Monteiro, investiga as contingências e articulações políticas, artísticas e historiográficas que participaram da construção de um dos lugares de memória de maior relevo para o país. Por meio da leitura a contrapelo dos documentos do período, a pesquisa evidencia que o passado está permanentemente sujeito a ser significado e ressignificado, num processo repleto de intencionalidade.

Considerar tais produções discursivas permite não apenas compreender a história das ideias que compõem a identidade brasileira, mas também fornece ferramentas para a análise crítica do presente e suas contradições, muitas das quais remontam a temporalidades sensivelmente anteriores. Para o Sesc, estimular a divulgação do conhecimento consiste numa ação fundamental, uma vez que a instituição se dedica, desde sua fundação em 1946, a contribuir para a construção de uma sociedade mais igualitária. Dentre as demandas envolvidas em tal estruturação, o fomento das ciências humanas desponta como elemento primordial, pois é somente a partir de uma consciência crítica da sociedade e de seu passado que se viabiliza a formação de pessoas plenamente conscientes das dimensões compreendidas pelo exercício da cidadania.

Prefácio

Paulo César Garcez Marins
Docente do Museu Paulista da USP e dos Programas e Pós-graduação em Arquitetura e Urbanismo da FAU e em Museologia da USP

Ao percorrermos os livros de síntese da arte ocidental do século XIX é frequente, senão onipresente, a presença da escultura *Le Penseur*, de Auguste Rodin, cujo original em gesso é datado de 1880. Sua fundição em bronze em escala maior, em 1904, gerou originais que se espalharam pelo mundo, de Bruxelas e Veneza, de Buenos Aires a São Francisco. Compreendido como uma das criações que inaugura a escultura moderna, amado pela crítica modernista e reverenciado pela historiografia, *O Pensador* não é, entretanto, a mais conhecida escultura francesa do século XIX.

Esse posto é certamente de uma outra obra, concebida a partir de 1871 para ser posicionada na baía de Nova York, onde foi inaugurada em 1886. *La Liberté Éclairant le Monde*, realizada por Auguste Bartholdi, foi um presente da França para comemorar a independência da primeira colônia americana, e, algo paradoxalmente, tornou-se progressivamente um símbolo da cidade de Nova York e dos Estados Unidos da América. A *Estátua da Liberdade* é o mais triunfal exemplo da internacionalização dos artistas franceses durante o século XIX. É também uma evidência de quanto o mercado de trabalho para os artistas europeus, oprimidos pela enorme concorrência em seus países de origem, desdobrava-se para a América, como um horizonte de possibilidades de sucesso.

São Paulo na disputa pelo passado

Este livro de Michelli Cristine Scapol Monteiro, fruto de sua tese de doutorado defendida na Faculdade de Arquitetura e Urbanismo da USP, insere-se no esforço de pesquisadores contemporâneos em compreender como a história da arte, renovada por perspectivas transatlânticas, enlaça-se à história da cultura e das representações para a compreensão dos imaginários nacionais ao longo dos séculos XIX e XX. Voltada ao estudo do *Monumento à Independência*, criação do escultor italiano Ettore Ximenes, a autora dedica-se a compreender o processo de criação da obra, suas vinculações plásticas, a inserção dessa obra na consagração do artista que a concebeu e o impacto de todos esses fatores nas estratégias do governo paulista em monumentalizar o Ipiranga como locus maior da identidade nacional.

Fruto de um concurso internacional do qual participaram 27 projetos concorrentes, o exame do processo de criação do *Monumento à Independência* permite compreendê-lo como um notável exemplo de como as possibilidades de consagração na América eram sedutoras aos artistas estrangeiros, algo que era também fundamental para as intenções políticas do investimento governamental, que pretendia projetar a cidade internacionalmente. Apenas seis das propostas eram provenientes de artistas atuantes no Brasil, e só uma delas composta exclusivamente por nacionais. Além de artistas estrangeiros migrados ou residentes no Brasil, o concurso atraiu artistas italianos, espanhóis, franceses, argentinos, além de propostas vindas de Uruguai, Estados Unidos, Dinamarca e Suíça. A autora recuperou os debates em torno das propostas apresentadas, que constituíram, aliás, uma instância julgadora informal, a qual não faltou o humor ácido das caricaturas. Essa arena envolveu inclusive os veículos de imprensa fundada por imigrantes, que se posicionavam a favor dos artistas de seus países de origem e escarneciam os outros concorrentes.

O grande vencedor, Ettore Ximenes, tem sua carreira internacional examinada detidamente por Michelli Scapol Monteiro, procedimento que revelou seu evidente empenho em conquistar projetos em Buenos Aires, Nova York, Washington, Kishinev e Kiev. Para ele, como para incontáveis artistas de sua geração, o triunfo de Bartholdi nos Estado Unidos era certamente um farol que estimulava a construção de sua carreira no exterior, algo que também era capaz de alavancar mais encomendas em seu país de origem. Para alcançar esse intento, a autora aponta que Ximenes era certamente um agente consciente de seus próprios capitais profissionais ao se lançar em concorrências, visto que foi um dos artistas a decorar o maior marco arquitetônico da Roma do *Risorgimento* – o imenso *Monu-*

Prefácio

mento a Vittorio Emanuele II, inaugurado na Piazza Venezia em 1911. Ximenes oferecia ao júri do concurso uma carreira com vitórias dos dois lados do Atlântico, mas certamente almejava ser o autor do altar da pátria no Ipiranga, um símbolo para o país que ali comemoraria seu centenário de criação.

Tal equação de mútuos interesses, embasada nas estratégias de consagração que interessava ao artista e aos patrocinadores, leva a autora a inserir sua abordagem também na esfera da história urbana e da história política. A monumentalização do Ipiranga para as comemorações do Centenário de 1922 – que envolvia, além do *Monumento*, a abertura de uma avenida, a criação de um parque, de um jardim de traços franceses e a ampla renovação do Museu Paulista – foi a principal aposta das elites paulistas para disputar o palco das comemorações com a então capital brasileira, o Rio Janeiro. Com o governo central, sob a presidência de Epitácio Pessoa, capitaneando no Rio os festejos por meio da Exposição Nacional do Centenário da Independência, cabia aos políticos do Partido Republicano Paulista uma celebração à altura, por meio da construção da maior operação urbanística ocorrida na cidade de São Paulo até então.

Michelli Scapol Monteiro aponta como a escolha do monumento que Ximenes propusera no concurso, muito maior do que qualquer outro existente até então no país, sinalizava a ambição política de projetar simbolicamente São Paulo como berço da nação. A autora percorre as longas negociações para a realização, que envolveram tanto alterações sugeridas pela comissão julgadora quanto os graves percalços financeiros que acabaram por frustrar as apostas do governo paulista nas disputas memoriais com o Rio de Janeiro.

Numa cidade em que, atualmente, aponta-se como core simbólico o Parque Ibirapuera, com os sucessivos, e hoje polêmicos, monumentos escultóricos e arquitetônicos entregues em torno do quarto centenário da cidade, há um relativo esquecimento do papel a que se destinou o Ipiranga três décadas antes. Este livro renova nosso olhar sobre o mais amplo parque paulistano de então, o da Independência, que deveria abrigar o maior monumento escultórico do país e ser, ainda, o local da consagração final de Ximenes na América. Sua vitória, aliás, era também a de milhares de imigrantes italianos que habitavam a capital paulista e viam em seu compatriota a certificação da grandeza da Itália natal de que se orgulhavam mesmo já estando estabelecidos na nova pátria.

Baseado em extensas pesquisas no Brasil e na Itália, que honraram os fomentos concedidos à autora pela Fundação de Amparo à Pesquisa do Estado de São

Paulo, este livro é uma imensa contribuição à história da cultura material brasileira, aqui compreendida necessariamente como uma ponte entre mundos, entre as expectativas e ambições que se encontravam no Ipiranga. É também um novo fôlego às perspectivas interpretativas voltadas à produção escultórica de tradição clássica, que envolveu tanto os artistas oriundos da Academia de Belas Artes sediada no Rio de Janeiro quanto os incontáveis e ainda pouco conhecidos artistas estrangeiros que passaram por nosso país ou nele se fixaram definitivamente.

Lembro, por fim, que o *Monumento à Independência* integra a memória dos milhões de brasileiros que, ao longo dos últimos cem anos, visitaram o Ipiranga. Tal magnitude não é, entretanto, espelhada na historiografia brasileira. Se essa relativa obscuridade do monumento ainda persiste, em visadas intelectuais tradicionalmente mais interessadas na produção modernista de Brecheret, ou nas rupturas de Maria Martins, Bruno Giorgi, Alfredo Ceschiatti, Lygia Clark, Amílcar de Castro e Sergio Camargo, este livro incontornável de Michelli Scapol Monteiro o recoloca nos debates internacionais sobre trajetórias artísticas e nas batalhas memoriais em que São Paulo foi lançada há um século.

Introdução

O Centenário da Independência do Brasil esteve envolto em grandes expectativas em São Paulo, uma vez que as suas elites intelectuais e políticas queriam destacar o protagonismo do estado frente ao evento ocorrido cem anos antes. Alegavam serem suas as responsabilidades pelo "alvorecer" da pátria brasileira e, por isso, as festas comemorativas tornaram-se o momento ideal para garantir a reivindicada centralidade simbólica da capital paulista. Para tanto, propuseram erguer o *Monumento à Independência*, exatamente às margens do Ipiranga. O conjunto escultórico deveria ser de grandes proporções, utilizar o granito e o bronze, e conformar, em suas esculturas e altos-relevos, diversos episódios e personagens relacionados ao processo de emancipação política brasileira. Ansiosos por se inserir na voga de se erguer esculturas com a função de construir identidades nacionais, os dirigentes paulistas pretendiam, com esse monumento, destacar o estado e a cidade de São Paulo por meio da notoriedade da obra, bem como pelo seu poder de evocar o passado e delinear contornos de uma idealização de nação na qual os paulistas tinham papel decisivo.

Anne-Marie Thiesse, em seu estudo sobre a criação das identidades nacionais na Europa, sinaliza que a ideia de nação foi praticada ao longo do século XIX como uma grande comunidade, unida por laços que não se restringiam à sujeição a um mesmo soberano, nem ao pertencimento a uma mesma religião ou a um mesmo estrato social. Pertencer a uma nação era se tornar herdeiro de patrimônio comum e indivisível, que deveria ser conhecido e reverenciado. O processo de formação identitária consistia, portanto, em determinar o patrimônio de cada nação e difundir o seu culto. Nesse sentido, não era suficiente inventariar heranças, mas também inventá-las. Mesmo que o resultado da fabricação coletiva das identidades nacionais não tivesse um molde único, existiam conjuntos de procedimentos necessários à sua elaboração, dentre os quais é possível citar a difusão de uma história contínua desde os grandes ancestrais, o estabelecimento de um panteão de heróis capazes de desempenhar o modelo das virtudes nacionais, a obrigatoriedade de uma língua, as representações oficiais (como o hino e a bandeira), a preservação de monumentos antigos e a construção de novos símbolos materiais, como os conjuntos escultóricos[1].

Adolpho Pinto, engenheiro que participou de diversas obras de "melhoramentos" da cidade de São Paulo, aponta o início da "existência nacional" brasileira como o 7 de setembro de 1822, ocorrido em solo paulista. Sugere também que a primeira iniciativa para as comemorações era a criação de um monumento para perpetuar a memória do "fausto acontecimento". Assim, o conjunto escultórico serviria de suporte para a criação de uma identidade coletiva com uma evidente intenção pedagógica, de maneira análoga ao que ocorrera em diversos países ocidentais desde meados do século XIX. Como demonstrou Maurice Agulhon[2] em seus trabalhos sobre a experiência francesa, a estatuária pública foi muito utilizada como propaganda política e se constituiu como um importante elemento da decoração urbana. Na França, o uso de esculturas em logradouros públicos vinha crescendo desde o Segundo Império, de modo a ornamentar pontos de conexão da rede urbana e as praças e parques abertos na cidade. Contudo, foi sobretudo durante a Terceira República que o movimento de multiplicação de estátuas, bustos e marcos na cidade acentuou-se, no que passou a ser conhecido como *statuomanie*. Os dirigentes republicanos franceses tinham uma intenção pedagógica de impregnar as massas dos sentimentos patrióticos que eles haviam elegido, promovendo a autoafirmação do regime republicano por diversos suportes

---

1. Anne-Marie Thiesse, *La Création des Identités Nationales: Europe XVIIIᵉ-XXᵉ Siècle,* Paris, Editions du Seuil, 1999.
2. Maurice Agulhon, *Histoire Vagabonde*, Paris, Gallimard, 1988.

Introdução

memoriais de caráter identitário, um amplo leque de evocações do passado que Pierre Nora denominou de *lieux de memoire*.

Segundo esse historiador, durante a consolidação da Terceira República francesa, houve a prática de se criar "lugares" em que a memória dos novos regimes e das novas experiências espaciais cada vez mais urbanizadas pudesse se cristalizar, substituindo o que ele denominou de "ambientes de memória", em que se dava a transmissão das práticas cotidianas tradicionais[3]. Os "lugares de memória" (*lieux de memoire*) seriam então os objetos, lugares e práticas (como as comemorações) portadores da tradição francesa, oficializada pelo Estado como memória mimetizada à história. Nora, na obra monumental que coordenou em torno do Bicentenário da Revolução Francesa, se propõe a descontruir os materiais e os mecanismos da operação historiográfica e rever os elos entre história e memória, analisando não os acontecimentos em si mesmos, mas a sua construção no tempo, a transformação de seus significados e as reelaborações do passado, observando como as novas práticas de memória se constituiram, e foram socialmente apropriadas e transmitidas.

Antoine Prost[4] dedicou-se especificamente ao estudo dos monumentos escultóricos como "lugar de memória", focalizando a voga de construção de homenagens aos mortos em guerra. Ele analisou a origem dessas obras escultóricas, detendo-se nos agentes que as teriam promovido, no contexto em que foram propostas e nos meios para obtenção de patrocínio para a sua edificação. Examinou os significados dos monumentos a partir da observação da sua localização, da sua natureza e de inscrições que pudessem conter. Mostrou também a importância de não se deter à materialidade da obra, mas também observar a história do monumento, ou seja, as alterações que sofreu e que lhe atribuíram novos significados. Os monumentos aos mortos são evidenciados como objetos de um culto republicano, importantes para se estabelecer vínculos entre os valores por eles difundidos e os cidadãos.

Thiesse alerta para o fato de que a nação nasce de um postulado e de uma invenção, contudo ela só vive pela adesão coletiva a essa ficção. O sentimento nacional só é espontâneo quando está perfeitamente interiorizado e para isso é

3. Pierre Nora e Charles-Robert Ageron, *Les Lieux des Mémoires – La Nation*, Paris, Gallimard, 1982, vol. 1.
4. Antoine Prost, "Les Monuments aux Morts: Culte Républicain? Culte Civique? Culte Patriotique?", em Pierre Nora e Charles-Robert Ageron, *Les Lieux des Mémoires – La Nation*, pp. 195-225, vol. 1.

necessário primeiramente ser ensinado. Nesse sentido, a *statuomanie* privilegiava uma *pedagogia da decoração urbana*, que contribuía para o que Eric Hobsbawm chamou de "invenção das tradições", em seu conhecidíssimo ensaio que marcou a interpretação dos símbolos nacionais desde a sua publicação em 1983. Segundo ele, durante o século XIX, grupos sociais, ambientes e contextos sociais novos ou transformados exigiam instrumentos que assegurassem a identidade e coesão social, e que estruturassem as relações sociais. Essa transformação da sociedade exigia novos métodos de governo ou de estabelecimento de alianças, já que os antigos mecanismos de subordinação estavam enfraquecidos nesse novo contexto político em que os súditos haviam se transformado em cidadãos, em que pessoas mantinham relação direta com o Estado, já que suas atividades políticas eram institucionalmente reconhecidas. A invenção das tradições teria êxito na medida em que a sua transmissão conseguisse obter uma sintonia com o público. Dessa maneira, os novos feriados, as cerimônias, os heróis e símbolos só mobilizaram os cidadãos pois obtiveram uma genuína repercussão popular[5]. Festas e monumentos escultóricos passavam, portanto, a formar uma forma binária de rememoração, emprestando sentido de maneira recíproca.

A respeito da "invenção da tradição" na Terceira República francesa, Hobsbawm destaca ainda que três novidades foram particularmente importantes. A primeira delas seria a educação primária, considerada por ele como o equivalente secular da igreja, e que havia sido uma criação deliberada da Terceira República para fazer com que todos os franceses fossem "bons republicanos". A segunda novidade havia sido as cerimônias públicas, sendo a mais importante delas o Dia da Bastilha, que confirmava anualmente a "condição da França como nação de 1789"[6]. Por fim, a terceira teria sido a produção em massa de monumentos públicos. A iniciativa e o custo desses empreendimentos eram questões de âmbito local, e os monumentos escultóricos eram vínculos visíveis entre os eleitores e a nação. Os principais tipos, como havia demonstrado Agulhon em seu texto de 1978[7], eram a imagem da própria República, na figura da Marianne, e as figuras civis que o "patriotismo local escolhia para reverenciar"[8].

5. Eric Hobsbawm, "A Produção em Massa de Tradições: Europa 1870 a 1914", em Eric Hobsbawm e Terence Ranger (orgs.), *A Invenção das Tradições*, 10. ed., São Paulo, Paz e Terra, 2015.
6. *Idem*, p. 342.
7. O texto de Maurice Agulhon intitulado "La Statuomanie et Histoire" foi inicialmente publicado na revista *Ethnologie Française*, n. 3-4, 1978.
8. Eric Hobsbawm, *op. cit.*, pp. 342-344.

Agulhon demonstrara que, na França, a imagem da República esteve associada principalmente a três séries principais de edificações: fachadas de prefeituras, estátuas de grandes homens e monumentos comemorativos de batalhas. A imagem da Pátria republicana se popularizou por meio desses memoriais fúnebres, cujas construções tiveram início logo após a guerra franco-prussiana, intensificando-se na década seguinte, quando a República já estava afirmada. Erguidos em praça pública para que pudessem ser vistos por todos, eles foram rapidamente reputados como monumentos nacionais por excelência[9]. Tal experiência se multiplicou pelos países europeus, na medida em que os nacionalismos se intensificavam, gerando-se em incontáveis cidades os novos panteões de heróis em pedra ou bronze.

Além de seu evidente caráter político, os monumentos escultóricos passaram também por uma imensa intensificação de seu uso como peças de mobiliário urbano, marcando o espaço público, as grandes avenidas, os cruzamentos e as praças surgidas pelas reformas urbanas que se espalhavam no Ocidente seguindo a inspiração parisiense gerada pelas reformas realizadas na gestão do barão Georges-Eugène Haussmann em Paris (1853-1870), durante o Segundo Império francês. A cidade se tornou um modelo de urbe de movimentos e fluxos intensos e rápidos, seja pela constituição de redes viárias organizadas pelos bulevares, seja por meio da proliferação das estradas de ferro ou pelo rápido escoamento das redes de água potável, pluvial e de esgoto. As exigências sanitaristas favoreceram a implantação de parques, passeios, *squares* e avenidas arborizadas, com o objetivo de melhorar a circulação e de contribuir para a melhoria da qualidade do ar, das práticas de lazer e do embelezamento urbano[10]. Em todos esses espaços, os monumentos escultóricos tornaram-se objetos primordiais de decoração e, no mais das vezes, de enaltecimento dos novos heróis nacionais.

Diversas cidades da Europa e da América passaram por reformas inspiradas nesses processos de modernização viária, de ações higienistas, de embelezamento urbano e de pedagogia cívica praticados em Paris. As cidades italianas, que serviram durante séculos de inspiração para as cidades francesas, passavam então a ser impactadas pela era de Haussmann. Como demonstrou Donatella Calabi, a capa-

9. Maurice Agulhon, *Marianne au Pouvoir – L'Imagerie et la Symbolique Républicaines de 1880 a 1914*, Paris, Flammarion, 1989.
10. Antoine Picon, "Racionalidade Técnica e Utopia: a Gênese da Haussamannização", em Heliana Angotti Salgueiro (org.), *Cidades Capitais do Século XIX: Racionalidade, Cosmopolitismo e Transferência de Modelos*, São Paulo, Edusp, 2001.

cidade dos engenheiros de transformar Paris rapidamente, conservando os traços fundamentais de sua fisionomia monumental, foi vista como emblema de modernidade capaz de conciliar o futuro e o passado. Em Roma, a abertura do bairro de Prati di Castello, de 1872, e da Via Nazionale, entre 1871 e 1873, foram dois projetos urbanos oitocentistas realizados sob a inspiração parisiense. Massiminiano Savorra demonstra ainda que o século XIX na Itália também foi marcado pela *monumentomania*[11], já que centenas de monumentos foram erguidos em praças, jardins e ruas, que passaram a receber as evocações de memória promovidas após a unificação de 1861. A nova decoração urbana associava-se à nova nomenclatura das ruas, avenidas e praças, pois onde se construíam monumentos escultóricos aos novos heróis da pátria renascida, mudavam-se frequentemente os nomes das vias a eles associados[12].

Giovanni Villa afirma ainda que para ordenar, plasmar ou reforçar o senso de identidade nacional, e mais tarde para justificar e exaltar as escolhas dolorosas, como as da guerra, as municipalidades não hesitaram em povoar as praças, jardins e lugares panorâmicos com monumentos dedicados preferivelmente aos heróis do *Risorgimento*, aos fatos e eventos que poderiam transmitir à posteridade os "valores" nos quais uma geração havia acreditado, modificando o curso da história. Assim, os centros urbanos italianos foram salpicados com bustos e estátuas, muitas vezes em torno dos quais se reestruturava uma praça, um espaço coletivo, criando pontos de atração e agregação[13]. Ali, como em centenas de cidades europeias e do continente americano, a ideia de nação materializava-se nesses monumentos, ao mesmo tempo em que sua força visual fortalecia e viabilizava a emergência desses mesmo discursos nacionais.

Um processo análogo de interação entre reformas urbanas, construção de nacionalidade e pedagogia cívica por meio de monumentos históricos também ocorreu em diversas cidades brasileiras, mediante a proliferação de estátuas a

---

11. Em italiano, a expressão *statuomanie* é traduzida para *monumentomania*.

12. "'Refazer' o espaço público e embelezar o 'contorno' do monumento era prática obrigatória no quadro de reformas construtivas tanto das grandes quanto das pequenas cidades, assim como representar a modernidade civil mediante a transformação física dos lugares era considerado um aspecto imprescindível na definição da imagem do novo curso político." Massimiliano Savorra, "La Monumentomania e i Concorsi Artistici nell'Italia Unita", em Fabio Mangone, Maria Grazia Tampieri (orgs.), *Architettare l'Unità. Architettura e Istituzioni nelle città della Nuova Italia, Catalogo della Mostra*, (Roma 26 apr.-28 mag. 2011), Napoli, pp. 335-347, 2011.

13. Giovanni Villa, "Scolpire gli Eroi", em Cristina Beltrami, Giovanni Carlo e Frederico Villa, *Scolpire gli Eroi: La Scultura al Servizio della Memoria*, Cinisello Balsamo, Milano, Silvana, 2011, p. 9.

Introdução

partir de meados do século XIX e durante o século XX, mas intensificou-se muito após o início do regime republicano, cujos dirigentes, em suas diferentes facções, estavam ansiosos por enaltecer os personagens que elegiam como heróis da pátria em monumentos escultóricos à semelhança do que se fazia na Europa, nas grandes cidades norte-americanas ou na vizinha Buenos Aires. Essa intensificação, que entretanto jamais chegou à escala da *statuemonie* francesa ou italiana, foi também valorizada pela abertura de novos eixos viários e pela reformulação ou abertura de largos, praças e parques, obras essas que se estenderam das capitais da borracha no Norte às principais cidades nordestinas, à nova capital mineira, a Porto Alegre e, em grande complexidade, ao Rio de Janeiro e a São Paulo.

Sobre a influência francesa na escultura pública brasileira, Paulo Knauss afirma que isso acorre no sentido dos seus usos sociais:

As motivações da escultura ganharam novos horizontes diante do contexto de construção da nação em bases laicas e na ordem do liberalismo político. Assim, a escultura ganhou um sentido cujo formato se definiu em torno da "estatuomania", no fim do século XIX. Desse modo, as estátuas ganharam as ruas e passaram a envolver um movimento de mobilização social que multiplicava os heróis e os eventos da história pátria, fazendo das cidades panteão a céu aberto, mas também retrato da diversidade de leituras da sociedade[14].

O primeiro objeto urbano concebido como monumento, que constituiu um marco na história da imaginária[15] nacional, foi o monumento equestre a D. Pedro I, erguido ainda no Segundo Reinado. Seguindo um procedimento de financiamento comum durante a *statuomanie* francesa, a obra foi erguida por meio de subscrição pública[16]. Foi realizado um concurso internacional em 1855 para escolher o melhor projeto, que teve como vencedor o escultor brasileiro João Maximiano Mafra. Contudo, a execução da obra foi confiada ao artista francês Louis Rochet,

14. Paulo Knauss, "Do Academismo ao Art Déco: Arquitetura e Escultura Pública no Rio de Janeiro", *Revista do Instituto Histórico e Geográfico Brasileiro*, ano 170, n. 444, p. 386, jul.-set. 2009.
15. Segundo Paulo Knauss, a categoria de imaginária é entendida como "coletivo de imagens, que permite extrapolar a dimensão técnica e material da escultura e ao mesmo tempo abarcar o significado das noções de marco e monumento, que se relacionam, respectivamente, à ordem espacial e temporal" (Paulo Knauss, "Introdução", em Paulo Knauss (coord.), *Cidade Vaidosa: Imagens Urbanas do Rio de Janeiro*, Rio de Janeiro, Sette Letras, 1999, p. 7).
16. *Idem, ibidem.*

que havia participado do certame e se classificado em terceiro lugar. A estátua equestre foi erguida na praça da Constituição que, em 1872, foi renomeada, passando a se chamar praça Tiradentes. Durante o Império, D. Pedro I foi visto pelos promotores da estátua como um símbolo capaz de firmar a liberdade do país e garantir a unidade da nação, tornada partícipe do "mundo civilizado", por meio do discurso da independência monárquica. Maria Ribeiro demonstra que a estátua a D. Pedro I, enquanto monumento histórico, pretendia perpetuar um personagem (o imperador), e um acontecimento marco (a Independência), mas também representava implicitamente uma ordem política (a monarquia constitucional)[17].

Foi durante o período republicano, no entanto, que a prática de se erguer estátuas, eleger heróis e instituir ritos e mitos tornou-se mais frequente. José Murilo de Carvalho, em *A Formação das Almas*, evidencia a batalha que existiu em torno da criação de imagens e símbolos do novo regime, que tinha como finalidade atingir o imaginário popular e recriá-los dentro dos valores republicanos[18]. Durante a Primeira República brasileira, além de se substituir a forma de governo, tornou-se imprescindível elaborar um imaginário do novo regime político e ligá-lo à definição de uma nação brasileira. O conceito de imaginário, caro a autores como Bronislaw Baczko, voltado ao processo de formação de identidades coletivas, como são as de caráter nacional, é compreendido aqui como a esfera de projeções imagéticas, inclusive visuais, de um sistema de significações. Não deve ser tomado como a negação do real, uma forma de sua inversão, uma ideologia, mas como parte da própria experiência social, que por meio de representações institui-se imaginariamente, como quer Baczko, por meio de um sistema de ideias imagens, que organizam e hierarquizam a vida social, ou seja, por meio de uma *imaginação social*. Segundo esse autor, todo poder, sobretudo o político, precisa estruturar-se por meio de representações coletivas, já que o imaginário e o simbólico são dimensões centrais para sua estabilização. O imaginário social é, para Baczko, uma peça efetiva e eficaz de controle da vida coletiva e, em especial, do exercício da autoridade e do poder[19].

17. Maria Ribeiro, "Memória em Bronze: Monumento Equestre de D. Pedro I", em Paulo Knauss (coord.), *Cidade Vaidosa: Imagens Urbanas do Rio de Janeiro*, Rio de Janeiro, Sette Letras, 1999.
18. José Murilo de Carvalho, *A Formação das Almas*: O Imaginário da República no Brasil, São Paulo, Companhia das Letras, 1990, pp. 10-11.
19. Bronislaw Baczko, "Imaginário Social", em Ruggiero Romano (org.), *Enciclopédia Einaudi, vol. 5, Anthropos-Homem*, Lisboa, Imprensa Nacional/Casa da Moeda, 1985, pp. 296-332.

Valéria Salgueiro destaca que, para além de uma construção identitária nacional, as lideranças estaduais da Primeira República ergueram monumentos escultóricos que enalteciam os valores regionais na construção nacional e republicana. Para tanto, diversos monumentos escultóricos foram erguidos em pontos de grande visibilidade nas capitais estaduais, numa estreita relação com as obras de reformulação urbana que tentavam emular ali, ainda que muito parcialmente, os modelos urbanísticos franceses de avenidas, parques e praças. Em Porto Alegre, por exemplo, foi erguido o *Monumento a Julio de Castilhos*, membro do partido republicano rio-grandense, que se tornou presidente do estado em 1893 e morreu em 1903, ano em que se decidiu fazer a homenagem ao estadista. A obra foi feita por Décio Villares[20], que procurou ressaltar as qualidades de Castilhos como um grande republicano. O monumento foi inaugurado na praça da Matriz, em Porto Alegre, em 1913, local de onde partia o eixo viário em direção à Avenida Independência, local de residência das elites da cidade. No Rio Grande do Norte, o escultor Bibiano da Silva realizou o *Monumento à Independência,* inaugurado em 1922, na praça Sete de Setembro, em Natal. A obra possui placas em que se destacam D. Pedro I e José Bonifácio e também Frei Miguelinho, um dos revolucionários pernambucanos de 1817, nascido em Natal, além de Antônio José de Melo e Souza, presidente daquele estado entre 1920 e 1924. No topo, uma alegoria da República recebe um potiguar com um ramo na mão, simbolizando a integração do estado à República brasileira. Em 1891, o governo do Pará já havia lançado um concurso para erigir o *Monumento à República* e o projeto escolhido foi o do artista italiano Michele Sansebastiano. A obra foi inaugurada em 1897, na praça da República, em Belém, centro de conexão entre o eixo composto pelas novas vias abertas entre o Ver-o-Peso e o Reduto (a

---

20. Décio Rodrigues Villares foi pintor, escultor e caricaturista, nascido no Rio de Janeiro em 1851. Ingressou na Academia Imperial de Belas Artes (AIBA) em 1868 e, em 1872, a convite de Pedro Américo, seguiu para a Europa, para auxiliar o pintor na execução da *Batalha do Avaí*, relizada em Florença. De lá foi a Paris, pois havia ganhado o prêmio máximo da AIBA, a medalha de ouro, com o quadro *São Gerônimo*, que havia sido pintado em Florença. Foi classificado em primeiro lugar em um concurso para professor na Académie des Veux-Arts de Paris, mas rejeitou o cargo. Na França, aderiu a teses positivistas. Voltou definitivamente para o Brasil em 1881. Esteve envolvido, junto com os artistas Montegro Cordeiro e Aurélio Figueiredo, na elaboração da proposta de reforma do ensino artístico, que acabou não sendo adotada (Valéria Salgueiro, *De Pedra e Bronze: Um Estudo sobre Monumentos. O Monumento a Benjamin Constant*, Niterói, Eduff, 2008, pp. 115-117). Disponível na Enciclopedia Itaú Cultural: <http://enciclopedia.itaucultural.org.br/pessoa21769/decio-villares>. Acesso em: 14 out. 2022.

avenida Assis de Vasconcelos e o boulevard Castilho França) e as avenidas em direção a Nazaré, que abrigavam as residências das elites.

José Murilo de Carvalho, centrando-se principalmente no Rio de Janeiro, analisou os símbolos e heróis que teriam sido objeto de monumentos esculóricos a fim de constituírem um imaginário republicano na então capital do país. Na batalha em torno, por exemplo, da escolha do fundador da República, em que se opunham defensores de Benjamin Constant e Marechal Deodoro da Fonseca, a vertente positivista, que apoiava o primeiro, implantou dois monumentos erguidos na capital federal realizados por artistas cariocas positivistas: o *Monumento a Floriano Peixoto*, feito pelo escultor Eduardo de Sá[21], inaugurado na praça Marechal Floriano (a Cinelândia) em 1910, e o *Monumento a Benjamin Constant*, obra realizada por Décio Villares, que havia sido proposta em 1891, porém só foi realizada e inaugurada em 1925, na praça da República[22]. O *Monumento a Floriano Peixoto* era, evidentemente, uma resposta dos positivistas ao protagonismo das elites paulistas no Rio de Janeiro até 1906, ano do término da gestão Rodrigues Alves. Situado ao lado da avenida Rio Branco, o principal eixo viário do novo centro afrancesado do Rio, o monumento foi colocado no centro da praça em que se situavam o Senado, o Supremo Tribunal Federal, o Teatro Municipal, a Biblioteca Nacional, a Escola Nacional de Belas Artes, além do aguerrido Clube Militar. Tal confronto explicita de maneira exemplar tanto o benefício visual que os monumentos esculóricos passaram a gozar devido às reformas urbanas no Rio, como o caráter contraditório das elites que tentavam inserir na cidade os novos símbolos que deviam nortear a construção da nação sob a égide republicana.

Rodolfo Bernardelli foi o escultor que mais obras fez na vaga monumentalista do Rio republicano[23]. Em 1894, realizou o *Monumento a General Osório*, situado

21. Eduardo Sá foi escultor, pintor e restaurador, nascido no Rio de Janeiro em 1866. Além de ter frequentado aulas particulares de escultura com Rodolfo Bernardelli, estudou entre 1883 e 1886 na Aiba. Em 1888, estudou na Académie Julian, em Paris. *Idem*, pp. 117-119; Disponível na Enciclopédia Itaú Cultural: <http://enciclopedia.itaucultural.org.br/pessoa21771/eduardo-de--sa>. Acesso em: 14 out. 2022.

22. Sobre o monumento ver *idem* e José Murilo de Carvalho, *A Formação das Almas...*, pp. 42-45.

23. José Maria Oscar Rodolfo Bernardeli nasceu na cidade de Guadalajara, no México, em 1852. Mudou-se para o Brasil por volta de 1866 para o Rio Grande do Sul, posteriormente transferindo-se para o Rio de Janeiro, quando seus pais recebem o convite de D. Pedro II para se tornarem preceptores das princesas Isabel e Leopoldina. Rodolfo Bernardelli estudou escultura com Chaves Pinheiro e ingressou na Aiba. Em 1876 recebeu o Prêmio de Viagem, tornando-se pensionista do imperador em Roma entre 1877 e 1882. Lá foi aluno de Achille d'Orsi e Giulio Monteverde. Ao retornar ao Brasil, em 1855, tornou-se professor de escultura da Aiba, subs-

Introdução

na praça XV de Novembro, o antigo largo do Paço, outra homenagem aos chefes militares do país. Em 1897 foi inaugurado o seu *Monumento a José de Alencar*, no bairro do Flamengo. Em agosto de 1899, no Largo do Machado, o artista implantou o *Monumento a Duque de Caxias*, obra que foi transferida para a avenida Presidente Vargas em 1949, no local em que foi construído um mausoléu para o general[24]. Durante o contexto de comemorações do centenário da descoberta do Brasil, foi inaugurado, no largo da Glória, o seu *Monumento ao Descobrimento do Brasil*, que rende homenagem a Pedro Álvares Cabral, frei Henrique Coimbra e Pero Vaz de Caminha. Em 1903, Bernardelli inaugurou o *Monumento ao Visconde de Mauá*, inicialmente instalado na praça Mauá[25]. Além dos monumentos feitos por Bernardelli, é possível citar ainda a estátua do Almirante Barroso, feita por José Octavio Correia Lima, em 1909, localizada na praça Paris[26], e o monumento a Tiradentes, de 1926, obra realizada pelo escultor Francisco Andrade que foi colocada em frente ao Palácio Tiradentes, que abrigava a Câmara de Deputados nacional[27]. Tais exemplos, retirados de um rol muito maior de obras erguidas na Primeira República e ainda muito pouco estudadas, dotaram o Rio de Janeiro de monumentos capazes de embelezá-lo de acordo com os padrões artísticos europeus ao mesmo tempo em que criava um panteão público de heróis reconhecível pela população da capital.

São Paulo, que já se tornara a segunda maior cidade do país a partir da primeira década republicana, também se inseriu na prática de construção de monumentos escultóricos em lugares de grande visibilidade. Nas primeiras décadas do século XX, na gestão do prefeito Antônio Prado, realizou-se o que Hugo Segawa chamou de "uma discreta, mas transformadora cirurgia dentro do Triângulo"[28],

---

tituindo Chaves Pinheiro. Entre 1890 e 1915, tornou-se o primeiro diretor da recém-instituída Escola Nacional de Belas Artes. Foi considerado um dos reformadores do ensino artístico no Brasil (*Enciclopédia Itaú Cultural*). Disponível em: <http://enciclopedia.itaucultural.org.br/pessoa22066/rodolfo-bernardelli>. Acesso em: 14 out. 2022. Tadeu Chiarelli, "Rodolfo Bernardelli", *Skultura*, n. 31, pp. 3-5, jun.-set. 1990.

24. Paulo Knauss, "Do Academismo ao Art Déco: Arquitetura e Escultura Pública no Rio de Janeiro", *Revista do Instituto Histórico e Geográfico Brasileiro*, ano 170, n. 444, pp. 379-391, jul.-set. 2009.

25. Essa obra foi depois transferida parcialmente para a rua da Candelária.

26. Célia de Assis e Frederico Morais, *Monumentos Urbanos: Obras de Arte na Cidade do Rio de Janeiro*, São Paulo, Prêmio Editorial, 1999.

27. José Murilo de Carvalho, *A Formação das Almas: O Imaginário da República no Brasil*, São Paulo, Companhia das Letras, 2017.

28. Hugo Segawa, "São Paulo, Veios e Fluxos: 1872-1954", em Paulo Porta, *História da Cidade de São Paulo*, v. 3: *A Cidade da Primeira Metade do Século XX*, São Paulo, Paz e Terra, 2004, p. 372

já que foram empreendidos alinhamentos de ruas, viadutos foram construídos e praças foram ajardinadas. Apesar de serem quase simultâneas, o autor afirma que as intervenções urbanísticas de Antonio Prado diferiam das realizadas no Rio de Janeiro, já que o governo paulistano não promoveu uma grande reestruturação da cidade, mas realizou intervenções pontuais, que constituíram uma etapa preparatória para instaurar os primeiros debates de natureza urbanística em São Paulo.

Se no Rio de Janeiro a vaga escultórica foi feita principalmente por artistas nacionais, ligados à Escola Nacional de Belas Artes, em São Paulo os monumentos foram feitos sobretudo por artistas estrangeiros, notadamente italianos. O primeiro concurso realizado na cidade foi para erigir o monumento *Glória Imortal aos Fundadores de São Paulo*, cujo edital data de 1909 e teve como vencedor o artista italiano Amadeo Zani. Contudo, a obra foi inaugurada somente em 1925, no largo do Pátio do Colégio[29]. Desse mesmo artista, foi erguido em 1907 o *Monumento a Alvares de Azevedo*, na praça da República, e o *Monumento a Giuseppe Verdi*, em 1921, na praça Verdi[30]. Em 1910, inaugurou-se *Monumento a Giuseppe Garibaldi*, do italiano Emilio Gallori, na praça da Luz. O seu compatriota Luigi Brizzolara fez o *Monumento a Carlos Gomes*, inaugurado em 1922, na praça Ramos de Azevedo, além da estátua de *Anhanguera*, em 1924, nos jardins do Palácio de Campos Elíseos[31]. Em 1929, o também italiano Galileo Emendabili fez o *Monumento ao Doutor Luís Pereira Barreto*, na praça Marechal Deodoro. No mesmo ano, Ottone Zorlini inaugurou *Heróis da Travessia do Atlântico*, na avenida De Pinedo[32].

A Itália pós Ressurgimento permanecia como um dos dois polos da produção escultórica europeia mais relevantes, disputando com a França uma primazia como centro de formação artística e sobretudo de mercado de monumentos pú-

---

(N.E.: Todas as citações diretas do presente livro foram atualizadas segundo as normas do Novo Acordo Ortográfico de 1990).

29. Sobre o monumento, ver Ana Rita Uhle, "Operários da Memória: Artistas Escultores do Início do Século XX e o Concurso do Monumento Glória Imortal aos Fundadores de São Paulo", *Anais do Museu Paulista*, v. 23, n. 2, pp. 139-163, dez. 2015. Disponível em: <http://dx.doi.org/10.1590/1982-02672015v23n0205>. Acesso em: 4 jan. 2023.

30. Em 1948, a obra foi transferida para a o Anhangabaú. Inventário de obras de arte em logradouros públicos da cidade de São Paulo, p. 17. Disponível em <http://www.prefeitura.sp.gov.br/cidade/upload/Inventario_de_Esculturas_1261586685.pdf>. Acesso em out. 2022.

31. Desde 1935, a estátua encontra-se na avenida Paulista. Inventário de obras de arte em logradouros públicos da cidade de São Paulo, p. 43. Disponível em: <http://www.prefeitura.sp.gov.br/cidade/upload/Inventario_de_Esculturas_1261586685.pdf >. Acesso em out. 2022.

32. Desde 1987, o monumento encontra-se na praça Nossa Senhora do Brasil.

blicos, cujas áreas de impacto se estendiam para outros países europeus e para a América. Por isso, desde as últimas décadas do século XIX, houve um volumoso fluxo de obras e artistas italianos para diversos países, principalmente para aqueles do continente americano.

Estudos italianos recentes, como o de Luca Bochicchio, demonstram a importância da América para o mercado da escultura italiana dos séculos XIX e XX. Segundo o autor, a quantidade e qualidade de obras italianas desse período em países estrangeiros é maior que a das existentes na Itália. Além disso, ele aponta o fato da arte italiana não se impor ao contexto urbano e social desses países de maneira rígida e uniforme:

[...] na realidade testemunha-se um fenômeno histórico que não corresponde à simples "transferência" de modelos, de estilo e de materiais da escultura italiana a um outro país. Isso vale tanto para a estatutária religiosa "popular" realizada pelos italianos em Quebec como para os grandes monumentos urbanos e funerários da Argentina e do Brasil. Todas essas obras transmitem e documentam o influxo do espaço, da cultura, dos encomendantes e dos materiais típicos dos diversos lugares[33].

Bochicchio demonstra, assim, como essa relação entre Itália e países americanos não é uma via de mão única, em que os modelos europeus são transpostos para o Novo Mundo. Ao contrário, há uma união das referências culturais italianas aos valores adquiridos nos novos países. Essa exportação de esculturas e escultores configurou, portanto, um aspecto singular e de grande relevância para a arte italiana do século XIX. Muitos artistas viajaram para o Novo Mundo a fim de aproveitar o lucrativo mercado americano e realizar monumentos de visibilidade capazes de lhes garantir prestígio internacional. Para compreender a história da arte europeia da virada do século é imprescindível, portanto, ultrapassar os limites da Europa e perceber esse mercado de arte dilatado, que mantém profundas e fundamentais conexões com os países americanos.

Outro aspecto a ser destacado é que monumentos de características acadêmicas marcaram a produção escultórica italiana antes da Primeira Guerra Mundial e portanto, não eram vistos como ultrapassados nas primeiras décadas do século

---

33. Lucca Bochicchio, *La Scultura Italiana nelle Americhe fra '800 e '900. Studio di un Modello generale di Diffusione in America Latina*, Tese de Doutorado, Università di Genova, 2011. (Tradução nossa).

XX. Ao contrário, eram muito oportunos para serem utilizados na representação do herói. Valéria Salgueiro afirma que, apesar desse período ter sido marcado pelo questionamento das bases em que a arte estava assentada, havendo a busca por expressões mais modernas, principalmente na pintura, os monumentos públicos permaneceram conservadores em estilo, técnica e tema. Por sua relação com o jogo político e a sua associação a assuntos oficiais, o conservadorismo formal do monumento público continuava prevalecendo sobre as aspirações mais audaciosas:

> O estilo acadêmico e oficial da escultura em geral também foi posto em xeque, mas no campo da escultura pública foi diferente, com menor furor. É que na escultura voltada para os espaços públicos as convenções até então prevalecentes estavam tão firmemente consolidadas no gosto público de classe média e nos critérios dos comitês pró-monumento que uma renovação a partir de novas fontes figurativas tornava-se de recepção mais difícil[34].

Tendo em vista as pretensões de constituir um imaginário social, a recepção da obra pelo público, a sua assimilação e a sua relação afetiva eram aspectos fundamentais. Ademais, era certamente desejo das elites dirigentes paulistas ter um grande monumento público de estilo clássico, que seguisse as regras da Academia francesa e italiana, feito por um artista filiado à "tradição do belo" e de prestígio internacional, tal como se mostrava o projeto ganhador no concurso de projetos para o *Monumento à Independência* a ser erguido em São Paulo para as comemorações do Centenário de 1922, de autoria de Ettore Ximenes. Erguer essa obra seria uma oportunidade de inserir o Brasil na produção escultórica acadêmica internacional, tal como acontecia com países vizinhos, como Argentina, Chile e Cuba. Além disso, uma escolha de um artista internacional como Ximenes faria São Paulo se destacar diante da proliferação de monumentos que estavam sendo erguidos no Rio de Janeiro por artistas nacionais sem qualquer visibilidade no exterior.

O ano de 1922 revestira-se, assim, de grande importância para a conquista desse espaço simbólico pelos paulistas. Contrapondo-se à ideia do Rio de Janeiro como principal polo irradiador de civilização, modernidade e tradição para todo o país, as elites dirigentes de São Paulo utilizaram-se das comemorações do Centenário da Independência para reivindicar uma posição de destaque, justa-

---

34. Valéria Salgueiro, *De Pedra e Bronze...*, p. 79.

mente por ter sido no território da capital paulista que o afamado grito de Independência fora proferido. Buscava-se, assim, determinar um novo *locus* produtor da identidade nacional, capaz de alçar a cidade de São Paulo a um patamar de concorrência direta com a centralidade simbólica do Rio de Janeiro. A escolha de Ximenes, como se quer demonstrar nesta obra, foi parte essencial deste processo.

Em nenhum outro estado brasileiro, nem mesmo na capital do país, houve um projeto de monumento tão pretensioso e grandioso quanto o do *Monumento à Independência*. E é indispensável notar que os grandes monumentos erguidos nos países americanos eram, via de regra, construídos nas capitais nacionais, como Buenos Aires, Santiago e Havana. Uma exceção é a cidade de Nova York, nos Estados Unidos, que é portadora do grande símbolo norte-americano, a Estátua da Liberdade, projetada pelo escultor francês Fréderic-Auguste Bartholdi e inaugurada em 28 de outubro de 1886. A pretensão dos paulistas era, portanto, erguer na cidade de São Paulo o maior e mais conhecido monumento escultórico brasileiro, que deveria ser capaz de rivalizar com a primazia simbólica carioca e disputar com essa cidade a condição de sede das comemorações do Centenário da Independência. Como indicou Nicolau Sevcenko, utilizava-se do fato da Independência ter sido proclamada no território paulista para que se pudesse demonstrar o sentido fundamental que São Paulo teria no contexto da Federação, como sendo aquele estado que, desde o início de sua história, continha já todas as forças reunidas para liderar o conjunto do país e, graças a seu impulso e energia, conduzi-lo ao seu destino de grande civilização[35].

Erguer o maior monumento brasileiro, às margens do riacho do Ipiranga, com um relevo frontal em bronze que mantinha uma relação com a conhecidíssima tela *Independência ou Morte,* de Pedro Américo, era um meio de cristalizar essa memória. A transformação da colina em "lugar de memória" era uma maneira, portanto, de fazer com que o senso de continuidade histórica fosse assegurado.

Para destacar a obra escultórica e o museu histórico, além de agregar características modernas à cidade, o projeto paulista previa uma reformulação urbana. A proposta era a abertura da atual avenida D. Pedro I (então denominada Avenida da Independência), que criaria um eixo monumental, aos moldes da *Avenue des Champs-Élysées*, que daria visibilidade ao "lugar sagrado", conectando-o ao centro

---

35. Nicolau Sevcenko, "Museu Paulista: História, Mito e Crítica", em Ulpiano Bezerra de Meneses (org.), *Às Margens do Ipiranga: 1890-1990*, São Paulo, Museu Paulista – USP, 1990.

da cidade, a partir da avenida do Estado. Inserido em uma paisagem urbana nova e monumental, o conjunto escultórico passaria a cumprir a sua função pedagógica, juntamente com o museu, petrificando uma memória sobre a independência do país, amplamente visível na cidade.

O ano de 1922, como marco temporal e identitário para a cidade de São Paulo e para o país, tem sido discutido por diversos pesquisadores, que procuram relativizar o peso da Semana de Arte Moderna e realçar a importância da Exposição Internacional do Rio de Janeiro. Como demonstrou Ana Paula Cavalcanti Simioni, a concepção enaltecedora do modernismo (e da Semana de 22), entendido como um movimento predominantemente paulista, foi defendida inicialmente pelos seus protagonistas, como Mario de Andrade, sendo reiterada ao longo dos anos por pesquisas realizadas no interior do sistema universitário[36]. Paulo Herkenhoff alerta para a manobra política realizada de centrar o debate do modernismo nas artes visuais e reduzi-lo à ênfase simbólica do "semanismo". Para ele,

1922 é um ano sem arte moderna no Brasil. O paradoxo é que no ano da Semana de Arte Moderna não havia nenhum artista moderno em São Paulo que merecesse tal classificação sob o ângulo do "modernismo", isto é, do ideário da Semana de Arte Moderna. 1922 foi um ano magro[37].

Além disso, a Semana de Arte Moderna de São Paulo foi um evento pequeno e de impacto insignificante na imprensa de então se comparado à Exposição Internacional do Rio de Janeiro e ao projeto de transformação da colina do Ipiranga, que tinha como ponto fulcral a construção do *Monumento à Independência*. Por muito tempo os estudos privilegiaram as obras modernistas como expressão de ruptura e modernidade, relegando a segundo plano a arte acadêmica e seus artistas, o que inclui o gigantesco *Monumento à Independência* e também o seu autor, o italiano Ettore Ximenes. Até mesmo seu conterrâneo, Pietro Maria Bardi, que escreveu um livro dedicado à escultura brasileira[38], não faz menção a Ximenes nem

36. Ana Paula Cavalcanti Simioni, "Modernismo Brasileiro: Entre a Consagração e a Contestação", *Perspective: Actualité en Histoire de l'Art*, n. 2, pp. 1-17, 2013.
37. Paulo Herkenhoff, *Arte Brasileira na Coleção Fadel: Da Inquietação do Moderno à Autonomia da Linguagem*, Rio de Janeiro, Andrea Jakobsson Estúdio, p. 30.
38. Pietro Maria Bardi, *Em Torno da Escultura no Brasil*, São Paulo, Banco Sudameris Brasil, 1989.

Introdução

a sua obra. Limita-se, em outro livro[39], a citar Mário de Andrade e fazer menção às controvérsias ensejadas pelo concurso, afirmando que

[...] tudo se tornou caso de concursos, encomendas, intervenções de "padrinhos", polêmicas, sendo a mais interessante a de Mário de Andrade por ocasião do monumento do Ipiranga, que pode mostrar o relevo que São Paulo dava às artes numa época de sensacionalismos, vitórias e derrotas de inúmeros participantes daquele concurso, com decisão de júri, repercussão da iniciativa e outras consequências[40].

Na visão de Bardi, o Brasil "humilhava-se" com a incansável "importação da Europa" dos modelos artísticos. Para ele, os únicos artistas que mereciam destaque eram Lasar Segall e Victor Brecheret, justamente por terem enfrentado a "hostilidade" ao realizar obras de inspiração, numa *época em que propor novidade em São Paulo soava até como provocação*"[41]. Dessa maneira, o *Monumento à Independência* e o seu autor, Ettore Ximenes, acabaram por ocupar um papel periférico na historiografia.

Estudos mais recentes, no entanto, passaram a centrar suas atenções nessa obra escultórica e em seu autor. O *Monumento à Independência* foi tema da tese de doutorado de Miriam Escobar[42], que o analisou como parte de um conjunto composto pelo Museu Paulista e pelos jardins envoltórios. Sua abordagem concentrou-se na dimensão urbana da obra, tendo como pano de fundo a questão territorial. Atentando-se ao entorno do monumento e ao eixo por ele composto, demonstrou como ele se tornou uma referência urbana e paisagística. Demonstrou ainda a sua inserção no percurso territorial correspondente ao eixo do Caminho do Mar, que, no contexto das comemorações do Centenário, foi pontuado de monumentos. Ao percorrê-los, ela evidenciou como o conjunto monumental do Ipiranga era o ponto focal, indutor das demais intervenções, que se concluía em Santos, com o Monumento aos Irmãos Andradas[43].

---

39. Museu de Arte de São Paulo, *Um Século de Escultura no Brasil*, São Paulo, Masp, 1982.
40. *Idem*, p. 14.
41. Pietro Maria Bardi, *op. cit.*, p. 49.
42. Miriam Escobar, *Centenário da Independência: Monumento Cívico e Narrativa*, Tese de Doutorado, FAU-USP, 2005.
43. *Idem*.

Ettore Ximenes foi foco também da dissertação de Fabrício Andrade, que realizou um trabalho biográfico sobre o escultor, abordando duas obras de grande importância na sua trajetória artística: o *Monumento a Garibaldi*, de Milão, e *Monumento à Independência*, de São Paulo[44]. Ambos foram realizados a partir de concursos públicos e sofreram modificações em seus projetos iniciais, assim Fabrício Andrade analisa as exigências do modo de produção artístico e a simbologia dessas obras.

Nesse mesmo sentido de aprofundar o entendimento sobre o *Monumento à Independência*, este trabalho toma-o como um importante documento da época em que foi produzido, analisando-o como peça fundamental das comemorações paulistas da emancipação política brasileira. O objetivo principal desta obra é entender o processo de estabelecimento da colina do Ipiranga, sobretudo do conjunto escultórico, como "lugar de memória" da Independência do país, capaz de consolidar a hegemonia simbólica de São Paulo, além de destacar o protagonismo do estado na história oficial do país. Entendendo-o, portanto, como instrumento de rememoração dos eventos considerados, relevantes para a Independência brasileira segundo os paulistas, o monumento revela um amplo projeto de afirmação da cidade de São Paulo como centro simbólico do país, num embate evidente com a cidade do Rio de Janeiro no estabelecimento de uma história oficial brasileira.

Para tanto, procuraremos demonstrar que a escolha de Ettore Ximenes para a execução do Monumento foi uma dimensão central na estratégia pretendida de consagração nacional e internacional do novo monumento paulista. Artista dos mais importantes da Itália em seu tempo, Ximenes já havia realizado monumentos escultóricos em Roma, Milão, Florença, Gênova, Urbino, Parma, Brescia, Sibenik, Buenos Aires, Kiev, Kishinev e Nova York. A vastidão do monumento paulistano e uma assinatura de prestígio poderiam fazer com que a cidade alcançasse o prestígio capaz de consagrá-la como centro simbólico do país, com repercussões no exterior.

No primeiro capítulo, recompõe-se e problematiza-se o processo que resultou na construção do *Monumento à Independência* e da atual avenida Dom Pedro I, o eixo viário que deveria lhe garantir a visibilidade nos moldes urbanísticos parisienses. Evidenciam-se os motivos que levaram as elites paulistas a decidir pela ereção de um monumento no local em que teria sido proclamado o grito da inde-

---

44. Fabrício Andrade, *Ettore Ximenes: Monumentos e Encomendas (1855-1926)*, Dissertação de Mestrado, IEB-USP, São Paulo, 2016.

pendência, projeto que já existia desde o período imperial e que foi retomado no contexto das comemorações de 1922. Focalizam-se os debates em torno da elaboração da história oficial da emancipação política brasileira, em que circuitos intelectuais e políticos de São Paulo e do Rio de Janeiro disputavam uma posição de primazia durante a Primeira República.

O segundo capítulo examina o concurso do *Monumento à Independência* do Brasil, evidenciando as intenções do projeto paulista para as comemorações do Centenário. Analisam-se os termos do edital, indicando as exigências estabelecidas para os projetos participantes e as expectativas criadas em torno dessa grande obra. Documenta-se a recepção que os diferentes projetos apresentados obtiveram na imprensa, tanto dos críticos como do público, durante a Exposição de Maquetes, realizada em março de 1920.

O terceiro capítulo discorre sobre os motivos que levaram a Comissão Julgadora do Concurso a escolher a obra de Ettore Ximenes, observando-se sobretudo as justificativas do júri e as contundentes críticas que tal escolha gerou na imprensa. Reconstitui-se a trajetória profissional de Ettore Ximenes, a fim de perceber o papel que ele desempenhava no meio artístico e político da época, e analisa-se a divulgação de seu projeto em periódicos estrangeiros. Almeja-se perceber-se em que medida a projeção internacional do artista foi capaz de garantir visibilidade ao monumento, por meio da circulação da imagem da obra e de notícias sobre ela em revistas estrangeiras.

Por fim, o quarto capítulo narra o processo de construção do *Monumento à Independência*, detendo-se nas mudanças que foram feitas durante sua execução em relação ao projeto inicial. Exploram-se as relações entre o monumento e a nova proposta de decoração do Museu Paulista, concebida por Affonso Taunay, diretor da instituição e membro da Comissão Julgadora do concurso do monumento. Aborda-se também a inserção do monumento nas comemorações do Centenário da Independência, atentando-se para o impacto gerado pelo atraso na finalização do mesmo, que veio a ser concluído, ao inverso de todas as expectativas, apenas no ano de 1923.

Capítulo 1

Um monumento para São Paulo

A comemoração do Centenário da Independência do Brasil, em 1922, ensejou a concretização de um antigo projeto de construção de um monumento escultórico em homenagem à emancipação política brasileira a ser erguido no Ipiranga, mais precisamente no local em que D. Pedro I propalara o brado da independência. Precedido pela construção do edifício memorial que hoje abriga o Museu Paulista, o *Monumento à Independência* e a nova avenida que a ele se leva demonstram o imenso investimento público dispendido para renovar, na década de 1920, a importância do Ipiranga como berço da Nação – e realçar a cidade de São Paulo e suas elites como suas líderes. Diante disso, torna-se indispensável questionar os motivos que teriam mobilizado as diversas tentativas das elites paulistas de erigir um monumento em São Paulo, bem como entender o que representou esse grande projeto para as disputas em torno da história oficial brasileira e para as comemorações centenárias.

Para tanto, esse capítulo analisa as propostas de monumentalização da colina do Ipiranga, partindo das primeiras ideias de marcar o local do grito da independência com a construção de um monumento escultórico, surgidas ainda no período imperial. Procura-se entender as características dessa proposta, que já pressupunha a abertura de uma avenida para ligar o local da independência ao centro da cidade de São Paulo. Mas, se a intenção de monumentalizar o lugar do grito iniciou-se logo após a independência, o que teria impedido a sua concretização durante tantos anos?

Em um novo contexto político, esse antigo projeto foi retomado e passou a fazer parte dos preparativos da comemoração do Centenário da Independência na cidade de São Paulo. A organização das festas do Centenário mobilizou grandes projetos em diversas partes do Brasil, principalmente em São Paulo e no Rio de Janeiro, que disputavam uma centralidade simbólica no contexto nacional. Qual o papel da monumentalização da colina do Ipiranga e quais recursos foram utilizados por essas elites para reivindicar um papel simbólico preponderante e consolidar a sua versão da história oficial são algumas das questões que pautam este primeiro capítulo, que analisa o percurso das ideias iniciais de edificação de um monumento escultórico às margens do Ipiranga até a sua concretização durante o Centenário da Independência do Brasil, em 1922.

1.1. A gênese da ideia

A intenção de assinalar a colina do Ipiranga com um marco capaz de delimitar espacialmente o lugar da independência e perpetuar a memória do local onde a nação teria sido fundada remonta aos primeiros anos da vida política independente do Brasil. Em 1824[1], Lucas Antônio Monteiro Barros, presidente da província de São Paulo, tomou a iniciativa de promover uma subscrição voluntária para erigir um monumento no Ipiranga. No ano seguinte, ele conseguiu que fosse examinado e designado o lugar mais "próprio e conveniente" no sítio em que "foi proclamada a Independência Política do Império, para neste se inaugurar o Monumento destinado para lembrança de tão fausto e memorável acontecimento"[2]. Assim, o local recebeu uma marcação:

Em cumprimento da portaria de 29 de Agosto pp. [próximo passado] fomos ao sitio do Piranga e nele tendo ouvido alguns cidadãos que para esse fim convidamos, de unânime acordo marcamos com uma baliza o lugar que nos pareceu mais conveniente e se acha designado na Ata da Sessão extraordinária que por cópia inclusa transmitimos[3].

1. Ver Cecília Helena de Salles Oliveira, "O Espetáculo do Ipiranga: Reflexões Preliminares Sobre o Imaginário da Independência", *Anais do Museu Paulista*, nova série, v. 3, p. 199, jan/dez. 1995.
2. Vereança de 08 de abril de 1825, assinado pelo escrivão da Câmara Bernardino de Senna Reis e Almeida, "Monumento Ipiranga", C06016, MI 01.00.01, pasta 3463 doc. 1, Arquivo do Estado de São Paulo.
3. Documento de 3 de setembro de 1825, assinado pelos membros da Câmara Municipal Ernesto Ferreira França, Francisco Paula Xavier de Toledo, Eleutério da Silva Prado e José Reiz Vello-

A marcação foi feita com uma pedra, que deveria ser a primeira do monumento que ali seria erguido[4]. Quase simultaneamente ao projeto paulista, entre 1824 e 1825, foi proposta a construção de uma estátua a D. Pedro I, no Rio de Janeiro. No entanto, nem a iniciativa paulista nem a carioca foram concluídas nesses anos iniciais da vida independente brasileira. Segundo Armelle Enders, a ideia de um monumento ao primeiro imperador tinha sido defendida pela municipalidade do Rio de Janeiro, mas fora dissolvida com a abdicação de D. Pedro I e só voltaria à tona em 1854, já sob o Segundo Reinado, quando foi aprovado o pedido de Haddock Lobo para a sua construção[5].

Em São Paulo, a baliza de pedra disposta no Ipiranga permaneceu como a única marcação do local por anos, a despeito das muitas tentativas de concretizar o monumento paulista. Como indicou Cecília Helena de Salles Oliveira, entre 1836 e 1841, diversas investidas foram feitas pela Assembleia Legislativa Provincial e pela Câmara dos Deputados, bem como outras em 1855, 1861 e 1862, todas sem sucesso[6]. No entanto, nas décadas seguintes, tanto a proposta paulista como a carioca ganharam maior ressonância, como apontou Oliveira:

Do ponto de vista da conformação da memória sobre a data de 7 de setembro[7], as décadas de 1860 e 1870 foram marcadas pela exteriorização de projetos concernentes à

zo e Oliveira. "Monumento Ipiranga", C06016, MI 01.00.01, pasta 3463 doc. 2, Arquivo do Estado de São Paulo.

4. Ver Afonso Taunay, "A Transformação do Cenário de 7 de Setembro", *Revista Nacional*, p. 11, 1921. Em Arquivo do Museu Paulista/ Fundo Museu Paulista, Diários de Afonso Taunay, Livro XVI 1921-1922.

5. Segundo Armelle Enders, com o apoio de historiadores do Instituto Histórico e Geográfico Brasileiro (IHGB) liderados por Joaquim Norberto de Sousa Silva e Manoel de Araújo Porto Alegre, a moção feita por Roberto Jorge Haddock Lobo triunfou na sessão extraordinária da Câmara Municipal de 7 de setembro de 1854. Oito anos mais tarde, em 30 de março de 1862, a estátua equestre de D. Pedro I, feita pelo francês Louis Rochet, baseado na proposta de João Maximiliano Mafra, vencedor do concurso, foi inaugurada. Armelle Enders, "O Plutarco Brasileiro. A Produção dos Vultos Nacionais no Segundo Reinado", *Estudos Históricos*, v. 14, n. 25, pp. 56-57, jul. 2000. Disponível em: <http://bibliotecadigital.fgv.br/ojs/index.php/reh/article/view/2114>. Acesso em 14 out. 2022.

6. Cecília Helena de Salles Oliveira, "O Espetáculo do Ipiranga...", p. 199.

7. É importante indicar que durante o século XIX houve um movimento histórico e político de conformação da memória da Independência e de construção da data de 7 de setembro de 1822 como marco da história nacional. O evento ocorrido na colina do Ipiranga não teve repercussão no momento de sua ocorrência e tampouco foi interpretado como baliza definidora do

transposição da narrativa histórica e das tradições orais para outros suportes, dotados de tangibilidade e, por isso mesmo, interpretados como recursos capazes de resguardar o episódio e alguns de seus protagonistas do desgaste provocado pelo tempo[8].

Foi justamente nesse período que a construção do monumento a D. Pedro I foi concretizada, já que, em 1862, a *Estátua Equestre* foi inaugurada na praça da Constituição, no Rio de Janeiro (Figura 1). O monumento, considerado a primeira escultura pública do Brasil[9], foi feito pelo escultor francês Louis Rochet[10], seguindo os cânones neoclássicos em voga na época, o que, segundo Maria Eurydice Ribeiro, "ajustava-se bem à figuração dos personagens, das alegorias e das situações que se pretendiam simbolicamente representar"[11]. A estátua faz referência não apenas ao evento do ano de 1822, pelo uniforme do imperador e o pelo seu gesto sobre o cavalo, mas também se remete à Constituição de 1824, que D. Pedro carrega em sua mão, demonstrando que a ele coube a outorga da carta magna do país. Ribeiro afirma que o Estado monárquico se personificara na escultura[12]. Junto ao imperador encontram-se alegorias representando os rios brasileiros: Amazonas, Madeira, Paraná e São Francisco, aludindo à extensão do território nacional.

Essa representação estava, portanto, vinculada ao debate em torno dos significados do dia sete de Setembro, do caráter da monarquia e da representatividade do governo organizado com a Carta de 1824. Diante da discussão sobre o aparato constitucional que estava em vigor e das redefinições dos partidos liberal e con-

---

curso da história no momento em que aconteceu. Foi apenas em 1826 que a data foi incluída na categoria de "festividade nacional" (Cecília Helena de Salles Oliveira, "O Museu Paulista da USP e a Memória da Independência", *Cad. Cedes*, vol. 22, n. 58, pp. 65-80, dez. 2002). Disponível em: <https://doi.org/10.1590/S0101-32622002000300005>. Acesso em 14 out. 2022.

8. Cecília Helena de Salles Oliveira, "O Espetáculo do Ipiranga...", p. 197.

9. Paulo Knauss, "A Festa da Imagem: A Afirmação da Escultura Pública no Brasil do Século XIX", *19&20*, vol. V, n. 4, out./dez. 2010. Disponível em: <http://www.dezenovevinte.net/obras/pknauss.htm>. Acesso em 14 out. 2022.

10. Como já foi dito na "Introdução", João Maximiano Mafra venceu o concurso para erigir a estátua. Porém, a realização da obra coube ao escultor francês Louis Rochet, que realizou a obra em Paris, já que no Brasil não havia condições tecnológicas de realização de esculturas de bronze fundido em grande escala. *Idem, ibidem.*

11. Maria Eurydice de Barros Ribeiro, "Memória em Bronze: Monumento Equestre de D. Pedro I", em Paulo Knauss (coord.), *Cidade Vaidosa: Imagens Urbanas do Rio de Janeiro*, p. 20.

12. *Idem, ibidem.*

Figura 1. Louis Rochet, *Estátua Equestre D. Pedro I*, 1861, Praça Tiradentes, Rio de Janeiro.

Foto de Carlos Luis M. C. da Cruz, Wikimedia Commons, acesso em out. 2022.

servador, a obra propunha uma versão para a história da emancipação política que reabilitava a memória de D. Pedro I e destacava a importância da outorga da Constituição, sem alusões ao 7 de Setembro.

Como demonstrou Knauss, a construção da narrativa fixada pela escultura no Rio de Janeiro estava diretamente relacionada aos debates do Instituto Histórico e Geográfico Brasileiro (IHGB). Foi Joaquim Norberto de Sousa e Silva que propôs, em uma das sessões do IHGB, relacionar a estátua de D. Pedro à história da Constituição e da afirmação do regime monárquico. Ademais, havia sido Araújo Porto-Alegre, outro membro do IHGB e professor da Academia Imperial de Belas Artes (AIBA), que teria defendido a solução da estátua equestre e proposto uma associação ao gesto do ato de independência fixado pela pintura *Proclamação da Independência*, feita por François René Moreaux em 1844 e que representava o imperador em meio ao povo que o aclamava (Figura 2):

Figura 2. François René Moreaux, *Proclamação da Independência*, 1844, óleo sobre tela, Museu Imperial de Petrópolis.

A concepção final [da estátua de D. Pedro I] conseguiu sintetizar as duas associações propostas por Joaquim Norberto de Sousa e Porto-Alegre ao fixar a imagem equestre do imperador no gesto de lançar uma mão ao alto segurando um livro, associando de modo original o ato que encarna a proclamação da independência com o ícone da afirmação do Estado nacional que é a Constituição[13].

No mesmo ano em que foi inaugurada a estátua de D. Pedro I, 1862, surgiu a iniciativa de se realizar um monumento em homenagem aos irmãos Andradas em Santos. Cláudio Manuel da Costa, por meio da Câmara Municipal daquela cidade, levou a proposta para o IHGB[14]. Disso resultou um monumento ao "prócer da independência", proposto pelo instituto, que, no entanto, não seria erguido na cidade natal de Bonifácio, mas no Rio de Janeiro[15]. Dez anos depois da inaugura-

13. Paulo Knauss, "A Festa da Imagem...".
14. Ana Cláudia Brefe e Morel-Deledalle, *O Monumento aos Andradas*, Santos, Fundação Arquivo e Memória de Santos, 2005, p. 21.
15. Segundo Ana Claudia Brefe, erguer um monumento aos irmãos Andradas continuaria sendo um objetivo das elites santistas, que levariam novamente a proposta à Câmara de Santos em 1888, resultando na lei n. 173 de 10 de setembro de 1893, que criava a "Comissão Executiva do Monumento a José Bonifácio". Porém, o monumento só seria erguido anos mais tarde, no contexto do Centenário da Independência, como se verá a seguir. *Idem, ibidem*.

ção da estátua de D. Pedro I, em 7 de setembro de 1872, inaugurou-se na capital federal a *Escultura a José Bonifácio*, no largo São Francisco de Paula. Concebida e realizada por Louis Rochet, o monumento pedestre de Bonifácio o representa:

[...] como intelectual cercado de alegoria das virtudes clássicas, simbolizando a razão de Estado. As duas imagens [D. Pedro I e José Bonifácio] se completavam, e a promoção da primeira imagem se estendida, assim, pela segunda imagem, constituindo um circuito narrativo que unia duas praças importantes na vida urbana, constituindo um texto urbano[16].

As estátuas de D. Pedro I e de José Bonifácio demonstram que a cidade do Rio de Janeiro ultrapassara as intenções celebrativas que se conjecturavam em São Paulo. Como demonstrou Cecília Helena de Salles Oliveira, os monumentos erguidos na Corte estavam relacionados às disputas em torno da conformação da "verdadeira" representação da história a ser solenizada. Essas obras, bem como o quadro de Moreaux, não associam o ato de independência à colina do Ipiranga, além de destacarem outros momentos históricos, como a outorga da *Constituição*, enquanto fatos fundamentais para o processo de emancipação política brasileira.

Diante das disputas para a conformação da representação da história nacional, a proposta de edificação do monumento no Ipiranga revestia-se de um significado especial, já que pretendia destacar o papel da província de São Paulo nos destinos da nação. Assim, também nas décadas de 1860 e 1870 o monumento paulista ganhou novo ímpeto de construção, contribuindo para tal impulso os novos relatos de testemunhas oculares do brado que vieram a público na década de 1860, e que delimitavam espacialmente e temporalmente o acontecido no 7 de setembro de 1822, reafirmando o testemunho do padre Belchior, divulgado décadas antes[17].

Evidenciando o conflito sobre a representação dos eventos da Independência, em 1875, o vereador de São Paulo Ernesto Marianno da Silva Ramos e o ex-inspe-

16. Paulo Knauss, "A Festa da Imagem...".
17. Segundo Oliveira, o relato detalhado do padre Belchior Pinheiro Ferreira, testemunha ocular do evento de Sete de Setembro, foi divulgado em 1826. Mas, somente na década de 1860, dois outros integrantes da comitiva de D. Pedro, Coronel Marcondes e Tenente Canto e Mello, tornaram públicas as suas ememorações, pouco acrescentando, porém, à descrição feita por Belchior (Cecília Helena de Salles Oliveira, "O Museu Paulista da USP e a Memória da Independência", pp. 67-68).

tor geral de instrução pública Diogo de Mendonça Pinto manifestaram sua insatisfação com a ausência de um monumento na colina do Ipiranga, defendendo ser lá o berço da nação emancipada:

> BRASILEIROS! – O mundo sabe que no Ipiranga, – a alguns passos apenas da cidade de S. Paulo, – E rompendo ingente brado, eterno a repercutir nos ecos do Império, se soltaram os elos da sujeição que nos encadeavam irmãos de além mar. O que porventura ignora, e o surpreendera, é que embalde buscaria lá sequer inscrição a dizer a vindouros: "aqui no Brasil nasceu nação livre!".
>
> A majestosa Colina, que glória sem igual nos fastos nacionais sagrará, é ainda campo ermo, que há quatro séculos percorriam hordas nômades, em plena liberdade de vida selvagem! E o transeunte que o procura é mister aponta-lo com o dedo; e dizer-lhe: – É ali!
>
> A Corte há 13 anos e meio conta em seu seio a estátua do ínclito fundador do Império; e há 2, a do venerado patriarca dessa Fundação.
>
> A nação ainda aguarda monumento comemorativo de sua emancipação política, e irrefragável testemunha de imorredoura gratidão da Pátria aos heróis as da liberdade![18]

No mesmo ano, o vereador Capitão José Homem Guedes Portilho também demonstrou a sua indignação com os monumentos existentes no Rio de Janeiro, que acreditava "desvirtuarem" a história, e defendeu a ereção de um monumento paulista:

> Foi na capital desta província o brado que independizou o Brasil e fundou o império [...] Pois bem; está transladada da cidade de São Paulo para o Rio de Janeiro a memória dos heroicos feitos havido naquela. [...] A glória da emancipação cabe a todos; mas reivindiquemos a de ter sido o solo paulista o berço da nacionalidade brasileira. O Brasil não é o Rio de Janeiro; a nação não pode olhar com glacial indiferença, monumental bronze a desmentir seus anais, falsificando a história[19].

18. Ernesto Marianno da Silva Ramos e Diogo de Mendonça Pinto, "Monumento do Ipiranga", *Correio Paulistano*, p. 3, 28 set. 1875.

19. Atas da Câmara da cidade de São Paulo, Sessão de 05 de Agosto de 1875, LXI: 95-98, *apud* Cecília Helena de Salles Oliveira, "O Espetáculo do Ipiranga...", disponível em: <http://doi.org/10.1590/S0101-47141995000100018>. Acesso em out. 2022.

Os excertos deixam evidente que esses membros da elite dirigente paulistana reivindicavam uma posição de destaque de São Paulo frente aos eventos da Independência, criticando a centralidade do Rio de Janeiro. Como demonstrou Antônio Celso Ferreira, os intelectuais paulistas se dedicariam persistentemente, já a partir do último quartel do século XIX, à afirmação da própria identidade regional, uma vez que se sentiam à margem do círculo das letras do Rio de Janeiro, onde o IHGB fulgurava como o núcleo da historiografia e determinava os rumos da história oficial, com apoio do governo imperial[20]. Nesse sentido, a proposta de erigir um monumento no Ipiranga tinha como pretensão materializar a ideia de o berço da nação ter sido em São Paulo, aliando, definitivamente, o "fato político" do Sete de Setembro de 1822 ao solo paulistano. O processo de celebração do "lugar do grito da independência" fora iniciado, portanto, ainda sob o Império.

Em 1869 foi criada uma Comissão Central, presidida pelo Visconde do Bom Retiro, que tinha como objetivo erigir o monumento em São Paulo[21]. Contudo, só em 1872 começaram a ser realizadas ações em favor dessa iniciativa, quando foi exumada a pedra fundamental, colocada na colina do Ipiranga em 1825. Três anos mais tarde, em 1875, foi realizada uma nova celebração para recolocar o marco de pedra, que foi inserido em uma caixa de ferro junto com moedas, medalhas, jornais e documentos referentes à cerimônia[22]. Novamente, pretendia-se que esta fosse a primeira pedra do monumento que ali seria erguido.

A delonga em se efetivar a construção do monumento, no entanto, evidenciava a desarmonia entre membros da elite paulista e da Comissão Central. Por isso,

20. Antonio Celso Ferreira, *A Epopéia Bandeirante: Letrados, Instituições, Invenção Histórica (1870-1940)*, São Paulo, Editora Unesp, 2002, p. 48.

21. Segundo Cecília Helena de Salles Oliveira, a Câmara Municipal decidiu que caberia a uma comissão formada por políticos e parlamentares atuantes na Corte do Rio de Janeiro a incumbência de gerenciar o plano da obra e os recursos para construí-la. Essa comissão era composta pelo comendador Mesquita; por José Pedro Dias de Carvalho, senador pela província de Minas Gerais; por Manuel Ignácio Cavalcante de Lacerda, Barão de Pirapama e senador pela província de Pernambuco; por Francisco de Paula Negreiro Sayão Lobato, visconde de Niterói e senador pela província do Rio de Janeiro; e por Luiz Pedreira de Couto Ferraz, também senador pelo Rio de Janeiro, visconde e barão do Bom Retiro. Ver Cecília Helena de Salles Oliveira, "O Espetáculo do Ipiranga...", pp. 203-204.

22. Esse marco ficou enterrado, sem se saber sua exata localização, até 1921, quando as obras da avenida D. Pedro acidentalmente o encontraram. Diante disso, Affonso Taunay, diretor do Museu Paulista, escreveu alguns artigos, publicados na *Revista Nacional*. Ver: Afonso Taunay, "A Transformação do Cenário de 7 de Setembro".

nesse mesmo ano, foi criada uma comissão composta por moradores da cidade que tinha como objetivo prosseguir na promoção do monumento. Um dos defensores dessa nova comissão era Guedes Portilho, que alegava que desde a década de 1830 uma solução definitiva em relação ao monumento vinha sendo protelada em virtude da inoperância do governo imperial, do parlamento e das autoridades provinciais. Como demonstrou Cecília Helena de Salles Oliveira, as críticas do vereador eram dirigidas à Comissão Central. Por isso, ele propôs a criação dessa "Comissão Paulista", que objetivava que a construção do monumento fosse obra de exclusiva responsabilidade do poder municipal e da sociedade civil, desvinculando-se do poder da Corte e da Comissão Central, vistos como os responsáveis pela descontinuação dos projetos para o monumento. Esse esforço, no entanto, não foi concretizado, pois, por interferência D. Pedro II, foram reatadas as ligações com o governo imperial por meio da Comissão Central do Monumento, que permaneceu como responsável pela execução da obra[23].

Apesar de continuar atrelado à Corte, a Comissão Paulista buscou concretizar o projeto de celebração da cidade como ponto nodal da história nacional, contrastando a hegemonia simbólica do Rio de Janeiro. Para tanto, em 1876, elaborou critérios e normas para um concurso público em favor do monumento, iniciativa de caráter grandioso, já que envolvia não só uma dimensão simbólica e celebrativa, mas também urbanística. Abriram-se subscrições para arrecadar dinheiro para a construção do monumento em todo o Império e, em fevereiro, tornou-se público o concurso, cujos planos deveriam ser entregues até 31 de julho de 1876, prazo que, posteriormente, foi prorrogado para 30 de setembro. Um dos pré-requisitos era que as propostas deveriam ser de autores brasileiros natos ou naturalizados, bem como os materiais e operários, pois queriam que toda a obra fosse "nacional".

O edital previa que fosse erguido não apenas um monumento escultórico, mas que fossem implantadas uma praça e ruas de comunicação entre o monumento e o centro da cidade:

8º

A obra consta: do Monumento, vasta praça onde ele tem de ser levantado, e rua comunicando-o à cidade.

---

23. Cecília Helena de Salles Oliveira, "O Espetáculo do Ipiranga...", p. 203.

9º

O plano do Monumento deverá:

§ 1º Corresponder por sua elevação, elegância e esplendor à magnitude do assunto a comemorar.

§ 2º Conter as estátuas de todos aqueles que como chefes tentaram a Independência do Brasil, embora fossem mal sucedidos e dela mártires, e dos que cooperaram direta e efetivamente para a Independência realizada.

§3º Se figuras alegóricas tiverem de adornar o Monumento, não as mesclar à essas personagens históricas, a fim de que não fiquem confundidas umas com as outras.

[...]

10.

O plano da praça deve expressar:

§ 1º Sua vastidão, a qual deve ser proporcionada à grandeza da majestosa obra-prima aí a levantar-se, de modo a não comprometer sua perspectiva.

§2º As ruas que a ela devem ter, atendendo a que a da comunicação com a cidade ficará no meio da face da praça, correspondente à frente principal do Monumento com a largura de metro 26,40

§3ºNo meio da face direita da praça deverá ficar espaço designado para um templo em situação isolada a construir-se no futuro.

§ 4º O sistema de calçamento da praça.

§ 5º Desenho da fachada dos prédios que se houver de construir na praça.

11.

O plano da rua deve conter desenhos de 5 fachadas dos prédios particulares que nela se tiverem de construir, com declarações de suas dimensões, visto a rua ser dividida em 5 seções[24].

Nota-se, assim, as grandes pretensões das elites paulistas de reformular urbanisticamente a colina do Ipiranga, implantando um conjunto escultórico e fornecendo grandiosidade a ele com a abertura de uma grande rua que o conectaria ao centro da cidade de São Paulo. Os planos foram expostos ao público no escritório do conselheiro Barão de Ramalho, situado na casa n. 26 da Travessa da Sé[25]. Três projetos foram apresentados para o concurso: o de José Mendes Barbosa, o de João

24. *Correio Paulistano*, p. 2, 13 fev. 1876.
25. *Correio Paulistano*, p. 3, 12 out. 1876.

Raimundo Duarte e o de um anônimo, referido em alguns documentos como "srs. Reis & Cordovil"[26]. Depois de encerrado o prazo, a Comissão recebeu também a representação feita pelo italiano José Berna[27] por intermédio do imperador D. Pedro II[28]. Por isso, em dezembro de 1876, a Comissão divulgou um anúncio nos jornais, informando que decidia "incluir entre os referidos planos os oferecidos por estrangeiros; quer por consideração a seus autores, e quer porque a preferência que porventura obtenham denuncia inferioridade dos outros"[29]. O anúncio gerou descontentamento por parte de João Raimundo Duarte, um dos concorrentes, que afirmava que Berna era "bafejado pela proteção do Imperador" e era um concorrente ilegal[30].

Apesar da denúncia, o plano de Berna foi mantido e submetido à avalição do Instituto Politécnico de São Paulo. Os profissionais desse instituto, no entanto, acabaram por reprovar todos os projetos. Posteriormente, a Comissão Paulista recebeu da Corte mais um plano, de um autor anônimo, que foi adicionado aos demais, e todos foram enviados para análise da Comissão Central, que selecionou "especialistas"[31] para emitir um parecer sobre eles.

Como estava previsto no edital, além do monumento, o projeto das elites de São Paulo era composto também de uma reforma urbanística, cujo plano seria escolhido em concorrência pública. No entanto, segundo a Comissão Paulista, na falta de "conveniente proposta relativa à praça do Monumento e rua de sua comunicação com esta cidade, para as quais se havia igualmente chamado concorrentes, confeccionou-se uma para ser submetida ao parecer de profissionais"[32]. O projeto apresentado pela Comissão foi divulgado no *Correio Paulistano*:

26. João Raimundo Duarte, "Monumento do Ipiranga", *Correio Paulistano*, p. 3, 4 jan. 1877.
27. José Berna era um italiano residente no Brasil. Dentre as suas obras, destaca-se o *Mausoléu do Visconde de Guaratiba*, no cemitério de São Francisco de Paula, no Rio de Janeiro. A obra foi realizada entre 1859 e 1861, na Itália. Alberto Chillón, "Anseios da Eternidade: O Uso do Mármore no Brasil Imperial", *Arte & Ensaios*, n. 30, pp. 92-101, dez. 2015.
28. *Correio Paulistano*, p. 2, 7 out. 1876.
29. "Anúncios: Monumento do Ypiranga", *Correio Paulistano*, p. 3, 13 dez. 1876.
30. João Raimundo Duarte, "Monumento do Ipiranga", *Correio Paulistano*, p. 3, 4 jan. 1877.
31. A Comissão organizada para analisar as propostas era composta de visconde do Rio Branco, diretor da Escola Politécnica, conselheiro Antonio Nicolau Tolentino, diretor da Academia de Belas Artes, dos drs. Agostinho Victor de Borja Castro, André Rebouças, Antonio de Paula Freitas e Francisco Joaquim Bittencourt da Silva, lentes da Escola Politécnica e do dr. Joaquim Manoel de Macedo, lente de História Pátria e presidente do Instituto Histórico e Geográfico Brasileiro.
32. "Seção Livre. Monumento do Ipiranga. 13ª. Reunião da Comissão", *Correio Paulistano*, p. 2, 7 out. 1877.

Proposta relativa a Praça do Monumento do Ipiranga e rua em direção à cidade

1º

A Praça do Monumento será quadrada e de extensão proporcionada a grandeza, e altura do mesmo Monumento, tendo nas extremidades de cada lado ruas da largura de 18 metros colocadas de modo que eles sejam um prosseguimento das que lhes ficam fronteiras.

2º

Em cada um dos quatro vértices do quadrado haverá um prédio, sendo os cantos que olham para a Praça ou colunas de uma mesma ordem e altura, ou todos cortados de modo a admitirem unicamente uma janela olhando para a Praça.

3º

As casas que se construírem na Praça, e nos vértices do quadrado, o serão no alinhamento que fica descrito; não podendo ter na frente muros, grades, ou jardins, e devendo todas elas se achar unidas umas às outras sem intervalo algum além do das ruas.

[...]

7º

As casas deverão ser feitas de pedra ou tijolo, e não de taipa ou adobe

[...]

10º

A Praça deverá ser nivelada, e ficará acima das ruas que a ela dão entrada, subindo-se por escadas ou rampas.

[...]

14º

No centro de cada lado do quadrado ficará reservado o terreno preciso para construção de uma igreja, de um palacete imperial, se sua majestade o Imperador resolver a sua construção, e de prédios públicos que o poder competente determinar.

[...]

16º

As duas ruas do lado da Praça que dica a parte da cidade de S. Paulo darão em uma praça distante da do Monumento 110 metros.

17º

Esta segunda praça será também quadrada com 140 metros de cada lado.

18º

Do centro do lado dessa praça que fica para a parte da cidade de S. Paulo, começará a rua do Ipiranga de comunicação direta entre a dita cidade e o Monumento.

19º

À distância de 8 ½ metros dos prédios ocorrerá uma linha de arvoredos a formarem de lado a lado da rua do Ipiranga alamedas para passeios a pé[33].

Esse projeto evidencia claramente que a Comissão Paulista pretendia enaltecer a própria colina do Ipiranga, valorizando o "lugar do grito" segundo preceitos urbanísticos então em voga na Europa, pautados pelo embelezamento e por novos eixos de circulação. A abertura de uma grande rua, que ligaria o monumento escultórico à cidade composta por alamedas de arvoredos para passeio de pedestres seguia os moldes franceses de organização do espaço. No descritivo, havia determinações específicas a respeito de altura, número de pavimentos e elementos que deveriam ou não existir nas casas situadas nas imediações da praça e nos prédios que seriam erguidos na rua do Ipiranga. Tudo estava muito bem especificado para que a reforma urbana fosse esplendorosa. Esse plano, juntamente com as propostas para o monumento, foram enviadas para apreciação da Comissão Central, no Rio de Janeiro.

Contudo, até 1877, a Comissão Paulista não havia recebido um retorno dos técnicos do Rio de Janeiro que deveriam analisar as propostas. Por isso, durante a passagem por São Paulo do Visconde do Rio Branco, presidente do grupo que deveria decidir os rumos do monumento, o presidente da comissão de obras, barão de Ramalho, sugeriu que, na hipótese de rejeição de todos os planos, tomassem para si os profissionais da Comissão Central a tarefa de apresentar um plano para a sua execução[34]. A proposta foi aceita, porém não foi cumprida. Os paulis-

33. "Editais. Proposta Relativa a Praça do Monumento do Ipiranga e Rua em Direção à Cidade", *Correio Paulistano*, pp. 2-3, 21 dez. 1876.
34. "Seção Livre. Monumento do Ipiranga. 13ª. Reunião da Comissão", *Correio Paulistano*, p. 2, 07 out. 1877.

tas aguardaram o parecer ou o "plano condigno do glorioso feito"[35], contudo, a Comissão Central não lhes enviou. Nota-se, portanto, o evidente desinteresse e descompromisso da Corte com a concretização do monumento, tornando claro o descompasso entre as intenções paulistas e as do governo imperial.

As indefinições e tensões que envolviam a construção do monumento mantiveram-se nos anos seguintes. Tornava-se cada vez mais difícil arrecadar donativos, tendo em vista a demora para o início das obras. Além disso, críticas à proposta foram divulgadas nos jornais, como a do padre Lourenço de Luna, que propunha uma significativa alteração no seu caráter:

Em nossa humilde opinião deve-se erigir ali um monumento mais significativo do que os que foram apresentados, um monumento que não deixando de ser memorável, seria ao mesmo tempo de grande alcance social, querendo falar de um vasto edifício em que fossem educados os pobres, os órfãos daqueles que morreram nos campos de batalha em defesa da Pátria, os ingênuos que pela lei devem ficar a cargo do Estado, enfim os inúmeros desvalidos da fortuna.

[...]

A avultada a soma de dois mil contos que se destina ao monumento de mármore bronze pode ser aplicado de modo que apontamos com muito maior proveito despendendo-se a metade na construção do edifício e empregando se a outra metade em apólice da dívida pública ou em qualquer banco ou companhia garantidos pelo governo, para ocorrer aos gastos com os vários professores, biblioteca, museu, gabinetes de física, imprensa do estabelecimento, e outras necessidades semelhantes numa instituição modelo que viria a ser minimamente profícua para o Brasil.

Semelhante edifício deveria ter na fronte principal em grandes caracteres de ouro a seguinte inscrição – "independência do Brasil – 7 de setembro de 1822 – a verdadeira independência está na instrução"[36].

A crítica acabou, em certa medida, concretizando-se, já que junto ao projeto do monumento escultórico foi incluído o de um edifício-monumento, que tinha como objetivo servir à instrução pública. Como em 1880 ainda não havia sido realizado o plano pelos profissionais da Corte, a Comissão Paulista abriu um novo

---

35. "Seção Livre. Monumento do Ipiranga", *Correio Paulistano*, p. 2, 4 dez. 1879.
36. "Comunicado. O Monumento do Ipiranga", *Correio Paulistano*, p. 1, 29 jul. 1877.

concurso, mas, dessa vez, os estrangeiros haviam sido incluídos. A Comissão decidiu que o novo plano compreenderia, como parte do monumento, uma instituição de instrução primária[37]. Para o financiamento da obra, foi promulgada em abril desse ano a Lei Provincial instituindo as Loterias do Ipiranga[38].

As incertezas que envolviam a construção do monumento, no entanto, mantiveram-se nos anos seguintes, em que propostas distintas alternavam-se e prorrogavam a concretização do projeto paulista. Em 1882, foi realizada uma nova cerimônia para a colocação da pedra fundamental do monumento e, além dele, previa-se erguer um "edifício-escola"[39], a ser construído pelo engenheiro italiano Tommaso Gaudenzio Bezzi[40], que fora indicado pela Comissão Central Monumento[41], e um obelisco "a 70 metros deste edifício"[42]. O contrato com Bezzi, no entanto, foi rescindido no ano seguinte e um novo concurso foi organizado em 1884, para se realizar tanto o monumento como o edifício[43]. Segundo Maria Helena Flynn, a proposta arquitetônica do engenheiro João Pinto Gonçalves foi

---

37. "Seção Livre. Comissão do Monumento do Ipiranga. 15ª Sessão", *Correio Paulistano*, p. 2, 22 maio 1880.

38. Ana Cristina Guilhoti e Solange Lima, "Cronologia", em Ulpiano T. Bezerra de Meneses (org.), *Às Margens do Ipiranga...*, p. 7. O sistema de loterias é citado no *Correio Paulistano*, p. 2, 22 maio 1880; *Correio Paulistano*, p. 2, 3 set. 1880; e *Correio Paulistano*, p. 1, 15 set. 1880.

39. "Este edifício será construído pelos planos confeccionados pelo engenheiro civil Thomaz Bezzi, conforme declarou ontem o sr. Presidente da província e as pessoas que o acompanhavam, terá as seguintes dimensões: 12 metros de frente, 39 metros de largura, no seu corpo central, 16 metros nos corpos intermediários e 21 pavilhões externos. O estilo da arquitetura escolhida é o neoclássico-grego da ordem coríntia". "Monumento do Ipiranga", *Correio Paulistano*, p. 2, 11 dez. 1882.

40. Tommaso Gaudenzio Bezzi foi um arquiteto italiano que nasceu em Turim em 1844. Em 1868, mudou-se para o Uruguai, em seguida transferiu-se para a Argentina, até se estabelecer no Brasil, em 1875. No Rio de Janeiro, afirmou-se construtor, fazendo-se notar por ser um arquiteto de qualidade. Lá construiu residências de famílias cariocas, o Clube Naval (1877) e o Banco do Comércio (1882), que foi posteriormente demolido. Conseguiu manter amizade com ilustres personagens da vida política local, como visconde do Rio Branco, Joaquim Nabuco, Quintino Bocaiuva e Ruy Barbosa, além fazer parte do círculo do imperador Pedro II, por ter se casado com Francisca Nogueira da Gama Carneiro de Bellens, neta do mordomo do Paço Imperial. Ele morreu no Rio de Janeiro em 23 de maio de 1915. *Dizionario Biografico, Enciclopedia Trecanni*. Disponível em: <http://www.treccani.it/enciclopedia/tommaso-gaudenzio-bezzi_%28Dizionario-Biografico%29/>. Acesso em 20 out. 2022.

41. Ana Cristina Guilhoti e Solange Lima, *op. cit.*, p. 7.

42. "Monumento do Ipiranga", *Correio Paulistano*, p. 2, 11 dez. 1882.

43. Foram apresentados 9 projetos de edifício e 4 de monumentos. "Concurso Ipiranga", *Correio Paulistano*, p. 2, 24 de setembro de 1884.

a selecionada, no entanto não foi materializada, já que o concurso foi invalidado e o contrato com o arquiteto italiano foi reatado[44]. Não foram selecionados projetos para o monumento escultórico, que acabou não se realizando, uma vez que o edifício foi visto como uma obra destinada a comemorar a Independência, tornando-se o próprio *Monumento da Independência do Brasil*[45]. Assim, ganhou concretude o monumento de caráter arquitetônico, porém não foram realizados o monumento escultórico e nem a avenida monumental[46] que o conectaria à cidade. Portanto, o que se concluiu foi um projeto completamente distinto das propostas formuladas inicialmente e que teve como artífice um arquiteto italiano, que mantinha laços de amizade com o Visconde do Rio Branco, um dos especialistas nomeados pela Comissão Central do Monumento, e com o próprio imperador D. Pedro II, o que sugere que prevaleceram os interesses dos membros da Corte sobre as decisões a respeito da obra.

Em 1885, teve início a construção do projeto de Bezzi para um edifício-monumento e, em 1886, Pedro Américo de Figueiredo e Mello foi contratado para realizar uma pintura histórica do ato de D. Pedro I às margens do Ipiranga, destinada a ocupar o Salão de Honra do edifício. Como demonstrou Cecília Helena de Salles Oliveira, a contratação de Pedro Américo também foi intermediada pelas

44. M. H. Flynn, "Concursos Públicos para o Monumento do Ipiranga", em Ulpiano Bezerra de Meneses (org.), *Às Margens do Ipiranga...*, p. 14.

45. A notícia veiculada no *Correio Paulistano* afirma que em 15 de setembro de 1884 "a comissão pôs a concurso os planos, assim do Monumento, bem como do edifício". No entanto, acrescentava em seguida que todas as construções que se façam para comemorar a Independência deveriam assinalar "o lugar em que o fato se passou" e como havia um plano "aprovado pelo governo da província e do agrado de S. M. Imperador" o edifício deveria ser erguido no Ipiranga. Assim, determinava-se que a "comissão execute na colina do Ipiranga a planta do edifício levantado pelo doutor Bezzi [...] e que esse edifício seja o Monumento da Independência do Brasil" (*Correio Paulistano*, p. 2, 27 set. 1884). A partir disso, as notícias deixaram de se referir a ele como "edifício" e ele passou a ser "Monumento do Ipiranga", termo usado antes para designar as propostas para o conjunto escultórico. Evidência disso é a descrição veiculada em 1886: "O monumento do Ipiranga é um edifício de 123 metros de frente, planejado e construído, como é sabido, pelo engenheiro arquiteto sr. Bezzi e deve servir para instituto de ciências físicas e naturais". ("Viagem de SS.MM.II", *Correio Paulistano*, p. 1, 21 out. 1886).

46. A construção da rua enfrentou diversas dificuldades, como a distribuição de lotes de terrenos que ela ocuparia para imigrantes. *Correio Paulistano*, 21 jan. 1877. Em 1879, o engenheiro Leopoldo José da Silva foi encarregado pelo governo imperial de escolher o local para abertura da rua. Contudo, a sua construção acabou não se realizando. *Correio Paulistano*, 11 dez. 1879 e *Correio Paulistano*, 22 maio 1880.

boas relações que o artista mantinha com pessoas importantes da Comissão do Monumento, como o Barão Homem de Mello e Visconde do Bom Retiro. A ideia de realizar a pintura partiu do próprio artista e foi, inicialmente, negada pelo presidente da província de São Paulo e pela comissão do Monumento, que alegavam falta de recursos. Contudo, após "negociações que envolveram múltiplos protagonistas", inclusive com apoio da imprensa, a Comissão decidiu contratar o artista. Salles Oliveira sugere também que tenha ocorrido uma negociação com Pedro Américo a respeito da "concepção artística" inicialmente projetada, que teria proporcionado uma conciliação de interesses a fim de que a obra se adequasse aos desígnios dos idealizadores do edifício[47].

O quadro, intitulado *Independência ou Morte!*, foi finalizado em 1888, em Florença, e representa o acontecimento histórico vinculado claramente ao sítio onde teria ocorrido o brado da Independência. Como afirma Cláudia Valladão, Pedro Américo ressaltou com dramaticidade a cena ocorrida na colina e, "forçando a perspectiva", fez com que o riacho do Ipiranga aparecesse na cena aos pés dos cavaleiros no primeiro plano, já que a vinculação do ato ao local era fundamental. O príncipe é o protagonista, porém ele não se impõe mais puramente por sua presença, por isso, é transformado em herói. "Secularizou-se o monarca e desmontou-se o seu teatro"[48].

O edifício projetado por Bezzi, cuja construção foi iniciada no período imperial, só foi finalizado em 1890, já no novo contexto político republicano. Em virtude da mudança do regime político, a sua função inicial de *Monumento à Independência*, ligada à memória de Pedro I e dos Bragança, foi ressignificada. Como o edifício foi considerado insalubre para o funcionamento de uma escola, decidiu-se, em 1892, transferir o Museu do Estado, criado em 1890, para o palácio Bezzi, que foi batizado de Museu Paulista[49]. O núcleo original do museu foi formado com a aquisição da coleção de Joaquim Sertório, que continha sobretudo artefatos de história, como peças de mobiliário, jornais e objetos indígenas[50]. Também

---

47. Cecília Helena de Salles Oliveira, *O "Espetáculo do Ypiranga": Mediações entre História e Memória*, Tese de Livre-docência, Museu Paulista-USP, 1999, pp. 30-49.
48. Cláudia Valladão de Mattos, "Imagem e Palavra", em Cecília Helena de Salles Oliveira e Cláudia Valladão de Mattos (org.), *O Brado do Ipiranga*, São Paulo, Edusp/Museu Paulista, 1999, pp. 101-103.
49. Ana Cristina Guilhoti e Solange Lima, *op. cit.*, p. 10.
50. Paula Carolina de Andrade Carvalho, "O Museu Sertório: Uma Coleção Particular em São Paulo no Final do Século XIX (Primeiro Acervo do Museu Paulista)", *Anais do Museu Paulista*, v. 22, n. 2, pp. 105-152, dez. 2014. Disponível em: <http://doi.org/10.1590/S0101-47142014000200005>. Acesso em out. 2022.

uma coleção de arte foi sendo adquirida para a configuração de uma galeria artística[51], mas o Museu Paulista foi definido sobretudo como um museu de História Natural, uma tipologia museal de grande prestígio e vigor na segunda metade do século XIX, que foi adotada como eixo da ação do museu estadual, superando imensamente a visibilidade das coleções históricas até 1917. Seu primeiro diretor foi Hermann von Ihering, zoólogo alemão, que procurou reproduzir na instituição traços do modelo europeu, com base em um saber evolutivo, classificatório e pautado no modelo das ciências biológicas.

Assim, apesar de abrigar a tela *Independência ou Morte!*, de Pedro Américo, as referências aos eventos da emancipação brasileira foram minimizadas durante as primeiras décadas de existência do museu[52].

A intenção de monumentalização da colina do Ipiranga por meio de um conjunto escultórico e de uma reforma urbana encontrou novo impulso com as comemorações do Centenário da Independência, momento em que a evocação de um feito ligado à monarquia já não causava mais aversão às lideranças políticas republicanas. Foi essa também a ocasião em que foram revigoradas as disputas simbólicas entre as elites de São Paulo e Rio de Janeiro para a celebração e centralização da memória nacional. Em um novo contexto político, a ambição das elites paulistas de reescrever a história do país e de criar um imaginário social sobre os eventos históricos que lhes interessavam encontrou momento propício para concretização.

1.2. Preparativos para o centenário

A passagem do século XIX para o XX foi marcada pela transição do regime monárquico para o regime republicano no Brasil. Com isso, a formulação de um passado que sacralizasse a nação e a redefinição de simbologias e imaginários coletivos sob a égide do novo regime tornaram-se tarefas necessárias. Políticos e intelectuais passaram a investir tanto no delineamento de um perfil para a nação, capaz de lhe garantir identidade própria, como na revisão das datas fundadoras

---

51. Pedro Nery, *Arte, Pátria e Civilização: A Formação do Museu Paulista e da Pinacoteca do Estado de São Paulo, 1893-1912*, Dissertação de Mestrado, Interunidades em Museologia-USP, 2015.

52. Ana Maria de Alencar Alves, *Um Museu Científico na História de São Paulo: O Museu do Ipiranga*, Dissertação de Mestrado, FFLCH-USP, 1998.

e das figuras históricas que deveriam ser lembradas e homenageadas. Era indispensável criar um espaço simbólico nacional-republicano, tendo em vista a necessidade de legitimação do novo regime político.

Para José Murilo de Carvalho, a falta de envolvimento real do povo na implantação do regime tornou imperiosa a mobilização simbólica. Porém, a construção do herói republicano foi uma tarefa árdua, devido à dificuldade em heroicizar os protagonistas do Quinze de Novembro. Os pretendidos heróis, como Deodoro da Fonseca e Benjamin Constant, seriam ignorados ou ridicularizados, já que faltava sintonia entre as aspirações coletivas e essas figuras políticas. Carvalho afirma que "a pequena densidade histórica do 15 de Novembro (uma passeata militar) não fornecia terreno adequado para a germinação de mitos" e que os candidatos a herói não tinham "profundidade histórica" e nem "estatura exigida para o papel". Diante disso, a figura de Tiradentes revelou-se aquela capaz de atender às exigências da mitificação[53].

Apesar de o Sete de Setembro estar indelevelmente associado à dinastia Bragança e à tradição imperial, ele foi incluído no calendário cívico criado em 1890, que estabelecia as festas nacionais que seriam feriados. Isso, no entanto, não apaziguou as disputas e debates sobre a importância dessa data e de seus artífices para a história nacional. O monumento equestre a D. Pedro I no Rio de Janeiro, por exemplo, foi alvo de protestos, já que estava instalado no local em que Tiradentes havia sido enforcado. Questionava-se a existência daquela estátua e a nomenclatura do lugar. Por isso, em 1890, alterou-se o nome da praça de Constituição para Tiradentes. Isso não significou o fim das contestações, já que, em 21 de abril de 1893, membros do Clube Tiradentes tentaram encobrir a estátua, vista por eles como "a mentira de bronze"[54], reivindicando a sua retirada. Definiu-se por fim pela permanência da estátua, situada na praça cujo nome remetia ao herói que havia questionado o poder da monarquia portuguesa, o que demonstrava a opção pela justaposição desses símbolos. Segundo Carvalho, o episódio de 1893 indicava as condições de aceitação do herói republicano como herói nacional:

53. José Murilo de Carvalho, *A Formação das Almas: O Imaginário da República no Brasil*, p. 57.
54. Marly Silva da Motta, *A Nação Faz 100 Anos: A Questão Nacional no Centenário da Independência*, Rio de Janeiro, Ed. da Fundação Getúlio Vargas-CPDOC, 1992, pp. 15-16.

A República precisava eliminar as arestas, conciliar-se com o passado monarquista, incorporar distintas vertentes do republicanismo. Tiradentes não deveria ser visto como herói republicano radical, mas sim como herói cívico-religioso, como mártir, integrador, portador da imagem do povo inteiro[55].

Por ter sido resultado de um golpe militar, cuja repentina ocorrência levantava a suspeita da ausência de uma tradição republicana no Brasil, era preciso comprovar que a República não havia sido obra do acaso ou dos caprichos dos militares, mas fruto de memoráveis acontecimentos do passado, iniciados ainda no período colonial, com eventos como a Guerra dos Mascates, a Inconfidência mineira e a Revolução Pernambucana. Vitorioso o "grito do Ipiranga" como momento histórico fundamental para a nação republicana, ele deveria ser adaptado às novas exigências simbólicas. Como demonstrou Marly Motta da Silva:

[...] a saída republicana foi moldar a comemoração do 7 de Setembro aos novos tempos. Era preciso identificar o que podia ser salvo e o que deveria ser esquecido. Enquanto D. Pedro I foi execrado como um estroina, irresponsável, oportunista, José Bonifácio foi devidamente resgatado e guindado a uma posição preponderante. Cientista, brasileiro, favorável ao fim da escravidão, amante da ordem, o denominado "Patriarca da Independência" representaria a síntese das correntes que construíram a Nação brasileira. Sacrificara a República, é certo, mas em prol da estabilidade e mesmo da existência da Pátria. O 15 de Novembro viria coroar seus esforços[56].

A conciliação de diversos eventos históricos e personagens criou uma narrativa linear em que as revoltas do período colonial seguiam uma sequência lógica até resultar no Sete de Setembro de 1822, representado inevitavelmente pela figura do imperador, porém, destacando José Bonifácio como o patriarca e articulador da separação de Portugal. Essa narrativa não era unívoca, já que a elaboração de uma história oficial ainda estava em disputa, que se tornou ainda mais notória diante da aproximação do Centenário da Independência. Os preparativos para essa comemoração mobilizaram parcelas relevantes da população brasileira, sobretudo grupos de intelectuais e políticos que estavam comprometidos com

55. José Murilo de Carvalho, *op. cit.*, pp. 69-70.
56. Marly Silva da Motta, *op. cit*, p. 16.

a criação de uma identidade coletiva de caráter nacional na qual o processo de emancipação tinha posição de destaque:

A comemoração do Centenário colocou em cena versões múltiplas da "história-pátria", suscitou interpretações diferenciadas sobre o papel das figuras históricas, obrigou, enfim, a um mergulho mais profundo nas raízes nacionais. Avaliando a herança dos três séculos de colonização portuguesa no Brasil, discutindo o sentido do grito do Ipiranga, elegendo Bonifácio como o grande "patriarca da independência", os pensadores do Centenário construíram uma "história" (na verdade, uma memória), que firmou uma longa tradição na transmissão do conhecimento histórico[57].

A fim de se construir a identidade nacional, tornou-se imprescindível para intelectuais e políticos – cujos protagonistas encontravam-se na capital nacional e em São Paulo – dotar de tangibilidade a memória que estava sendo forjada, por meio da criação de museus, esculturas e monumentos em que a memória pudesse se cristalizar, sob clara inspiração de processos análogos europeus, especialmente franceses[58]. O Centenário constituiu-se o momento ideal para a concretização de diversos projetos dessa natureza, já que a reflexão e os debates sobre o Brasil e o lugar da "jovem" nação no século XX tornaram-se a principal pauta da elite letrada. Pretendia-se evidenciar um país moderno e, ao mesmo tempo, portador de um passado glorioso. Tradição e modernidade eram as palavras de ordem para essa geração de intelectuais dos anos 1920, que desempenhavam o papel de selecionar as tradições que deveriam ser lembradas, as que deveriam ser apagadas e as que deveriam ser criadas para compor a memória nacional.

As disputas que envolviam a determinação de uma história oficial para os eventos da emancipação brasileira tornaram-se mais latentes, já que estava em jogo o significado do ano de 1822 (e seu centenário em 1922) para o país. Os debates foram retomados com a organização e planejamento das grandes comemorações, principalmente em São Paulo e no Rio de Janeiro. Por meio desses eventos,

---

57. *Idem*, p. 22.
58. Antoine Prost, "Les Monuments aux Morts: Culte Républicain? Culte Civique? Culte Patriotique?", em Pierre Nora e Charles-Robert Ageron, *Les Lieux des Mémoires – La Nation*, v.1; Mona Ozouf, "Le Panthéon", em *idem*. Maurice Agulhon, *Histoire Vagabonde*; e Maurice Agulhon, *Marianne au Pouvoir – l'Imagerie et la Symbolique Républicaines de 1880 a 1914*, Paris, Flammarion, 1989.

as elites políticas a eles associados procuravam demonstrar internacionalmente que a nação centenária, apesar de jovem, era portadora de história e cultura.

Os líderes do estado paulista já vinham firmando sua ambição hegemônica da narrativa do passado nacional desde a criação Instituto Histórico e Geográfico de São Paulo (IHGSP), fundado em 1894, e que se inseria na órbita do poder político dominante do Estado[59]. O órgão assumira a máxima "a História de São Paulo é a própria história do Brasil", anunciada no primeiro número de sua revista, tornando evidente que os membros do IHGSP pretendiam consolidar uma história oficial do Brasil sob a ótica paulista. As festas centenárias constituíam o momento ideal para consolidar essas intenções historiográficas, bem como para a concretização de antigos projetos, como o do monumento escultórico à Independência do Brasil.

As primeiras ideias para uma comemoração do Centenário em São Paulo, surgiram ainda na primeira década do século XX. Em 1908, Augusto da Silva Telles, membro do conselho municipal paulista, propôs realizar uma Exposição do Centenário em São Paulo. Essa proposta foi possivelmente estimulada pela Exposição Nacional que havia ocorrido naquele ano no Rio de Janeiro, em homenagem aos cem anos da abertura dos portos[60]. Essa foi a primeira exposição de grandes proporções realizadas no Brasil, para a qual foram erguidos pavilhões dos estados brasileiros e de Portugal, único país que participou do certame.

Antes de expor o seu projeto de lei, Silva Telles destacou a importância da cidade de São Paulo, como lugar para acolher a Exposição do Centenário da Independência. Segundo o autor, ela ostentava "notável incremento" e logo estaria "entre as grandes cidades do mundo", além de ter passado por melhoramentos que haviam contribuído para a sua "progressiva transformação e aformoseamento". Ele considerava que o evento promoveria obras que realçariam a "estética e topografia" da cidade e que se impunham como "imprescindíveis" para São Paulo. Por fim, afirmava:

> Considerando que S. Paulo, de onde partiu o brado da Independência da Pátria Brasileira, poderá em breve ter condições para reunir os elementos capazes de dar ao mundo a brilhante mostra do quanto caminhou a nação no curto espaço de sua vida autônoma[61].

59. Antonio Celso Ferreira, *A Epopéia Bandeirante...*, pp. 93-94.
60. Silva Telles cita a Exposição Nacional de 1908, quando afirma que "o governo da União terá, com experiência tirada da atual Exposição Nacional, meios seguros *de promover* uma brilhante exibição de todos os Estados da Federação".
61. *Anais da Câmara Municipal de São Paulo*, Sessão de 12 set. 1908, p. 247.

Por todos esses motivos, Silva Telles declarava que a cidade era a ideal para se realizar a Exposição do Centenário em 1922. Em seguida, o vereador expôs o objetivo do evento, destacando, novamente, a importância do lugar em que ele ocorreria:

A nação brasileira dará ao mundo, no berço do seu nascimento, o atestado da sua capacidade, de seus recursos naturais, do valor moral e intelectual de seus filhos, pelo que exibir como fruto de seu labor, como obra de seu patriotismo[62].

Acrescentava ainda que a Exposição mostraria ao mundo "a noção exata do que fez o Brasil no primeiro século de sua soberania". Era, portanto, um evento que pretendia exibir internacionalmente o país e que deveria ser realizado em São Paulo, cidade que, além de reunir as condições necessárias, era o local em que a nação havia "nascido". A mostra seria acompanhada de grandes obras urbanas, que contribuiriam para o engrandecimento da capital paulista. O projeto de lei, apresentado por Silva Telles, foi assinado por Álvaro G. Da Rocha Azevedo, Joaquim Marra, Azevedo Soares e Bernardo de Campos.

Após dois anos sem que a proposta tivesse andamento, Silva Telles a resgatou, reapresentando-a à Câmara em 1910, sob a justificativa de que ele havia lido em um jornal que "na Câmara do Deputados ia ser apresentado um projeto autorizando o governo a estudar os meios de realizar uma exposição em S. Paulo no ano de 1922". Querendo obter os louros do projeto, concluía: "Ora, esta iniciativa, permita-se-me dizer, é da Câmara Municipal". Outro possível motivo para a reapresentação da sua proposta era o fato de as exposições constituírem um assunto em evidência na imprensa, já que em 1910 ocorrera a Exposição Universal de Bruxelas, a Exposição Internacional do Centenário da Independência da Argentina e do Chile e estava em preparação da Exposição Internacional de Turim, que aconteceria em 1911. Após expor novamente o seu projeto, Silva Telles defendeu a importância de tratar do assunto com bastante antecedência e, mais uma vez, destacou a relevância de o evento acontecer na cidade de São Paulo, tendo recebido o apoio de outros vereadores:

Este projeto, por diversas circunstâncias, foi deixado nas pastas das comissões e não teve andamento. Creio, porém, que é chegado o momento de dar vida e movimento a este

62. Idem, ibidem.

projeto. E ninguém me chamará desejoso de vanglorias, pedindo que seja considerada desta Câmara a iniciativa da ideia.

Poder-se-ia dizer que é muito cedo para tratarmos deste assunto, mas eu direi que a França, que é a nação que mais exposições tem feito e que ensina a fazer exposições ao mundo inteiro, desde já está tratando de organizar elementos para uma exposição universal em 1920, isto é, daqui a dez anos; não é muito, portanto, extraordinário que S. Paulo gaste doze anos preparando-se para uma exposição internacional, que será a primeira no país. *E entendo que o lugar próprio para realizar a grande festa da nação brasileira, nesse ano, será a cidade de S. Paulo, berço da independência do Brasil.* (Apoiados)[63].

O pedido de Silva Telles ganhou ressonância e no ano seguinte, na sessão de 28 de abril, Alcântara Machado[64] apresentou um novo projeto para um certame de caráter "agrícola, industrial, comercial e artístico", denominado "Exposição do Centenário", que seria inaugurado em 21 de abril de 1922 e se encerraria em 12 de outubro de 1923. Previa-se a nomeação de uma comissão para pedir cooperação financeira ao Congresso Federal e ao Congresso do Estado, cujos recursos seriam utilizados tanto para a realização do evento como para os projetos de melhoramento urbano. Os signatários do projeto eram Alcântara Machado, Armando Prado, E. Goulart, Sampaio Vianna, F. X. Paes de Barros, Almeida Lima, Oscar Porto, F. Horta Junior e Mario do Amaral[65].

A Exposição passou a ser divulgada na imprensa e recebeu elogios de Eugenio Egas, membro do IHGSP, que enviou congratulações pela iniciativa em nome do instituto[66]. O prefeito de São Paulo, Raymundo Duprat, aproveitou a presença do arquiteto francês Joseph Antoine Bouvard na cidade para consultá-lo sobre a

63. *Anais da Câmara Municipal de São Paulo*, Sessão de 17 dez. 1910, pp. 310-311 (grifos meus).
64. Alcântara Machado confirma que o projeto é baseado no que fora apresentado por Silva Telles, cujo cargo de vereador havia findado. Alcântara Machado diz: "Desejo consignar – e isto no cumprimento de um dever de lealdade e justiça – que, elaborado esse projeto, nada mais fiz que aproveitar as ideias já expendidas nesta casa pelo honrado e distinto ex-vereador sr. Dr. Silva Telles" (*Anais da Câmara Municipal de São Paulo*, Sessão de 28 abr. 1911, p. 204).
65. "Projeto n. 29, de 1911", *Anais da Câmara Municipal de São Paulo*, Sessão de 28 abr. 1911, p. 204.
66. "O dr. Eugenio Egas fala também sobre a ideia de se festejar o centenário da independência, com uma grande exposição nesta Capital, elogiando a iniciativa do vereador dr. Alcântara Machado, a quem louva por tão feliz lembrança. O orador diz que o Instituo andará inspirado se enviar congratulações e seu voto de solidariedade à câmara municipal de S. Paulo, pela excelente iniciativa do dr. Alcântara Machado" (*Revista do Instituto Histórico e Geográfico de São Paulo*, vol. XVI, p. 493, 1911).

proposta para o Centenário e os projetos de transformação urbana que estariam associados à Exposição. Bouvard era considerado uma autoridade profissional, que havia trabalhado como diretor dos Serviços de Arquitetura, Passeio, Viação e Plano da capital francesa. Ademais, ele tinha experiência com organização de eventos de grandes proporções. Havia participado das exposições de Viena, em 1973, e de Londres, em 1874, e feito o pavilhão dos serviços administrativos na Exposição de Bruxelas em 1878. Em 1883, foi nomeado *Architecte de l'Exposition Universelle de 1889* de Paris, e foi responsável pelos projetos do *Palais des Industries Diverses*, do *Grand Dôme* e do pavilhão da *Ville de Paris*. Fez parte da diretoria de arquitetura da Exposição de 1900. Desde 1907, ele trabalhava num "projeto de melhoramento" para a municipalidade de Buenos Aires. Em 1911, ao realizar uma viagem de Paris ao Rio de Janeiro, fez uma breve passagem na cidade de São Paulo, rumando em seguida para Curitiba[67].

Bouvard manifestou a sua aprovação pela iniciativa paulista, demonstrando a importância desse tipo de evento para conseguir realizar todas as intervenções e melhorias necessárias à cidade. Ressaltou ainda que a exposição deveria ser internacional para conseguir a projeção que se buscava e apontou os benefícios do evento para transformar a capital paulista, guindando-a ao patamar das grandes metrópoles europeias:

Disse que não hesitava em considerar felicíssima a ideia de associar a execução dos melhoramentos à realização de uma exposição. Era essa, não aqui, mas em toda parte, a única maneira de levar a cabo um certo número de obras que nunca viram realidade de outra forma.

Nunca Paris teria tido a ponte Alexandre e os dois suntuosos palácios que enquadram a avenida de acesso sem a exposição de 1890[68].

E essa era a regra. Assim se operava por toda a parte a transformação das cidades modernas. A exposição é o objetivo que se tem em mira. E sob o seu estímulo desenvolvia-se em cada ano sucessivo um programa antecipadamente marcado.

67. Ver Hugo Segawa, *Prelúdio da Metrópole: Arquitetura e Urbanismo em São Paulo na Passagem do Século XIX ao XX*, São Paulo, Ateliê Editorial, 2000, pp. 65-68 e Roseli Maria Martins D'Elboux, *Joseph-Antoine Bouvard no Brasil. Os Melhoramentos de São Paulo e a criação da Companhia City: Ações Interligadas*, Tese de Doutorado, FAU-USP, 2015.

68. Ele se refere à Exposição Universal de 1900, quando a ponte foi inaugurada junto com o Grand Palais e Petit Palais.

Acrescia aqui a circunstância particularmente feliz de um notável conjunto de condições harmônicas. Nenhuma forma mais feliz de festejar o centenário da independência de uma nação do que a de patentear ao mundo o apuro do progresso e da civilização da melhor joia do escrínio, do mais pujante fruto da sua vida e evolução.

Uma coincidência verdadeiramente singular colocara essa preciosa gema no próprio lugar em que a nascente nacionalidade soltara o seu primeiro grito[69].

Recebendo a aprovação da autoridade francesa, que não esquecera de destacar o fato de ser São Paulo o berço da nação, a Exposição ganhava mais força. Além de apoiar a ideia, foi divulgado que Bouvard teria elaborado um "plano completo e orçamento muito aproximado" do evento, que fora enviado ao Congresso Federal[70]. Notícia que, se verídica, atribuiria ainda mais relevância à Exposição, tendo em vista a importância dos eventos dessa natureza realizados em Paris e a expertise do arquiteto francês.

São Paulo era vista como a cidade ideal para a realização desse evento que, segundo seus propositores, traria benefícios para toda a nação. Considerava-se o seu clima "mais propício"[71] além de ser um lugar em que os estrangeiros poderiam ver "vida de trabalho"[72]. O maior motivo, no entanto, era que a "Nação Brasileira deveria celebrar o seu primeiro centenário no berço do seu nascimento"[73]. A exposição seria o meio pelo qual a capital paulista poderia se mostrar para o mundo e "galgar rapidamente à altura de uma grande cidade"[74].

69. "Notas e Informações", *O Estado de S. Paulo*, p. 4, 3 maio 1911. Grifos meus.
70. Na nota é dito: "Que Bouvard se pronunciasse sobre a futura exposição do centenário, isso sim, compreende-se. Tem colaborado em muitas, tem dirigido algumas e das mais importantes, conhece os segredos de organizações, pode falar com uma autoridade que ninguém lhe nega, E todos sabem que confiança ele se pronunciou a tal respeito perante os nossos representantes no Congresso Federal, a quem entregou, em prazo de poucos dias, plano completo e orçamento muito aproximado" (*O Estado de S. Paulo*, p. 4, 20 maio 1911). Porém, é possível que o autor da nota tenha se confundido, já que, segundo Segawa, Bouvard havia sido convidado pela municipalidade de São Paulo para opinar a respeito de um debate urbanístico iniciado em 1910 sobre três propostas recebidas pela prefeitura: o projeto de Alexandre de Albuquerque, o projeto Freire-Guilhem e o projeto Samuel das Neves. Diante disso, Bouvard elaborou um relatório de recomendações para um projeto urbanístico para São Paulo (ver Hugo Segawa, *Prelúdio da Metrópole...*).
71. *O Estado de S. Paulo*, p. 4, 25 maio 1911.
72. *Idem, ibidem.*
73. *O Estado de S. Paulo*, p. 7, 18 jan. 1911.
74. *O Estado de S. Paulo*, p. 4, 16 maio 1911.

Para concretizar o projeto, no entanto, era necessário ter o apoio financeiro do governo federal, bem como dos outros estados. A fim de apresentar a iniciativa e solicitar os recursos necessários para ela, os vereadores Armando Prado e Carlos Garcia e o prefeito Raymundo Duprat foram a Minas Gerais e ao Rio de Janeiro. Quando retornaram, Armando Prado fez um relato aos demais vereadores sobre o que havia sucedido, demonstrando, mais uma vez, a importância de São Paulo no âmbito da história nacional, ou seja, a cidade que "teve a glória de sentir as primeiras vibrações do grito libertador", motivo para o evento acontecer em seu território, como relatou o vereador:

[...] o fato de estar colocado dentro dos limites da metrópole paulista o lugar onde o príncipe d. Pedro traçou o gesto memorável, que positivou a nossa liberdade, é o motivo indiscutível que justifica a nossa pretensão de vermos elevarem-se deste recanto da pátria os hinos que hão de saudar a passagem dos primeiros cem anos da existência livre de nossa terra, S. Paulo tem o direito indiscutível de, em 1922, celebrar a maior festa do povo brasileiro[75].

Segundo o relator, o fato da Independência ter sido declarada no território paulista, no entanto, não foi resultado de um acaso, mas uma confirmação que já havia sido esboçada desde os primórdios da história brasileira. Uma vez que São Vicente fora o primeiro "núcleo de colonização regular" do Brasil e que, na vila de São Paulo, ocorrera o "interessante episódio de Amador Bueno, no qual brilharam as primeiras audácias de independência", além de ser "onde se formou o primeiro núcleo de população civilizada", bem como "de onde saíram os sertanistas que conquistaram o oeste e traçaram os limites da pátria", constituindo o "berço de José Bonifácio" e, para completar, o lugar em que se ultimou "a epopeia de um povo que, desejando a vida para trabalhar e progredir, preferiu a morte à independência". Para ele, os paulistas tinham a "obrigação" de tomar a iniciativa das festas centenárias e transformar a colina do Ipiranga "no ponto culminante, no Himalaia da vida nacional"[76].

Com esse pronunciamento, ficava evidente que os políticos paulistas queriam aproveitar a comemoração do Centenário para demonstrar como São Paulo

75. "Sessão de 23 jun. 1911", *Anais da Câmara Municipal de São Paulo*, 1911.
76. *Idem*, p. 269.

era o estado que, desde o início da sua história, reunia condições necessárias para liderar o país. Evidenciando o sentido fundamental que São Paulo teria no contexto da nação e consolidando a sua versão da história como a oficial, pretendiam transformá-lo em *locus* produtor de identidade nacional. Uma exposição internacional poderia exponenciar o alcance dessas pretensões. Por isso, a fim de obter os recursos necessários para concretizar o evento, recorreram aos governos estaduais, primeiramente a Minas Gerais, cujas elites eram parceiras das de São Paulo no jogo político nacional.

Segundo Armando Prado, recorrer a esse estado se justificava também pelo fato de paulistas e mineiros terem "um parentesco muito apertado no seio da gloriosa família brasileira", já que seriam "a mesma onda que se dilatou do interior de S. Paulo". Paulistas e mineiros estariam unidos, portanto, na realização da nação brasileira. Tal fato ficava evidente na referência feita ao mártir da inconfidência mineira, considerado pelo locutor como o precursor, o que primeiro interpretou o "anseio da alma brasileira pela liberdade", o "primeiro impulso [...] da revolta da independência", que teve o seu "remato na colina do Ipiranga, ao brado de – INDEPENDENCIA OU MORTE". Por isso, afirmava que a estátua de Tiradentes deveria ser erguida na colina do Ipiranga, pois "Tiradentes seria a figura representativa desta unidade étnica e histórica que conjuga S. Paulo e Minas Gerais como duas folhas do mesmo galho, duas vagas do mesmo mar, duas ondulações da mesma cordilheira"[77]. Armando Prado afirmava ainda que fora apoiado pelos mineiros, tendo em vista a "indiscutível relevância histórica de São Paulo", e citava um artigo de jornal para comprovar seu argumento[78].

Após a passagem por Minas Gerais, os três políticos paulistas seguiram para o Rio de Janeiro, onde apresentaram a proposta para o ministro da Agricultura que, segundo Armando Prado, "não teve restrições no entusiasmo com que acolheu a ideia proposta" e se colocou "imediatamente ao serviço da causa, hipotecando-lhe todo o seu apoio e a influência de que goza junto às deliberações do governo federal"[79]. A despeito dos apoios que teria recebido e das intenções dos

---

77. *Idem*, p. 270.
78. Armando Prado citava um artigo publicado no *Jornal do Comércio* de Juiz de Fora, que afirmava que a "pretensão paulista" era um "direito indiscutível" e elogiava a iniciativa da Exposição Internacional, desejando que ela se concretizasse. *Jornal do Comércio de Juiz de Fora*, 17 jun. 1911, *apud* "Sessão de 23 jun. 1911", *Anais da Câmara Municipal de São Paulo*, 1911, pp. 272-273.
79. "Sessão de 23 de junho de 1911", *Anais da Câmara Municipal de São Paulo*, 1911, p. 273.

paulistas de dar início imediato às organizações da Exposição Internacional do Centenário em São Paulo, isso não se concretizaria nos anos seguintes.

Além da iniciativa de realizar uma exposição, em 1907, Augusto da Silva Telles também apresentou um projeto para abrir uma avenida que ligaria o edifício-monumento, até a rua Piratininga. Transformado em projeto de lei em 1908, tendo como signatários, além do autor, Ernesto Goulart Penteado e José Oswald, afirmava que:

A importância da obra dispensa qualquer justificação, e mal se compreende que até hoje se tenha deixado aquele monumento, de tão subida significação para a história da pátria, e onde se acha instalado o Museu do Estado – aí atirado a ermo, só abordável mediante tração que se realiza por via tortuosa e de tão desagradável percurso[80].

O vereador Joaquim Marra propôs que a avenida se chamasse D. Pedro I, tendo em vista que a lembrança histórica, "absolutamente não repugna aos nossos sentimentos republicanos" e acrescentando ainda que "todas as nações civilizadas guardam com carinho os fastos da sua história". O projeto se tornou lei em 12 de setembro de 1908 e estabeleceu-se que a avenida teria no mínimo 30 metros de largura em toda a sua extensão e a construção de prédios só seria permitida respeitando-se um recuo de 6 metros da face da avenida. Determinava-se, ainda, que as desapropriações deveriam ter início imediato[81], o que não aconteceu tão rapidamente como era previsto[82].

Por isso, dois anos depois, em 1910, Silva Telles apresentou na Câmara Municipal um abaixo-assinado pedindo o cumprimento da lei e afirmando que aquela via de comunicação se justificava tanto pelo interesse econômico como pela "tradição histórica do Ipiranga", tornando a sua realização "urgente e inadiável"[83]. Sem que seu pedido obtivesse ressonância, insistiu uma vez mais em 1913, quando enviou à Câmara um pedido para que a lei fosse reestabelecida. O ex-vereador

80. "Parecer n. 39, da Comissão de Obras", "Sessão de 18 de julho", *Anais da Câmara Municipal de São Paulo*, 1908, p. 207.
81. Lei 1.124 de 12 de setembro de 1912.
82. Em 21 de novembro de 1908, o cidadão Ernesto Moura enviou uma representação à Câmara solicitando o cumprimento da lei 1.124 e oferecendo terrenos para serem desapropriados a fim de realizar o empreendimento. *Anais da Câmara Municipal de São Paulo*, 1908, p. 314.
83. *Correio Paulistano*, 24 abr. 1910, p. 3.

procurou demonstrar a importância de se iniciarem as obras da via, para que ela pudesse estar finalizada em 1922 e cumprir a função para a qual havia sido pensada, que era destacar o edifício-monumento.

Não se pode dizer que estamos muito longe de 1922, pois esta obra não se faz em dois dias. Há um processo de preparação do terreno, de desapropriações de que seja necessário para a sua construção, de modo que, daqui a nove anos tenhamos uma avenida digna da cidade de S. Paulo, e, sobretudo, digna do ponto a que ela se destina, que é o monumento do Ipiranga[84].

A avenida ganhou visualidade em mapas, que passaram a indicar via de comunicação, como é possível notar na planta do Museu Paulista de 1912 (Figura 3) e também na planta da cidade de São Paulo de 1913. No entanto, o início das obras tardaria mais alguns anos, já que a avenida só foi realmente concretizada quando passou a fazer parte de um outro projeto, também destinado ao centenário: o *Monumento à Independência*.

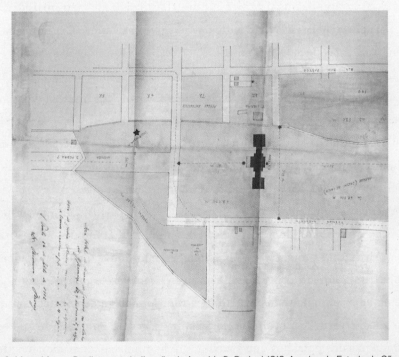

Figura 3. *Mapa Museu Paulista com indicação da Avenida D. Pedro I*, 1912. Arquivo do Estado de São Paulo.

84. "Sessão de 20 de setembro", *Anais da Câmara Municipal de São Paulo*, 1913, p. 319.

1.3. Entraves e competições

A realização de monumentos comemorativos dos centenários das independências foi algo muito recorrente nos países americanos. Em Quito, no Equador, foi inaugurado em 1906 o *Monumento a los Héroes del 10 Agosto de 1809*, feito pelo artista ítalo-suíço Francisco Durini. Na Argentina, foi realizado entre 1908 e 1909 um concurso para erguer, em Buenos Aires, um monumento em homenagem à sua independência[85], vencido pelo italiano Luigi Brizzolara, obra que acabou não sendo realizada. No México, foi feito o *Monumento a la Independencia*, conhecido como *El Angel*, do escultor nacional Antonio Rivas Mercado, inaugurado em 1910, na Cidade do México. Em San Salvador, capital de El Salvador, foi inaugurado em 1911 o *Monumento a los Próceres de la Independencia de Centroamérica*, realizado também por Francisco Durini. Nota-se, assim, que nas primeiras décadas do século XX o processo de independência assumiu o papel de revelador e emblematizador da nação, visível nas estátuas e monumentos erguidos para celebrar essa conquista e seus protagonistas como heróis. Essas representações superaram a evocação do caráter nacional de viés cultural, localizado no "tipo" mais distante – como o gaúcho, o bandeirante, o índio ou, no caso mexicano, o Cuauhtémoc – que seria marcante nas décadas seguintes.

A intenção de realizar um monumento escultórico em homenagem aos heróis da emancipação, como já foi visto, remonta aos primeiros anos da vida política independente do Brasil. Contudo, o que se concretizou no final do período imperial foi uma proposta bastante distinta da pensada inicialmente, ao se construir o edifício-monumento, transformado em sede do Museu do Estado quando foi inaugurado, em 1895, portanto, nos anos iniciais da República.

Uma década antes das comemorações do Centenário, o antigo projeto de construção de um monumento escultórico ganhou novo impulso. Em 1912, Rodrigues Alves, então presidente do estado de São Paulo e já ex-presidente da República, solicitou autorização ao Congresso Legislativo para se erigir "justamente no lugar em que se deu o grito de "Independência ou Morte!" um monumento que perpetue, no bronze e no granito, não só a memória de D. Pedro I, mas também a dos patriotas que o auxiliaram na fundação da nacionalidade bra-

---

85.   Como será visto adiante, Ettore Ximenes participou desse certame.

sileira"[86]. A exatidão do lugar onde seria erguido o monumento era algo a ser perseguido:

Documentos autênticos indicam, com precisão, o lugar em que D. Pedro I, diante da sua guarda de honra, proclamou a independência do Brasil.

Nada existindo, porém, naquele ponto, que indique aos contemporâneos e aos vindouros o sitio exato onde se proclamou a nossa maioridade política, o Governo acredita que o melhor modo de o assinalar, para sempre, seja o de ali se construir o monumento dos heróis de 7 de Setembro.

Se desde já se começarem os trabalhos, necessários, as despesas consequentes poderão ser repartidas por alguns exercícios. E quando ao festejar o primeiro Centenário da nossa independência, já o Brasil e S. Paulo terão prestado a devida homenagem aos fundadores da nossa nacionalidade, à frente dos quais resolutamente se colocou o Príncipe, então regente, e que mais tarde os brasileiros aclamaram seu primeiro Imperador[87].

Dotar de um marco simbólico o local exato em que ocorrera o grito tornava-se algo de grande relevância para a elite dirigente paulista, que buscava consolidar uma versão paulista da história oficial e a centralidade dos territórios paulista e paulistano nos destinos do país. Mais uma evidência disso é o texto, de título "O Papel dos Paulistas na Independência", que foi publicado no jornal *O Estado de S. Paulo* junto à declaração de Rodrigues Alves. Nele, abordavam-se os acontecimentos que antecederam o Sete de Setembro de 1822, apresentando documentos de autoria de José Bonifácio. Assim, a história paulista conquistava espaço num dos principais órgãos da imprensa da capital e servia de suporte para a concretização do conjunto escultórico.

A proposta de Rodrigues Alves apresentava muitos pontos de contato com o edital de 1876, seja por ser também o projeto de monumento escultórico, que deveria render homenagem ao Sete de Setembro e aos personagens que teriam contribuído para o empreendimento, seja pela sua realização ocorrer por meio de um concurso e ainda pela inclusão de uma avenida para conectar a colina do Ipiranga ao centro da cidade. Tais afinidades demonstram uma continuidade

86. "Monumento dos Heróis da Independência: Projeto do sr. dr. Rodrigues Alves", *O Estado de S. Paulo*, p. 4, 7 set. 1912.

87. *Idem, ibidem.*

daquela ideia, que até então não havia sido plenamente realizada. Finalmente, o projeto passou a ganhar materialidade e tornou-se lei em 31 de outubro de 1912. Defendendo o caráter nacional que a obra deveria ter, o presidente do estado de São Paulo reivindicava a participação dos demais estados da Federação que passaram, então, a contribuir com verbas destinadas à execução do monumento. Tão logo foi anunciada a proposta do monumento, os vereadores de São Paulo manifestaram apoio à iniciativa estadual e decretaram uma lei autorizando o executivo municipal a contribuir com 50 contos de réis[88].

Como é possível observar, os dirigentes paulistas realmente queriam transformar a comemoração do Centenário em um enaltecimento de São Paulo e, para isso, estavam dispostos a transformar a cidade, dotando-a de grandes vias de comunicação. Queriam ainda dar materialidade a sua memória do evento histórico, com a construção do *Monumento à Independência*, que teria um caráter didático de ensinar a todos os que por ele passassem a importância daquele lugar nos destinos da nação. Tudo coroado pela planejada Exposição Internacional, capaz de projetar a cidade no exterior. Os anos seguintes à apresentação dessas propostas, no entanto, foram marcados por um certo silêncio sobre as comemorações centenárias e pela estagnação desses projetos.

O estopim da Primeira Guerra Mundial, em 1914, impactou os preparativos, já que se tornava inviável organizar uma Exposição Internacional enquanto muitos países europeus lutavam entre si. Ademais, o conflito armado abalou a economia brasileira, já que o seu principal produto de exportação, o café, foi bastante afetado pela perda de importantes mercados consumidores. Além disso, o Brasil, que dependia de aporte de capitais estrangeiros para financiar projetos de investimento em infraestrutura, viu os mercados financeiros centrais se fecharam repentinamente. Seus principais financiadores externos, os banqueiros europeus, passaram a se comprometer com a compra de títulos da dívida nacional de seus

---

88. "Secundando a patriótica ideia dos paulistas, concretizada na mensagem presidencial de 7 de setembro, de se erigir um monumento aos heróis da fundação da nacionalidade brasileira, no Ipiranga, no lugar precisamente onde D Pedro I libertou a pátria do domínio português, tenho a honra de vir pedir à Câmara a decretação de uma lei autorizando o executivo municipal a concorrer para tal fim com a quantia de 50 contos de réis, que será entregue em tempo oportuno, como auxílio da cidade de S. Paulo, cujos habitantes foram os primeiros a ouvir a proclamação da Independência do Brasil. Às comissões de Justiça e Finanças" ("34ª Sessão Ordinária em 20 de setembro 1912", *Anais da Câmara Municipal de São Paulo*, 1912, p. 372).

próprios países, como parte do esforço cívico. Dessa maneira, a guerra representou imensas perdas comerciais e financeiras para a economia brasileira e um obstáculo para investimentos de monta capitaneados pelo estado, que dependia dos impostos de exportação.

Diante disso, o entusiasmo paulista para a execução da Exposição Internacional enfraqueceu-se. Em 1916, em um artigo publicado no primeiro número da *Revista do Brasil*[89], Adolpho Pinto[90] indicava a mudança dos planos para o Centenário da Independência:

> Infelizmente a intensa crise geral que vimos atravessando, com tão acentuados reflexos sobre as finanças da União, do Estado e do Município, não permite glorificar a memória do grito do Ipiranga com suntuosa pompa digna de seu alto valor histórico.
>
> Quer isto dizer que havemos de nos contentar com o programa mínimo de uma discreta festa em família, sem as aparatosas solenidades que, em outra situação, seriam de rigor.
>
> Mas, por mais modesto que seja esse programa, dado o caráter nacional do acontecimento e notório como é o papel que S. Paulo teve a fortuna de representar, força é convir que há umas tantas obras, uns tantos melhoramentos, que os públicos poderes não podem deixar de ir desde logo promovendo, no interesse de preparar o cenário em que se deverá celebrar a parte mais interessante da solene comemoração cívica[91].

Ao afirmar que as comemorações se restringiriam a uma "discreta festa em família", Adolpho Pinto sugeria que a Exposição Internacional seja descartada.

---

89. A *Revista do Brasil* foi criada no dia 25 de janeiro de 1916, portanto, no dia do aniversário da cidade de São Paulo. A iniciativa partiu de Júlio de Mesquita, secundado por Plínio Barreto e José Pinheiro Machado Júnior. Fazia parte do poderoso grupo do jornal *O Estado de São Paulo*. Segundo Ana Luiza Martins, "o lançamento da *Revista do Brasil* foi cuidadosamente planejado, com linha editorial e diretrizes bem pensadas. Afinal, o empreendimento tinha em vista *um diagnóstico para a nação*". O periódico trazia no seu "bojo uma proposta de reconstrução nacional" (Ana Luiza Martins, *Revistas em Revista: Imprensa e Práticas Culturais em Tempos de República, São Paulo (1890-1922)*, São Paulo, Edusp/Fapesp/Imprensa Oficial, 2008, pp. 66-68).

90. Adolpho Pinto, nascido em Itu, formou-se em engenharia civil na Escola Politécnica do Rio de Janeiro em 1879. Mudou-se para São Paulo para ocupar o cargo de engenheiro fiscal da Companhia Cantareira de Esgotos, posteriormente trabalhou na São Paulo Railway e, em seguida, tornou-se chefe do escritório central e engenheiro auxiliar da Companhia Paulista de Estradas de Ferro. Segundo Hugo Segawa, talvez a ele seja possível atribuir as primeiras preocupações ordenadas a respeito de melhorias urbanas (Hugo Segawa, *Prelúdio da Metrópole*...).

91. Adolpho Pinto, "O Centenário da Independência", *Revista do Brasil*, ano 1, vol. 1, p. 12, jan.-abr. 1916.

No entanto, ressaltava a relevância da data, principalmente para São Paulo, e a necessidade de fazer esforços para se concretizar alguns projetos formulados nos anos anteriores. A primeira proposta do autor para comemorar o Centenário seria a construção do *Monumento à Independência*.

Pois que é um fato histórico o objeto dessa comemoração, claro está que a nossa primeira homenagem se deverá concretizar em simbólico monumento de arte que lhe perpetue a memória e nas obras de embelezamento e conforto reclamadas pelo local que mereceu a distinção de testemunhá-lo e pelos meios que dão acesso ao local.

[...]

Erigido que seja esse monumento, e as circunstâncias concorrem para fazer crer que venha a ser um dos mais notáveis do Brasil, nada faltará para ficar concluída a obra de justiça e de patriotismo que o Ipiranga é credor.

O que, porém, faltará, o complemento indispensável da grandiosa obra de arte que vai coroar a colina sagrada, é uma avenida comunicando a cidade com o pitoresco subúrbio, em condições de largura, conforto e elegância condignas de seu destino.

[...]

Realizadas estas diferentes obras, interessando tanto o 7 de Setembro como o respectivo cenário, teria ainda perfeito cabimento no programa comemorativo, por menos pretensiosa que seja a sua organização, uma completa mostra de todas as relíquias da Independência, a ter lugar no edifício monumental que ali possui o Estado, a qual poderia ser anexada uma exposição de bibliográfica da história e geográfica do Brasil, com todos os documentos e mapas conhecidos desde a época do descobrimento[92].

A solução proposta pelo engenheiro é, portanto, o cumprimento da lei promulgada quatro anos antes, que determinava a edificação de um monumento em homenagem aos heróis da Independência. Para Adolpho Pinto, essa proposta era uma maneira digna de comemorar a data, mas que só estaria completa com a abertura da avenida, que teria utilidade não apenas para conectar o bairro distante ao centro da cidade, mas principalmente para engrandecer o local do grito. Por isso, ele propunha que a via fosse larga e "ornamentada por duplas fileiras de palmeiras imperiais". Para completar o cenário do grito, o Museu do Estado deveria abrigar uma exposição de caráter histórico, cujo tema seria

92. *Idem*, pp. 12-13.

primordialmente a Independência, mas também teria referências a eventos do período colonial.

Além dessas propostas destinadas a transformar a colina do Ipiranga em um "lugar de memória" do Centenário do Brasil, o autor fez ainda sugestões a respeito de outros projetos que deveriam ser concluídos na cidade. O primeiro deles está relacionado à fundação de São Paulo. Por isso, ele propunha o assentamento do monumento *Glória Imortal aos Fundadores de São Paulo*, de autoria do escultor italiano Amadeo Zani. A obra havia sido escolhida por meio de um concurso público realizado em 1909, e estava concluída desde 1913, porém ainda não havia sido instalada. Adolpho Pinto sugeria também que se tomassem providências em relação ao "velho Palácio" do Congresso, referindo-se ao prédio situado no Pátio do Colégio. Propostas para a sua reforma estavam em andamento desde 1891, quando da gestão de Jorge Tibiriçá no governo do estado de São Paulo, mas ainda não haviam sido concluídas. E, por fim, sugeria a realização de um viaduto que ligasse esse largo à rua Boa Vista, realçando o "primeiro monumento histórico de S. Paulo". Outro episódio que, segundo Adolpho Pinto, não deveria ser esquecido, era a "epopeia bandeirante". Para que as comemorações centenárias estivessem completas, deveria ser realizado um monumento aos bandeirantes, que se ergueria à glorificação dos "heróis expedicionários":

> As três ordens de fatos a que me tenho referido constituem por assim dizer a espinha dorsal da história do Brasil, que, nas linhas matrizes de sua estrutura, quase se me pode dizer – é a projeção em maior escala da história de S. Paulo.
>
> Assim sendo, estou que a nossa comparticipação nas festas nacionais em honra ao grito do Ipiranga será dignamente representada pelos que fizermos homenageados os três acontecimentos predominantes do grande passado comum[93].

Celebrar a Independência do Brasil era, na visão do engenheiro, celebrar a história de São Paulo e dos paulistas. No ano seguinte, as propostas de Adolpho Pinto para monumentalizar a colina do Ipiranga começaram a ganhar concretude. Em fevereiro de 1917, Afonso d' Escragnolle Taunay tornou-se "diretor em Comissão" do Museu Paulista, substituindo Armando Prado, que havia sido nomeado diretor no ano anterior, após o afastamento de Hermann von Ihering.

93. *Idem*, p. 15.

A posse do historiador evidenciava a mudança que se pretendia realizar na instituição durante a sua gestão. Membro do IHGSP, cultor da história bandeirista e estudioso do passado de São Paulo, Taunay tornou-se a figura ideal para redirecionar a prioridade do museu da história natural para a história nacional e paulista. Ele seria o responsável por reorganizar a maioria das salas da instituição e criar um novo projeto expositivo, que fazia parte do programa das festas centenárias. Por meio de documentos, pinturas, esculturas e objetos, Taunay criou uma narrativa visual que partia dos primórdios da colonização em São Paulo e culminava no grito da independência[94], tal como sugerira Adolpho Pinto.

Nesse mesmo ano, foi divulgado o edital do concurso para o *Monumento à Independência*, veiculado na imprensa nacional em 7 de setembro de 1917[95]. O certame teria um caráter internacional, o que demonstrava a intenção das elites paulistas em expandir o alcance das suas propostas centenárias para além das fronteiras nacionais, possibilitando a participação de artistas estrangeiros e tornando o monumento paulista, bem como a cidade em que ele estaria situado, mais conhecidos. Apesar da Europa ainda estar em guerra, o edital foi traduzido em quatro línguas (francês, espanhol, inglês e italiano), o que logrou que o certame fosse divulgado em periódicos estrangeiros[96], como no jornal espanhol *El Imparcial*, que explicitava o objetivo paulista:

> *Desejando as autoridades brasileiras que em dito concurso acudam artistas de todos os países, deixam no ministério de Estado à disposição dos artistas espanhóis que se interessem um certo número de exemplares da dita convocatória e bases[97].*

Uma nota do periódico espanhol *La Construcción Moderna* informava que os projetos seriam recebidos nos consulados brasileiros em Paris, Roma, Lisboa,

---

94. Ana Claudia Fonseca Brefe, *O Museu Paulista – Affonso de Taunay e a Memória Nacional (1917-1945)*, São Paulo, Editora Unesp/Museu Paulista, 2005; Miyoko Makino, "A Ornamentação Alegórica", em José Sebastião Witter (ed.) e Heloisa Barbuy (org.), *Museu Paulista, Um Monumento no Ipiranga*, São Paulo, Fiesp/Ciesp/Sesi/Senai/IRS, 1997.
95. "Monumento Comemorativo da Independência do Brasil", *O Estado de S. Paulo*, p. 11, 7 set. 1917.
96. A divulgação internacional do concurso será analisada com mais detalhe no capítulo 2.
97. "Deseando las autoridades brasileñas que a dicho concurso acudan artistas de todos los países, queda en el ministerio de Estado a disposición de los artistas españoles a quienes interese un cierto número de ejemplares de dicha convocatoria y bases". "Concurso de Monumentos", *El Imparcial*, p. 3, 28 dic. 1917.

Nova York, Madri e Buenos Aires[98]. Na revista ilustrada italiana *L'Artista Moderno*, convocavam-se os escultores dizendo que se tratava de "obra artística de vasta proporção e destinada a chamar a atenção de todo o Brasil", afirmando-se ainda que a câmara de comércio ítalo-brasileira estava confiante que numerosos artistas italianos concorressem nessa competição internacional[99].

Além do conjunto escultórico, previa-se também uma reforma urbana, a fim de realçar o monumento e facilitar o seu acesso. Ele deveria ser erigido no centro de uma praça, na qual desembocaria uma grande avenida, que terminava no jardim em frente ao edifício do Museu. Esta era a propalada avenida D. Pedro I, motivo de tantas solicitações de Silva Telles à Câmara Municipal de São Paulo. E, como havia sugerido Adolpho Pinto, haveria as duplas fileiras de árvores, apesar de não serem palmeiras imperiais. No projeto da avenida determinava-se que ela teria 2 400 metros de extensão e 45 metros de largura. Ao longo dela, haveria alguns "parques em estilo inglês", além de um "obelisco alegórico à República"[100] em uma praça localizada na intersecção com a avenida do Estado, na várzea do Carmo. Além disso, na praça do *Monumento à Independência*, seriam erguidos dois edifícios destinados à instrução, em que seriam instalados o grupo escolar "José Bonifácio", grupos escolares do governo, o Ginásio do Estado e a Faculdade de Medicina[101] (Figura 4).

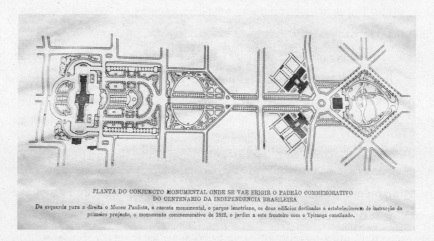

Figura 4. Planta do conjunto Monumental, Retirado de, Affonso d'Escragnolle Taunay, A Transformação do Scenario de Sete de Setembro, *Revista Nacional*, p. 7, em *Diários de Taunay*, Arquivo Museu Paulista.

98. *La Construcción Moderna*, p. 12, 30 ene. 1918.
99. *L'Artista Moderno*, p. 319, 25 nov. 1917.
100. "Avenida da Independência", *Correio Paulistano*, p. 3, 6 jul. 1919.
101. "Congresso do Estado", *O Estado de S. Paulo*, p. 19, 3 dez. 1919.

A avenida proposta seguia a concepção de grandes eixos viários ornados e articulados por monumentos e edifícios monumentais, solução consagrada em Paris, com a famosa *Avenue des Champs-Élysées*. Este modelo havia sido interpretado em outras cidades, como a vizinha Buenos Aires, em que foi aberta a *Avenida de Mayo*, entre 1883 e 1884, inaugurada em 1894. A ideia de abrir uma avenida se tornou fundamental para articular o monumento ao centro da cidade, embelezar o seu entorno e dar-lhe visibilidade, demonstrando a magnitude do projeto paulista para o Centenário, que se contemplava com uma transformação urbanística de São Paulo.

Nota-se que o edital do concurso mantinha relação com aquele elaborado em 1876, uma vez que a proposta era para um conjunto escultórico, dedicado a homenagear os heróis da Independência, e que se constituía como marco do local exato do grito. Além disso, ele seria construído em uma praça de formato quadrangular, na qual desembocaria uma grande avenida, que formava um eixo monumental ligando ao centro da cidade. Outras propostas cogitadas anteriormente, como os edifícios destinados à educação, também estavam contempladas nesse novo projeto. Dessa maneira, as comemorações do Centenário da Independência haviam se tornado o momento de concretização de um projeto elaborado no Império e adaptado às novas exigências da República e das elites dirigentes paulistas.

A data estipulada no edital de 1917 para que os artistas entregassem desenhos (planta, elevação e corte), memorial descritivo, maquete em gesso e orçamento era 7 de setembro de 1918. Contudo, esse cronograma não foi mantido e o prazo foi estendido até dezembro de 1919. Possivelmente, isso tenha ocorrido em decorrência da extensão dos conflitos bélicos na Europa até o armistício de 11 de novembro de 1918 e da possibilidade de participação de mais artistas estrangeiros com o adiamento da data limite de entrega dos projetos. Assim, ampliava-se a oportunidade de divulgar internacionalmente a capital paulista, num ano em que os recursos para obras semelhantes na Europa ainda eram ali escassos.

No mesmo ano de 1919, foi aberto um outro concurso destinado a erigir um monumento em homenagem aos irmãos Andradas. Esse projeto, que também teve origem no período imperial, conseguiu materializar-se no contexto das comemorações do Centenário. Segundo Ana Claudia Brefe, a lei que havia sido promulgada em 1893 previa a criação de uma comissão em prol do monumento, mas somente em 6 de março de 1915 ela foi cumprida, quando então se formou a Comissão. Com ela, foi possível organizar as bases para um concurso internacional, cujo edital foi divulgado em 19 de setembro de 1919[102]. Percebe-se, assim, a importância de que esses monumentos se revestiam para divulgar o estado de São Paulo por meio da participação de artistas de diversas nacionalidades. Os dois concursos, mas sobretudo o da capital paulista, constituíam-se em grandes oportunidades para se obter uma divulgação e projeção internacional da cidade, tendo em vista que a realização de uma Exposição Internacional em São Paulo tornava-se cada vez mais remota[103].

Apesar de todo o entusiasmo dos paulistas em realizar uma exposição em São Paulo e da vontade de que sua organização tivesse início com bastante antecedência, isso não aconteceu. O projeto ficou sem tramitação na Câmara dos Vereadores, talvez porque estivesse aguardando o retorno dos apoios financeiros do governo federal e estadual, que nunca se realizariam. A conjuntura internacional bem como a crise econômica que impactava o mercado brasileiro, tornavam esses apoios cada vez mais improváveis. Contudo, havia ainda quem tivesse esperança, como o articulista do jornal *O Combate*:

Sempre consideramos as exposições do Palácio das indústrias como preparatórias de que se há de realizar em 1922, por ocasião das festas do Centenário da Independência. Lembremo-nos de que, para ir organizando, temos apenas mais três anos. É tempo, portanto, de meter mão a obra, com decisão.

O sr. Prefeito Municipal já teve a iniciativa. Secundem-no por agora os industriais. Secundem-no em seguida o Estado. E todos cooperarão, assim, para o êxito da grande Exposição de S. Paulo, que será a mais bela que se tenha feito na América do Sul[104].

Essa opinião foi emitida ao final de um artigo sobre a Exposição Industrial que acontecia em São Paulo em 1918. A tão almejada exposição, no entanto, tornava-se uma meta cada vez mais difícil de cumprir. Em uma entrevista concedida ao jornal *O Estado de S. Paulo*, em 1919, Adolpho Pinto afirmava que não havia

---

102. Ana Cláudia Brefe e Myriame Morel-Deledalle, *O Monumento aos Andradas*, pp. 21-23.
103. Michelli Cristine Scapol Monteiro, "Mercado e Consagração: O Concurso Internacional do *Monumento à Independência do Brasil*", *H-ART. Revista de Historia, Teoría y Crítica de Arte*, n. 4, pp. 79-102, jan.-jun. 2019.
104. "A Exposição Industrial – O Estado Devia Auxiliar o Município no Preparo do Grande Certâmen de 1922", *O Combate*, p. 1, 19 ago. 1918.

mais tempo para preparar a Exposição. Segundo ele, com a guerra na Europa, não havia sido possível "pensar em festas". E, agora, já não havia tempo hábil para realizar um certame de dimensões internacionais, mas ainda se cogitava fazer uma exposição estadual. Apesar de não ser mais possível realizar a Exposição Internacional, o engenheiro reiterava a sua opinião emitida anos antes, na *Revista do Brasil*, ao afirmar que as festas em São Paulo estariam dignas do evento histórico com as preparações que estavam sendo realizadas:

A Exposição Estadual, as festas esportivas e atléticas do centenário, a inauguração do monumento da Independência, que o governo do Estado vai erigir no Ipiranga, a inauguração do Parque do Carmo e da avenida da Independência, tudo isso se fará com certeza daqui a três anos, atraindo necessariamente a S. Paulo inúmeros viajantes. A cidade encher-se-á de forasteiros...

As festas serão excepcionais...[105]

Outro motivo para o insucesso da Exposição seria a crise vivenciada pelo estado de São Paulo graças ao descenso da produção cafeeira e da própria capacidade de liderar hegemonicamente a política do país desde a segunda metade da década de 1910. O presidente Epitácio Pessoa, paraibano que presidiria as comemorações do Centenário no Rio como líder do país, fora uma escolha que evitou a sucessão de Altino Arantes a Delfim Moreira, o presidente mineiro que tomara posse em função da enfermidade e morte do paulista Rodrigues Alves em 1919. Foi justamente nesse período que surgiram as primeiras ideias de realização de uma Exposição no Rio de Janeiro, como indicou o articulista do jornal *O Estado de S. Paulo*, ao dizer que na capital federal "alvitrou-se a realização de uma Exposição Internacional"[106]. Diferente do que ocorrera em São Paulo, não tardou para que a proposta carioca fosse concretizada, já que no ano seguinte, foi aprovado o projeto n. 19 C, de 1920, segundo o qual:

O Congresso Nacional decreta:

Art. 1º – Fica o Poder Executivo autorizado a promover, desde já e conforme melhor convier aos interesses nacionais a comemoração do Centenário da Independência Política

105. "Coisas da Cidade", *O Estado de S. Paulo*, p. 5, 12 jun. 1919.
106. P.P., "O Centenário da Independência", *O Estado de S. Paulo*, p. 3, 7 set. 1919.

do Brasil, aceitando a cooperação ou concurso de todas as classes sociais, observadas as seguintes condições:

1ª constituição de uma comissão idônea, que ficará diretamente subordinada ao presidente da República, para organizar e executar o programa que resultar do exame e coordenação dos projetos que forem formados pelos membros e comissões do Congresso, Ministérios, Prefeitura do Distrito Federal, Estados, municipalidades, associações ou particulares;

2ª. Observação do critério de preferência para a realização de uma Exposição Nacional na capital da República e para os empreendimentos que representem utilidade permanente, ou atendam a reconhecidas necessidades públicas, tudo para o melhor aproveitamento de toda e qualquer contribuição[107].

Como foi indicado, Epitácio Pessoa, presidente do país, seria o responsável por tomar as decisões finais a respeito dos projetos apresentados para os festejos do Centenário. O documento indica a possibilidade de acontecer uma exposição de caráter nacional no Rio de Janeiro para se comemorar o Centenário da Independência do Brasil, o que de fato se tornaria realidade em 1922, mas com um evento que passou a ter abrangência internacional e contou com a participação de diversos países, tal como haviam planejado as elites paulistas quatorze anos antes. Estava, assim, transmutada para a capital federal a Exposição do Centenário. Com ela, eram transferidas as intenções de grandes reformas urbanas e de metropolização sonhadas pelas elites paulistas para São Paulo. Essa transferência evidenciava o acirramento das tensões entre essas duas cidades, que disputavam o papel de centro propulsor de civilização e cultura para toda a nação.

Aos dirigentes republicanos do Rio de Janeiro, cidade em que outrora havia se operado a montagem simbólica do Estado imperial, por meio do IHGB e da Academia Imperial de Belas Artes, urgia evidenciar uma nova simbologia, dessa vez republicana, capaz de garantir uma posição central à capital federal e às suas elites no contexto de disputas regionais em torno da definição da nacionalidade. Diante disso, no início da década de 1920, a gestão de Epitácio Pessoa procurou transformar a capital federal em uma cidade capaz de disseminar a imagem de progresso, exibir qualidades industriais e ser embelezada mais uma vez, firmando-se no contexto mundial como autêntica metrópole. Propunha-se a abertura de

107. "Notas e Informações", *O Estado de S. Paulo*, p. 3, 3 set. 1920.

uma nova avenida, cujo nome remetia à data comemorativa – a avenida da Independência –, que ligaria avenida Rio Branco até a praça da República. Sugeria-se também o alargamento de ruas e a demolição de "construções arcaicas", seguindo o modelo da reforma feita pelo barão de Haussmann, na França, e já praticado no Rio durante a gestão Rodrigues Alves.

Indicativo dessa intenção de transformar a capital foi a decisão de demolir parte do Morro do Castelo, local habitado por cerca de 5 mil pessoas de poucos recursos, que viviam em cortiços e em péssimas condições de salubridade. Sua ocupação por habitantes de baixa renda, as suas estreitas ruelas e esgotos a céu aberto transformavam o morro em um cenário insalubre e incompatível com os desejos de modernização da cidade. O arrasamento do morro era visto como prova de que o Rio de Janeiro se civilizava mais uma vez e se transformava em "cidade mostruário", uma urbe do espetáculo, capaz de se exibir para as nações estrangeiras.

A apresentação internacional dessa cidade transformada seria possível com a Exposição do Centenário, que, no final de 1920, tornava-se uma proposta mais provável para comemorar os cem anos de vida independente. A Exposição, realizada na Esplanada do Castelo, havia sido pensada inicialmente para ter dimensões nacionais[108], mas acabou sendo transformada em um evento internacional[109], que contou com a presença de 13 países[110]. Ao todo, o recinto da exposição contou com oitenta construções, incluindo tanto as pré-existentes e adaptadas como as construídas especificamente para a Exposição. Os governos estrangeiros ergue-

---

108. *Idem, ibidem.*

109. Segundo Thaís Rezende da Silva de Sant'ana, a exposição fora inicialmente formulada para ser nacional, mas posteriormente foi transformada em internacional. A Comissão Executiva do evento reconheceu o caráter internacional do certame e realizou a mudança em impressos oficiais, convites, propagandas, jornais e revistas, especialmente a partir da segunda metade do ano de 1922, transformando-a, assim, em Exposição *Internacional* Comemorativa do Centenário da Independência do Brasil. Apesar disso, muitas vezes a imprensa a designou como "Universal", tendo em vista que ela tinha características, organização e estrutura condizente com as Exposições Universais do século XIX. Vale destacar, contudo, que o evento do Rio de Janeiro de 1922 não figura dentre as Exposições Universais reconhecidas pela *Bureau International des Expositions*, criada em 1928 (Thais Rezende da Silva Santa'ana, *A Exposição Internacional do Centenário da Independência: Modernidade e Política no Rio de Janeiro do início dos anos 1920*, Dissertação de Mestrado, IFCH-Unicamp, 2008, p. 58).

110. Argentina, Estados Unidos, Japão, França, Inglaterra, Itália, Dinamarca, México, Tchecoslováquia, Noruega, Bélgica, Portugal e Suécia. Fabio Silveira Molina, *Mega-Eventos e Produção do Espaço Urbano no Rio de Janeiro: Da "Paris dos Trópicos" à "Cidade Olímpica"*, Tese de Doutorado, FFLCH-USP, 2013.

ram por conta própria seus pavilhões destinados à exibição de seus produtos. Os projetos apresentados para os pavilhões brasileiros revelavam uma evidente preocupação com a renovação da arquitetura a partir da criação de um estilo que representasse o nacional. Assim, apesar da diversidade de estilos nos projetos para os edifícios brasileiros, ganhou destaque o Neocolonial, que foi consagrado pelo certame como o "estilo nacional"[111].

O Arsenal de Guerra foi reformado a partir de um projeto neocolonial de Archimedes Memória e Francisque Cuchet, com o objetivo de abrigar o Pavilhão das Grandes Indústrias. O edifício, além de conter as mostras das indústrias brasileiras, abrigou o Museu Histórico Nacional, inaugurado em duas de suas salas, o que novamente evidenciava a preocupação com o passado brasileiro e a intenção de reforçar a sua legitimidade, consagrando e divulgando certa noção de identidade nacional da qual o regime seria herdeiro legítimo[112]. Se, em São Paulo, era a visão do IHGSP e de uma identidade nacional de viés paulista que vinha orientando a reformulação do Museu Paulista desde a posse de Affonso Taunay, em 1917, no Museu Histórico Nacional, como frisou Regina Abreu, foi o enaltecimento da Corte, o processo de centralização política no Rio e a memória das elites burocráticas e militares que passariam a ser os grandes eixos dessa construção memorial, um viés interpretativo herdado do IGHB[113]. Em ambos, no entanto, o culto ao passado e às suas glórias tinham uma função pedagógica, já que a história era entendida como *magistra vitae*.

A Exposição Internacional do Rio de Janeiro teve, assim, a intenção de demonstrar internacionalmente que a capital brasileira era a apoteose nacional da

---

111. O neocolonial, defendido por Ricardo Severo e José Marianno Filho, propunha uma atualização estética por meio da retomada do passado colonial na arquitetura, realçando a influência lusitana na arte tradicional brasileira. Nota-se, portanto, que ao mesmo tempo em que se pretendia evidenciar o Brasil como "país do futuro", era imprescindível demonstrar a sua preocupação com o passado. A esse respeito, ver: Joana Mello de Carvalho e Silva, *Ricardo Severo: Da Arqueologia Portuguesa à Arquitetura Brasileira*, São Paulo, Annablume/Fapesp, 2007; Maria Lúcia Bressan Pinheiro, *Neocolonial, Modernismo e Preservação do Patrimônio no Debate Cultural dos Anos 1920 no Brasil*, São Paulo, Edusp, 2012.
112. A ideia de criar um museu de história nacional remonta à década de 1910, quando Gustavo Barroso iniciou uma campanha nos jornais cariocas demonstrando a necessidade do país ter uma instituição para expor relíquias do passado, bem como lembranças dos grandes feitos dos homens de vulto.
113. Regina Abreu, *A Fabricação do Imortal: Memória, História e Estratégias de Consagração no Brasil*, Rio de Janeiro, Lapa/Rocco, 1996.

modernidade e o centro gerador de progresso e civilização para o restante do país[114]. O Museu Nacional, situado em meio à exposição, indicava a simbiose entre a imagem da nação moderna e progressista que ao mesmo tempo tinha fortes vínculos com o passado. Assim, as festas centenárias do Rio de Janeiro tinham a pretensão de unir progresso e tradição, divulgando internacionalmente a capital brasileira, além de contrapor-se ao projeto memorial paulista que vinha sendo implantado no Museu Paulista e no bairro do Ipiranga desde 1917.

As elites dirigentes de São Paulo e do Rio de Janeiro tinham, portanto, uma ambição de constituir suas capitais como centro irradiador de civilização, modernidade e passado para toda a nação às vésperas do Centenário da Independência. Para comemorá-lo, elas utilizaram recursos idênticos: transformações urbanas, inauguração de exposições museológicas e realização de grandes eventos. Uma vez que a almejada Exposição Internacional do Centenário aconteceria no Rio de Janeiro e não em São Paulo, como havia sido pensado inicialmente, as elites paulistas investiriam intensamente na monumentalização da colina do Ipiranga para obter uma posição proeminente no cenário nacional e internacional. Realizar o maior monumento escultórico do Brasil por meio de um concurso público que envolvia grandes nomes da arte internacional além de escolher um projeto capaz de garantir a projeção e reconhecimento a São Paulo era o objetivo perseguido pelos intelectuais e políticos paulistas. Planejava-se, assim, transformar a colina do Ipiranga em um "lugar de memória" da Independência do Brasil.

114. Marly Silva da Motta, *op. cit.*

Capítulo 2

Um concurso internacional para um monumento nacional

Transformar a colina do Ipiranga em um "lugar de memória" da Independência brasileira tornou-se o principal objetivo das elites paulistas para a comemoração do Centenário da emancipação política. Uma vez que pretendiam demonstrar que a cidade era o "berço da nação", propunham demarcar o "lugar do grito" com um monumento escultórico de grande escala, que seria destacado com um eixo urbano que conectaria a colina histórica ao centro da cidade.

Tendo em vista que a proposta de realizar uma exposição internacional em São Paulo tornava-se cada vez mais remota, imperioso era que a monumentalização do Ipiranga fosse executada com maestria. Em vista disso, realizou-se um concurso internacional de proporções inéditas no Brasil a fim de erigir o maior monumento brasileiro. O certame, no entanto, recebeu críticas desde a publicação de seu edital, cujos termos desagradaram a muitos artistas. As polêmicas aumentaram com exposição das maquetes dos artistas participantes no Palácio das Indústrias, em decorrência de sua grande divulgação nos periódicos, que publicavam artigos com descrições e críticas dos projetos, veiculavam ilustrações das maquetes e satirizavam os concorrentes com charges.

Este capítulo examina o concurso do *Monumento à Independência do Brasil*, desde a promulgação da lei que o autorizou, em 1912. Ao analisar os termos do

São Paulo na disputa pelo passado

edital, publicado em 1917, pretende-se indicar as exigências estabelecidas para os projetos participantes e as expectativas criadas em torno dessa grande obra. Fundamental também é saber quem eram os artistas que concorreram no certame e quais estratégias utilizaram para destacar os seus projetos. Que tipo de monumento eles haviam proposto e quais eventos históricos foram evidenciados em suas maquetes? Quais foram considerados pela crítica os mais habilidosos e quais eram considerados mais capazes de projetar a cidade? Para responder tais questionamentos, serão observados todos os projetos que participaram do concurso e a recepção que eles obtiveram da imprensa, durante a exposição de maquetes, realizada em março de 1920.

2.1. Exigências e expectativas do edital

A criação de um concurso para erigir um monumento para São Paulo foi definida em 7 de setembro de 1912, quando Francisco de Paula Rodrigues Alves, presidente do estado e ex-presidente da República, enviou uma carta ao Congresso Legislativo pedindo autorização para erguer um monumento em homenagem à emancipação política brasileira no Ipiranga. Esse documento foi publicado no jornal *O Estado de S. Paulo* juntamente com as considerações de um articulista, que afirmou que há muito tempo "se lamentava e se estranhava o fato de não haver ainda pago o Brasil, e especialmente S. Paulo, a sua enorme dívida de reconhecimento para com os fatores de nossa emancipação"[1], pelo que ele considerava ilustre a iniciativa de Rodrigues Alves. No dia 24 de outubro[2] o projeto entrou em discussão no Congresso Legislativo e foi aprovado no dia 29 do mesmo mês[3], tornando-se lei em 31 de outubro[4].

Em novembro, foi divulgado o decreto que estipulava o prazo de um ano para que fosse aberta a concorrência pública, no país e no exterior, exigindo-se que os artistas concorrentes apresentassem projetos, plantas, maquetes e orçamentos. Determinava-se o prêmio de 30 contos de réis para o vencedor e 15 contos de réis

1. "Monumento dos Heróis da Independência – Projeto do sr. dr. Rodrigues Alves", *O Estado de S. Paulo*, p. 4, 7 set. 1912.
2. "Congresso Legislativo", *Correio Paulistano*, p. 2, 25 out. 1912.
3. "Congresso Legislativo", *Correio Paulistano*, p. 2, 30 out. 1912.
4. Lei n. 1324, *Monumento do Ipiranga*, C06017, pasta MI 03.01.01, doc. 1, Arquivo do Estado de São Paulo.

para o projeto classificado em segundo lugar. Previa-se também um concurso que visava premiar a "melhor monografia que for escrita em língua vernácula sobre o acontecimento de 7 de setembro de 1822"[5]. Essa monografia seria distribuída durante a inauguração do monumento. Defendendo o caráter nacional que a obra escultórica deveria ter, o presidente do estado de São Paulo reivindicava a participação dos demais estados da Federação que passaram, então, a contribuir com verbas destinadas à execução da obra. Esse apoio logrou ser obtido[6] e muitas dessas contribuições foram noticiadas nos jornais, desde 1912[7].

A despeito da autorização e do decreto terem ocorrido em 1912, prevendo que o concurso ocorresse no prazo de um ano, isso não se cumpriu. Foi apenas em 7 de setembro de 1917, cinco anos após a promulgação da lei, que a Secretaria de Negócios do Interior divulgou na imprensa o edital de concorrência do Concurso para o "Monumento Comemorativo da Independência do Brasil"[8]. O documento foi elaborado por uma comissão composta por Washington Luís, prefeito de São Paulo, e os engenheiros Rodolpho Augusto Pinto e Francisco de Paula Ramos de Azevedo. O primeiro artigo do documento determinava que seriam "aceitos projetos de artistas não só brasileiros como de outras nacionalidades". Diferente daquele primeiro edital elaborado em 1876[9], que previa exclusividade para os brasileiros, esse novo concurso pretendia ter uma abrangência internacional. Para tanto, o edital foi traduzido para inglês, francês, espanhol e italiano[10] e estabele-

5. *O Estado de S. Paulo*, p. 6, 5 nov. 1912.

6. Segundo documento emitido pelo governo de São Paulo, os estados que contribuíram com verbas para o *Monumento à Independência* foram Alagoas, Sergipe, Rio Grande do Norte, Rio de Janeiro, Espírito Santo, Pernambuco, Pará, Paraná, Minas Gerais, Goiás, Rio Grande do Sul, Mato Grosso e Santa Catarina. Algumas dessas doações foram divulgadas nos periódicos paulistas. Ver *Monumento Ipiranga* 03.01.08, Pasta 3485, Arquivo do Estado de São Paulo, documento 12.

7. Foi noticiada a contribuição da Câmara Municipal de Guaratinguetá, em *Correio Paulistano*, p. 1, 25 set. 1912. O estado do Maranhão também contribuiu, conforme a divulgação no *Correio Paulistano*, p. 4, 27 fev. 1913. A doação do governo de governo de Goiás foi noticiada em *Correio Paulistano*, p. 4, 7 jul. 1916. Também foi publicada uma nota no *Correio Paulistano* de 1 jul. 1916, p. 2 e de 19 dez. 1916, p. 4 sobre a contribuição do governo do Rio Grande do Norte.

8. "Monumento Comemorativo da Independência do Brasil", *O Estado de S. Paulo*, p. 11, 7 set. 1917.

9. Como foi visto no capítulo 1, as intenções da elite paulista de erigir um monumento escultórico no Ipiranga remontam aos primeiros anos do Império e, em 1876, foi elaborado um edital. Porém, o concurso não foi concluído e o que se concretizou, anos mais tarde, foi um monumento de caráter arquitetônico.

10. *Monumento do Ipiranga*, C06017.02, pasta MI 03.01.02, Arquivo do Estado de São Paulo.

São Paulo na disputa pelo passado

cia que os projetos poderiam ser entregues no consulado brasileiro das cidades de Buenos Aires, Nova York, Lisboa, Roma, Paris.

Esses esforços para a divulgação internacional foram evidenciados em diversas publicações estrangeiras, que citaram o concurso ou publicaram o seu edital durante os anos de 1917, 1918 e 1919, tendo em vista que o concurso foi prorrogado diversas vezes. Foi possível identificar notícias sobre a concorrência em jornais espanhóis, como o *El Imparcial*[11], *La Nación*[12], *El Siglo Futuro*[13], *La Correspondência de España*[14], *Revista General de Ensenanza y Belas Artes*[15], *El Sol*[16], *La Construcción Moderna*[17], *El Figaro*[18] e *El dia*[19]; em italianos, como *L'artista Moderno*[20] e *La Stampa*[21]; nos franceses *Le Figaro*[22], *Le Intrasigeant*[23], *L'Architecture*[24]; e no estadunidense *The Sun*[25]. Além desses, houve divulgação em periódicos de outras cidades, como Buenos Aires, na Argentina; Montevidéu, no Uruguai; Barcelona, na Espanha; Londres e Liverpool, na Inglaterra; e Marselha, na França[26].

11. "Concurso de Monumentos", *El Imparcial*, Madrid, p. 4, 29 dez. 1917.
12. "La 'Gaceta' de Ayer", *La Nación*, p. 7, 19 dez. 1918.
13. "La 'Gaceta'", *El Siglo Futuro*, p. 4, 18 out. 1918.
14. "Instrucción Pública", *La Correspondencia de España*, p. 4, 31 jan. 1918.
15. "La Gaceta de Instrucción Pública", *Revista General de Ensenanza y Belas Artes*, p. 6, 1 nov. 1918.
16. "La 'Gaceta'", *El Sol*, p. 7, 15 out. 1918.
17. "Crónica e Información", *La Construcción Moderna*, ano XVI, n. 2, p. 12, 30 jan. 1918.
18. "El Grito de Ipiranga", *El Figaro*, p. 4, 21 abr. 1919.
19. "Concurso Artístico", *El Día*, p. 8, 21 abr. 1919.
20. "Concorsi", *L'Artista Moderno*, Torino, ano XVI, n. 22, p. 319, 25 nov. 1917; "Concorsi", *L'Artista Moderno*, ano XVI, n. 23, p. 336, 10 dez. 1917; "Concorsi", *L'Artista Moderno*, ano XVI, n. 24, p. 352, 25 dez. 1917; "Concorsi", *L'Artista Moderno*, ano XVII, n. 9, p. 142, 10 mai. 1918.
21. "Concorso Internazionale per un Monumento al Brasile", *La Stampa*, p. 2, 4 nov. 1917.
22. "Amérique Latine", *Le Figaro*, p. 2, 8 mar. 1919.
23. "Les Arts", *L'intransigeant*, p. 2, 24 jun. 1919.
24. "Concours Publics: Monument Brésilien", *L'architecture – Journal Bi-Mensuel de la Societé Centrale Des Architects*, n. 6, p. 138, 1919.
25. "Monument to Commemorate the Independence of Brazil", *The Sun*, 24 mar. 1919, p. 11; "Monument to Commemorate the Independence of Brazil", *The Sun*, p. 11, 31 mar. 1919; "Monument to Commemorate the Independence of Brazil", *The Sun*, p. 12, 7 abr. 1919.
26. Pelas correspondências, foi possível perceber que houve divulgação do concurso em outros jornais estrangeiros, além dos que a pesquisa identificou. Essas divulgações muitas vezes eram declaradas nas cartas, como no telegrama advindo de Buenos Aires em que se pedia mais prospectos e plantas do concurso, pois os que haviam sido enviados tinham sido "profusamente distribuídos na imprensa local" (doc 54 e 55), ou, por exemplo, em Marselha, o consulado avisava ter recebido as instruções para publicar nos jornais daquela cidade a notícia sobre o concurso do monumento comemorativo à Independência do Brasil (documento 73). Além dis-

Obter a difusão do concurso em tantas revistas e jornais estrangeiros era uma maneira de divulgar a cidade de São Paulo e o seu projeto para o Centenário. Sabe-se que o governo pagou U$ 468,00 dólares para ter o edital do concurso divulgado no jornal *The Sun*, de Nova York[27]. É bastante provável que se tenha também investido em publicidade em outros jornais estrangeiros. Foram enviados ao menos 100 exemplares do edital com prospecto da avenida para a França, Inglaterra, Espanha, Portugal e Argentina[28]. Além disso, os consulados foram informados de que o governo do estado de São Paulo arcaria com as despesas de transporte das maquetes e dos projetos provenientes de outros países[29]. Portanto, houve um grande investimento para garantir que artistas estrangeiros participassem da concorrência.

O êxito da intenção de internacionalizar do certame foi confirmado com a grande presença de artistas estrangeiros, o que ampliava ainda mais o alcance da divulgação do concurso. Na visão de seus organizadores, a fama dos escultores participantes contribuiria para engrandecer o monumento. A revista italiana *L'artista Moderno* demonstrava a importância do projeto brasileiro e estimulava os artistas a participarem:

Tratando-se de obra de arte de grande proporção e destinada a chamar a atenção de todo o Brasil, a Câmara de Comércio ítalo-brasileira confia que os artistas italianos concorram numerosamente e em formas válidas neste concurso internacional. Enquanto isso,

---

so, houve participação de artistas de muitas dessas cidades, como Buenos Aires e Montevidéu. Nas cidades que não tiveram participação de nenhum artista, como Londres e Liverpool, essa ausência foi notificada em cartas, (documento 70 e 76). Em Marselha, por exemplo, o consulado avisou que houve a divulgação, porém, aconteceu de maneira tardia e, por isso, não houve tempo para que os candidatos daquela cidade apresentassem suas maquetes. Apesar disso, foi por meio desse consulado que se enviou uma maquete vinda da Suíça. (Ver documentos 73 e 74) (*Monumento do Ipiranga*, C06017.08, pasta MI 03.01.08, Arquivo do Estado de São Paulo).

27. Nas correspondências trocadas com o consulado brasileiro nos Estados Unidos, o cônsul estabelecido em Nova York solicitou que a secretaria do interior pagasse U$ 468,00 referentes à divulgação do edital do concurso no jornal *The Sun* nos dias 24 mar. 1919 e 7 abr. 1919. O cônsul envia a nota fiscal para pedir o reembolso do valor. *Monumento do Ipiranga*, C06017.08, pasta MI 03.01.08, doc. 34 e 36, Arquivo do Estado de São Paulo.

28. Cartas foram enviadas a partir da Secretaria do Interior para os consulados brasileiros desses países solicitando a divulgação do concurso. Ver *Monumento do Ipiranga*, C06017.08, pasta MI 03.01.08, docs. 26, 27, 28, 29 e 30, Arquivo do Estado de São Paulo.

29. Nos documentos referentes ao concurso que se encontram no Arquivo do Estado, há uma intensa troca de correspondência e pedidos de reembolso pelos gastos realizados com o transporte das maquetes vindas da França, Itália, Portugal e Estados Unidos.

coloca-se à disposição de todos os interessados – de acordo com a Câmara italiana de Comércio e Arte sediada em São Paulo – para fornecer as condições mais precisas de concorrência e providenciar aos concorrentes planos e descrições do ambiente em que a nova e grandiosa obra de arte deve combinar[30].

No periódico espanhol *El Imparcial* também se explicitavam as intenções das elites paulistas em relação à participação de artistas estrangeiros:

Desejando as autoridades brasileiras que em dito concurso acudam artistas de todos os países, deixam no ministério de Estado à disposição dos artistas espanhóis que se interessem um certo número de exemplares da dita convocatória e bases[31].

O prazo inicial para a apresentação dos projetos era 7 de setembro de 1918. Contudo, essa data foi alterada diversas vezes, possivelmente para que mais artistas estrangeiros pudessem participar do concurso, já que, até novembro daquele ano, muitos países ainda estavam envolvidos na Primeira Guerra Mundial. Corrobora essa interpretação o telegrama enviado por Edwin Morgan, embaixador estadunidense no Brasil, para o secretário do Interior, Oscar Rodrigues Alves, agradecendo "a sua pronta providência, para que fosse prorrogado o período para a apresentação de modelos, para o monumento do Ipiranga, a fim de facilitar a concorrência dos artistas dos Estados Unidos"[32].

O edital indicava também que ficaria "inteiramente livre à inspiração dos concorrentes a composição do monumento em todos os seus elementos, quer históricos, quer artísticos". Não se determinava, portanto, o tipo de obra que deveria ser feita, ficando a critério dos escultores definir o estilo que empregariam, bem como escolher se fariam uma estátua equestre, um arco do triunfo, um obelisco ou qualquer outro tipo de monumento. Porém, deixava-se explícito que o julgamento seria pautado em dois critérios: o valor técnico da obra e a capacidade de traduzir "a verdade do grande acontecimento que se pretende comemorar", e esta deveria ser de "condigno preito às mais ilustres personagens que nele figuraram". Pretendia-se, portanto, que os escultores fizessem referência aos eventos e per-

30. "Concorsi", *L'artista Moderno*, ano XVI, n. 22, p. 319, 25 nov. 1917. (Tradução nossa).
31. "Concurso de Monumentos", *El Imparcial*, p. 4, 29 dez. 1917.
32. "Notas", *Correio Paulistano*, p. 1, 29 dez. 1918.

sonagens da história da emancipação política brasileira e, para que eles tivessem um documento para se basear, indicava-se a leitura do livro de Rocha Pombo, intitulado *História do Brasil*, de modo que seus projetos se "aproximassem da verdade histórica".

José Francisco da Rocha Pombo (1857-1933) era membro do IHGB e publicou uma extensa obra sobre a história brasileira, organizada em dez volumes, o primeiro publicado em 1905 e o último em 1917. Rocha Pombo baseou a sua análise no homem e na terra, considerados por ele os dois principais elementos na construção da história. O volume sugerido para a leitura dos artistas participantes do concurso era o sétimo, que iniciava com o refúgio da família real no Brasil e relatava também os desdobramentos desse episódio, a proclamação da Independência e o Primeiro Reinado, até chegar ao período regencial. Alguns personagens eram exaltados e transformados em heróis, tendo em vista a construção da identidade nacional que se forjava naquele momento e a necessidade de selecionar a galeria de homens célebres da história. D. Pedro I foi caracterizado inicialmente como um homem movido pela vontade de liberdade e pelo "espírito de pátria", porém o autor demonstrou depois a sua face autoritária, que o teria levado a conflitos com a população, resultando na sua abdicação[33].

O episódio que mais interessava aos escultores era o de 7 de setembro de 1822, que Rocha Pombo descreveu da seguinte forma:

No dia 7 chegaram os mensageiros a S. Paulo, e informados de que S. A. se achava em Santos, para ali se encaminharam a toda pressa. D. Pedro, tendo partido de Santos na manhã desse mesmo dia, mandara, como vimos, já nos campos de Piratininga, que a sua guarda e a maior parte da comitiva o viessem esperar perto da cidade. No Ipiranga foram os emissários encontrar a guarda de honra e a comitiva, descansando debaixo de um arvoredo; e sabendo que o Príncipe não podia estar longe, vão ao seu encontro. Seriam quatro a quatro e meia horas da tarde do belíssimo sábado 7 de setembro, quando, a meia légua de Ipiranga, Bregaro e Cordeiro se encontraram com o príncipe, a quem fizeram entrega da correspondência. Montava S. A. R. um cavalo zaino, e vestia pequeno uniforme – farda azul, botas de verniz justas e altas, chapéu armado com o tope azul e branco. Lê o príncipe ali mesmo os despachos (além de outros papéis, cartas da princesa e de José Bonifácio).

33. Renato Edson Oliveira, *O Brasil Imaginado em José Francisco da Rocha Pombo*, Dissertação de Mestrado, Universidade Federal de Goiás, 2015.

Sente-se que ele experimenta súbita e estranha emoção. Depois, calmamente, como quem medita em angústia, entrega as cartas ao seu ajudante de ordens, major Canto e Melo, e diz a meia a voz, como se quisesse reprimir a forte agitação: "tanto sacrifício feito por mim e pelo Brasil inteiro... e não cessam de cavar a nossa ruína!..." Arranca da espada e grita: "independência ou morte!" Como se gritasse ali para o Brasil inteiro. Esporeia o animal, e a grande galope avança para o lugar em que o séquito se achava. A Sentinela brada às armas; forma a guarda precipitadamente; faz as continências, e ninguém pode de simular o espanto que causa atitudes do Príncipe e dos que o seguem – todos de espada desembainhadas e anunciando, nas alternadas feições e no fulgor dos olhares, a gravidade do que você estava passando. E para toda aquela gente, que se tem nele os olhos em pasmo, exclama D. Pedro: "Camaradas! As Cortes de Lisboa querem mesmo escravizar o Brasil; cumpre, portanto, declarar já a sua independência: estamos definitivamente separados de Portugal!" E estendendo a espada, repete com toda força dos seus robustos pulmões: "Independência ou morte!" Este grito, como no acesso de delírio, é por todos muitas vezes repetidos, e reboa naquelas tranquilas paragens desde então sagradas por aquela voz. "Laços fora!" E arranca do chapéu o tope português, que arroja ao chão sendo por todos imitados com indizíveis transportes de alegria[34].

O evento de Sete de Setembro foi narrado de modo bastante semelhante à pintura histórica *Independência ou Morte!*, feita por Pedro Américo anos antes. Da mesma maneira que o pintor havia recorrido a fontes para compor uma representação que pudesse ser interpretada como a "verdade" do acontecimento, os escultores também precisavam se respaldar nas narrativas dos historiadores e nos documentos históricos, já que o monumento tinha a mesma pretensão de ter um caráter didático, de ensinar àqueles que por ele passassem a importância daquele lugar e dos personagens nele figurados para a Independência do Brasil.

Outro aspecto de grande relevância para ser considerado pelos escultores era o local em que o monumento seria erguido. Como era descrito no edital, seria "no centro de uma praça aberta a meia encosta da colina do Ipiranga, na qual desemboca, em alinhamento reto, uma grande avenida de 45 metros de largura". No documento, havia detalhes sobre a declividade do terreno, o formato da praça, além dos desenhos da planta e perfil longitudinal da avenida (Figuras 9 e 10 do capítulo 1). Ademais, indicava-se que o monumento poderia "ser avistado à distância de

---

34. José Francisco da Rocha Pombo, *História do Brazil*, vol. VII, pp. 744-746.

730 metros da parte anterior e de 640 metros da posterior". O projeto deveria, portanto, atentar-se a todos esses elementos a fim de que a obra fosse grandiosa e pudesse estar em harmonia com o ambiente em que seria instalada.

Os materiais que deveriam ser utilizados eram granito e bronze e determinava-se que o custo total da obra não deveria exceder mil contos de réis. Os projetos deveriam ter desenhos das plantas, elevação e corte em escala 1:50, mas nos "detalhes das seções mais interessantes" a escala deveria ser 1:10. Além disso, os artistas precisariam entregar um "memorial descritivo" que explicasse a obra e as intenções do artista, além de uma maquete em gesso na escala de 1:10 e o orçamento da obra. O autor do projeto vencedor receberia o prêmio de 30:000$000 (trinta contos de réis), enquanto o classificado em segundo lugar receberia 15:000$000 (quinze contos de réis).

O júri do concurso seria composto de pessoas nomeadas pelo governo, que também decidiriam se a execução do projeto classificado em primeiro lugar seria realizada pelo seu próprio autor ou por "quem melhores condições oferecer". Portanto, a memória que seria ali esculpida era aquela determinada pelos escolhidos da elite política paulistana e paulista que, como foi evidenciado, tinha grande interesse em atrair artistas estrangeiros para o certame.

Em 1919, teve início uma intensa divulgação na imprensa paulista sobre o concurso e os artistas participantes. Em março, notícias foram publicadas nos jornais *O Estado de S. Paulo* e no *Correio Paulistano* sobre a passagem de Ettore Ximenes pelo Brasil:

Encontra-se há dias nesta capital, tendo-nos dado ontem o prazer da sua visita, o eminente escultor italiano Ettore Ximenes.

O ilustre artista, que é um dos maiores escultores contemporâneos, vem, pela primeira vez, à América do Sul, sendo um dos fins da sua visita o estudo do projeto com que pretende concorrer ao concurso aberto para o monumento da Independência.

O escultor Ettore Ximenes fez campanha italiana ao lado de vários nomes de maior representação no mundo da arte de seu país e, depois de ser condecorado com a cruz de guerra, veio surpreendê-lo o armistício no posto de capitão do exército.

No curso da sua visita referiu-se entusiasticamente ao maestro Carlos Gomes, que conheceu pessoalmente, e ao imperador do Brasil, d. Pedro II, que o visitou em seu "atelier".

São Paulo na disputa pelo passado

Além de uma aproximação encantadora é eminente escultor um fino "causeur", que conquista pelo espírito e pelo brilho da sua palestra[35].

Como é possível observar, o articulista elogiou Ximenes e suas conquistas e também evidenciou a relação que ele mantinha com o Brasil, ao citar a sua apreciação por Carlos Gomes e o seu contato com o último imperador brasileiro. Afirmava-se, ainda, que esta era a primeira visita de Ximenes à América, informação incorreta, pois o escultor já havia viajado para a Argentina em diversas ocasiões, uma vez que havia ganhado um concurso em 1898 para o Mausoléu ao General Belgrano, inaugurado em 1903[36]. Possivelmente essa era a primeira vez que Ximenes visitava o Brasil, mas não a América do Sul. A notícia veiculada n'*O Estado de S. Paulo* também o apontava como um grande escultor:

Acha-se há dias em S. Paulo e deu-nos ontem o prazer de sua visita, o ilustre artista italiano sr. Comendador Ettore Ximenes, um dos mais reputados escultores da Itália.

O comendador Ximenes vem a S. Paulo para estudar as condições do projetado monumento comemorativo da independência, a erigir-se no Ipiranga, em cujo concurso pretende inscrever-se, apresentando um projeto de colaboração com o arquiteto Manfredi, autor da parte arquitetônica do "Altar da Pátria", em Roma[37].

Como indicado nas duas notícias, foi o escultor que visitou os jornais, o que demonstra que, desde o início do concurso, Ximenes se empenhou na divulgação de seu nome, a fim de se tornar conhecido em São Paulo. Procurou evidenciar as suas qualidades como um escultor de grande reputação na Itália. Ademais, o seu nome foi associado ao de Manfredo Manfredi, um grande arquiteto italiano que, a despeito do que afirmou a notícia, não foi o autor da parte arquitetônica do *Altare della Patria*, mas o responsável pela construção dessa obra de grandes proporções realizada em Roma e que teve repercussão no Brasil[38]. Mas o que interessa ressaltar aqui é

35. "Escultor Ettore Ximenes", *Correio Paulistano*, p. 3, 13 mar. 1919.
36. Michelli C. Scapol Monteiro. "O *Mausoléu a Belgrano*, de Ettore Ximenes, e a presença artística italiana na Argentina", *Revista de Historia del Arte y Cultura Visual del Centro Argentino de Investigadores de Arte Caiana*, n. 8, jan.-jun. 2016.
37. "Ettore Ximenes", *O Estado de São Paulo*, pp. 3-4, 13 mar. 1919.
38. Manfredo Manfredi havia participado do concurso para o projeto arquitetônico do *Altare della Patria*, ou seja, do *Monumento Nazionale a Vittorio Emanuelle II*. Porém, ele foi classificado em

a estratégia que Ettore Ximenes utilizou para destacar seus méritos artísticos e a sua relação com o famoso arquiteto Manfredi, que assinava com ele o projeto do *Monumento à Independência do Brasil*, agregando ainda mais valor à sua proposta.

O escultor italiano não foi o único a buscar a imprensa para divulgar seu nome no concurso de São Paulo. O também italiano Cesare Donini utilizou-se da mesma estratégia. Ele foi caracterizado como um "jovem e notável" arquiteto, que já teria sido vencedor de um concurso na Itália, para o qual haviam concorrido 48 artistas, dentre os quais alguns de "renome"[39]. Foi também anunciada a viagem do escultor brasileiro Bibiano Silva a São Paulo para apresentação da sua maquete. Ele foi apontado como um artista que se destacava dentre os concorrentes, porque ele, "mais do que qualquer outro, conhece e sente a história do seu país"[40]. Noticiou-se também o envio da maquete de um artista uruguaio[41], da qual se dizia apenas que "os entendidos tecem grandes elogios a essa obra"[42]. Foi também divulgada a chegada do artista estadunidense Adolfo Weber[43] e do italiano Luigi Brizzolara. Este último foi reconhecido por sua conquista no concurso do monumento ao centenário da Independência da Argentina, e foi citado tanto pelo jornal *Correio Paulistano*[44] como pelo *O Estado de S. Paulo*[45].

segundo lugar. O vencedor foi Giuseppe Sacconi, que morreu em 1905, antes do grande monumento estar finalizado. Por isso, Manfredi assumiu a construção da obra, porém, seguindo o projeto de Sacconi. Manfredi também havia vencido um concurso para o *Monumento Fúnebre a Vittorio Emanuele II*, que se encontra no panteão de Roma. Essas duas situações podem ter motivado o equívoco do articulista do jornal *O Estado de S. Paulo*. Dentre as principais obras de Manfredo Manfredi é possível citar a tumba de Vittorio Emanuele II no Panteão, a decoração do Pavilhão Italiano da Exposição Universal de Paris (1889) e os pavilhões das Exposições de Chicago (1893) e da Antuérpia (1894). Em 1911, foi selecionado o seu projeto para o Palazzo Viminale, inaugurado em 1925, que abriga o Ministério do Interior da Itália e que, até 1961, foi também sede da Presidência dos Conselhos de Ministros. Realizou ainda uma série de obras funerárias no cemitério Verano em Roma, como a tumba de Santarelli (1881) e o sepulcro de Lovatelli (1885). (Enciclopedia Trecanni. Disponível em: <http://www.treccani.it/enciclopedia/manfredo-manfredi_%28Dizionario-Biografico%29/>, acesso em out. 2022).

39. " Registro de Arte – Arquiteto Donini", *Correio Paulistano*, p. 2, 15 mai. 1919.
40. "O Monumento da Independência em S. Paulo – O Escultor Bibiano Silva Parte para S. Paulo com a Sua 'Maquete'", *Correio Paulistano*, p. 3, 28 jun. 1919.
41. O jornal não cita o nome do artista. Mas, como só houve um projeto do Uruguai, possivelmente esteja se referindo a Felippe Pedro Menino, Luiz Raffo e Antonio Banchini.
42. "Monumento da Independência Brasileira em São Paulo", *Correio Paulistano*, p. 4, 28 jun. 1919.
43. "O Monumento da Independência", *Correio Paulistano*, p. 4, 7 set. 1919.
44. "Telegramas", *Correio Paulistano*, p. 5, 15 nov. 1919.
45. "Artes e Artistas – Escultor Brizzolara", *O Estado de S. Paulo*, 26 jul. 1919.

São Paulo na disputa pelo passado

Em abril de 1919, a imprensa local noticiou que haviam chegado as primeiras caixas contendo "maquetes" de projetos para o *Monumento à Independência*, provenientes da Itália:

> Acham-se no Ministério das Relações Exteriores 49 grandes volumes contendo "maquetes" vindas da Itália para o Estado de São Paulo.
>
> Como é sabido, o governo paulista, querendo comemorar condignamente o centenário da independência do Brasil, havia encomendado a vários artistas italianos, como também a de outros países, "maquetes" para um monumento a ser erguido no próprio local em que foi proferido o célebre grito de d. Pedro: "Independência ou morte?" que marca uma fase áurea nas páginas da nossa história[46].

Essa passagem demonstra como, para o jornal, a participação de artistas italianos e de outras nacionalidades no concurso era vista positivamente, como uma maneira de "comemorar condignamente" o Centenário. Ele afirma que, para isso, o governo teria encomendado maquetes a vários artistas. Sabe-se do grande esforço que o governo empreendeu para que escultores estrangeiros participassem do concurso, porém, não foi encontrada nenhuma evidência de projetos encomendados. No empenho de internacionalização, pode ser que membros do governo e embaixadores tenham convidado para participar do concurso artistas de grande fama internacional e de boas relações com os políticos de seus países. Ettore Ximenes era um desses casos, pois além de participar de muitos concursos internacionais fazia parte do círculo político e intelectual italiano. O que o excerto evidencia, mais uma vez, é como a participação estrangeira era um fator de peso para as elites paulistas.

Opondo-se a essa visão, alguns artistas do Rio de Janeiro, organizados na Sociedade Brasileira de Belas Artes[47], elaboraram um protesto contra diversos

---

46. "O Centenário da Independência. O Monumento de Pedro I no Ipiranga", *O Estado de S. Paulo*, p. 7, 5 abr. 1919.

47. A Sociedade Brasileira de Belas Artes teve origem no Centro Artístico Juventas, que foi fundado no Rio de Janeiro em 10 de agosto de 1910 por um grupo de artistas liderados por Aníbal Matos, Marques Júnior, Angelina Agostini, Fedora do Rego Monteiro, Antonio Pitanga e Armando Magalhães Correa. Em 1º de julho de 1919, por sugestão de Raul Pederneiras e Rodolfo Chambelland, o centro artístico passou a se chamar Sociedade Brasileira de Belas Artes, contando com grande número de associados, entre os quais Artur Timóteo da Costa, Helios Seelinger, Pedro Bruno, Lucílio de Albuquerque, Georgina de Albuquerque, Francisco Man-

pontos do edital do concurso, dentre eles, o da participação de escultores estrangeiros. Esse protesto foi divulgado pelos jornais paulistas em julho de 1919[48], e *O Estado de S. Paulo* publicou-o na íntegra. O primeiro item de que discordavam era a internacionalização do concurso:

Tratando-se de uma obra de arte nacional, destinada a eternizar no mármore, granito e bronze, uma data nacional, ou, melhor, a data iniciadora da nossa personalidade política da nossa emancipação social o concurso aberto pelo governo de S. Paulo, com o auxílio da União e dos demais Estado, deve exclusivamente chamar à liça os elementos artísticos que nos pertencem.

Cabe à arte nacional revelar-se como demonstração do seu adiantamento e um atestado da cultura brasileira.

O ato do governo de S. Paulo peca por impatriótico, já aceitando a concorrência de artistas estrangeiros, inteiramente alheios às nossas tradições e estranhos inteiramente aos nossos destinos, já estabelecendo cláusulas em sua maioria favorável a estes, com grave prejuízo dos artistas patrícios ou estrangeiros, residentes há muitos anos entre nós.

Não é admissível, não é racional, não é logica a comemoração da independência de um país com o empréstimo da colaboração de estranhos, a desairosa e amesquinhante importação com que a xenomania intenta desprestigiar os cultores das artes plásticas nacionais. Tal fato se verifica somente neste campo das artes, pois, nos demais, os concursos são estabelecidos entre cultores patrícios, exclusivamente; assim acontece na música e nos diversos ramos da literatura.

O edital refere-se a um certame especialíssimo, caracteristicamente destacado dos demais certames de arte: – é a nossa maioridade, a nossa independência, que se pretende perpetuar. Atendendo, pois, a essas razões a Sociedade Brasileira das Belas Artes protesta, junto dos poderes competentes, contra a internacionalidade do concurso para o monumento do centenário da Independência, para o qual devam ser chamados somente os

---

na, Henrique Cavalleiro e Magalhães Correa. Raphael Paixão, que era presidente do Centro Artístico Juventas, tornou-se automaticamente o primeiro presidente da Sociedade Brasileira de Belas Artes. A instituição organizava salões anuais, porém, como não dispunha de sede própria, eles aconteciam em lugares como Escola Nacional de Belas Artes e Liceu de Artes e Ofícios (José Teixeira Leite, *Dicionário Crítico da Pintura no Brasil*, Rio de Janeiro, Artlivre, 1988, pp. 117-118).

48. Houve notícias sobre o protesto divulgadas no *Correio Paulistano* em 20 jul. 1919, p. 4 e em 23 jul. 1919, p. 1. No *O Estado de S. Paulo* foi noticiado em 7 jul. 1919, p. 2 e publicado na íntegra em 21 jul. 1919, p. 4.

artistas brasileiros natos ou naturalizados e os artistas estrangeiros residentes no Brasil e radicados insofismavelmente ao solo de nossa Pátria[49].

Com isso, a Sociedade Brasileira de Belas Artes criticava um dos pressupostos do concurso: o fato dele ser internacional. Os signatários do protesto consideravam que, por ser um monumento que rendia homenagem a um evento histórico tão importante, ele deveria ser feito por um artista brasileiro, o que seria uma demonstração do desenvolvimento da cultura nacional. Criticavam, assim, a constante importação de obras e de artistas estrangeiros, considerado por eles como uma "xenomania"[50].

Além dessa crítica, os artistas se posicionaram contra três itens do edital. O primeiro deles era o relativo aos prêmios, considerados exíguos para a "importância técnica e artística da obra a executar" e para as despesas com as quais os artistas estavam arcando para confeccionar maquetes e plantas dos projetos. O valor estabelecido era idêntico aos que haviam sido concedidos, em 1910, para os vencedores dos concursos Monumento a Feijó e para o Monumento Glória Imortal aos Fundadores de São Paulo[51]. De fato, desde de que o concurso do *Monumento à Independência* fora formulado, em 1912, mantiveram-se os valores dos prêmios, apesar da grande inflação vivida no Brasil com a Primeira Guerra Mundial[52]. Contudo, nota-se que os prêmios não se constituíam como um empecilho, já que uma grande quantidade de escultores, principalmente estrangeiros, enviavam projetos para participar do certame.

O segundo aspecto criticado pela Sociedade Brasileira de Belas Artes era o fato do governo paulista ter a opção de não contratar o artista vencedor para a

49. *Monumento do Ipiranga*, C06017.08, pasta MI 03.01.08, doc. 92, Arquivo do Estado de São Paulo.
50. O termo "xenomania" significava a mania de estrangeiros, ou seja, a preferência por artistas de outras nacionalidades.
51. Ver Fanny Tamisa Lopes, *Cenografia e Paisagem Urbana: Um Estudo de Caso na Cidade de São Paulo*, Dissertação de Mestrado, IFCH-Unicamp, 2012, p. 83. Além desses exemplos, ela afirma que em 1920, a execução das estátuas para o *Monumento a Carlos Gomes*, encomendado pela colônia italiana residente em São Paulo ao escultor Luigi Brizzolara para a comemoração do Centenário da Independência, custaria 160 contos de réis para a execução das estátuas, não inclusos nesse valor o traslado das peças e a instalação na Esplanada do Teatro Municipal.
52. Segundo Alzira Alves de Abreu, a inflação brasileira foi superior a 120% entre 1915 e 1920 (Alzira Abreu, *Dicionário Histórico-Biográfico da Primeira República (1889-1930)*, Rio de Janeiro, Editora FGV, 2015).

execução de sua obra. Para os críticos, somente o próprio autor poderia interpretar a maquete, desenvolvê-la e executá-la. A desvinculação da execução do projeto do artista vencedor não era uma prática incomum. Já havia acontecido em outras ocasiões, como no concurso ao monumento equestre de D. Pedro I, do qual saíra vencedor João Mafra, mas cuja execução foi confiada a Louis Rochet. Essa situação voltaria a acontecer em obras como o Cristo Redentor, realizado também na década do Centenário da Independência. O artista que venceu o concurso foi Heitor da Silva Costa, mas a obra foi realizada pelo escultor francês Paul Landowski, sob risco original do italiano Lélio Landucci[53].

A terceira crítica era a respeito dos artistas desconhecerem os jurados do concurso. Para os membros da sociedade Brasileira de Belas Artes, diante da importância artística do certame e das elevadas despesas a que se submetiam os concorrentes, era fundamental que eles soubessem quem seriam seus julgadores, "para poderem assim bem aquilatar da capacidade técnica e artística" deles e também para "conhecer a sua idoneidade moral, pois que um artista que se preza não pode, nem deve, malbaratar o seu nome e a sua reputação para serem julgados por quem não ofereça a segurança e a garantia daquelas três qualidades". Criticavam ainda o formato do concurso e propunham que ele fosse dividido em duas etapas: na primeira, com maquetes "em baixa escala" e na segunda, após a escolha dos dez melhores projetos, maquetes em "escala mais elevada". Consideravam ainda ser de fundamental importância o sigilo da autoria das maquetes. Por isso, preconizavam que os artistas concorrentes assinassem o projeto com um pseudônimo, lema ou divisa e só após o julgamento da primeira etapa do concurso fossem divulgados os autores de cada maquete.

Essas últimas ponderações sugerem que os artistas receavam que a escolha do projeto e do artista que executaria a obra não fosse ponderada por aspectos meramente artísticos. Provavelmente, temiam que a fama de artistas estrangeiros e manipulações políticas fossem preponderantes. Por isso, solicitavam informações sobre quais seriam os membros do júri, exigiam anonimato dos projetos e defendiam que só fosse permitida a participação de artistas brasileiros. O protesto era assinado pelo presidente da Sociedade Brasileira de Belas Artes, Raphael Paixão, que afirmava ter o apoio unânime dos membros da instituição. O texto

---

53. Renata Augusta dos Santos Silva, "O Gigante e a Máquina – Pão de Açúcar", em Paulo Knauss (coord.), *Cidade Vaidosa: Imagens Urbanas do Rio de Janeiro*. Rio de Janeiro, Sette Letras, 1999.

terminava de maneira bastante contundente, ao afirmar que considerava o edital do concurso

[...] atentatório e lesivo aos interesses da arte e dos artistas nacionais esperando das altas autoridades do país uma providencia enérgica, pronta e salutar que seja como o despertar do nosso civismo, afim de que não se consume esse atentado aos superiores intuitos de arte e não se vejam os artistas nacionais feridos naquilo que mais prezam e amam – a grandeza da cultura artista no Brasil[54].

A resposta não tardou, pois, em 23 de julho, o *Correio Paulistano* divulgou uma nota do secretário do Interior e do presidente do estado, que respondia todos os pontos questionados pela Sociedade Brasileira de Belas Artes. As autoridades paulistas afirmaram que, por questões administrativas, "não era lícito ao poder executivo afastar-se, sob qualquer pretexto" da lei 1324, de 31 de outubro de 1912, que autorizou a construção do *Monumento à Independência* e estabeleceu as "condições primordiais do concurso". Seguindo o que estava ali disposto, seriam permitidos os artistas estrangeiros, bem como seriam mantidos os prêmios de trinta contos de réis para o vencedor do concurso e quinze contos para o artista classificado em segundo lugar. Consideravam ainda que:

Tendo-se conservado indiferente à questão, desde a data, da apresentação da lei de 31 de dezembro do 1912 até a data de encerramento da concorrência, 30 do junho do 1919, a Sociedade Brasileira de Belas Artes protestou, fora da oportunidade. A sua ação retardatária, se, de um lado, desabona o seu zelo pelo crédito da arte nacional, do outro lado, não pode mais influir na organização de um concurso, que, aliás, foi anunciado com longos anos de antecedência.

E convém deixar notado que, tendo atendido ao edital muitos concorrentes estrangeiros, nenhum deles reclamou contra a exiguidade dos prêmios fixados, a despeito dos sacrifícios e despesas que fizeram para o transporte dos seus projetos ou das suas maquetes[55].

Justificava-se também a possibilidade de contratar o autor do projeto classificado em primeiro lugar ou outrem para a sua execução, como uma "cláusula

54. *Monumento do Ipiranga*, C06017.08, pasta MI 03.01.08, doc. 92, Arquivo do Estado de São Paulo.
55. "Notas", *Correio Paulistano*, p. 1, 23 jul. 1919.

natural e indispensável", tendo em vista que, na hipótese de ser escolhido o projeto de um artista domiciliado fora de São Paulo, o governo não poderia obrigá-lo a deixar sua terra de residência, seu ateliê, seus negócios e os serviços todos que tivessem a seu cargo para se estabelecer na capital paulista por três anos para a construção do monumento. Consideravam ainda ser menos procedente ainda o argumento sobre a composição do júri, já que ele seria constituído por "homens da maior integridade", que estavam "acima de qualquer suspeita pela justa consagração que os envolve e que os defende das insinuações contidas no protesto da Sociedade Brasileira de Belas Artes". O texto terminava afirmando que a lei havia sido rigorosamente praticada e que o governo não merecia as censuras que lhe haviam sido feitas, completando que havia aberto:

[...] francamente o campo às competências que quisessem concorrer à execução do importante monumento, fê-lo sem cogitar de estreitas preocupações nativistas, inconciliáveis com os grandes fins da arte, e dos melindres da Sociedade Brasileira de Belas Artes, que só agora desperta do seu prolongado e incompreensível sono de sete anos quando a data da inauguração do monumento se aproxima rapidamente[56].

Com essa resposta do secretário do Interior e do presidente do estado de São Paulo, encerrou-se na imprensa paulistana o assunto do protesto, mantendo-se todas as determinações que haviam sido estipuladas inicialmente no edital do concurso. É notório, no entanto, que nenhum artista do Rio de Janeiro participou da concorrência. Aliás, foram poucos os participantes brasileiros: um de Pernambuco e cinco de São Paulo. Foi noticiado, no jornal carioca *A Época,* a participação de um artista residente em Juiz de Fora chamado João de Mio. A nota dizia que:

O projeto do referido escultor é moldado em um quadro de Pedro Américo e representa uma obra de grande valor artístico e notável compreensão cívica, pelas figuras históricas que aparecem no monumento[57].

O que se estranha nessa notícia é que o denominado artista não figurou na lista dos participantes do concurso. Teria ele desistido de participar do certame?

56. *Idem, ibidem.*
57. "Projeto de um Monumento da Independência", *A Época*, p. 3, 31 maio 1919.

São Paulo na disputa pelo passado

Ou o jornalista se equivocou ao dar a notícia? O único projeto que fazia referência ao quadro de Pedro Américo era o de Ettore Ximenes. Poderia ele ter utilizado a ideia de um artista brasileiro para a composição de seu projeto? Não há nenhum indício que comprove isso, no entanto, a maquete de Ximenes, sobretudo o alto-relevo principal, seria objeto de muitas discussões e polêmicas.

O seu projeto não foi o único a se tornar pauta das críticas e dos debates. O concurso do monumento, principalmente durante a exposição de maquetes, ganhou espaço privilegiado nos meios de comunicação, que passaram a publicar informações sobre os artistas, descrições, críticas e charges de suas maquetes, além de opiniões dos leitores sobre as obras. Isso contribuiu para um amplo debate, que contou com a participação da população. A fim de compreender essa discussão, é fundamental conhecer os artistas participantes e as suas propostas para a monumentalização do Ipiranga, bem como sua recepção crítica.

2.2. Artistas e projetos em debate

O ano de 1920 foi marcado por uma grande publicidade do concurso do *Monumento à Independência*, que se tornou um tema privilegiado dos principais jornais e revistas paulistas, havendo também repercussão em periódicos de outros estados. A tão comentada e aguardada exposição, no entanto, atrasou meses para acontecer, já que sete caixas pertencentes a dois projetos de artistas franceses tardaram a chegar ao porto de Santos[58].

Mesmo sem estar aberta ao público, a exposição era visitada por políticos, como os ministros da Agricultura, da Justiça e das Relações Exteriores, e figuras de destaque, como o arcebispo metropolitano e bispo do Espírito Santo, conforme foi relatado em algumas notas de jornais[59]. As polêmicas em torno da exposição também tiveram início antes da sua inauguração. O jornal *A Capital*, por

58. Até 6 de fevereiro de 1920, ainda não se identificara onde estariam as maquetes enviadas da França. Provavelmente, os volumes ficaram perdidos nos armazéns do porto de Santos, pois parece que o navio havia feito o descarregamento em janeiro de 1920. É possível verificar as correspondências em: *Monumento do Ipiranga*, C06017.08, pasta MI 03.01.08, Arquivo do Estado de São Paulo.

59. *Correio Paulistano*, p. 1, 11 dez. 1919; *Correio Paulistano*, p. 1, 22 jan. 1920; *O Estado de S. Paulo*, p. 3, 6 fev. 1920; *Correio Paulistano*, p. 1, 9 mar. 1920.

exemplo, divulgou um artigo intitulado "Preferências Oficiais – Escândalo em Vista", em que afirmava que a maquete vencedora já havia sido escolhida:

Fala-se de uma enorme meada em que estão envolvidos os nomes de julgadores que "prejulgaram" as maquetes quando a exposição ainda não está feita!

Esses julgadores, ao que se diz, serão: Carlos de Campos, Ramos de Azevedo, Ferreira Ramos, Freitas Valle, Paula Souza ou Ricardo Severo.

Há mesmo indícios de estar em jogo uma carta autografa e o "preferido" estar certo e que levantará o primeiro prêmio, porque os srs. Altino e Oscar lhe prometeram....

Querem ver que somos desmentidos? Então falaremos claro[60].

Diante do atraso do concurso, certamente a comissão julgadora já havia sido escolhida e é muito provável que seus membros já tivessem tido a oportunidade de visitar a exposição e observar todas as maquetes que estavam montadas, pois, como vimos, essa era uma prática recorrente. Não é de se estranhar que os jurados já tivessem uma opinião formada sobre o projeto em que votariam, tendo em vista que já haviam se passado muitos meses desde o encerramento do prazo do concurso, tempo mais que suficiente para que eles estudassem os memorias descritivos e os projetos e chegassem a uma conclusão, mesmo que provisória. Mais grave era, no entanto, a denúncia sobre a promessa que Oscar Rodrigues Alves e Altino Arantes teriam feito a um dos concorrentes. Não há nenhum documento que reforce essa alegação, mas foi possível notar que alguns artistas, sobretudo os de maior fama, obtinham certas regalias das autoridades, como será visto nas polêmicas suscitadas pela exposição.

Em 10 de março de 1920 a exposição foi finalmente inaugurada no Palácio das Indústrias. A escolha do lugar da exposição foi alvo das ironias de uma caricatura veiculada na *Revista Miscellânea* (Figura 5). Como noticiaram diversos jornais, a abertura foi feita "sem qualquer solenidade". A exposição poderia ser visitada todos os dias, das 12 às 22 horas, e seria encerrada no dia 20 de março. Porém, posteriormente, o prazo foi prorrogado para o dia 30, possivelmente pela grande frequência e interesse do público[61].

60. "Coisas do Centenário", *A Capital*, p. 1, 4 mar. 1920.
61. Segundo nota veiculada no *Jornal do Commercio*, em 21 de março de 1920, o secretário do Interior teria prorrogado a exposição "atendendo ao grande interesse do público pela importante

Figura 5. Reportagem "As Maquetes do Monumento". *Revista Miscellânea*, n. 1, n. 13, 26 mar. 1920.
Arquivo Público do Estado de São Paulo, acervo Bibliográficos/Periódicos.

Certamente contribuiu para o sucesso da mostra a sua intensa divulgação realizada pelos periódicos. Diversos foram os artigos em que se descreviam os projetos e faziam-se comentários críticos a seu respeito. O periódico que dedicou as mais extensas descrições, incluindo comentários críticos, foi o *Jornal do Commercio*. Esse diário, fundado no Rio de Janeiro em 1827, tinha uma edição de São Paulo, da qual fazia parte como redator Oswald de Andrade[62]. Os artigos ali

---

exposição e ao apelo que lhe dirigimos no dia 19". O jornal *A Capital* apresentou uma justificativa semelhante, dizendo que "ante o interesse e a notável concorrência que tem afluído ao Palácio das Indústrias, nada mais justo do que s. excia. atender ao pedido feito pela imprensa naquele sentido" (p. 1, 22 mar. 1920).

62. Oscar Pigallo, *História da Imprensa Paulista: Jornalismo e Poder de D. Pedro I a Dilma*, São Paulo, Três Estrelas, 2012, pp. 72-73.

dedicados à Exposição de Maquetes, no entanto, não foram assinados e não foi possível identificar a autoria desses textos. Segundo Ana Cláudia Veiga de Castro[63], em algumas situações o periódico demonstrou simpatia ao Partido Republicano Paulista (PRP), ao qual pertenciam os promotores do concurso e muitos de seus jurados.

O *Correio Paulistano* também publicou artigos, sem assinatura, em que se descreviam muitas das maquetes, baseando-se sobretudo nos memoriais descritivos que os artistas apresentaram no concurso, com poucos comentários críticos. Esse era um dos mais importantes jornais paulistas e um dos maiores órgãos da imprensa brasileira do período, que desde 1890 havia se ligado ao PRP, tornando-se seu porta-voz. Dentre os escritores que contribuíram para o jornal nesse período, é possível destacar Menotti del Picchia[64].

Outro periódico de grande circulação e importância que se dedicou a comentar o concurso foi *O Estado de S. Paulo*[65], que publicou dois artigos descrevendo e elogiando a maquete de um dos concorrentes, o artista Nicola Rollo, escritos por Monteiro Lobato e por Júlio de Mesquita Filho. Apesar de ter surgido em meio aos quadros do PRP, o jornal se declarava "politicamente neutro" e desvinculado oficialmente dos partidos políticos. Desde meados dos anos 1910, Júlio de Mesquita congregava a oposição ao governo vigente e mantinha um posicionamento contrário à postura oficial do *Correio Paulistano*. A *Revista do Brasil*, que fazia parte do grupo do jornal *O Estado de S. Paulo*, tinha como editor Monteiro Lobato e, segundo Heloísa de Faria Cruz, era "possivelmente a publicação cultural-literária de maior destaque no panorama intelectual paulista dos anos 10 e 20"[66]. Esse periódico, que divulgou imagens de alguns projetos, era uma revista de variedades

---

63. Ana Claudia Veiga de Castro, *A São Paulo de Menotti del Picchia*, São Paulo, Alameda, 2008, pp. 77-80.

64. Nelson Werneck Sodré, *História da Imprensa no Brasil*, São Paulo, Martins Fontes, 1983 e Ana Claudia Veiga de Castro, *A São Paulo de Menotti del Picchia*, São Paulo, Alameda, 2008, pp. 77-80.

65. O periódico foi fundado em 1875 com o título *A Província de São Paulo* e foi criado por integrantes da Convenção Republicana, que decidiram ter um órgão de imprensa na capital para defender os ideais republicanos. Com o advento da República, passou a se chamar *O Estado de S. Paulo*. Em 1902, Julio de Mesquita torna-se o único proprietário do jornal. Ele, que havia sido escolhido como senador estadual pelo PRP, substituindo Cerqueira César, em 1912, renunciou ao cargo no ano seguinte por estar descontente com o posicionamento de antigos companheiros políticos (Maria Helena Capelato e Maria Lígia Prado, *O Bravo Matutino. Imprensa e Ideologia no Jornal "O Estado de S. Paulo"*, São Paulo, Editora Alfa-Ômega, 1980).

66. Heloísa de Faria Cruz (org.), *São Paulo em Revista*: *Catálogo de Publicações da Imprensa Cultural e de Variedade Paulistana 1870-1930*, São Paulo, Arquivo do Estado, 1997.

São Paulo na disputa pelo passado

que utilizava amplamente a ilustração, enfatizava notícias de teor sociocultural e tinha por objetivo constituir a cultura nacional[67].

Outros periódicos que publicaram descrições de maquetes foram os que pertenciam à colônia italiana, como *Fanfulla* e *Il Pasquino Coloniale*. Em ambos havia uma evidente predileção pelos artistas italianos, únicos a receberem a atenção dos periódicos. Fundado e dirigido por Vitalino Rotellini, o *Fanfulla* iniciou suas atividades como um semanário, em 1893, mas logo se tornou diário[68] e transformou-se na publicação mais importante da numerosa colônia italiana de São Paulo[69]. Caracterizou-se por um trabalho de denúncia e pelas campanhas em defesa dos imigrantes italianos e da sua participação ativa e direta no Brasil[70]. Foi por muitos anos o principal jornal e o porta-voz da coletividade italiana, importância confirmada por sua longevidade, já que existiu até 1965[71]. Já o *Il Pasquino Coloniale* era um jornal humorístico, criado em 1909, que tinha também uma grande tiragem se comparado a outros periódicos italianos[72].

Foi também muito comum a reprodução de ilustrações das maquetes e de caricaturas que as satirizavam em veículos da imprensa. Benedito Bastos Barreto, conhecido por "Belmonte" foi um desses caricaturistas, que publicava seus desenhos na revista *Miscellânea*[73], periódico de propriedade de Manoel Aranha, que

---

67. Ana Luiza Martins, *Revistas em Revista: Imprensa e Práticas Culturais em Tempos de República. São Paulo (1890-1922)*, Edusp/Fapesp/Imprensa Oficial do Estado, 2001.

68. No ano seguinte à sua criação, ou seja, 1894, o *Fanfulla* já tinha tiragem superior à de qualquer outra publicação italiana no Brasil. Teve como colaboradores Schirone, Ancona Lopez e Alceste De Ambris (Angelo Trento, *Do Outro Lado do Atlântico – Um Século de Imigração Italiana no Brasil*, São Paulo, Nobel, 1989, p. 191).

69. Franco Cenni, *Italianos no Brasil*, Edusp, p. 346; Angelo Trento, *Do Outro Lado do Atlântico – Um Século de Imigração Italiana no Brasil*, p. 191.

70. Marcelo Cintra, *A Imprensa Imigrante: Trajetória da Imprensa das Comunidades Imigrantes em São Paulo*, São Paulo: Memorial do Imigrante/Imprensa Oficial do Estado de São Paulo, 2010.

71. Angelo Trento, *Do Outro Lado do Atlântico – Um Século de Imigração Italiana no Brasil*, p. 191.

72. Segundo Angelo Trento, em 1925, a tiragem média era de 1700 exemplares, excluindo os dois maiores diários de São Paulo. Enquanto *La Tribuna Italiana*, que era o terceiro diário de São Paulo, não ia além de mil exemplares, o *Il Pasquino Coloniale* alcançava a cifra de 10 mil exemplares (*idem, ibidem*).

73. Belmonte trabalhou em diversas revistas, como *Miscellânea, Radium, Cosmos, Revista da Semana, Dom Quixote, Fon-Fon!* e *Vida Paulista*. Cf. *Enciclopédia Itaú Cultural*, disponível em: <https://enciclopedia.itaucultural.org.br/pessoa10131/belmonte>. Ademais, além das caricaturas de Belmonte, há outras de artistas desconhecidos. Muitas das charges foram encontradas em um álbum de fotos e recortes de jornais e fotografias existente no Arquivo Histórico de São Paulo, que provavelmente pertenceu a Milcíades Lunes Porchat. Nesse álbum, há

circulava em São Paulo e no Rio de Janeiro. Segundo Heloísa de Faria Cruz, esta era uma revista de variedades ricamente ilustrada com charges e fotografias, e o público leitor era sobretudo a elite paulistana[74].

Além das descrições e das ilustrações, houve também iniciativas de votação popular realizadas, por exemplo, pelos jornais *A Capital* e *A Platéa*, que visavam descobrir qual era a maquete preferida do público, permitindo que seus leitores publicassem as suas considerações sobre elas. *A Platéa*, periódico criado em 1888 como domingueiro ilustrado, transformou-se em um importante diário em 1891[75]. Tinha como proprietário e diretor Araújo Guerra e sua linha editorial defendeu interesses das oligarquias regionais, mostrando-se simpatizante do PRP[76]. Já *A Capital* era um periódico independente fundado por João Castaldi[77] em 1912, ligado à causa operária e que existiu até 1930[78].

A imprensa do Rio de Janeiro pouco noticiou sobre as maquetes participantes do concurso. Os periódicos *O Paíz*[79] e *Gazeta de Notícias*[80] divulgaram apenas

trechos do *Jornal do Commercio* e figuras da revista *Miscellânea*; no entanto, as caricaturas são ainda de procedência desconhecida.

74. Heloísa de Faria Cruz (org.), *São Paulo em Revista...*, pp. 168-169.

75. Heloísa de Faria Cruz, *São Paulo em Papel e Tinta: Periodismo e Vida Urbana 1890-1915*, São Paulo, Arquivo Público do Estado de São Paulo, 2013.

76. Evidência da afinidade com o PRP, por exemplo, foi a ampla cobertura dada às articulações do Convênio de Taubaté. Posteriormente, posicionar-se-ia a favor do governo federal de Washington Luís e do governo estadual de Júlio Prestes (Maria Luiza Tucci Carneiro e Boris Kossoy, *A Imprensa Confiscada pelo DEOPS, 1924-1954*. Cotia/São Paulo, Ateliê Editorial/Imprensa oficial/Arquivo do Estado, 2003, p. 92); Dicionário FGV CPDOC – disponível em: <http://www.fgv.br/cpdoc/acervo/dicionarios/verbete-tematico/plateia-a>, acesso em out. 2022.

77. João Castaldi dei Ruccillo naceu em Campinas, em 1883. Era filho dos imigrantes italianos Afonso Castaldi dei Ruccillo e Cristina Castaldi. Trabalhou nos jornais *Comércio de São Paulo* e *Diário de Campinas*, e nos Estados Unidos, dirigiu o jornal *Las Novedades* e contribuiu para o *Le Progress* e *The New York World*. "Em 1905 foi um dos fundadores da União dos Trabalhadores Gráficos e das Ligas de Resistência de defesa das aspirações socioeconômicas da classe operária, tendo sido precursor nas defesas da justiça social e da organização sindical no país". Ele foi também responsável pela criação da primeira agência de propaganda do Basil, tendo feito o primeiro anúncio colorido (Adolfo Queiroz e Lucilene Gonzales (org.), *Sotaques Regionais da Propaganda*, São Paulo, Arte e Ciência Editora, 2006, p. 27). Ver também <http://www.meioemensagem.com.br/home/comunicacao/2014/11/26/primeira-agencia-completa-cem-anos.html>. Acesso em out. 2022.

78. *Idem, ibidem.*

79. "Notícia dos Estados – S. Paulo", *O Paíz*, p. 5, 22 jan. 1920; "Notícia dos Estados – S. Paulo", *O Paíz*, p. 2, 9 mar. 1920; "Notícia dos Estados – S. Paulo", *O Paíz*, p. 2, 15 mar. 1920.

80. "Senador Lauro Muller em S. Paulo", *Gazeta de Notícias*, p. 3, 15 mar. 1920.

informações sobre figuras proeminentes que visitaram a Exposição de Maquetes, como o Ministro das Relações Exteriores, Azevedo Marques, o Ministro do Brasil na China, José Rodrigues Alves, e o senador Lauro Muller. O periódico *O Jornal* publicou uma nota em que afirmava ter recebido o memorial descritivo do projeto de Roberto Etzel, porém, não emitia comentários a seu respeito[81]. Já o projeto do escultor brasileiro Bibiano Silva recebeu a atenção de dois artigos, um divulgado pelo periódico *A Rua*[82] e outro pelo *Jornal do Brasil*[83].

Foram apresentados à Comissão do Concurso 27 projetos[84], dos quais, como citado anteriormente, somente seis eram provenientes do Brasil. Um deles era o do escultor pernambucano Bibiano Silva. Os demais eram provenientes de São Paulo e, em todos eles, havia a participação de pelo menos um artista imigrante já fixado no Brasil. Um desses artistas era o mencionado Nicola Rollo, italiano que havia se estabelecido na capital paulista em 1913 e que apresentou sua proposta sem parcerias. Todos os outros projetos provenientes de São Paulo haviam sido entregues por duplas, sendo que na maioria delas havia um brasileiro e um estrangeiro imigrante. Esse é o caso dos projetos de Mario Ribeiro Pinto, engenheiro-arquiteto paulista, e Fernando Frick, escultor sueco que havia se mudado para o Brasil antes da Primeira Guerra Mundial; de Victor Mercado, possivelmente um advogado paulista, e Hendrik Bakkenist, escultor holandês que residia em São Paulo desde 1914; e de Annibal Saint Ambrien, possivelmente estrangeiro, e Alberto Pacheco, dos quais não se tem informações. Por fim, havia a dupla formada por dois artistas imigrantes: Jorge Krug, norte-americano de família alemã, que havia se estabelecido no Brasil em 1875 e Antonio Garcia Moya, espanhol que estava em São Paulo desde 1889.

81. "O Monumento da Independência – O Projeto de Roberto Etzel", *O Jornal*, p. 3, 1 fev. 1920.

82. "O Monumento da Independência – O Projeto do Escultor Bibiano Silva", *A Rua*, p. 1, 20 jan. 1920.

83. "Cavalcanti de Albuquerque. Ecos de S. Paulo – Monumento da Independência", *Jornal do Brasil*, p. 6, 13 mar 1920.

84. Há informações desencontradas sobre os participantes do concurso. Nos documentos existentes no Arquivo do Estado de São Paulo, indicam-se dezoito memoriais descritivos, dentre os quais não está o de Ettore Ximenes. Ademais, há documentos citando a chegada de caixas de diversos projetos que não estão presentes na relação dos memoriais descritivos. Os jornais da época descreveram várias das maquetes e citaram a participação de outros artistas e projetos, já que alguns participantes não apresentaram maquetes. Unindo todas essas informações, foi possível enumerar 27 projetos. No entanto, diversas informações incorretas eram veiculadas, como grafia de nomes e país de procedência dos projetos, além de que muitos deles eram assinados por vários artistas, motivo pelo qual esse número pode estar inexato.

Foram também apresentados 21 projetos de artistas estrangeiros que não residiam no Brasil, sendo oito deles provenientes da Itália, três da Espanha, dois da França, três da Argentina, um do Uruguai, um dos Estados Unidos, um da Suíça, um da Dinamarca, além de um de procedência desconhecida. Os artistas italianos eram Giuseppe Macchiavello, Edgardo Simone, Francesco Garuffi, Luigi Brizzolara, Ettore Ximenes, Arnaldo Zocchi e as duplas Cesare Donini e Aldo Scala, e Roberto Etzel e Luigi Contratti. Da Espanha participaram Angel Garcia Dias, José Gimelo Almela e Inocencio Soriano. Os franceses eram Maurice Quef, Jean de Montarnal e um grupo de artistas formados por Edgard Boutry, Paul Gasq, Georges Chedanne e Georges Gardet. Os artistas residentes na Argentina eram Lucio Rossi e as duplas Francesco Gianotti e Troiani e Troiano, e Torquato Tossi e José Ferrer. Do Uruguai, houve o grupo formado por Felipo Pedro Menini, Luiz Raffo e Antonio Bachini. Dos Estados Unidos, a dupla Charles Keck e Adolfo Weber. Houve também o projeto do escultor Grim, da Suíça, e A. Serup Hansen, da Dinamarca.

Passaremos a analisar todos os projetos e artistas que participaram do concurso, observando como eram suas maquetes por meio dos memoriais descritivos apresentados por seus autores e das críticas, imagens e charges divulgadas nos periódicos. Esses projetos estão divididos em quatro grupos organizados segundo impacto que geraram na imprensa.

2.3. Entre a incógnita e a incompletude

Apesar das exigências do edital, muitos artistas não cumpriram as regras, já que alguns não apresentaram maquetes e muitos não entregaram orçamento. As informações de vários projetos foram retiradas das descrições dos jornais[85]. Além disso, da maioria das maquetes só foi possível obter imagens que foram reproduzidas em revistas e jornais. Por falta de elementos ou por não terem despertado o interesse dos críticos, alguns projetos foram pouco evidenciados nos jornais. A respeito da proposta da dupla Anibal Saint Ambrien e Alberto Pacheco[86], de São Paulo, por

---

85. Não é possível afirmar se todos os participantes enviaram memoriais descritivos. Na pasta existente no Arquivo do Estado há apenas 18, estando ausente inclusive o de Ettore Ximenes.

86. Não foi possível encontrar informações sobre Annibal Saint Ambrien e Alberto Pacheco. Seus nomes aparecem citados como uma dupla de São Paulo que participou do concurso e expôs a sua maquete no Palácio das Indústrias, porém, não há mais nenhum dado sobre eles, não há descrição do projeto que eles apresentaram e não há memorial descritivo nos documentos do

exemplo, não se sabe nada. Os artistas foram listados como participantes do concurso[87], porém, não foi possível encontrar nenhuma referência ao seu projeto.

Em contrapartida, há um memorial descritivo de autoria desconhecida. Ele foi escrito em francês e tem como lema a frase em latim: "orbusta juvant humilesque myricae". O autor descreveu a sua proposta (Figura 6) como uma coluna de 65 metros de altura, que teria base de 45 metros por 36 metros. Nos lados leste e oeste haveria um mosaico de flores com as iniciais E.U.B. Inicialmente, os autores haviam pensado em fazer duas fontes monumentais, mas desistiram da ideia. Nos ângulos da base, estariam dispostos quatro leões cuja dimensão seria três vezes a natural. Os leões eram vistos como os guardiões do altar da pátria e símbolo de força do povo. No topo da torre, estaria a figura da Independência. Estátuas representando a História, a Justiça e a Força ficariam ao centro de cada face da torre e, por trás delas, haveria altos-relevos formando um grande friso. No lado

Figura 6. *Projeto Monumento à Independência* – autoria desconhecida. Monumento do Ipiranga, C06017, Arquivo do Estado de São Paulo.

Arquivo do Estado. Também não foi possível identificar nenhuma bibliografia que os citasse ou indicasse outras obras suas, fossem escultóricas ou arquitetônicas.

87. Não foram encontradas informações sobre esses participantes na documentação do Arquivo do Estado de São Paulo. Contudo, essa dupla de artistas foi citada pelos jornais *O Estado de S. Paulo*, 10 mar. 1920, p. 3, e pelo *Correio Paulistano*, São Paulo em 10 mar. 1920, p. 1, e 11 mar. 1920, p. 6.

norte, que é o principal, voltado para o riacho do Ipiranga e para a avenida projetada, estariam representados sete personagens da Independência, como D. Pedro I e José Bonifácio. Por trás deles, ficaria a estátua da Glória, que teria na cabeça uma coroa de louros e na mão a bandeira nacional. Abaixo dessa torre, haveria uma porta monumental sobre a qual estariam brasões dos estados brasileiros. Essa porta daria acesso a uma sala de 20 metros de largura por 12 de altura, que poderia servir de panteão aos "ilustres brasileiros" que contribuíram para o "triunfo da independência". Representando os estados, 21 colunas suportariam a carga total da torre e seis delas estariam dispostas em círculo, que teria sete metros de diâmetro e poderia ser utilizado como um museu.

O dinamarquês A. Serup Hansen foi citado na lista dos participantes do concurso divulgada pelos jornais[88], porém, pouco se falou sobre a sua proposta. No documento que o artista enviou à Comissão do Concurso, ele disse apenas que o seu projeto era "modesto" e que utilizaria mármore, bronze e granito. Haveria 4 painéis em mosaico italiano, em que fulgurariam eventos da história brasileira que, no entanto, ainda não haviam sido escolhidos, já que, segundo ele, "era impossível obter essas informações em Copenhagen". O escultor se limitou, então, a realizar esboços simples para que os jurados pudessem ter uma ideia do seu projeto[89]. Mesmo sem maquete, a proposta de Hansen foi alvo das caricaturas da época (Figura 7).

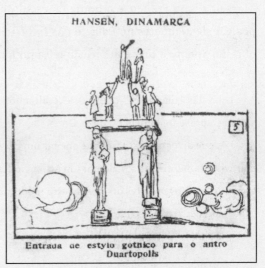

Figura 7. "Entrada de Stilo Gótico para o Antro Duartopolis", Caricatura do Projeto A. Serup Hansen. Álbum "Monumentos para o Centenário" provavelmente pertencente a Milcíades de Luné Porchat, Arquivo Histórico de São Paulo.

88. *Idem, ibidem.*
89. Um descritivo muito simples assinado pelo artista encontra-se incorretamente incluído com o documento dos artistas Francesco T. Gianotti e Troiani e Troiano na caixa *Monumento da Independência*, C06017.04, pasta MI.3.1.4 doc.14, Arquivo do Estado de São Paulo.

O articulista do *Jornal do Commercio* fez um breve relato sobre desenhos feitos por "autores franceses" desconhecidos. É possível que ele estivesse se referindo à proposta de Serup, que também foi escrita em língua francesa, o que pode ter gerado a confusão:

Há ainda em exposição no Palácio das Indústrias, alguns desenhos de autores franceses, os quais constituem o projeto por ele ser apresentado. Não enviaram " maquetes ".

São também pouco apreciáveis, mesmo como desenhos, pois, não obedecem a nenhuma regra estética. Além do mais são destituídos de qualidades capazes de recomendar os escultores que os apresentaram, porque revelam a falta absoluta até dos rudimentos de anatomia, que são necessários aos próprios colegiais. Quando se trabalha para um concurso como este é, pensamos, necessário não somente estudar muito, como também torna-se indispensável um pouco de... jeito na maneira de apresentar os trabalhos.

Alunos do nosso Liceu de Artes e ofícios trabalham indiscutivelmente com melhor técnica e com mais perfeita compreensão artística do que estes autores, cujos nomes não pudemos obter, mas que também não fazem falta[90].

Outro projeto que teve pouca repercussão foi o do suíço Grim (ou Green). Sabe-se que o artista enviou o seu projeto por meio do consulado brasileiro em Marselha[91], na França, e o nome do escultor foi citado como participante da exposição de maquetes no Palácio das Indústrias. Porém, o que se divulgou sobre a obra foi apenas a breve descrição feita no *Jornal do Commercio*:

Uma das "maquetes" que passa totalmente despercebida do público é, sem dúvida alguma, apresentada pelo escultor Green, da Suíça.

Pode se dizer que essa figura é apenas uma desastrada modificação do bronze "Niobe", maravilhosamente trabalhado por um artista italiano, cujo nome nos escapa. Essa "Niobe" constitui um dos maiores arrojos da arte moderna. É magnífica nas suas formas, nas suas expressões, em tudo, enfim.

90. "Gazetilha – O Monumento da Independência", *Jornal do Commercio*, p. 4, 18 mar. 1920.
91. Uma carta do ministro das Relações Exteriores, Azevedo Marques, enviada ao secretário do Interior, Altino Arantes, afirma ter recebido um caixote contendo o projeto do escultor suíço Grim. Porém, não foi encontrado o memorial descritivo do artista, nem reproduções ou ilustrações de sua maquete (*Monumento do Ipiranga*, C06017.08, 3485, M.I.03.01.08 doc. 74, Arquivo do Estado de São Paulo).

O senhor Green, apaixonado talvez por tantas belezas, modificou a figura da desventurada personagem da mitologia grega e, transformando-as em símbolo da independência. Nada de mais reprovável, nem de mais infeliz na arte.

O escultor nos apresenta para projeto de um grande monumento essa simples figura modificada levemente, sobre um bloco de gesso!! Onde há compreensão do profundo significado proposto? Talvez nem mesmo na imaginação do artista, pois quem pretende com uma simples figura de mulher a correr, representar o maior lance histórico de um povo, não pode ser dotado de grande concepção artística, ou compreensão simbólica[92].

O espanhol José Gimeno Almela[93] não foi citado pelos jornais, provavelmente porque não apresentou a maquete do seu projeto. O arquiteto justificou a ausência afirmando que a guerra na Europa havia dificultado a divulgação do concurso, por isso, ele só teria visto a oportunidade de participar do certame em 15 de março de 1919, quando viu informações veiculadas no jornal *La Construction Moderne*, de Paris. Mesmo com pouco tempo, afirmou querer realizar o projeto, desejando manifestar a "simpatia que inspira a República do Brasil e o estado de São Paulo em particular"[94].

O seu projeto era um obelisco acompanhado por diversos grupos escultóricos e baixos-relevos, que pretendiam contar não apenas o evento da Independência, mas diversos fatos da história do Brasil. O principal grupo escultórico era o de D. Pedro I, que estaria a pronunciar a frase: "Independência ou morte". Duas figuras femininas ladeariam o obelisco simbolizando a Pátria "depositando louros sobre os heróis anônimos do exército e do povo". De um dos lados do obelisco estaria a representação da "Civilização" e logo abaixo duas figuras femininas simbolizariam a Ciência e a Arte. Do outro lado, haveria o conjunto escultórico da "Abolição da Escravidão", acompanhado pelas figuras da Justiça e do Direito.

92. "Gazetilha – O Monumento da Independência", *Jornal do Commercio*, p. 4, 18 mar. 1920.
93. José Gimno Almela foi um arquiteto valenciano. É autor do Armazém de Dávalos (1910), do edifício Dávalos (1915) e do Auditório Municipal de Castellón (1923), todos na sua cidade natal, Castellon de la Plana, Espanha. Informações retiradas de Memorial descritivo José Gimelo Almela. *Monumento do Ipiranga*, C06017.04, 3492, M.I.3.1.4, doc. 11, Arquivo do Estado de São Paulo; e do site *El Riconcillo de Juanjo*.
94. Memorial descritivo José Gimelo Almela. Monumento do Ipiranga, C 06017.04, 3492, M.I.3.1.4, doc. 11, Arquivo do Estado de São Paulo.

Baixos-relevos representariam a chegada de Cabral em 1500, a chegada de D. João VI em 1808, a "Proclamação do Reino do Brasil", a Proclamação da República e a sua intervenção na guerra europeia. À frente, uma "robusta mulher" simbolizaria a marinha brasileira, tendo ao seu lado descobridores e exploradores, além da estátua de Cabral e do "iniciador da marinha brasileira". Coroando o monumento, haveria a estátua da Vitória, acompanhada do Valor e do Patriotismo[95].

Dentre os projetos provenientes da Argentina estava o de Lucio Rossi. Também ele foi pouco citado nos jornais, porque não apresentou maquete, pois afirmava não ter tido tempo suficiente e pedia mais tempo para desenvolver a ideia e "aperfeiçoar os aspectos estéticos" do seu projeto, reproduzindo-o em gesso. Apresentou-se como um "especialista no ramo da arte monumental" que havia ganhado vários prêmios em "concursos análogos". Em seu memorial descritivo, aconselhava os jurados a não se deixarem surpreender por alguns projetos, que certamente extrapolariam o orçamento estabelecido no edital. Como comprovação, citou o concurso que havia acontecido em Buenos Aires anos antes, do qual foram vencedores os italianos Luigi Brizzolara e Gaetano Moretti, cujo monumento não havia sido construído, segundo Rossi, porque os vencedores haviam aumentado em um milhão de pesos o preço estipulado durante o certame.

O projeto de Lucio Rossi para o monumento brasileiro teria uma base mais larga que alta, formando um altar da pátria, que tinha como referência o "altar de Pérgamo dos helênicos e o Arco do Triunfo dos romanos".

O arco está coroado por três figuras, a saber: a do príncipe regente a cavalo e as de dois mancebos seminus, que se encontram ao seu lado, um em atitude de mostrar-lhe a mensagem da corte de Lisboa, que o impõe a se apresentar perante ela para responder por seus atos atentatórios contra a soberania portuguesa, e o outro em atitude de oferecer-lhe uma coroa real em nome do povo brasileiro, que professa tanta devoção e afeto, como o demonstra o ato que faz esse mancebo de colocar uma mão sobre o peito.

Na presença deste dilema do destino, Dom Pedro patrioticamente, e como bom filho do Brasil, arranca do chapéu os emblemas que se referem à soberania de Portugal e, levantando a espada, pronuncia o conhecido grito de: "INDEPENDÊNCIA OU MORTE"[96].

---

95. *Idem, ibidem.*
96. Memorial Descritivo Lucio Rossi. *Monumento da Independência*, C 06017.04, MI 3.1.4, 3472, doc. 6, Arquivo do Estado de São Paulo.

Nas laterais do monumento se encontrariam dois grupos escultóricos em alto-relevo, representando o "Dever patriótico" e a "Virtude" e, no meio do arco, haveria a imagem simbólica da "Independência Nacional", representada por uma jovem sentada em uma poltrona, tendo aos seus pés o jugo quebrado e nas mãos o escudo do Brasil. No lado externo do respaldo da poltrona, estaria esculpido um baixo-relevo de três metros e meio de largura, em que estaria representado "o dia do Fico" e nas laterais da poltrona haveria outros dois baixos-relevos recordando os mártires de Pernambuco e as vítimas da Bahia, "que foram os precursores da Independência Nacional". Haveria ainda um tripé onde se colocaria o "fogo sagrado" em cada aniversário de 7 de setembro, que algumas meninas vestidas de branco, "como as vestais", se encarregariam de manter aceso o dia todo. José Bonifácio estaria representado em uma estátua sedestre acompanhado de bustos dos demais próceres da independência. Haveria também duas fontes e, na cabeceira de uma delas, um pedestal com a figura de um gigante, em repouso, segurando em suas mãos uma espada".

Na praça em frente ao monumento, seria escavado um lago em formato de coração de 100 metros de largura por 80 de comprimento e que teria ao centro um grupo escultórico com a figura do rio Ipiranga e de um menino. O lago teria um píer com botes amarrados nele para o "recreio do público". Nas laterais do monumento, mastros de bronze seriam usados para içar a bandeira nacional nos feriados[97]. Desse projeto tem-se apenas a descrição feita pelo artista, pois provavelmente o seu pedido para fazer maquete após o prazo do concurso não foi aceito pela comissão.

Um projeto que procurou destacar a história, principalmente de São Paulo, foi o da dupla formada por Victor Mercado[98] e Hendrik Bakkenist[99], que

97. Memorial Descritivo Lucio Rossi. *Monumento da Independência,* C 06017.04, MI 3.1.4, 3472, doc. 6, Arquivo do Estado de São Paulo.

98. Victor Mercado assinou o memorial descritivo do projeto que foi enviado ao concurso do *Monumento à Independência* designando-se como "o paulista". Além disso, não há mais informações sobre ele (*Monumento à Independência* C06017.04, pasta MI 03.01.04, documento 7, Arquivo do Estado de São Paulo).

99. Hendrik Bakkenist, conhecido também como Henrique Bakkenist, nasceu em 1887 na Holanda. Era escultor e mudou-se para São Paulo no início de 1914. Entre 1920 e 1922 realizou uma maquete representando a cidade de São Paulo em 1841 para o Museu Paulista, a pedido de Afonso Taunay. Posteriormente, retornou a Holanda e faleceu em 1940 em Amsterdam. Manuel da Costa Lobo e José Geraldo Simões Jr. (org.), *Urbanismo de Colina: Uma Tradição Luso-brasileira.* São Paulo, Universidade Presbiteriana Mackenzie/Mackpesquisa/IST Press, 2012, p. 157.

também não apresentaram a maquete. No seu memorial descritivo, datado de 1919, a proposta era intitulada como "Projeto Bandeirante do Monumento Nacional", em seguida, complementava-se: "como um paulista e um escultor entendem que deva ser o futuro monumento nacional que comemore o primeiro centenário da Independência do Brasil". Evidenciava-se, assim, já na capa, a presença de São Paulo no projeto, fosse pelo título se remeter aos bandeirantes, fosse pela autoria do paulista Victor Mercado. Essa explícita referência continuava nas páginas seguintes, já que na introdução dizia-se ser "majestosa a ideia da construção de um monumento nacional" onde havia sido proferido "a sete de setembro de 1822, por D. Pedro I, o grito: 'Independência ou morte' -, sendo, assim, o primeiro torrão de terra Brasileira a ouvi-lo ecoar, nos seus recantos, para, depois, majestoso, uníssono, ressoar por todo solo brasileiro, arauto da alvorada da nossa NACIONALIDADE"[100].

Os artistas procuraram narrar toda a história do Brasil desde o período colonial, porém, sempre destacando São Paulo. Por isso, para representar a colônia escolheram Pedro Álvares Cabral, o santo São Vicente, em referência à capitania, e Martim Afonso de Souza. A fundação de São Paulo também seria lembrada, com um grupo alegórico em que se destacaria a figura do padre José de Anchieta. Junto dela estariam os bandeirantes:

Fundado São Paulo, surge, sob a inspiração deste Santo um povo novo, audacioso, com sangue cruzado - estava feito o Paulista, o Bandeirante.

Começam as incursões nos sertões no século XVII até meados do século XVIII, incursões essas que tomaram o celebre nome de - BANDEIRAS, e nas quais, à procura do ouro, dos metais preciosos, das pedras preciosas, os Paulistas, os Bandeirantes, a golpes de audácia e de entusiasmo, de São Paulo foram aos contrafortes dos Andes, das Aguas do Prata ao Colosso do Amazonas, - Rei dos Rios, e, assim...... se fez o Brasil territorial. São Paulo faz o Brasil grande, com as invencíveis BANDEIRAS".

O projeto, por isso, adotou, para representa-lo como Província, depois Estado de São Paulo o Santo Apostolo São Paulo e sob cujo manto tutelar São Paulo se desenvolveu e progrediu, e com a proclamação da Independência do Brasil, ficou livre. Portanto, a Província de São Paulo, e o atual Estado de São Paulo, são representados pelo Santo - São Paulo.

100. Memorial Descritivo Victor Mercado e Hendrik Bakkenist (*Monumento da Independência*, C06017.04, MI 3.1.4, 3474, doc. 8, Arquivo do Estado de São Paulo).

São Paulo – Capital – São Paulo – Cidade – São Paulo, berço dos Bandeirantes, melhor símbolo que o represente não pode ter, senão o Bandeirante.

O projeto adotou para representar a cidade de São Paulo, berço que foi da nossa Independência – o nosso intrépido Bandeirante, numa alegoria em que, UM BANDEIRANTE TRAÇA O MAPA DO BRASIL, com o seguinte dístico: "SÃO PAULO FAZ O BRASIL GRANDE".

A grandeza territorial do Brasil está explicada, antes da independência, bem como, representado o seu berço e o da independência, pois, esta foi proclamada em São Paulo, Cidade.

Dois precursores da independência do Brasil não podem ser esquecidos, são eles – Tiradentes ou o Alferes Joaquim José da Silva Xavier e o dr. Tomás Antônio Gonzaga, adotando-os, por esse motivo o projeto, em bustos de bronze.

Depois das bandeiras, e, como preparador da Nossa Nacionalidade – o grande patriarca da nossa independência – José Bonifácio de Andrade e Silva, e o aclamador de D. Pedro I – são dois vultos que o projeto bandeirante adota, reservando-lhe lugares condignos.

Surge, então, D. Pedro I e, a 7 de setembro de 1822, proclama a independência do Brasil, ascoltado por sua guarda de honra, cujo comandante era o comandante Antonio Leite Pereira da Gama Lobo.

Uma alegoria a D. Pedro primeiro é imprescindível, qual melhor se não representa-lo dando o célebre grito do Ipiranga: independência ou morte. Lendo se no pedestal: São Paulo faz o Brasil livre[101].

Mercado e Bakkenist indicaram que monumento seria em "estilo grego" e teria a forma de um "templo, de um Panteão, em semicírculo, de dentro do qual, e através do qual se descortina a Cidade de São Paulo", acrescentava-se ainda que a frente do monumento estaria voltada para a cidade. Três escadarias dariam acesso ao monumento e, em um primeiro patamar, estariam os bustos de: Martim Afonso de Souza, José de Anchieta, José Bonifácio, Padre Ildelfonso Xavier Ferreira, D. Pedro I e D. Pedro II. Uma balaustrada de 1,10 metro de altura, em forma de semicírculo, uniria as escadarias e daria acesso ao terraço onde estariam as estátuas de Tiradentes, Tomás Antônio Gonzaga, Floriano Peixoto e Prudente de Morais. Dentro do terraço se elevaria o Panteão, em semicírculo, em estilo grego, formado por

101. Memorial Descritivo Victor Mercado e Hendrik Bakkenist (*Monumento da Independência*, C06017.04, MI 3.1.4, 3474, doc. 8, Arquivo do Estado de São Paulo).

colunadas. Coroando as colunas, haveria três pedestais, um representando o Brasil, na forma de Pedro Álvares Cabral e, nos outros, dois "carros da Glória".

Ao entrar no monumento, estaria o Brasil, representado por um jovem, a quem momentos antes José Bonifácio, representando São Paulo, tirara as correntes que o escravizavam. Quatro alegorias estariam ali: a da fundação de São Paulo, com o padre José de Anchieta e a inscrição "São Paulo nasce"; a do bandeirante, traçando o mapa do Brasil, com a inscrição "São Paulo faz o Brasil grande"; a de D. Pedro I proclamando a Independência, com a inscrição "São Paulo faz o Brasil livre"; e, por fim, Deodoro da Fonseca a cavalo proclamando a República, com a inscrição "Viva a República".

Por fim, em três estatuetas seriam representados "os três cursos d'agua mais importantes da cidade de São Paulo, por serem mais vizinhos ao local em que foi proclamada a Independência": o Ipiranga, o Tamanduateí e o Tietê, ornando três fontes que faziam parte do projeto. Nota-se, assim, que a versão da história do Brasil ali representada era a de viés paulista e católico, com a qual compactuavam setores da elite de São Paulo. Ademais, muitos dos eventos pontuados pelos autores do projeto seriam contemplados na exposição que Afonso Taunay criaria para o Museu Paulista, como será analisado adiante.

Os autores afirmavam que eram poucas as possibilidades de vencer, porém que desejavam não ficar em último lugar, já que estariam certos de "alguma coisa fazer na pátria dos bandeirantes, à São Paulo e ano nosso grande Brasil". O memorial encerrava-se com a frase em latim "sic transit Gloria Mundi: DUCO NON DUCOR", ou seja, "assim passa a glória do mundo: conduzo, não sou conduzido", invertendo o brasão da cidade de São Paulo. Certamente o fato da dupla não haver apresentado maquete contribuiu para que seu projeto fosse pouco referenciado nos jornais e revistas. Mas, provavelmente, ele serviu como uma "carta de apresentação" de Hendrik Bakkenist, que foi contratado por Affonso Taunay em março daquele ano para realizar uma maquete representando a cidade de São Paulo em 1841, destinada a ser exposta em uma das maiores salas do Museu Paulista.

2.4. Recepções ásperas

Enquanto alguns projetos nem foram citados pela crítica, outros foram enxovalhados, como aconteceu com a proposta feita por Felipe Pedro Menini, Luiz Raffo e Antonio Banchini[102], do Uruguai. Tal projeto só foi brevemente comentado, e o articulista do *Jornal do Commercio* criticou a maquete e citou apenas um de seus integrantes, que afirmou incorretamente ser argentino.

Digamos ligeiramente sobre BANCHINI, de Buenos Aires. A sua "maquete" peca por excesso de arquitetura; no todo, nunca poderia conseguir o significado que foi visado na organização deste concurso. É, portanto, mais um artista, de cujo mérito e de cuja capacidade, pouco há a esperar[103].

A imagem da maquete foi divulgada na revista *Miscellânea* (Figura 8) e uma caricatura foi feita por Belmonte (Figura 9), que também cometeu o erro de dizer que o grupo era de argentinos. A charge satiriza a esfera e a posição da figura que encima a coluna, comparando-a a um jogador de futebol, que está chamando Arthur Friedenreich, um famoso futebolista brasileiro, para lhe lançar a bola.

Figura 8. "Projeto *Monumento à Independência do Brasil* de Felipe Pedro Menini, Luiz Raffo e Antonio Banchini". *Revista Miscellânea*, ano 1, n. 13, 26 mar. 1920. Arquivo Público do Estado de São Paulo, acervo Bibliográficos/Periódicos.

Figura 9. "Entra, Friendereich!", Belmonte, Caricatura Projeto de P. Menini, L. Raffo e A. Banchini, Álbum "Monumentos para o Centenário", Arquivo Histórico de São Paulo.

102. Não foi encontrado o memorial descritivo desse projeto.
103. "Gazetilha – O Monumento da Independência", *Jornal do Commercio*, p. 2, 17 mar. 1920.

Outro projeto do qual se sabe pouquíssimo, sendo citadas apenas as críticas que recebeu, é o do italiano Francesco Garuffi[104], de Roma. O articulista do *Jornal do Commercio*, por exemplo, fez apenas o breve comentário:

Este trabalho é absolutamente inexpressivo; nem uma nota de concepção profunda, de intuição artística. Não merece, portanto, uma longa apreciação crítica, visto como possui os defeitos apontados em quase todos os outros que o precedem na nossa relação[105].

Além disso, o projeto dele é retratado pelo caricaturista Belmonte como aquele em que figurava Marechal Deodoro (Figura 10)[106]. Pode ser que o artista tenha cometido esse erro ou houve um equívoco por parte de Belmonte, já que um outro concorrente, Edgardo Simone, afirmou ter representado Deodoro em sua maquete.

O escultor também italiano Edgardo Simone[107] admitiu em seu memorial desconhecer a história do Brasil. Afirmou que teve pouco tempo para estudar e, como não havia livros em italiano, obteve apenas algumas informações no Consulado do Brasil. Por isso, pouco relevo havia sido dado às "figuras históricas mais importantes da Independência". O seu projeto (Figura 11) era formado por uma coluna em cujo cimo estaria a representação da Independência, como a figura de uma mulher que "empunha o facho da liberdade, depois de haver quebrado as algemas da escravidão". No pedestal, estariam representados os fatos "mais salientes da história do Brasil", como o fim da escravidão, as riquezas atuais, como a agricultura, indústria, comércio e navegação e o rio Amazonas.

104. Não foram encontradas informações sobre Francesco Garuffi.

105. "Gazetilha – O Monumento da Independência", *Jornal do Commercio*, p. 2, 17 mar. 1920.

106. Essa caricatura foi encontrada no álbum sobre o Concurso do *Monumento à Independência*, que contém recortes de jornais e anotações e que, provavelmente, pertenceu a Milcíades de Lunes Porchat. O dono do álbum escreveu ao lado da caricatura: "É o projeto que tinha como figura principal o.... Marechal Deodoro a cavalo.... (*Álbum Monumentos para o Centenário*. Arquivo Histórico de São Paulo).

107. Edgardo Simone foi um escultor italiano nascido em 1890, em Brindisi. Estudou na Academia de Belas Artes de Roma de 1906 a 1913. Na Itália realizou diversos monumentos aos mortos na guerra (Monumenti ai Caduti) em Ferrara, Monopoli, Brindisi entre outros. Realizou o *Monumento al Sacro Cuore*, em Nápoles, e *Statua della Madonna* na catedral de Verona. Em 1927, emigrou para os Estados Unidos, onde trabalhou em Nova York, Chicago e no sul da Califórnia. Informações retiradas do site Askart e Wikipedia. Disponível em: <http://www.askart.com/artist/Edgardo_G_F_Simone/10049654/Edgardo_G_F_Simone.aspx>, acesso em out 2022. Disponível em: <https://it.wikipedia.org/wiki/Edgardo_Simone>, acesso em out. 2022.

Figura 10. "Caçada de Borboletas" ou "Deodoro entra na dança como Pilatos no Credo", Belmonte, Caricatura Projeto Francesco Garuffi, *Álbum Monumentos para o Centenário*, Arquivo Histórico de São Paulo.

Aos dois ângulos do lado anterior do pedestal a proclamação da Independência e a da República, com as figuras mais importantes das personagens que cooperaram naqueles acontecimentos e no engrandecimento do Brasil. O Imperador D. Pedro I (cujo rosto não pude esboçar por falta de retrato) é representado no ato de dilacerar a ordem que o chamava a Lisboa e de saudar a Independência dos estados Brasileiros, sendo acolhido festosamente pela população. A figura ao lado do Imperador deverá representar o chefe das tropas que venceram a guerra contra o Paraguai.

O Marechal Deodoro e o Coronel B. Constant, que guiaram o povo e as tropas na queda da monarquia e consequente proclamação da República[108].

Os jornais alegaram não haver memorial descritivo dessa obra[109], fazendo com que os críticos não entendessem o que representava a figura que encima a coluna. Ademais, ressaltaram o "erro" do artista ao retratar Marechal Deodoro, sem perceber que, na realidade, D. Pedro também estaria presente na representação:

---

108. Memorial Edgardo Simone, *Monumento do Ipiranga*, C06017.04, 3490, MI 3.1.4, doc. 4, Arquivo do Estado de São Paulo.
109. Como há memorial descritivo dessa obra, possivelmente ele não foi disponibilizado para os jornais.

Figura 11. Projeto Edgardo Simone, *Monumento do Ipiranga*, C06017, Acervo Iconográfico, Arquivo do Estado de São Paulo.

A falta de memória descritiva da "maquete" retém até agora ignorado o sentido simbólico dessa figura, que tanto pode ser a da Justiça como a da Liberdade ou qualquer outra.

Na base da coluna há um alto relevo movimentado de "tumulto" bem executado. Na face anterior desse alto relevo reproduz-se a cena da Independência, tendo o escultor incidido aí num erro grave, colocando uma suposta estátua do marechal Deodoro na frente do grupo[110].

Críticas semelhantes foram veiculadas no *Jornal do Commercio,* que também indicou desconhecer a figura no topo da coluna, mas fez diversos elogios à obra:

Ao cimo, o autor coloca uma figura esbelta de mulher, empurrando, com a mão direita, uma tocha; está em posição de quem avança na vertigem da corrida.

As figuras que compõem os altos relevos, no pedestal da coluna, são boas, há em todas elas uma sobriedade de movimentos, uma certa variedade de expressões significativas, que realmente as tornam agradáveis.

Na parte anterior do monumento este alto-relevo nos apresentou episódio da proclamação da independência; é enérgico este detalhe, mas um tanto impuro na construção. O

---

110. "No Palácio das Indústrias", *Correio Paulistano*, p. 3, 21 mar. 1920.

Figura 12. "A los Toros", Caricatura Projeto Edgardo Simone, Álbum "Monumentos para o Centenário", Arquivo Histórico de São Paulo.

movimento dos cavalos denuncia claramente uma pose demorada e muito estudada, ao invés de dar a impressão nervosa e bela colhida no ato da execução do movimento. Este episódio da Independência, além do mais, não exprime, na "maquete", do Sr. Simone, a verdade, pois montando o cavalo que vem à frente de todos, como figura heroica e principal do fato representado, não é a figura de D. Pedro I, mas a do Marechal Deodoro.

É bom que se diga, porém, que se essa figura não representa D. Pedro I, também pouco se assemelha com a do proclamador da República[111].

O crítico do *Jornal do Commercio* afirmou que Simone soube "compreender um pouco a majestade do acontecimento". Mas, considerou que ele tinha "exagerada influência do exemplo dos escultores da decadência moderna", pois teria dado ao monumento a "simplicidade de linhas talvez excessiva", portanto, a sua maquete seria "a manifestação da influência da simplicidade decadente". Considera que "a simplicidade não lhe anula o mérito do que ali existe de sério e de grandioso" e afirma que Simone é "um artista feito" que, contudo, representa "um dos últimos suspiros, aliás profundos, da agonia do 'mau sonho'", que seria o que ele chama de futurismo na pintura e "impressionistas da forma" da escultura. Por isso, declara que Simone "pertence à decadência"[112]. Em uma caricatura, a obra foi comparada a uma tourada (Figura 12).

111. "Gazetilha – O Monumento da Independência", *Jornal do Commercio*, p. 4, 18 mar. 1920.
112. *Idem, ibidem.*

São Paulo na disputa pelo passado

Já o escultor Giuseppe Macchiavello[113], de Roma, foi apontado pelo *Correio Paulistano* como um destaque dentre os concorrentes do certame, porque era de "honrosa reputação, feita nos mais cultos centros italianos de arte". Afirmava-se que, além de belos trabalhos, ele tinha a "simpatia do soberano da Itália", um de seus admiradores. O projeto (Figura 13) é descrito como:

Apresenta o aspecto de um arco de triunfo, de linhas simples e austeras.

Nas quatro faces desse arco destacam-se festões e belos altos-relevos, com as figuras da Independência.

No alto de um "scalinata" gigantesca está colocada a estátua equestre de D. Pedro I, que, de espada desembainhada, solta o grito da Independência.

Aos dois lados de cada escada figuram dois leões, simbolizando a Vitória e a Força.

Sobre a colunata um imponente alto-relevo rememora os principais fastos da história brasileira[114].

O articulista do *Jornal do Commercio*, no entanto, foi enfático ao afirmar que não recomendava o projeto, afirmando que bastava ver uma só vez a sua "maquete" para se convencer da incapacidade criadora do artista.

A forma é semicircular; ao centro está colocado um grupo alegórico de três cavalos nervosos, em fúria de corrida, guiados por figuras que, não obstante a falta quase absoluta de energia técnica, tem alguma coisa de atraente, ou de gracioso, logo à primeira vista. Ao fundo, ergue-se, possante na sua massa enorme, um arco de triunfo moldado à antiga, naturalmente sobre outros que se construíram em Roma no velho tempo em que com esse lance arquitetônico se glorificavam as vitórias dos imperadores.

Nas diversas fachadas desse arco distinguem-se os vultos que mais destaque tiveram na consumação do fato da independência.

Às margens da modesta escadaria, quase no embasamento da mola, veem-se dois leões partindo as correntes do jugo[115].

113. Não foram encontradas informações sobre Giuseppe Macchiavello.
114. "No Palácio das Indústrias", *Correio Paulistano*, p. 4, 19 mar. 1920. A descrição feita no *Fanfulla* é bastante semelhante. "Il Monumento dell'Indipendenza Brasiliana – Il Bozzetto dello Scultore Macchiavello", *Fanfulla*, p. 3, 17 mar. 1920.
115. "Gazetilha – O Monumento da Independência", *Jornal do Commercio*, p. 2, 17 mar. 1920.

Figura 13. Projeto Giuseppe Macchiavello, São Paulo. *Fanfulla*, 17 mar. 1920, p. 3.
Biblioteca di Storia Moderna e Contemporanea, Roma.

O autor criticou diversos aspectos do projeto, afirmando que "no grupo desajeitado de três cavalos", que se encontram na frente do monumento, "não há a estátua eterna de D. Pedro", pois o traje é "idêntico ao dos soldados italianos" e considerava que essa figura era "provocadora de riso" e que por si só bastaria para "aconselhar a eliminação da obra de um concurso de tamanha importância". Afirmava ainda que os símbolos escolhidos eram "batidos" e não significavam nada, "dada a evolução progressiva da arte de esculpir". Finalizava afirmando que a proposta era "pobre" e que, enquanto o projeto escolhido para o Monumento da Independência do Brasil marcaria "uma época de triunfo nos anais da escultura moderna", o de Macchiavello "quando muito, marcaria a época da própria decadência...".

As maquetes apresentadas por artistas franceses também não foram bem recebidas pela crítica, como a da dupla[116] formada por Maurice Quef[117] e J. de

116. Há informações da entrada de três volumes pertencentes a Maurice Quef, que foram recebido em 25 de fevereiro de 1920. Além disso, há diversas correspondências em que o cônsul brasileiro em Paris afirma haver duas maquetes de artistas franceses que seriam remetidas por ele. No Arquivo do Estado, no entanto, não foi encontrado o memorial descritivo desse projeto. Ademais, as descrições não mencionam o nome de Maurice Quef, apenas de Montarnal. Porém, foi possível encontrar informações sobre o fato de que eles trabalhavam juntos, como aconteceu na Exposição de Bruxelas, em 1910. Alex Koch, *Academy Architecture and Architectural Review*, Londres, Academy Architecture, 1910, pp. 110 e 111.
117. Maurice Quef foi discípulo de Louis Ernest Barrias, Jules Félix Coután e Hippolyte Le-

Montarnal[118]. As correspondências trocadas entre a Secretaria do Interior do Estado de São Paulo e o Ministério das Relações Exteriores, bem como o Consulado brasileiro em Paris, informam sobre o envio do projeto. Porém, não há uma descrição detalhada sobre o monumento, nem imagens dele. No *Correio Paulistano*, há uma breve descrição que diz ser composto por uma coluna, na qual se destaca uma mulher tocando clarim. Na base, um grupo comemorando a proclamação da independência e, nas laterais, outros conjuntos escultóricos[119]. Já o articulista do *Jornal do Commercio* faz uma crítica contundente:

A outra "maquete", ao nosso ver inaceitável, é a de J. X. J. MONTARNAL, de Paris. É muito simples a sua descrição: um grupo colhido no ato da proclamação da " independência ou morte", na base de espaço limitado. Ao centro ergue-se, quase ironicamente, uma coluna; ao meio desta, isto é da sua altura, é uma figura de mulher tocando um clarim que anuncia a nova aurora do povo.

Sobre a pouco propriedade significativa dos clarins já tivemos ocasião de dizer ontem, quando nos referimos a maquete do senhor Garcia Dias, da Espanha. Esta coluna é coroada por uma mulher que simboliza pátria ou a independência.

Aos lados, na base dessa mesma coluna, veem-se dois grupos representativos, mas, tão sem expressão que melhor seria não existissem – O todo desta "maquete" é de efeito muito medíocre. A grande falta de sinceridade e de firmeza na técnica, falta sensível de um ponto de vista prefixo na concepção, e talvez mesmo se note algum desleixo com respeito à interpretação do alto significado da comemoração.

É um trabalho destituído completamente de beleza verdadeira, podendo servir, no entanto, para ornamento de uma sala de visitas. Apenas para isso...[120]

febvre na *École des Beaux-Arts* de Paris. Particiou do *Salon des Artistes Francais*, em Paris, em 1905.

118. Como nas descrições aparece apenas J. de Montarnal, não foi possível identificar se é Jean de Guirard Montarnal ou Joseph Guirard de Montarnal, possivelmente irmãos. Ambos são arquitetos e estiveram envolvidos na exposição de Bruxelas, junto com Maurice Quef. Outro trabalho que é de autoria de ambos é o Maison Eymonaud, na Ile-de-France, em Paris. Retirado do site Structurae. Disponível em: <https://structurae.net/>, acesso em nov. 2022.

119. "No Palácio das Indústrias", *Correio Paulistano*, p. 3, 21 mar. 1920.

120. "Gazetilha – O Monumento da Independência", *Jornal do Commercio*, p. 2, 17 mar. 1920.

O segundo projeto francês, apresentado pelo grupo formado por Georges Gardet[121], Edgard Boutry[122], Paul Gasq[123] e Georges Chedanne[124], também não agradou aos críticos. Havia se criado grande expectativa em torno desse projeto, pois os artistas já tinham conquistado diversos prêmios. Além disso, Chedanne e Gasq haviam se destacado no concurso do *Monumento à Independência* da Argentina, em Buenos Aires, pois seu projeto fora indicado como um dos seis melhores (Figura 14), porém, o escolhido acabou sendo o de Moretti e Brizzolara.

Para o monumento brasileiro, propuseram um obelisco, cuja base era uma fonte adornada por alegorias (Figura 15). Notam-se algumas semelhanças entre as duas propostas, já que são obeliscos encimados por figuras femininas acompanhadas por anjos com clarins, que anunciam a nova condição naquelas nações. Em ambas as bases, há uma grande massa escultórica, que representa os eventos da Independência. O projeto brasileiro foi satirizado pelo caricaturista Belmonte (Figura 16) e foi criticado pelo articulista do *Jornal do Commercio*, que considerou ser "uma maquete executada sob a direção desastrada de quatro artistas franceses"[125]:

121. Georges Gardet foi um escultor francês nascido em Paris em 1863. Foi aluno de Aimé Millet e Emmanuel Fremiet. Foi membro da Société des Artistes Français e membro da Académie des Beaux-Arts, em 1918. Dentre seus principais trabalhos é possível destacar *Panthère et Python*, no parque Montsouris, em Paris; *Un tigre et un Bison*, que decora a entra do Musée de Laval, em Paris, e um grupo de tigres e leões do Castelo de Vaux-le-Vicomte, com os quais ganhou o Grand Prix em 1900. Ganhou bolsa de viagem em 1886, oficial da legião de honra, em 1900, além de outros prêmios (E. Benezit, *Dictionnaire Critique et Documentaire des Peintres, Sculpteurs, Dessinateurs et Graveurs*, Saint-Ouen, Librairie Gründ, tomo 4, 1949, p. 157).

122. Edgard-Henri Boutry foi um escultor francês nascido em Lille (Lila). Foi aluno de Pierre-Jules Cavelier, em Paris. Ganhou o Prix de Roma, em 1887, e medalha de bronze na Exposição Universal de 1900. Cavaleiro da Legião de Honra, em 1903. Dentre seus principais trabalhos estão *L'amour et la Folie*, baixo-relevo (Salão de 1891); *Chaseurs*, bronze (Salão de 1892); bustos de *Cordonnier*, e de *Guillaume*, mármore (Salão de 1893), *Au bain*, mármore (Salão de 1903) (E. Benezit, *Dictionnaire Critique et Documentaire des Peintres, Sculpteurs, Dessinateurs et Graveurs*, Saint-Ouen, Librairie Gründ, tomo 2, 1949, p. 82).

123. Paul Jean-Baptiste Gasq foi um escultor francês nascido em Dijon em 1860. Estudou na École des Beaux-Arts em Dijon e depois na École des Beaux-Arts, em Paris. Foi aluno de François Jouffroy e Ernest-Eugène Hiolle. Ganhou o Prix de Roma, em 1890, e estudou na Villa Medici, em Roma, entre 1891 e 1894.

124. Georges Chedanne foi um arquiteto francês nascido em 1861 em Maromme, na França. Destacou-se na École des Beaux-Arts por seus desenhos para a restauração do Panteão de Roma. Alguns de seus projetos têm características Art Nouveau e outros exploram a possibilidade do uso de estruturas de ferro e vidro. Dentre seus principais trabalhos é possível citar *Galeries La-fayettes* e o Hotel Mercédès, em Paris, embaixada da França em Viena.

125. Não foi encontrado o memorial descritivo desse projeto.

Figura 14. Projeto *Monumento à Independência da Argentina* de G. Chedanne e P. Gasq, Hemeroteca digital Biblioteca Nacional de España.

Figura 15. "Projeto *Monumento à Independência do Brasil* de G. Chedanne e P. Gasq, E. Boutry e G. Gardet", Revista *Miscellânea*, ano 1, n. 13, 26 mar. 1920. Arquivo Público do Estado de São Paulo, acervo Bibliográficos/Periódicos.

Figura 16. "Projeto Francês: – Socorro!!! Rebentou a Caixa d'agua!!!" Belmonte, Caricatura Projeto G. Chedanne e P. Gasq, E. Boutry e G. Gardet, Álbum "Monumentos para o Centenário", Arquivo Histórico de São Paulo.

Como se vê, os nomes acima dão a impressão formidável de que a "maquete" em questão é realmente uma verdadeira revelação artística, um rasgo colossal de energias ou de novas tentativas modernizadoras da arte; um projeto, enfim, que só por si pode marcar época. Mas... nada disso. Este projeto não passa de uma fonte, brotando de uma coluna altíssima tendo os lados dois grupos de cavalos marinhos com uma sereia a acompanhá-los.

Para não nos alongarmos muito bastará dizer que, com poucas modificações, aliás insensíveis, é o mesmo aspecto que se vê todos os dias, na esplanada do municipal.

Ora, tenhamos antes de tudo consciência da grandiosidade do acontecimento que vamos comemorar com a tradicional dignidade das raças latinas. Sejamos também sinceros na nossa expressão, no nosso íntimo sentir. É absolutamente preciso que se caracteriza pela mais completa ausência de senso crítico, de rigorosa falta de compreensão quem, diante deste projeto, não sinta a mesquinhez de sua concepção. Uma fonte irritante pela sua pobreza, idealizada para simbolizar um lance histórico de tão grave tão grande importância como o é indiscutivelmente o da sua independência.

E dizer-se que – Segundo nos referiram – uma revista francesa afirmou, quando partiu essa "maquete" da França, que esse projeto iria mesmo além da expectativa dos brasileiros! Foi mesmo! Voltará porém, a França para mostrar aos seus autores que aqui não somos os "estetas" por eles imaginados...[126]

Quando o articulista afirmava que a proposta era muito semelhante ao que se via todos os dias na esplanada do Teatro Municipal, ele estava se referindo à fonte que existia ali antes de ser construído o Monumento a Carlos Gomes, de Luigi Brizzolara, obra oferecida pela colônia italiana de São Paulo para comemorar o Centenário da Independência do Brasil. Apesar dos artistas franceses terem uma carreira internacional e haverem recebido prêmios de grande reconhecimento, o projeto que eles apresentaram não era visto como uma proposta inovadora e não correspondia às expectativas das elites paulistas para a colina do Ipiranga. Se, na Argentina, Gasq e Chedanne haviam ficado entre os finalistas, aqui, o seu projeto não agradou.

O mesmo ocorreu com o espanhol Inocencio Soriano, cuja maquete foi considerada pelo *Jornal do Commercio* a que "menos recomenda o seu autor", pois, "de todos os trabalhos expostos, o seu é o que mais peca sob todo e qualquer ponto de vista".

O articulista ficou incomodado com uma suposta declaração que Soriano haveria feito em que alegava desconhecer a história do Brasil e, por isso, concluiu que o artista teria feito o projeto "a esmo, como poderia executar um outro, para outro acontecimento qualquer, para um jardim, ou para um cemitério"[127].

A proposta de Soriano para o *Monumento à Independência do Brasil* era uma coluna de doze metros de altura com uma "ampla base" (Figura 17). No topo dessa construção central, haveria uma cornija com um friso em que seriam representados os "principais libertadores do Brasil", dentre eles, D. Pedro I "no momento de soltar o famoso grito de *Independência ou Morte*" e José Bonifácio sendo aclamado pelo povo[128]. Na base, existiriam "dois grupos com as figuras simbólicas da Arte, da Indústria e do Comércio, à direita, e a Justiça, a Ciência e a Medicina à esquerda"[129]. Relevos figurariam o que o artista considerou serem os "feitos históricos mais importantes da independência": a coroação de D. Pedro, a esquadra comandada pelo almirante Lord Thomas Cochrane e o exército armado do brigadeiro Francisco de Lima. Na frente, colocada sobre um "sóbrio pedestal", se ergueria

126. "Gazetilha – O Monumento da Independência", *Jornal do Commercio*, p. 2, 17 mar. 1920.
127. "Gazetilha – O Monumento da Independência", *Jornal do Commercio*, p. 2, 16 mar. 1920.
128. "Memorial Inocencio Soriano", "Monumento do Ipiranga", C06017.04, MI 3.1.4, 3498, Arquivo do Estado de São Paulo.
129. "No Palácio das Indústrias", *Correio Paulistano*, p. 3, 20 mar. 1920.

a estátua da "independência", grandiosa massa escultórica. Na parte posterior, haveria o grupo "filósofo e guerreiro".

O formato do projeto foi criticado (Figura 18) em uma charge de autoria desconhecida, que comparou a obra a um "artístico carimbo de borracha"[130], e o crítico do *Jornal do Commercio* considerou que a "sua limitadíssima capacidade artística já se revela na altura do monumento". A concepção dos grupos escultóricos foi vista como "deplorável" e as figuras, como "inexpressivas".

Não é tudo: o friso, destinado aos vultos que mais sobressaíram nas lutas pela independência é simplesmente inestético; além disso o autor colocou D. Pedro I de casaca, no ato de proclamar o grito da ressurreição nacional, a pé!

O seu trabalho não se impõe nem mesmo pela revelação de uma técnica apreciável. Tudo tende para o acadêmico, tão reprovado mesmo na Espanha, onde o artista goza de renome.

Na sua memória, o Dr. Soriano diz que muito se preocupou pela criação de uma obra original, digna da grandiosidade do fato que vai comemorar. E espera que os Brasileiros possam compreender a sua arte.

A sua "maquete", porém, leva-nos a concluir que se pode haver negação de arte na arte, o sr. Soriano é essa negação...[131]

Demonstrando claramente uma vontade de vencer o concurso, o espanhol Angel Garcia Dias apresentou dois projetos no concurso que também não conquistaram o crítico do *Jornal do Commercio*, pois, para ele, "não obstante o fato de serem executadas com um pronunciado gasto, condenam o seu autor pela vulgaridade dos símbolos, tão batidos até em jardins europeus"[132].

No primeiro projeto (Figura 19), um amplo hemiciclo formaria a base do monumento, que seria circundado por um muro, onde estariam os retratos dos heróis da Independência. Ao final do muro, haveria dois pedestais com as estátuas de lord Cochrane e general Labatut. No centro do hemiciclo, estaria erguido um pedestal com a estátua de José Bonifácio, "alma da unidade nacional", e acima

130. Caricatura Projeto Inocencio Soriano. Álbum "Monumentos para o Centenário". Arquivo Histórico de São Paulo.
131. "Gazetilha – O Monumento da Independência", *Jornal do Commercio*, p. 2, 16 mar. 1920.
132. *Idem, ibidem.*

Figura 17. Projeto Inocencio Soriano, *Monumento do Ipiranga,* C06017, Arquivo do Estado de São Paulo.

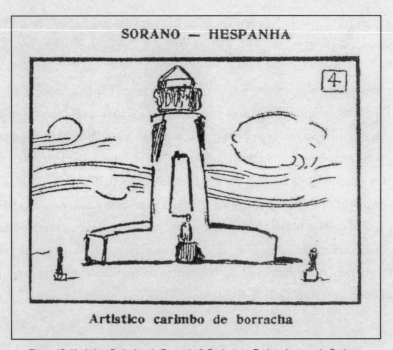

Figura 18. "Artístico Carimbo de Borracha", Caricatura Projeto Inocencio Soriano, Álbum "Monumentos para o Centenário", Arquivo Histórico de São Paulo.

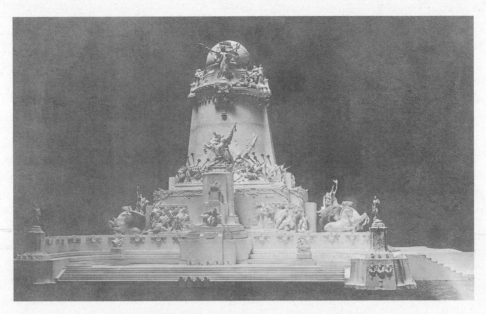

Figura 19. Projeto Angel Garcia Dias, *Monumento do Ipiranga*, C06017, Acervo Iconográfico, Arquivo do Estado de São Paulo.

dele viria a estátua equestre de D. Pedro I, "abaixando a bandeira portuguesa e levantando a auriverde ao célebre giro de 'independência ou morte'". Ao lado deste pedestal haveria outros dois menores, em que estariam representados o "fim das ideias de opressão", sintetizadas num monstro, e o "despertar das novas ideias", representado por um grupo de meninos brincando.

O corpo principal do monumento seria a "representação da raça glorificando a seus heróis", que teria o formato de castelo, "emblema de fortaleza de ânimo de uma raça forte, série e tenaz"[133]. Um grupo escultural representaria "a alegria do povo que em gozosa manifestação dança ao redor do altar da liberdade, lançando ao mundo todo, seus gritos de alegria por meio das trombetas da fama". Esse detalhe do monumento foi bastante criticado pela caricatura (Figura 20) e pelo articulista do *Jornal do Commercio*:

> Sobre a base, uma multidão compacta avança no delírio da vontade de progredir sempre e sempre; e dentre essa multidão erguem-se uns clarins de metal que, na intenção do autor, talvez anunciem o grande acontecimento – a Independência.

133. Memorial Angel Garcia Dias, "Monumento do Ipiranga", C06017.04, MI 3.1.4, 3489, Arquivo do Estado de São Paulo.

Figura 20. "Grande Alegoria a Ópera "Aída" de Verdi", Caricatura Projeto Angel Garcia Dias, Álbum "Monumentos para o Centenário", Arquivo Histórico de São Paulo.

Mas esses clarins não desequilibram porventura, a harmonia da obra em conjunto? Parece-nos que sim; ainda que assim não fosse os clarins, mesmo na arte antiga, decaíram pela falta quase total de significação[134].

Mais acima, sobre as ameias erguer-se-ia a estátua da Pátria seguida pelas da Sabedoria, Educação, História, Cidadania e outras virtudes. No cimo do monumento, haveria uma cúpula em forma de abóbada celeste cravejada de estrelas e cruzada pelo zodíaco com o lema "ordem e progresso". A construção permitiria ainda que no seu interior houvesse uma cripta ou um museu. O crítico considerou que o artista não poderia ter sido "mais infeliz" na sua concepção, já que a "torre coroada por uma esfera estrelada" prejudicava a estética e era comparada a um moinho[135].

No segundo projeto (Figura 21), estariam reunidos no primeiro plano, "jurando trabalhar pela independência", José Clemente, Gonçalves Ledo, Januário Barbosa, Frei Francisco de Sampaio, Joaquim de Lima e Silva e, em um pedestal superior, José Bonifácio. Assim como no primeiro projeto, haveria um muro de retratos, em cujas extremidades se encontram as estátuas de lord Cochrane e do general Labatut. Unindo os pedestais com o muro, estariam estátuas das Belas Artes, Agricultura,

---

134. "Gazetilha – O Monumento da Independência", *Jornal do Commercio*, p. 2, 16 mar. 1920.
135. *Idem, ibidem*.

Figura 21. Projeto Angel Garcia Dias, *Monumento do Ipiranga,* C06017, Acervo Iconográfico, Arquivo do Estado de São Paulo.

Figura 22. "Elegante Paliteiro de Prata", Caricatura Projeto Angel Garcia, Dias Álbum "Monumentos para o Centenário", Arquivo Histórico de São Paulo.

Ciência, Comércio e Indústria. O centro da composição seria ocupado pela estátua equestre de D. Pedro I, idêntica à do primeiro projeto. O corpo principal do monumento, no entanto, não teria características de um castelo, mas um formato "quadrilongo". Haveria dentro dele espaço para um Panteão, por isso, ele teria portas laterais, sobre as quais encontrar-se-iam estátuas de Vitórias a oferecer "palmas e coroas aos mártires e heróis da Independência" e, na porta posterior, estaria um leão "em atitude de expectante guarda da paz, defendendo-a de quem ousar perturba-la".

O crítico do *Jornal do Commercio* afirmou que não havia "nada de interessante ou de novo" nessa segunda maquete, que era "uma pequena e talvez pouco feliz modificação da primeira"[136]. O caricaturista retratou-a como um "elegante paliteiro de prata" (Figura 22).

Um projeto que recebeu a atenção das revistas cariocas *O Malho*[137] e *Fon Fon*[138] e da paulista *Revista do Brasil*[139] antes da abertura da exposição foi o da dupla

---

136. "Gazetilha – O Monumento da Independência", *Jornal do Commercio,* p. 2, 16 mar. 1920.
137. "Monumento da Independência em S. Paulo", *O Malho,* ano XIX, n. 896, p. 27, 15 nov. 1919.
138. "O Projeto Norte-americano ao Monumento do Centenário", *Fon Fon,* ano XIII, n. 40, p. 29, 4 out. 1919.
139. *A Revista do Brasil,* de São Paulo, publicou imagens da maquete de Charles Keck no vol. 11 de 1919.

Charles Keck[140] e Adolfo Weber[141], dos Estados Unidos. O artigo da revista *Fon Fon* elogiava o escultor Keck, indicava os prêmios que ele havia ganhado, como o "Prix de Roma", e mencionava as suas obras principais, como o monumento aos exploradores Lewis e Clark, na Virgínia; o Monumento a John Sloan, em Constantinopla; o monumento ao Dr. Draper, em Albany; e o monumento a George Washington, em Buenos Aires. A despeito dessa divulgação, o projeto dos estadunidenses não agradou aos críticos paulistas.

Eles haviam proposto um monumento (Figura 23) que consistia em uma plataforma oval sustentando o pedestal principal, em que repousaria a figura equestre de D. Pedro. José Bonifácio estaria representado sentado à frente do pedestal. Haveria ainda três baixos-relevos que remeteriam ao dia em que D. Pedro manifestou sua intenção de ficar no Brasil, em 9 de janeiro de 1822, ao grito do Ipiranga, em 7 de setembro de 1822, e à procissão da Igreja do Rosário.

Na parte superior da base haveria um filete decorativo com medalhões contendo retratos de personagens ligados aos acontecimentos históricos, como Tiradentes e Frei Sampaio. O pedestal teria oito colunas e uma cornija "ricamente esculpida" e mosaicos, que teriam como motivos "dados referentes a D. Pedro", bandeiras e insígnias da monarquia e da República e inscrições. Coroaria o monumento a estátua equestre de D. Pedro. Como acessório e apoio para a composição principal, haveria dois "maciços decorativos", representando "a nobreza do trabalho", de um lado, e os "frutos do trabalho", de outro. Cada maciço teria, em suas extremidades, pedestais para quatro "heróis da revolução emancipadora": José Clemente Pereira, Joaquim Gonçalves Ledo, Cônego Januário da Cunha Barbosa e Hipólito José da Costa.

---

140. Charles Keck foi um escultor estadunidense, nascido em Nova York, em 1875. Estudou na *National Academy of Design* e na *Art Students League*, em Nova York. Ganhou a bolsa de estudos *Pennsylvania Academy of Fine Art's Rinehart Scholarship*, que lhe permitiu viajar para Roma, onde estudou de 1899 a 1905. Dentre suas principais obras, é possível destacar a estátua de George Washington, doada à cidade de Buenos Aires por iniciativa dos estadunidenses que ali moravam. Em 1922, fez a estátua de Booker T. Washington em Tuskegee, Alabama. Em 1932, o *The Lincoln Monument of Wabash*, em Indiana, entre outros. Para o Brasil, recebeu a encomenda do *Monumento à Amizade entre os Povos*, doado pelos estadunidenses para a comemoração do Centenário da Independência do Brasil, em 1922, no Rio de Janeiro (The Century Association Archives Foundation. Disponível em: <http://centuryarchives.org/stamps/Keck.pdf>, Acesso em out. 2022).

141. Sabe-se que Adolfo P. Weber era engenheiro, porém, não foram encontradas informações sobre ele.

Figura 23. Projeto Charles Keck e Adolfo Weber, *Monumento do Ipiranga*, C06017, Acervo Iconográfico, Arquivo do Estado de São Paulo.

O crítico do *Jornal do Commercio* considerou a maquete simples demais e muito centrada na figura de D. Pedro:

> Segundo o nosso modo de ver, tudo isto seria bom para uma homenagem individual ao proclamador da Independência Nacional; não se recomenda, porém, para o fim a que o autor a propôs. Além de ser de uma simplicidade quase irritante, não tem expressão alguma. Recorda certos trabalhos da escultura antiga, quando se representava um dado personagem no ato da pose, imóvel; hoje, ao contrário, além das formas, que são indispensáveis, a arte requer a psicologia que, indiscutivelmente, se liga a todas as ações conscientes ou inconscientes. De mais a mais, a falta de majestade, de grandeza, é por si só bastante para a eliminação desse projeto que se nos apresenta tão frio, tão falto de significação[142].

142. "Gazetilha – O Monumento da Independência", *Jornal do Commercio*, p. 2, 16 mar. 1920.

2.5. Imperfeições

Alguns projetos lograram receber elogios, porém, ainda teriam "falhas" que, na opinião de alguns críticos, impediam a sua indicação como um candidato a vencedor. Foi esse o caso da maquete de Jorge Krug[143] e Antonio Garcia Moya[144]. Segundo o *Correio Paulistano*, constituía-se de uma "moldura para o verdadeiro monumento que é a estátua de Dom Pedro I, colocada no centro do local"[145]. O projeto era formado por uma hexaedra ladeada de pórticos curvos, formando um grande semicírculo de 50 metros de diâmetro. Esses pórticos terminariam em pavilhões quadrados, em cuja as bases estariam grupos simbólicos. Ao centro, estaria a estátua equestre de D. Pedro I "no momento histórico do grito do Ipiranga".

143. George Krug (ou Jorge Krug) nasceu em Fresno, nos Estados Unidos, por volta de 1860. Ele era filho do alemão Wilhelm Gustav Heinrich Krug e da norte-americana Amélia Catarina Baley Krug. Sua família mudou-se para Campinas em 1875 e, em 1889, mudaram-se para São Paulo. George Krug diplomou-se arquiteto pelo Instituto of Fine Arts da Universidade da Pensilvânia, na Filadélfia, antes de 1899. Trabalhou com o pai, que era construtor. Em algum momento de sua carreira, trabalhou no E. T. Ramos de Azevedo. De 1899 a 1902 foi professor da Escola de Engenharia do Mackenzie College. Em 1904 foi nomeado lente substituto interino da 4ª Seção de Artes da Escola Politécnica e se efetivou no cargo dois anos depois. Por volta de 1910, associou-se a seu projetista, Antonio Garcia Moya, na firma Krug, Moya & Cia. Em 1916, tornou-se catedrático da Escola Politécnica e assumiu a direção da construção da Catedral de São Paulo. George Krug era tio e padrinho de Anita Malfatti e foi ele que financiou os estudos de pintura da artista em Berlim, de 1910 a 1914, e em Nova York, de 1914 a 1916. Jorge Krug faleceu em 11 de agosto de 1919, conforme notícia do jornal *Correio Paulistano* de 12 de agosto de 1919, p. 2, portanto, durante o concurso para o *Monumento à Independência*. Sobre o artista ver Sylvia Ficher, *Os Arquitetos da Poli: Ensino e Profissão em São Paulo*, São Paulo, Edusp/Fapesp, 2005, pp. 87-88.
144. Antonio Garcia Moya nasceu em Atarfe (Granada), na Espanha, em 21 de maio de 1891. Por volta de 1895, transferiu-se com a família para o Brasil. Estudou no Liceu de Artes e Ofícios de São Paulo e trabalhou com George Krug. Em 1933, diplomou-se pela Escola de Belas-Artes. Além de ter trabalhado com George Krug e seu irmão Arthur Krug, estudou com o sobrinho deles, Guilherme Malfatti, de quem se tornou sócio, na firma denominada Moya & Malfatti. Participou da Semana de Arte Moderna com projetos de arquitetura. Moya projetou residências em São Paulo e conquistou diversas premiações, como a medalha de prata no Concurso do Centro Acadêmico de Belas-Artes de São Paulo, a medalha de prata do I Salão do mesmo centro, menção honrosa no V Salão Paulista de Belas-Artes; 1º lugar no concurso Abrigo da Praça da Sé. Foi autor do projeto da igreja de São José do Ipiranga (Aracy Amaral, *Artes Plásticas na Semana de 22*, p. 243).
145. "No Palácio das Indústrias", *Correio Paulistano*, p. 2, 15 mar. 1920.

No pedestal, haveria também uma estátua em bronze de José Bonifácio e medalhões com as efígies de José Clemente Pereira, Gonçalves Ledo e Januário Cunha Barbosa. No embasamento da hexaedra, alguns fatos da história brasileira seriam representados em um friso de 1,60 metros. Em pavilhões laterais, haveria dois grupos em bronze sobre um pedestal de granito representando a expansão comercial, com abertura dos portos, e a expansão política, com a elevação a Reino Unido.

Os autores afirmavam que haviam se inspirado em monumentos gregos e romanos. O formato escolhido, com "bastante extensão na largura" era o que consideravam ser o único adequado para um "campo extenso e aberto". Julgavam que um obelisco "se tornaria mesquinho no meio do campo largo"[146]. O formato do projeto, no entanto, recebeu críticas por se assemelhar a um hipódromo (Figura 24). Apesar de elogiado, o articulista do *Jornal do Commercio* não achou que a proposta deveria ser a vencedora do concurso.

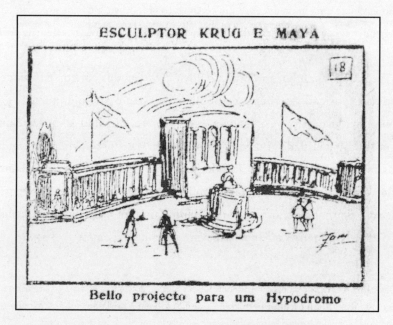

Figura 24. "Belo Projeto para um Hipódromo", Caricatura Projeto Jorge Krug e A. G. Moya.
Álbum "Monumentos para o Centenário", Arquivo Histórico de São Paulo.

---

146. Memorial Descritivo Jorge Krug e Antonio G. Moya. "Monumento do Ipiranga", C06017.04, MI 3.1.4, 3491, Arquivo do Estado de São Paulo.

O monumento assim liderado pelos artistas Krug e Moya, ainda que obedeçam às normas rigorosíssimas do classicismo, parece que não se recomenda muito para comemoração do maior acontecimento brasileiro. A forma de hexaedra foi em tempos antigos a mais indicada, quando as formas arquitetônicas representavam o máximo da estética e quando a escultura não era ainda o que é hoje. A escultura antiga, se bem que admirável nas formas, não é sintética, não é simbólica. Hoje, dada a evolução da arte, arte de esculpir é bem outra coisa além da simples representação individual de um dado personagem ilustre, ou de uma certa deidade por essa razão também arquitetura clássica deixou de ser própria para obras monumentais, como a da comemoração do nosso maior lance histórico. Não sabemos porque, essa maquete recorda vagamente o parque paulista na avenida; tem também uma certa falta de grandeza que, a nosso ver, se torna absolutamente indispensável no momento. É uma belíssima obra arquitetônica; sentisse que os artistas são profundos nos conhecimentos de sua arte; mas isto não basta para os recomendar, pois que propuseram de parte toda aquela evolução artística que se realizou indiscutivelmente desde os gregos até nós. Talvez não tenha compreendido toda majestade de que se deve revestir a obra; além disso a sua "maquete" dá a impressão de uma homenagem a um certo vulto grandioso, e não de uma comemoração da independência de um povo que desde a sua aurora brilhou ao par dos demais povos[147].

O escultor pernambucano Bibiano Silva[148] foi um dos concorrentes que, antes mesmo da exposição ser aberta ao público, recebeu o apoio do jornal carioca *A Rua*. Num extenso artigo dedicado ao seu projeto, afirmou-se que a "imprensa paulista" não havia dado o devido valor ao artista. Possivelmente imbuído das críticas feitas pelos artistas do Rio de Janeiro, organizados na Sociedade Brasileira de Belas Artes, o articulista defendia o escultor pernambucano, por ser ele brasileiro e por considerar a sua arte "genuinamente nacional", contrapondo-se aos artistas estrangeiros que participavam da concorrência:

147. "Gazetilha – O Monumento da Independência", *Jornal do Commercio*, p. 2, 15 mar. 1920.
148. Bibiano Silva foi um escultor pernambucano nascido em Vitória de Santo Antão, em 1889. Estudou no Liceu de Artes e Ofícios de Recife. Posteriormente, transfere-se para o Rio de Janeiro para estudar na Escola Nacional de Belas Artes, onde foi aluno de Rodolfo Bernardelli. Esteve envolvido na criação da Escola de Belas Artes de Pernambuco, aberta em 1932. Dentre as suas principais obras é possível citar *A Justiça e a Família* e *A Justiça e o Homem*, localizadas na fachada do Palácio da Justiça de Pernambuco e realizados em 1917. E o *Monumento à Independência*, inaugurado em 1922, na praça Sete de Setembro, em Natal. Sobre Bibiano Silva ver: <http://bibianosilva.org>, acesso em out. 2022. (Eduardo Dimitrov, *Regional como Opção, Regional como Prisão: Trajetórias Artísticas no Modernismo Pernambucano*, Tese de Doutorado, FFLCH-USP, 2013.

O único concorrente propriamente brasileiro, que educou o seu espirito e a sua arte sem jamais sair do país, é Bibiano Silva. Foi discípulo do professor Bernardelli e do professor Corrêa Lima, destacando-se sempre como um dos melhores alunos da Escola de Belas Artes. Os outros não podem ser considerados espíritos genuinamente brasileiros, pois a sua educação artística ressente-se naturalmente da influência de uma arte estranha aos sentimentos nacionais.

Sem querer apoucar o mérito dos escultores que concorreram com Bibiano Silva, podemos dizer, todavia, que nenhum lhe pôde igualar em sentimento. Bibiano confeccionou uma "maquete" onde os motivos são genuinamente nacionais. Além da feitura, observa-se a harmonia da linha geral de uma arquitetura clássica, com os seus grupos sóbrios de traços, ricos de expressão e de vida.

Bibiano Silva nada fica a dever aos seus concorrentes. Pelo contrário, a sua "maquete" reproduz melhor o fato histórico que São Paulo vai comemorar. Enquanto os seus colegas se detiveram em aglomerações alegóricas, de caráter greco-romano, o artista de "philoctetus" procurou interpretar o caráter nativista desse faustoso acontecimento.

O conselho julgador desse concurso, composto de homens de responsabilidade, deve ponderar bem na classificação do projeto vencedor. Já é tempo de acordarmos desse entorpecimento artístico, que nos leva a confiarmos somente nos artistas de outros países. Entre os nossos patrícios artistas há [os] que merecem tanto como os estrangeiros felizes que tanto dinheiro absorvem do nosso governo, e não é justo que continuemos a abandona-los, tirando-lhes o estímulo e concorrendo para que jamais tenhamos uma arte nacional.

Não há razões para que abandonemos os nossos artistas, quando todos os países cultos trabalham justamente no sentido de protegerem e ampararem todos os elementos que concorrem para a grandeza da sua nacionalidade[149].

Em seguida, o jornalista descrevia de maneira sucinta o projeto do artista. O articulista Cavalcanti de Albuquerque escreveu um artigo no periódico carioca *Jornal do Brasil* em defesa do projeto do escultor pernambucano. Ao criticar a presença de artistas estrangeiros no concurso, afirmava ser uma "nota triste" que, "para comemorar tão brasileira data, sejamos constrangidos a procurar no estrangeiro inteligências por empréstimos e em doses a prestações para com ela consubstanciar os nossos feitos históricos". Defendia, assim, o projeto de Bibiano

149. "O Projeto do Escultor Bibiano Silva", *A Rua*, p. 1, 20 jan. 1920.

Silva, pois entendia que cabia a um artista nacional essa "tarefa essencialmente brasileira". E declarava que:

> [...] se o juízo dessa comissão levados mais pelas belezas plásticas que pelas exigências históricas for contrário ao artista brasileiro, e favorável ao estrangeiro, que virá, assim, transportar para essa bela terra americana a aberração monstruosa de um estilo egípcio ou romano clássico, se esse juízo se consumar, e sobre ele deixar de passar a revolta, então justíssima, do Dr. Secrtário do Interior; – então nós emudeceremos.
>
> As gerações futuras nos julgarão como nós estamos julgando as de cem anos atrás.
>
> Mas nós emudeceremos na certeza de que os nossos filhos virão derrubar esse monumento que será a vergonha da nossa incapacidade atual ou da nossa falta de justiça patriótica, e o derrubarão, porque o monumento de nossa Independência não seria nosso – mas, do estrangeiro[150].

Em março, quando as maquetes passaram a receber grande atenção dos periódicos paulistas, a proposta de Bibiano foi a primeira a ser referenciada tanto no *Correio Paulistano* como no *Jornal do Commercio*. O fato do artista ser brasileiro e ter estudado somente no Brasil também foi motivo de destaque:

> Iniciamos hoje essas descrições com a "maquete" do escultor Bibiano Silva, pernambucano, que é um dos poucos concorrentes brasileiros ao importante certame de arte.
>
> O sr. A. Bibiano Silva cursou a Escola Nacional de Belas Artes, tendo tido como professores, naquele estabelecimento, os srs. Bernardelli e Corrêa Lima.
>
> Nunca foi à Europa, tendo-se feito no Brasil à custa do próprio esforço. Venceu um importante concurso para um monumento histórico em Pernambuco e é considerado como um dos nossos mais jovens artistas escultores, de cujo talento muito se espera[151].

O articulista do *Jornal do Commercio* considerava, no entanto, ser ruim Bibiano não ter viajado pelos "centros artísticos da Europa", onde ele poderia "dar maior amplitude ao seu engenho, à sua arte de criar, ou um mais vasto horizonte ao campo dos conhecimentos estéticos que tanto atuam na execução dos monu-

---

150. Cavalcanti de Albuquerque, "Ecos de S. Paulo – Monumento da Independência", *Jornal do Brasil*, p. 6, 13 mar. 1920.

151. "No Palácio das Indústrias", *Correio Paulistano*, p. 6, 11 mar. 1920.

Figura 25. Projeto Bibiano Silva, *Monumento do Ipiranga*,
C06017, Acervo Iconográfico, Arquivo do Estado de São Paulo.

mentos". E afirmava que isso não deve servir de atenuante ao "ao severo julgamento da sua capacidade de concepção e de técnica"[152].

Apesar do articulista carioca ter considerado a obra de Bibiano (Figura 25) "genuinamente nacional", o artista fundamentou-se em referências clássicas para compor a sua obra, como ele mesmo afirma no memorial descritivo:

> Procurei encerrar o grito da Independência num conjunto de três ordens de arquitetura, compreendendo, primeiro a parte do embasamento: assente numa área retangular de 1225 metros quadrados, levantando-se ao limite de seus modelos na ordem Toscana, segundo a parte do coroamento sob o mesmo dispositivo, levantando-se igualmente ao seu limite em ordem Jônica, terceira finalmente, é a parte interna do monumento que obedece a um estilo mais severo entre todas as linhas clássicas, e está em rigoroso Dórico grego[153].

152. "Gazetilha – O Monumento da Independência", *Jornal do Commercio*, p. 2, 16 mar. 1920.
153. Memorial descritivo Bibiano Silva. Monumento da Independência, C06017.04, 3496, MI03.1.04, doc. 15, Arquivo do Estado de São Paulo.

Doze colunas sustentariam um friso, em que estariam representadas 27 crianças[154], em referência à União "que constitui a força do organismo social", formando uma "apoteose à vitalidade do nosso solo", por isso, as crianças se confundiriam com a "riqueza que lhes oferece a terra do Brasil e compreende seus produtos: café, cacau, mate, cana de açúcar, algodão, borracha e tantos outros". Entre as doze colunas, haveria um grupo escultórico a entoar o hino do Ipiranga[155], "enquanto a ideação do centenário é traduzida por uma figura alada de velho, simbolizando o 'Tempo', levantando uma outra figura, que traduz a raça, libertada, rompendo o seu brado augusto através de um século"[156]. À frente desse grupo estaria um cavalo, "derrubando sob as patas dianteiras um abutre, como a ideia sinistra da morte"[157]. "Sobre o cavalo estaria uma "intrépida amazona", que representaria "a defesa incondicional da pátria"[158].

Um grupo em primeiro plano simbolizaria a "Cordialidade Nacional, irradiando a luz do nosso sol". Aos pés dela, uma outra figura simbolizaria "o produto novo da raça talhada para a civilização, empunhando o seu facho para abrilhantar a página da história, aberta em 22". Haveria ainda dois conjuntos escultóricos laterais, um deles representando "o pensamento de soberania do príncipe", em que uma "figura superior" estende o braço direito "num gesto de amor à justiça" e segura com a mão esquerda o "cetro da soberania". Abaixo dessa figura, há um menino que oferta "na cornucópia a abundância do solo pátrio, à sua mãe". O outro grupo escultórico representa a "ação da integridade do direito", simbolizada por uma figura que tem na mão direita uma régua e na esquerda um rolo de pergaminho. Abaixo dela, uma "moça em sua maior juventude" e ao seu lado "uma pilha de quatro volumosos livros, em cujos dorsos indica-se a arte, a matemática, a ciências e o comércio". Sobre esse conjunto, desenrola-se um mapa onde se vê descrita a linha geográfica do continente sul-americano.

154. Os jornais divulgaram que seriam 21 crianças, que fariam referência à divisão política brasileira. No entanto, nos documentos apresentados à Comissão de Julgamento, como o memorial descritivo, o artista afirmou serem 27 crianças.
155. Segundo o comentário do leitor P.M., esse grupo escultórico assemelhava-se ao "Rapto das Sabinas", de Giambologna, *A Platea*, São Paulo, p. 6, 23 mar. 1920.
156. "No Palácio das Indústrias", *Correio Paulistano*, p. 6, 11 mar. 1920.
157. "O Projeto do Escultor Bibiano Silva", *A Rua*, p. 1, 20 jan. 1920.
158. "Gazetilha – O Monumento da Independência", *Jornal do Commercio*, p. 2, 16 mar. 1920.

Figura 26. "Projeto Ultra-nacionalista", Caricatura Projeto Bibiano Silva,
Álbum "Monumentos para o Centenário", Arquivo Histórico de São Paulo.

Na parte posterior, que defronta o museu, haveria a entrada para um Panteão de cem metros quadrados. Nele, estariam as estátuas da "trindade cívica" constituída por "D. Pedro I, que medita ante a responsabilidade da nação", Padre Feijó, "como protótipo de civismo ante a Constituição, na Consolidação e na Regência", e José Bonifácio, "como o patriarca absoluto da independência". Além deles, seis baixos-relevos representariam "Martim Francisco, Antonio Carlos, os representantes da deputação brasileira; Campos Vergueiro, o grande precursor das instituições no Brasil; D. João VI, o adito aos nativistas. Jose Clemente Pereira e o defensor do norte do país, Lord Cochrane"[159].

O projeto de Bibiano foi satirizado por ser "ultra-nacionalista" (Figura 26). Além disso, a sua habilidade foi duramente criticada pelo crítico do *Jornal do Commercio*:

> Isto tudo que aqui fica descrito, assim é segundo a intenção, aliás, nobre do autor da "maquete", sr. A. Bibiano Silva. Parece-nos, porém, que, se desse modo feliz ideou o seu trabalho, não foi igualmente feliz na sua execução.

159. "No Palácio das Indústrias", *Correio Paulistano*, p. 6, 11 mar. 1920.

A sua maquete peca indiscutivelmente; há uma pronunciada manifestação de desconhecimento das proporções humanas, como também de anatomia plástica. Algumas das figuras possuem uma cabeça enorme, inexpressiva, sem movimentos determinados, lembrando os ensaios de um colegial; e, quanto ao que diz respeito a estrutura dessas mesmas figuras e à anatomia plástica, bem é de se pensar que o autor nunca procurou observar, nunca se preocupou com a naturalidade das linhas e dos movimentos musculares. Foi igualmente infeliz na construção do panteão no interior do monumento, pois isso imprime-lhe um tom fúnebre e doloroso, um *que* de grave de agoureiro, que está talvez longe de significar aurora luminosa que beijou a terra brasileira, inundando a de novas energias, novas aspirações que seguiram o rumo sempre apontado do progresso e da redenção do povo.

Há algumas figuras nessa "maquete" que possuem cabeça enorme, pesada, como a dos macrocéfalos; mãos enormíssimas, pouco elegantes, corpos minúsculos. No todo nem uma linha graciosa; não há a curva delicada das carnes nem a saliência robusta de um músculo em ação, em energia de movimentos. Parece que o autor é dotado de pouco intuição artística e representativa, não podendo portanto, descobrir o *x* misterioso da verdadeira beleza e transporta-la à sua obra[160].

Apesar das críticas às qualidades técnicas do artista, o público defendeu o seu projeto, principalmente por ser de um artista brasileiro. Escolher a obra de Bibiano, para muitos, era defender a "arte nacional".

Dentre as maquetes que conquistaram aplauso estava a dos italianos Cesare Donini e Aldo Scala[161], escultor e arquiteto respectivamente. No memorial descritivo, eles afirmaram que seu projeto excedia em mil contos de réis o estipulado no edital, ou seja, custava o dobro do exigido. Diante disso, eles apresentaram a sua proposta e também uma versão simplificada dela, que obedecia aos limites orçamentários impostos pelo concurso.

Na versão completa do monumento, havia uma escadaria acompanhando uma êxedra em que estariam representados os 21 estados do Brasil e os personagens históricos que cooperaram para a Independência. Nas extremidades da êxedra, haveria dois grupos escultóricos: um representando a agricultura e o outro, o comércio. Abaixo deles, fontes fariam referência aos "rios mais importantes". Na fachada

---

160. "Gazetilha – O Monumento da Independência", *Jornal do Commercio*, p. 2, 16 mar. 1920.
161. Não foram encontradas informações sobre Cesare Donini e Aldo Scala. Sabe-se apenas que o primeiro era escultor e o segundo, arquiteto, e que ambos eram italianos.

posterior, dois grupos simbolizariam a Fraternidade e a Concórdia. Ao centro da êxedra, erguer-se-ia uma coluna (Figura 27), em cuja fachada principal haveria um carro do triunfo puxado por três cavalos, sobre o qual estaria a "a deusa do ideal empunhando a bandeira" e, atrás dela, o sol iluminaria "os sacrifícios e a glória da Nação"[162]. O crítico do *Jornal do Commercio* considerou esse detalhe como:

[...] belo alto relevo, cheio de expressões magníficas, movimentadas, e de um efeito quase pictórico. Pena é o artista ter simbolizado a marcha do progresso, a frente do monumento, com o eterno e condenado símbolo: um carro puxado por três cavalos. Sobre a vulgaridade deste símbolo e sobre a sua impropriedade na escultura monumental moderna, já tivemos ocasião de dizer ontem alguma coisa, quando nos referimos a "maquete" do senhor Machiavello. Inútil, pois, seria emitir os mesmos conceitos. Cumpre-nos, porém, afirmar que a pose desses cavalos e a maneira com que foram trabalhados, muito recomendam o sr. Donini[163].

Nas demais fachadas da coluna, estátuas representariam a República, a Justiça e a Liberdade e, no topo delas, "quatro monstros que sustentam um globo, que de noite será iluminado e lembrará o fato INDEPENDÊNCIA OU MORTE entre raios de luz com as cores da Bandeira Nacional"[164]. Como relataram os jornais, a esfera teria o dístico "ordem e progresso". Apesar de considerar a iluminação um "estupendo efeito pictórico", o crítico afirmava não ser "o bastante para recomendar a obra"[165]. No interior do monumento haveria uma cripta que, segundo os artistas, poderia ser utilizada "para conservação dos troféus das batalhas". No projeto simplificado, a êxedra seria eliminada e substituída por dois grupos escultóricos que fariam referência a episódios e personagens históricos.

A sátira feita pelo caricaturista Belmonte (Figura 28) deteve-se na esfera que encima a coluna, chamando-o de "monumento careca". No artigo divulgado pelo *Correio Paulistano*, o articulista limitou-se a dizer ser um "belo projeto" exposto por um "jovem e talentoso escultor"[166], fazendo uma breve descrição da maquete.

162. Memorial descritivo Donini Cesare e Aldo Scala. Monumento da Independência, C06017.04, 3476, MI03.1.04, Arquivo do Estado de São Paulo.
163. "No Palácio das Indústrias", *Correio Paulistano*, p. 3, 20 mar. 1920.
164. Memorial descritivo Donini Cesare e Aldo Scala. Monumento da Independência, C06017.04, 3476, MI03.1.04, Arquivo do Estado de São Paulo.
165. "No Palácio das Indústrias", *Correio Paulistano*, p. 3, 20 mar. 1920.
166. *Idem, ibidem.*

Figura 27. Projeto Cesare Donini e Aldo Scala, *Monumento do Ipiranga*, C06017, Acervo Iconográfico, Arquivo do Estado de São Paulo.

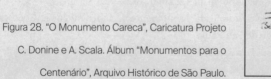

Figura 28. "O Monumento Careca", Caricatura Projeto C. Donine e A. Scala. Álbum "Monumentos para o Centenário", Arquivo Histórico de São Paulo.

Já o crítico do *Jornal do Commercio* afirmou que Donini teria "precisão nos golpes" e elogiou os dois grupos situados às margens da escadaria, afirmando serem "bem trabalhados, obedecendo perfeitamente às normas proporcionais das figuras". Apesar de não considerar a maquete adequada para o *Monumento à Independência do Brasil*, afirmava que Donini era uma "promessa para o futuro".

Possui ardente imaginação, gênio inventivo acentuadamente moderno, sem ser da decadência; é senhor de uma força de construção recomendável e a suas criações são, especialmente nos detalhes, com pequenos poemetos. Em tudo sente-se vibrar a sua alma inquieta de artista jovem, ansiosa de emoções fortíssimas embora rebuscadas; perde-se um pouco, ou melhor, emaranha-se nos detalhes como um labirinto de maneira tal que, aperfeiçoando demais, chega, sem mesmo o sentir, a contribuir para a ruptura da harmonia do conjunto. Prova disso são os dois grupos aqui já nos referimos acima; dois enlevos, dois bijous que tiram a majestade do seu trabalho que, a nosso ver, não poderia servir para base de um monumento destinada marcar o triunfo da arte moderna de esculpir[167].

Torquato Tasso[168] e José Ferrer[169] também conseguiram receber elogios da crítica. Eles elaboraram um projeto cujo lema era "Patria non in memor", e que tinha um monumento em "estilo grego", com colunas, frisos e cornijas (Figura 29). No topo dele, "perto do céu" haveria a representação de quatro "ideias da humanidade": Justiça, Fé, Constância e Paz. Na frente principal se destacaria a estátua equestre de D. Pedro, que estaria no gesto de gritar "Independência ou Morte". Abaixo dele e ascendendo em direção a ele, estaria o grupo de soldados que, "hasteando suas bandeiras e brandindo suas armas, respondiam com seu juramento de fidelidade ao heroico requerimento do patrício". Na base, haveria, à direita, o "Gênio da Guerra" e à esquerda um grupo alegórico formado por um ancião, uma mulher

167. "Gazetilha – O Monumento da Independência", *Jornal do Commercio*, p. 4, 18 mar. 1920.

168. Torquato Tasso (ou Torcuato Tasso) foi um escultor espanhol nascido em Barcelona, em 1855. Cursou a Academia de Bellas Artes de Barcelona e a de Madrid. Dentre as obras que realizou em Barcelona, é possível citar estátuas e relevos do Palácio de Justiça, a estátua da *Indústria* e o *Monumento a Güell y Tener*. Em 1880, mudou-se para Montevidéu e, em 1895, para Buenos Aires, onde permaneceu durante toda a sua vida. Lá executou o *Monumento a Esteban Echeverría*, na Praça San Martín, o de *Juan José Paso*, na praça da Independência e o do *General Soler*, na Recoleta (Ana Maria Fernandez Garcia, *Arte y Emigración. La Pintura Española em Buenos Aires (1880-1930)*. Oviedo, Universidad de Oviedo/Universidad de Buenos Aires, 1997).

169. Não foram encontradas informações sobre José Ferrer.

Figura 29. "Projeto *Monumento à Independência do Brasil* de T. Tasso e J. Ferrer", Revista *Miscellânea*, ano 1, n. 13, 26 mar. 1920. Arquivo Público do Estado de São Paulo, acervo Bibliográficos/Periódicos.

e um jovem envoltos na bandeira nacional. Atrás de D. Pedro estaria o templo da liberdade, sustentado por seis colunas jônicas e dentro do qual emergiria a efígie do "Progresso". Na frente oposta, estariam representadas as figuras de Bonifácio, Ledo, Sampaio, Ribeiro Andrada e Januário. Para eles se dirigiria a "personificação escultural da República", seguida pela Arte, Letras, Trabalho, Sacrifício, Velhice, Infância, Comércio, Agricultura e Patriotismo. Ao lado direito, haveria um relevo representando o juramento de todas as províncias à Constituição brasileira, e ao lado esquerdo, um relevo mostrando "a nova era de paz e de trabalho".

O articulista do *Jornal do Commercio* descreveu o projeto da seguinte maneira:

> Achamo-nos, finalmente, diante de um autor digno de nota. A "maquete" por ele apresentada é muito elegante, e pena é não ser apropriada ao fim em vista.
>
> A suas figuras são belas, bem trabalhadas o que reconhecemos, não obstante a técnica muito variável, denunciadora da colaboração de outros artistas, além do signatário. Contudo, parece-nos o senhor Tasso um artista de concepção original e muito recomendável. Mas o que ele inutiliza visceralmente o projeto é não ter ele referência direta nem significação bastante do acontecimento máximo que é independência brasileira[170].

---

170. "Gazetilha – O Monumento da Independência", *Jornal do Commercio*, p. 2, 17 mar. 1920.

Os italianos Francisco Terencio Gianotti[171] e Troiani Troiano[172], residentes em Buenos Aires, enviaram um projeto conhecido pelo lema de "Barroso"[173]. A proposta era a de um obelisco de 35 metros de altura, que foi descrito pela imprensa como "coluna pesada, que lembra a escultura egípcia"[174]. Os episódios "mais salientes da proclamação da Independência" estariam gravados nas quatro frentes do obelisco. No pedestal, figuras alegóricas, que representariam os estados, formando um "altar da Pátria"[175]. Na frente principal haveria um grupo alegórico composto por uma "manada de cavalos lançados em uma corrida desenfreada", que simbolizariam a "força indômita de um povo saudoso por liberdade". Esse conjunto não ficou muito claro para os críticos, que o consideraram como "um grupo escultórico muito indeciso"[176] ou ainda "um grupo indefinido, que deverá, com certeza, representar o movimento libertário de 1822"[177].

Baixos-relevos estariam presentes no obelisco, representando, de um lado, o "Sacrifício", na figura de um mártir sustentado pelo povo, e, de outro lado, a "Vontade", representada por uma figura forte e viril que incita o povo à ação. Na

171. Francisco Terencio Gianotti foi um arquiteto italiano nascido em Turim, em 1881, e formado na Academia de Belas Artes de Turim, em 1904. Em 1906, projetou diversos pavilhões da Exposição de Milão. Em 1909, mudou-se para a Argentina (nos documentos existentes no Arquivo do Estado de São Paulo, afirma-se que ele se mudou para a Argentina em 1908). Foi contratado para fazer *La Inmobiliaria Building*, na avenida de Mayo, em 1910; a Galería Güemes, na rua Florida, em 1913, e a *Confitería El Molino*, na esquina das avenidas Callao e Rivadavia, em 1917. Informações de Wikipedia, disponível em: <https://en.wikipedia.org/wiki/Confiter%C3%ADa_El_Molino>, acesso em out. 2022.

172. Troiani Troiano foi um escultor italiano nascido em Udine, em 1885. Estudou com Anibal de Lotto e depois estudou em Florença e Roma. Em 1914, mudou-se para a Argentina, onde realizou a maior parte de seu trabalho (nos documentos existentes no Arquivo do Estado de São Paulo, afirma-se que ele se mudou para a Argentina em 1911). Realizou uma série de esculturas para a Bolsa de Comércio portenha, realizando depois uma obra similar para o Teatro Grand Splendid. Fez *El Arquero*, na praça Moreno, em La Plata, em 1924; Fernando III, que coroa o frontão da fachada da Igreja Colonial de San Fernando de Maldonado.

173. Inicialmente, a dupla enviou o projeto sem identificação dos artistas, indicando apenas o lema "Barroso". Posteriormente, os artistas enviaram uma carta de identificação, em que afirmam serem italianos residentes na Argentina. Monumento do Ipiranga, C 06017.08, MI 03.01.08, doc. 91, Arquivo do Estado de São Paulo.

174. "No Palácio das Indústrias", *Correio Paulistano*, p. 3, 21 mar. 1920.

175. Memorial Descritivo projeto Barroso, *Monumento da Independência*, C06017.04, 3475, MI03.1.04, Arquivo do Estado de São Paulo.

176. "Gazetilha – O Monumento da Independência", *Jornal do Commercio*, p. 2, 16 mar. 1920.

177. "No Palácio das Indústrias", *Correio Paulistano*, p. 3, 21 mar. 1920.

parte posterior do obelisco, a que estaria voltada para o Museu Paulista, seria a entrada do Panteão, que se faria por meio de uma escadaria. Ali haveria uma "grandiosa porta de bronze ricamente trabalhada", na qual estaria gravado em letras de ouro o hino nacional. Desse lado do obelisco haveria ainda um baixo-relevo representando a "Libertação dos escravos", cuja figura central seria a "Redenção". Ao lado da porta de bronze, duas estátuas representam terra e mar, além de haver frisos representando sacrifícios do povo para conquistar a liberdade. "Na parte superior do obelisco, há uma emanação constante de luz, a que se irradia por todo o continente, simbolizando a grande fé do povo em conquistar a sua independência e sua liberdade"[178]. Haveria ainda uma grande fonte na base do obelisco. Esse farol de luz sobre uma fonte foi destacado em uma charge da obra (Figura 30).

A maquete foi elogiada pelos jornais e, segundo o artigo do *Correio Paulistano*, era uma das que tinha "agradado o público pelo seu todo monumental". Mesmo indicando aspectos positivos do conjunto, ela não passou pelo crivo do crítico do *Jornal do Commercio*:

Tem grandes escadarias, um tanto elegantes. Arquitetura rigorosa, majestosa na sua simplicidade. Digamos, porém, desde logo, que o significado da coluna, desprovida de ornamentos, de há muito passou a exprimir mais um símbolo de saudade do que de exultação de um povo em delírio de glória. Nas praias europeias, e, principalmente nas praias italianas, existem comumente dessas colunas. Foram talvez erguidas em homenagem aos soldados que partiram com a alma despedaçada para o campo da luta, durante a catástrofe mundial. E desde então essa coluna deixou de ter o antigo significado; passou a ser um eloquente símbolo de saudade, tributo de homenagem sentida aos que partiram e nunca mais voltaram. Antes disso, porém, elas, já existiam mesmo no cemitério de São Paulo.

Esse símbolo, quase funerário, já não sintetiza mais a glorificação de um povo que se ergueu do nada, grande na sua origem e no seu destino.

É o que desabona a ideia do Senhor Barroso.

178. Memorial Descritivo projeto Barroso. Monumento da Independência, C06017.04, 3475, MI03.1.04, Arquivo do Estado de São Paulo.

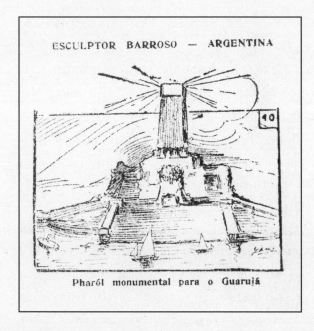

Figura 30. "Farol Monumental para o Guarujá", Caricatura Projeto de Francisco Terencio Gianotti e Troiani Troiano (Barroso), Álbum "Monumentos para o Centenário", Arquivo Histórico de São Paulo.

Por isso mesmo, dentre todos os autores dignos de consideração, o senhor Barroso é o que mais se afasta do alto significado proposto. Além do mais, dada a forma indecisa de sua massa escultórica, não é possível fazer-se um juízo exato da capacidade do autor[179].

2.6. Preferências

Por fim, houve projetos que se destacaram e foram indicados como possíveis finalistas do concurso ou tiveram partes de suas maquetes recomendadas para serem incluídas à obra que seria construída. Dentre os artistas de relevo, estava o italiano Arnaldo Zocchi, que era bastante experiente e já havia participado de diversos concursos, que lhe conferiram fama. Foi apresentado pelo articulista do *Correio Paulistano* como "um dos mais gloriosos da arte escultórica monumental"[180]. Foi lembrado por "obras valiosas" que havia executado, como *Piero della Francesca*, que lhe rendeu a medalha de ouro na Exposição Internacional de Roma, em 1892[181]. Suas conquistas internacionais também foram citadas, como a vitória para um concurso do *Monumento ao Czar Libertador*, em Sofia, na Bulgária, e o *Cristóvão Colombo* que realizou em Buenos Aires, um "monumento de propor-

---

179. "Gazetilha – O Monumento da Independência", *Jornal do Commercio*, p. 2, 17 mar. 1920.
180. "No Palácio das Indústrias", *Correio Paulistano*, p. 1, 18 mar. 1920.
181. "Gazetilha – O Monumento da Independência", *Jornal do Commercio*, p. 2, 16 mar. 1920.

ções colossais"[182] que surgiria em breve no *Passeo Cólon*, em frente ao Palácio do Governo da Argentina[183].

O projeto (Figura 31) apresentado para o certame brasileiro consistia em "uma coluna colossal que se ergueria sobre uma poderosa plataforma". Diante da plataforma há um grupo alegórico que faz referência a acontecimentos históricos. No centro da coluna, figuras simbolizam o Direito, a Justiça, a Vontade e a Audácia.

Ao cimo da coluna, coroada por um belíssimo friso, ergue-se estupenda no seu voo de ideal a estátua representativa da Liberdade.

Relativamente à obra do escultor Zocchi, já os jornais se pronunciaram com mais ou menos calor. Realmente, a sua "maquete" revela no autor um raro prestígio de concepção; a sua maneira de representar é bem poderosa. O movimento que imprimiu às figuras humanas e aos cavalos da sua "maquete" é, por assim dizer, vivo; palpita em tudo o vago sentimento da tragédia nacional e o profundo entusiasmo que guiou o povo à aurora suprema da luz. A obra obedeceu rigorosamente às normas da arte moderna e ás exigências da nova estética; impõe-se, portanto, despertando sincero entusiasmo no espectador que sente transpirar de todo o conjunto um *que* de grave, de majestoso e de elegante ao mesmo tempo. É rica de fantasia, arrojadas, simbólicas, e na sua execução, pode-se bem dizer que o autor não poupou esforços para fazer com que a técnica não mentisse à majestade da poderosa criação.

O Sr. Zocchi está incluído no grupo dos artistas que souberam compreender a grandiosidade do fato cuja comemoração se propuseram[184].

Como se nota, a obra foi muito elogiada, sendo apontada como uma forte candidata do concurso. No jornal *Fanfulla*, afirmou-se que a maquete era "simples

182. "No Palácio das Indústrias", *Correio Paulistano*, p. 1, 18 mar. 1920.

183. Nas comemorações do centenário da independência Argentina, os italianos ofereceram à cidade de Buenos Aires o monumento a Cristóvão Colombo. Para tanto, em 1907 foi realizado um concurso internacional, do qual o escultor Arnaldo Zocchi saiu vitorioso. O monumento foi inaugurado em 1921 na praça que leva o nome do viajante italiano, contudo, em 2013, a estátua foi desmontada para ser transladada para Costanera Norte, em frente ao Aeroparque, onde se encontra até hoje desmontada. Em seu lugar, foi colocado o monumento a Juana Azurduy de Padilha, financiado pelo governo da Bolívia. Até hoje a mudança do monumento de Colombo está em debate, pois muitos defendem o seu retorno ao lugar de origem ("Insisten en que el Monumento Debe Volver a la Casa Rosada", *La Nación*, Buenos Aires, 17 jan. 2017). Disponível em: <http://www.lanacion.com.ar/1976406-insisten-en-que-el-monumento-debe-volver-a-la-casa-rosada>, Acesso em jan. 2023.

184. "Gazetilha – O Monumento da Independência", *Jornal do Commercio*, p. 2, 16 mar. 1920.

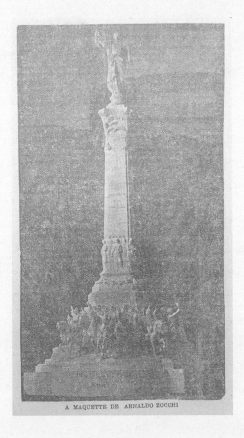

Figura 31. "A Maquete de Arnaldo Zocchi", *A Platéa*, p. 1, 16 mar. 1920. Arquivo Público do Estado de São Paulo, acervo Bibliográficos/Periódicos.

Figura 32. "A Saída do Picadeiro", Caricatura Projeto Arnaldo Zocchi, Álbum "Monumentos para o Centenário", Arquivo Histórico de São Paulo.

e elegante" e que estava dentre as cinco ou seis que obtiveram "as simpatias dos visitantes" que estiveram presente no Palácio das Indústrias[185]. Ela, no entanto, não ficou isenta de críticas, já que uma caricatura[186] comparou a obra à saída de um picadeiro (Figura 32).

Outro projeto que se destacou foi o de Mario Ribeiro Pinto[187] e Fernando Frick[188], que também foi divulgado antes do início da Exposição, pela *Revista do Brasil*[189]. A proposta era de um monumento de 32 metros de lado e 23,5 metros de altura (Figura 33). O embasamento seria formado por uma pirâmide de base quadrangular em torno da qual haveria uma esplanada com escadaria na direção dos eixos principais. A parte superior teria a forma de um tambor cilíndrico, composto de 21 colunas "em estilo dórico grego", que simbolizariam as "circunscrições territoriais que formaram a Nação". Na primeira versão apresentada pelos autores haveria uma estátua equestre de D. Pedro à frente do conjunto, mas, na apresentação final, a dupla colocou-o coroando a forma cilíndrica.

As quatro faces do monumento seriam decoradas com baixos-relevos representando dois "fatos precursores" e dois "fatos subsequentes" da Independência. Esses episódios seriam: o protesto da junta de São Paulo, organizado por José Bonifácio, contra os decretos das Cortes de Lisboa; a representação do Senado da

---

185. "Il Monumento dell'Indipendenza – Il Bozzetto di Arnaldo Zocchi", *Fanfulla*, p. 3, 12 mar. 1920.
186. Não foi possível identificar o autor da caricatura nem o periódico em que foi veiculada. Encontra-se no Álbum "Monumentos para o Centenário", Arquivo Histórico de São Paulo.
187. Mario Ribeiro Pinto nasceu em São Paulo, em 25 de junho de 1889. Foi admitido na Escola Politécnica em 1909 e graduou-se engenheiro-arquiteto em 1915. Era sobrinho de Adolpho Augusto Pinto, engenheiro civil que colaborou com as obras de melhoramentos da cidade de São Paulo para o Centenário da Independência. Em 1937, Mario Ribeiro Pinto ficou em terceiro lugar no concurso do Mausoléu ao Soldado Constitucionalista de 1932 (Sylvia Ficher, *Os Arquitetos da Poli: Ensino e Profissão em São Paulo*, p. 153).
188. Ferdinand Frick (assinava também como Fernando Frick) nasceu em Kopparberg, na Suécia, em 1878. Ainda jovem mudou-se para a Alemanha e, antes da Primeira Guerra, estabeleceu-se no Brasil. Ele modelou as dez estátuas que decoram os umbrais do portal da fachada da Catedral da Sé, em São Paulo, e o grupo do calvário, que, depois, foram esculpidos em granito pelo canteiro Miguel Carito. Dentre as suas obras, é possível citar os medalhões em bronze do Mausoléu de Camilo Passalaqua (1920 – Cemitério da ordem Terceira do Carmo), Monumento a D. Néri (1924 – campinas); Granito do Tumulo de Erna Treuherz (c. 1924 – cemitério do Araçá) entre outros. (Comissão de Patrimônio Cultural, *Obras Escultóricas em Espaços Externos da USP*, São Paulo, Universidade de São Paulo, 1997).
189. *A Revista do Brasil*, de São Paulo, publicou imagens da maquete de Mario Ribeiro Pinto e Fernando Frick, no vol. 11 de 1919.

Figura 33. Projeto Mario Ribeiro Pinto e Fernando Frick, *Memorial Descritivo*. Arquivo Histórico de São Paulo.

Câmara do Rio de Janeiro, presidida por José Clemente Pereira, que manifestou os votos do povo para que ele permanecesse no Brasil; a aclamação de D. Pedro por Ildefonso Xavier no teatro da Opera, em São Paulo, em 7 de setembro de 1822; e a aclamação de D. Pedro no Rio de Janeiro em 12 de outubro (Figura 34). Além dos baixos-relevos, haveria oito medalhões, dois em cada face, representando José Bonifácio, José Clemente Pereira e outras grandes figuras históricas que colaboraram no "fausto acontecimento", que deveriam ser selecionadas pelo Instituto Histórico e Geográfico de São Paulo. Na parte inferior, quatro leões simbolizariam "a força em vigilante atitude de guarda"[190]. "O interior do tambor cilíndrico apresentaria o aspecto de uma sala circular, que poderia ser destinada a guardar objetos históricos.

Uma caricatura[191] comparou a obra a um sino (Figura 35) mas, a crítica do *Jornal do Commercio* considerou que os autores pertenciam ao pequeno grupo dos que

---

190. Memorial descritivo Mario Ribeiro Pinto e Fernando Frick C06017.04, 3496, MI03.1.04, doc. 07, Arquivo do Estado de São Paulo.
191. Não foi possível identificar o autor da caricatura nem o periódico em que foi veiculada. Encontra-se no álbum "Monumentos para o Centenário". Arquivo Histórico de São Paulo.

Figura 34. Projeto Mario Ribeiro Pinto e Fernando Frick, *Memorial Descritivo*, Arquivo Histórico de São Paulo.

Figura 35. "Enorme 'Badalo' Artístico", Caricatura Projeto Mario R. Pinto e F. Frick, Álbum "Monumentos para o Centenário", Arquivo Histórico de São Paulo.

"souberam compreender a grandeza do fim que se pretende com o monumento", já que sua obra estaria "à altura da significação comemorativa a que se destina". Os trechos históricos retratados nos baixos-relevos foram vistos como uma escolha "acertada" e "patriótica", pois, além do ponto de vista artístico, era considerado absolutamente indispensável o ponto de vista histórico. Apesar de todos os elogios feitos à obra, ela não era a preferida do crítico do *Jornal do Commercio*:

É com pesar, porém, com profundo sentimento, que nos vemos na contingencia de dizer que, se porventura nos fosse dado direito de voto para a escolha das "maquetes", não seria ele para a dos Srs. Mario Pinto e Frick. Ela peca e muito, pela falta de simbolização verdadeiramente escultórica apontada como é o da comemoração da nossa Independência.

Com isso não queremos deprimir a capacidade nem os méritos dos seus autores, que serão sempre grandes, sempre distinguidos dentre os inovadores possantes da arquitetura, arte sublime que parece despertar o letargo em que a deixaram os antigos.

Mas, se as nossas observações críticas pudessem ter algum valor perante os membros da Comissão Julgadora – cujos nomes ainda não foram revelados por justo rigor de concurso – lembraríamos a conveniência da adoção das partes escultóricas dos quatro baixo-relevos do projeto dos Srs. Pinto e Frick, no projeto que for classificado para o primeiro lugar.

Isso seria, mais que uma consideração aos autores que muito se esforçaram na sua arte, um dever patriótico, desde que nenhum dos demais concorrente quis reproduzir as páginas brilhantes da nossa história com tanta maestria e com tanta verdade reproduzidas pelos dois autores nos seus baixos-relevos já descritos[192].

Outro projeto elogiado foi o proposto pela dupla Roberto Etzel[193] e Luigi Contratti[194], indicado pelo *Fanfulla* como "uma das maquetes mais admiráveis da Exposição do Palácio das indústrias"[195]. A descrição realizada pelo jornal *Correio Paulistano* iniciava com uma apresentação da dupla e de seus principais trabalhos. O monumento apresentado por eles consistia em um "alto monolito de granito" sobre o qual estaria um grupo alegórico em glorificação à "força viva da natureza brasileira", representado por um carro triunfal puxado por touros, "símbolo da força, da tenacidade, do vigor com que o povo brasileiro lutou para a consecução da sua independência" (Figura 36). Circundariam o carro triunfal "as forças vivas da democracia": a Justiça e a Liberdade. A riqueza das minas e a fertilidade do solo seriam representadas pelas figuras do minerador e do agricultor. A Escola também estaria representada no carro triunfal, pois foi considerada a base intelectual do país. "De pé, altiva, sobre o carro triunfal, como imagem tutelar do progresso, domina, soberana, a estátua majestosa da Independência". Ela estaria figurada em "vestes soberanas, com cetro, dominadora, tutelando o caminho ascendente do país".

O plinto, que serviria de base para o grupo alegórico, estaria "despido da mínima moldura ou ornamentação, conservando o caráter de monólito" e era interpretado pelos autores do projeto como o "solo brasileiro". No embasa-

---

192. "Gazetilha – O Monumento da Independência", *Jornal do Commercio*, p. 4, 19 mar. 1920.

193. Roberto Etzel era brasileiro, natural de São Paulo, mas havia se estabelecido na Itália, onde estudara arquitetura no Regio Politécnico de Turim e na Academia Albertina de Belas Artes e se tornara professor de desenho arquitetônico no Instituto Superior de Belas Artes, em Roma. Foi indicado como o autor de diversos projetos de restauração de igrejas, como a Igreja do Arcebispado de Turim, a Igreja Quatrocentista de Pecetto. "No Palácio das Indústrias", *Correio Paulistano*, p. 3, 15 mar. 1920.

194. Luigi Contratti era italiano, professor de estatuária na Regia Academia Albertina de Belas Artes de Turim e havia participado de diversos concursos para monumentos, além de ser o autor dos monumentos a Andrea Castaldi, Giaconto Pacchitti e Galileo Ferraris, de grupos monumentais sobre a ponte Humberto I, em Turim, entre outros. "No Palácio das Indústrias", *Correio Paulistano*, p. 3, 15 mar. 1920.

195. "Uno dei bozzetti più ammirati dell'Esposizione del Palazzo delle Industrie è certamente quello presentato da Etzel-Contratti" ("Il Monumento dell'Indipendenza: Il Bozzetto di Etzel-Contratti", *Fanfulla*, São Paulo, p. 3, 14 mar. 1920).

Um concurso internacional para um monumento nacional

Figura 36. Projeto Roberto Etzel e Luigi Contratti, *Memorial Descritivo*, Arquivo Histórico de São Paulo.

mento desse monólito haveria um friso de bronze na "dimensão colossal" de 9 metros de altura e 60 metros de perímetro. Nesse friso estaria representada a Independência política:

> Assim enalteço o gênio que arquitetou, a alma que aspirou, o braço que lutou e a lei que sancionou a Independência Política. É por essa razão que represento José Bonifácio, o mais digno representante deste gênio nacional, Tiradentes o mais nobre representante desta alma nacional, os "Independentes do Norte" os mais fortes representantes deste braço nacional, D. Pedro I, o mais augusto representante desta vontade nacional que viu finalmente realizado o sonho secular[196].

Dessa maneira, o processo de Independência estaria composto pela inconfidência mineira, pela guerra contra o domínio holandês (Figura 37), pela figura de José Bonifácio, considerado "o instrumento principal da empresa felicíssima" e, finalmente, pelo grito da independência, de 7 de setembro de 1822 (Figura 38). Os autores justificaram a escolha pela representação da guerra contra os holandeses em

---

196. *Monumento à Independência do Brasil* – Projeto Etzel-Contratti. São Paulo, 1919, Arquivo Histórico de São Paulo.

Figura 37. Projeto Roberto Etzel e Luigi Contratti, *Memorial Descritivo*, Arquivo Histórico de São Paulo.

Figura 38. Projeto Roberto Etzel e Luigi Contratti, *Memorial Descritivo*, Arquivo Histórico de São Paulo.

vez da Insurreição Pernambucana de 1817, pois essa teria um caráter separatista. Para justificar cada um desses relevos, os autores recorreram aos historiadores e estudiosos, citando trechos das obras de Rocha Pombo, de Oliveira Lima, de Afonso Celso, de Latino Coelho, entre outros. Esse friso foi bastante elogiado pela crítica:

> [...] neste belo particular da obra sente-se a impressão fortíssima de uma perfeita concepção artística aliada às felizes inspirações na evocação de alguns acontecimentos representativos das etapas da nossa evolução, desde o descobrimento até o fato consumado da liberdade.
>
> A linha arquitetônica dentro da qual foi concebido o projeto é bastante original e obedece com altivez às normas rigorosas da nova estética monumental.
>
> Os autores compreenderam a oportunidade do momento que foi dado à arte para o desenvolvimento de um tema tão vasto, tão grandioso, tema que permite ao artista desprender grandes criações, e mesmo ter um caráter individual sob o ponto de vista artístico.
>
> A principal atenção, o principal objetivo dos dois artistas é fazer com que através deste monumento a alma brasileira entreveja as páginas de glória do passado, páginas que lhe possam falar, serenamente, de força, de paz e de virtude. Lembram que uma história para um povo é tudo, dela dependendo a marcha para o porvir.
>
> Cônscios das próprias forças, abandonaram as formas decadentes, as formas doentias e mesquinhas chamadas *academia*, preocupando-se com a criação de um monumento digno, de linhas novas de efeito possante[197].

O grupo dos inconfidentes mineiros foi descrito como "magnífico", enquanto o grupo do Sete de Setembro foi considerado "uma das coisas estupendamente imaginadas pelos autores", pela posição das personagens, que estão de braços cruzados e cabeça alta. Na fachada posterior estaria representado o que os autores chamaram de "Luta pela civilização", sintetizada em três episódios: o "taumaturgo" Anchieta, "símbolo da bondade e do sentimento cristão, afronta o estado selvagem infiltrando as primeiras luzes da civilização"; os bandeirantes, representados por Fernão Dias Paes Leme, que "introduziram" a civilização e "a espalharam pelo sertão"; e a fundação do Rio de Janeiro, "significando a apoteose da nossa civilização, enaltecendo fundadores das nossas cidades".

197. *Monumento à Independência do Brasil* – Projeto Etzel-Contratti. São Paulo, 1919. Arquivo Histórico de São Paulo.

Lateralmente haveria grupos escultóricos representando "o espírito de sacrifício e o valor do povo brasileiro nas lutas travadas pelo sertão e nos mares em prol da Independência", além de duas fontes decoradas com figuras simbólicas refletindo a nossa rica fauna e flora. Estariam também representados os rios Amazonas e São Francisco[198]. "O primeiro presente, na atitude de um Narciso que se espelha nas águas, o segundo, que vê no seu curso a cacheira de Paulo Afonso, impetuoso e irascível rico de formas exuberantes, tratado à maneira Berniniana"[199].

Para simbolizar e "enaltecer" a unidade nacional, haveria quatro grupos escultóricos, um em cada ângulo do embasamento do monumento. No total, a obra teria 28 metros de altura e ocuparia uma superfície de 30 metros de largura por 30 metros de profundidade.

Os detalhes laterais e posteriores do monumento também receberam grandes elogios, considerados "belíssimos, como obra escultural", que teriam "efeito histórico que impressiona". A crítica ao monumento publicada pelo *Jornal do Commercio* coube ao carro do triunfo. Apesar de reconhecer que a técnica era "forte e bela", o crítico considerou-o "um pouco pesado, quebrando, portanto, a linha estética do conjunto, tão perfeita até aí", acrescentando ainda que ele "rouba um pouco da majestade do monumento". E sugeriu que, para alcançar "o melhor efeito artístico", os autores deveriam ter colocado no cimo do monumento o grupo de D. Pedro e seus fiéis em lugar do carro do triunfo. Apesar disso, o crítico considerou que a concepção geral era "realmente monumental e rigorosamente histórica". Aconselhou, inclusive, que os grupos "A inconfidência mineira" e os "Independentes do Norte" fossem utilizados no projeto vencedor, já que eram "dois trabalhos perfeitos". O articulista previa, assim, que, independente de qual maquete fosse escolhida, ela sofreria alterações, pois não eram perfeitas e não poderiam ser construídas tal como seus autores haviam pensado[200].

198. No memorial descritivo que se encontra no Arquivo do Estado de São Paulo, os autores indicaram a presença dos rios Amazonas e São Francisco, seguido dessa descrição das figurações. Porém, nos jornais e no descritivo impresso do projeto, indica-se que os rios seriam o Amazonas e o Paraná e omitiu-se essa descrição das alegorias.

199. *Monumento à Independência do Brasil* – Projeto Etzel-Contratti. São Paulo, 1919. Arquivo Histórico de São Paulo.

200. "Gazetilha – O Monumento da Independência", *Jornal do Commercio*, pp. 3-4, 20 mar. 1920.

O escultor Nicola Rollo[201], italiano migrado para o Brasil, foi o artista predileto de figuras centrais na imprensa paulista, como Monteiro Lobato e Júlio de Mesquita Filho. O apoio dessas personalidades formadoras de opinião garantiu a divulgação da sua obra, intensamente citada em jornais e revistas de São Paulo, e contribuiu para a notoriedade do artista. Ele foi apresentado no *Jornal do Commercio* como o "jovem de 30 anos de idade que aqui vive há oito, e que aqui constitui família", acrescentando ainda que ele vivia, "sempre obscuramente, sempre modestamente, mas trabalhando com inenarrável amor, certo da vitória do seu esforço". Foi considerado "a maior revelação artística deste importante concurso"[202]. No artigo divulgado pelo *Correio Paulistano*, Rollo também foi apresentado com grande destaque, afirmando que pela primeira vez o seu nome aparecia em São Paulo, mas que era "uma surpresa e uma revelação do importante certame", pois o seu projeto era "a exuberante manifestação de um talento novo e vibrante, compreendendo, como raros, os valores do 'monumental', de cuja expressão nos dá, em sua brilhante "maquete", a medida extrema". Afirmava ainda ser a primeira vez que ele participava de um concurso internacional e que o seu "magnífico projeto" era "alvo das mais entusiásticas referências de todos os artistas e amadores que visitam o Palácio das indústrias"[203]. No *O Estado de S. Paulo*, Monteiro Lobato não escondeu a sua predileção desde o início do artigo:

A exposição de projetos para o monumento da independência, aberto no Palácio das indústrias, veio revelar a São Paulo o notabilíssimo artista. Italiano de nascimento, mas já muito nosso, pois viu aqui cristalizar-se o seu talento, Rollo pula a dianteira dos seus competidores, revelando-se um verdadeiro criador.

– Há gênio aqui! É a sensação de quantos param diante da sua obra[204].

---

201. Nicola Rollo nasceu em 10 de novembro de 1889 em Bari. Estudou na Academia de Belas Artes de Roma, mas, aos 24 anos, em 1913, mudou-se para São Paulo. No Brasil, estudou no Liceu de Artes e Ofícios e durante o concurso mantinha seu ateliê no Palácio das Indústrias (onde ocorreu a exposição de maquetes). Como se verá adiante, após o concurso do *Monumento à Independência*, produziu os frisos e esculturas das fachadas do Palácio das Indústrias, duas esculturas de bandeirantes para a escadaria do Museu Paulista e túmulos no Cemitério da Consolação. Sobre o artista, ver Maria Cecília Kunigk, *Nicola Rollo (1889-1970): Um Escultor na Modernidade Brasileira*, Dissertação de Mestrado, ECA-USP, 2001.

202. "Gazetilha – O Monumento da Independência", *Jornal do Commercio*, p. 4, 22 mar. 1920.

203. "No Palácio das Indústrias", *Correio Paulistano*, p. 6, 11 mar. 1920.

204. Monteiro Lobato, "A 'Maquete' de Nicolo Rollo", *O Estado de S. Paulo*, p. 3, 25 mar. 1920.

São Paulo na disputa pelo passado

Figura 39. Projeto Nicola Rollo, Álbum "Monumentos para o Centenário", Arquivo Histórico de São Paulo.

Figura 40. Projeto Nicola Rollo, Álbum "Monumentos para o Centenário", Arquivo Histórico de São Paulo.

O monumento que Nicola Rollo idealizou (Figura 39), segundo seu memorial descritivo, pretendia ser representativo da "latinidade", que considerou ser a origem da civilização brasileira. O corpo principal do monumento seria um grande arco triunfal (Figura 40), no interior do qual haveria uma sala de 7 metros de altura por 5,5 de largura e 18 de comprimento. Rollo sugeria que ela fosse destinada a ser uma biblioteca, onde ficariam os documentos sobre a Independência do Brasil. Haveria também um terraço superior.

O "conceito informativo" que o artista pensou para a sua escultura era o da "evolução do povo brasileiro", por isso, realizou uma narrativa nas fachadas do arco do triunfo e nos grupos escultóricos ao seu entorno. Ele considerou que o povo brasileiro teria se formado com a "vinda de uma nova estirpe, aquela estirpe que trouxe a esta terra virgem uma civilização milenária". Por isso, no relevo do ático do arco à esquerda, haveria a representação da "Virtude Civil com a chegada da nova estirpe", simbolizada com homens nus que carregavam instrumentos de trabalho, como o arado e a forja, além da "Virtude Civil, figura feminina sentada majestosamente" e um grupo de indígenas que estariam em movimento para a outra parte do arco, demonstrando uma fusão entre eles e "os recém-chegados". Seguindo a narrativa, na fachada direita do ático estaria representado "o início da vida e a defesa contra os invasores". Assim, o trabalho estaria em desenvolvimento, com o arado a sulcar as "entranhas da terra", um homem curvado cuidando da agricultura, um menino guiando dois touros e uma mãe apertando com afeto seu filho. Essa cena seria interrompida com "a invasão que se aproxima e acaba com a paz do trabalho". Por isso, no ático da fachada posterior do arco à esquerda, o artista representou a "evolução do conceito de Pátria", definido pelo artista como "o holocausto recíproco entre a terra e o homem; aquela oferece, com seus humores, a vida, e este a sacrifica para a defesa dela". No ático da fachada posterior à direita, "o povo que consciente de sua força sonha com a independência", que seria o período que precederia a conquista da "Vitória", ou seja, da Independência.

Em frente ao arco estaria a estátua equestre de D. Pedro, em cujo pedestal existiriam quatro figurações formando um alto-relevo, que davam sequência ao tema da última composição do ático (o povo consciente de sua força sonha com a Independência) culminando com o momento da Independência. Assim, sobre o cavalo, D. Pedro estaria no ato de emitir o seu grito fatídico e, aos seus pés, o povo ergueria altivo o "pendão da liberdade e o entregaria às novas gerações". As figuras em alto-relevo ao lado direito do pedestal de D. Pedro demonstram que, além da independência política, sonham com a independência intelectual, que é a única que pode "tornar um povo verdadeiramente grande", por isso eles caminham ao encontro da arte e da ciência. As figuras do lado esquerdo demonstram o desejo de ser independentes em "todas as manifestações da vida", por isso não podem depender do "pão do estrangeiro" e devem conquistar também a independência econômica. Dois grupos escultóricos nas laterais do arco simbolizam essas outras independências, de um lado a intelectual, representada por "poderoso pensador", a arte e a música e, do outro lado, a independência econômica, representada por figuras no trabalho com a terra, com a fiação e, junto deles, a "deusa da estirpe". Nos baixos-relevos das fachadas laterais do arco, estão simbolizados sinteticamente os "atletas da mente e do braço", que são cariátides que sustentam o monumento, não o conjunto arquitetônico em si, mas "a própria independência em abstração sublime". Com todos esses grupos escultóricos e altos-relevos, o artista pretendia narrar a marcha do povo brasileiro por toda a sua "triunfal ascensão". Sobre o arco, haveria duas bigas puxadas por dois cavalos cada uma. As quatro figuras sentadas nos intercolúnios seriam quatro dos mais ilustres cidadãos brasileiros, aqueles que teriam contribuído para a concretização da Independência.

Monteiro Lobato, que desempenhava um papel de destaque na crítica de arte da cidade[205], analisou essa narrativa da "evolução do povo brasileiro" criada por Rollo em artigo publicado n'*O Estado de S. Paulo*:

A princípio era massa inerte e inerme, a terra deserta, como vagos povoadores tresmalhados na amplidão do ambiente. Um senhor só – a Real Fazenda. Uma força única – o Fisco, onipresente, onipotente, onisciente.

Mas o contato mais prolongado do homem com a terra cria logo a querencia, e o amor ao torrão nutriz primeiras raízes da vaga, informe brasilidade.

Surgem invasores? O homem da terra corre a expeli-los, não como mercenário ao soldo da metrópole, mas como filho da terra que já defende a "sua" terra. Bate-se bravamente, expunge-o, e sente-se depois disso mais atado, mais vinculado ao solo que lhe dá o pão. Nascem as raízes do interesse e as primeiras radículas do sentimento de pátria. Filhos do luso, mas já aqui nascidos, e entrelaçados ao aborígene, rangem os dentes contra os flibusteiros. Breve fará o mesmo contra a metrópole.

205. Tadeu Chiarelli, *Um Jeca nos Vernissages: Monteiro Lobato e o Desejo de uma Arte Nacional no Brasil (1850-1919)*, Dissertação de Mestrado, ECA-USP, 1989.

Esta, incompreensiva, toda ela fisco, unhas, meirinhos e dragões, não compreende a alma nova em formação – a mesma alma portuguesa de Aljubarrota a refletir num campo novo. E onde lhe descobre um fulgor aí planta a manopla brutal da carta-régia; onde lhe adivinha uma palpitação aí joga a mordaça.

Cândida ingenuidade de burocratas entupidos de tabaco esturro!

Como se houvesse força mais viva, mais fértil em recursos, mais "phenix" do que o sentimento da terra natal! Esse sentimento existia, insistia, persistia, crescia – era já onda, seria breve vagalhão potente desses que rompem todos os diques.

Abre-se a luta. Seus episódios, esporádicos a princípio, tornam-se endêmicos. É Tiradentes aqui, é Miguelinho ali, é Frei caneca acolá. O reinol obtuso – mais inteligência terás, mais força, não! – Arma a forca, decreta a infâmia, esquarteja os corpos, para escarmento... O escarmento foi a insuflação da ideia, a exasperação da revolta. Banhada em sangue – o grande adubo – a ideia cresce, faz-se ideia-força, e explode, afinal, incoercível, sob forma política, no sete de setembro.

Mas a independência dum país não se cifra na autonomia política. Uma nação só o é quando realiza a independência sob todos os seus aspectos, o político, o econômico, o mental. Para lá caminhamos lentamente, arrastados pela fatalidade histórica.

Eis o conceito largo que Rollo em seu projeto concretizou em símbolos. E como o conseguiu esplendidamente, sua "maquete" é a única que, de fato, sintetiza a nossa independência em toda a sua amplitude[206].

Com tais termos, Monteiro Lobato elogiava enfaticamente a maquete de Rollo. Porém, além desses elementos que formavam a narrativa da "evolução do povo brasileiro", havia ainda dois grandiosos grupos, ladeando a escada principal, que personificavam o grito do Ipiranga (Figura 41), dando, segundo o artista, "forma substancial ao grito". No da esquerda, estaria representada a "Independência" e no da direita, a "Morte". Ainda na escadaria, jazeriam em decúbito abdominal quatro figuras que representavam a "força e o amor desse povo pela sua independência". Eles estariam "quase ao ponto de se fundir com a Terra Mãe, aderem-se não só com o corpo poderoso, mas com a vontade formidável, com todas as forças espirituais do Ser", descreveu Rollo.

Os conjuntos escultóricos que representavam a "Independência" e a "Morte" foram bastante elogiados pelo articulista do *Jornal do Commercio*:

206. Monteiro Lobato, "A 'Maquette' de Nicolo Rollo", O *Estado de S. Paulo*, p. 3, 25 mar. 1920.

Figura 41. Projeto Nicola Rollo, Álbum "Monumentos para o Centenário", Arquivo Histórico de São Paulo.

Este grupo é de uma força de sugestão quase assustadora; não obstante, possui uma nota de melancolia tão profunda que é, realmente, impossível passar-se por ela, sem que se pense na dor – como nas obras de Nietzsche. Os vultos estão em delírio de glória, de luz, de liberdade: estão à frente os cavalos energicamente trabalhados, possantes no seu conjunto e elegantes mesmo nas saliências vigorosas dos músculos que transbordam pela energia dos movimentos; montam-nos figuras que parecem palpitar.

O artista soube imprimir no gesso rude, toda a grandeza do seu sentimento tropical e selvagem.

Do lado direito, o grupo que representa a "Morte" ao vê-lo, sente-se os frâmitos de angústia e de glória que podem invadir aos próprios gênios, quando ânsia torturante e magnífica da concepção[207].

Monteiro Lobato também faz menção honrosa a esses conjuntos escultóricos:

Nos grupos colocados à frente do projeto, significou essa marcha da ideia-força. Um, a "independência", é a ideia em movimento, sempre à frente, na marcha continuada para a formação definitiva; outro, a "morte", é a resolução inabalável do preferir a morte a vida de

---

207. "Gazetilha – O Monumento da Independência", *Jornal do Commercio*, p. 4, 22 mar. 1920.

escravo, a vida de sombra. Que sínteses magistrais! Que movimento soberbo na primeira, que deliberação cega na defesa retesada do segundo! Aqueles homens, todos eles músculos e decisão, dobrados sobre as lanças em riste, constituem o mais belo fragmento cultural do concurso. É diante deles que os visitantes, tomados de emoção murmuram:

– Há gênio aqui!

Outra ideia de Rollo, digna de realce, é a dos gigantes incorporados à terra, de guarda ao solo, cegos de determinação[208].

O jornal *Fanfulla* também enfatizou a "beleza magnífica"[209] desses dois grupos alegóricos. Apesar dos elogios, esse conjunto foi satirizado em uma caricatura divulgada na *Revista Miscellânea*, que relaciona o nome do artista à confusão da massa escultural, afirmando: "A influência do nome: Um rolo!" (Figura 42).

Figura 42. "A Influência do Nome: Um Rolo!", Belmonte, Caricatura Projeto Nicola Rollo. Revista *Miscellânea*, ano 1, n. 15, 9 abr. 1920. Arquivo Público do Estado de São Paulo, acervo Bibliográficos/Periódicos.

208. Monteiro Lobato, "A 'Maquette' de Nicolo Rollo", *O Estado de S. Paulo*, p. 3, 25 mar. 1920.
209. "Il Monumento dell'Indipendenza: Nicola Rollo", *Fanfulla*, p. 3, 13 mar. 1920.

O articulista do *Jornal do Commercio* também fez críticas à escolha pelo arco do triunfo e pelo seu coroamento com as duas bigas:

De nosso exame muito demorado a maquete do senhor Rollo tivemos, entretanto, a impressão de que, o arco do triunfo, ainda que obedecendo a ideia defendida logicamente pelo autor, e a um certo espírito de originalidade nos seus ornamentos, não deixa de ser coisa batida, estabelecendo, portanto, contraste pouco feliz com a magnificência das outras partes escultóricas. O arco, de qualquer modo, pesa em demasia nas construções modernas, este ano falar do Triunfo, como nos tempos romanos.

As alegações do artista, quando diz dos motivos que levaram a optar pelo arco são lógicas, podendo mesmo satisfazer. Mas não poderia ele ao invés de seguir a tradição, criar um novo símbolo, surgir com outra inovação, como fez tão artisticamente em todas as outras partes da obra?

Seria árduo o empreendimento, mas não deixaria, por certo, de constituir uma nova vitória da evolução da arte.

O mesmo acontece com os dois carros do Triunfo colocado sobre o arco, ornamento falho de simbolização conforme procuramos demonstrar quando examinamos outros projetos. Apesar disso esses dois carros são belos, e seria o mais expressivo se fossem modificados no sentido de afastá-los do antigo.

[...] Custou-lhe talvez o arco um delírio de impotência artística, que em outros pontos passou a ser magnificência de criação[210].

Essas críticas, no entanto, não desprestigiavam o projeto, que foi considerado um dos melhores do concurso pelo crítico do *Jornal do Commercio*. Para Monteiro Lobato, a obra de Nicola Rollo tinha a vantagem de não ser um "um epitome em gesso, decalcado do Rocha Pombo, onde se alegorizam os velhos lugares-comuns postos em voga depois do sete de setembro", estando, portanto, "muito acima dessa decalcomania pitoresca", que considerava característico de outras maquetes. Para Lobato, que considerava que o Sete de Setembro não passava de um "episódio teatral", as formas que o artista empregou encaravam "a significação social e nacional da independência com a maior amplidão de vistas"[211]. Nicola Rollo foi também valorizado como um artista criativo, pelo que se afirmou que o escultor

---

210. "Gazetilha – O Monumento da Independência", *Jornal do Commercio*, p. 4, 22 mar. 1920.
211. Monteiro Lobato, "A 'Maquette' de Nicolo Rollo", *O Estado de S. Paulo*, p. 3, 25 mar. 1920.

havia passado "de súbito, para o círculo dos grandes que desprezam as maledicências do século, afrontando-as com as inovações estupendas, feitas de luz, de sentimento de amor". Acrescentava ainda que "no Brasil, onde só de vez em quando os artistas se libertam da macaqueação, ou ainda, do classicismo decadente – raro é aquele que consegue personalizar-se, como sr. Rollo, na expressão magnífica de novas linhas que obedeçam às exigências da estética moderna"[212].

Outra qualidade destacada em Nicola Rollo foi a sua vinculação ao Brasil. Mesmo sendo de origem italiana e tendo escrito seu memorial no idioma da sua terra natal, foi considerado por Monteiro Lobato um artista "muito nosso". No *Jornal do Commercio* ele foi descrito como "fruto de uma estirpe artística por excelência, pois é filho da Itália". Mas, acrescentava que a sua "educação artística" teve seu "maior desenvolvimento aqui, nesta capital", ou seja, em São Paulo. Era isso que justificava o fato de sua arte manifestar "muito vagamente com influências da arte meridional italiana" e, ao mesmo tempo ter "um cunho que não pode deixar de ser nosso, de ser brasileiro e tropical". Concluía, então, que o ambiente havia influído sobre a sua "concepção de maneira inegável"[213]. Ele era um artista que, mesmo sendo italiano, fazia uma arte "brasileira", característica fundamental para Monteiro Lobato.

Dentre os preferidos estava Luigi Brizzolara, escultor italiano que havia conquistado fama não apenas na Itália, mas em outros países, como a Argentina, fato que foi evidenciado pelo *Fanfulla*[214] e pelo *Jornal do Commercio*:

> É este um artista de grande nomeada em todos os centros artísticos da Europa, e mesmo nos da América. Tem trabalhos feitos por concurso em diversas partes do mundo, sendo que o mais recente foi por ele levado a efeito na Argentina, também para comemoração da independência nacional do país vizinho[215].

A experiência artística do escultor foi destacada pelo articulista, que afirmava que ele "quis dar mais uma prova brilhante da sua operosidade artística" com o

---

212. "Gazetilha – O Monumento da Independência", *Jornal do Commercio*, p. 4, 22 mar. 1920.
213. *Idem, ibidem.*
214. "Luigi Brizzolara che ha combattuto e vinto gloriosamente una bela e terribile battaglia, qualche anno addietro, a Buenos Aires, riuscendo a piazzarsi in primo posto nel concorso bandito dal governo argentino per il monumento dell'Indipendenza Nazionale". "Il monumento dell'Indipendenza Brasiliana – Il bozzetto di Luigi Brizzolara", *Fanfulla*, São Paulo, p. 3, 16 mar. 1920.
215. "Gazetilha – O Monumento da Independência", *Jornal do Commercio*, p. 4, 21 mar. 1920.

Figura 43. Projeto Luigi Brizzolara, *Memorial Descritivo*, Arquivo Histórico de São Paulo.

Figura 44. Projeto Luigi Brizzolara, *Monumento do Ipiranga*, C06017, Arquivo do Estado de São Paulo.

seu projeto para o monumento brasileiro. A sua proposta era a de uma grande "massa central", mas, a fim de lhe dar maior majestade e aproveitar a vasta área existente no Ipiranga, havia acrescentado dois "braços que descem até as duas ruas laterais, acompanhando declive, numa extensão de cem metros de cada lado"[216] (Figura 43).

A obra central (Figura 44) estaria erguida sobre um largo embasamento e seria composta de três grupos escultóricos: um central e dois laterais. À frente do corpo central, estaria o altar da Pátria, sobre o qual haveria o "fogo sagrado". Em cima dele, erguer-se-iam duas figuras que representam o "Direito", a empunhar o gladio da justiça, e o "Dever", cingindo ao peito a bandeira, símbolo da Pátria. No alto, um grupo de cavaleiros figuraria ao redor de D. Pedro I, o qual estaria a cavalo com a espada alçada, lançando "o grito da liberdade: Independência ou Morte!".

Nos blocos laterais, estariam representados os "dois acontecimentos mais importantes da história brasileira". No memorial descritivo enviado por Brizzolara à comissão do concurso, ele afirmou que o conjunto da esquerda representava a "libertação dos escravos" e o da direita, a "proclamação da República". No entanto, tanto os jornais como o memorial traduzido para o português[217] indicavam que esses conjuntos eram "a glorificação simbólica dos mártires da independência" e o episódio do "Fico".

Na parte posterior do grupo central (Figura 45), estaria uma grande figura simbolizando a "Liberdade" e bustos de brasileiros ilustres pontuariam as duas escadas laterais, em cujos ângulos figurariam pequenas fontes. Haveria ainda uma parte interna do monumento, com um grande salão que daria acesso a salas menores. O artista propunha que o espaço fosse decorado com baixos-relevos e com um friso pictórico.

Segundo Aracy Amaral, o projeto de Brizzolara foi considerado o "vencedor popular"[218], afirmação pouco precisa, como veremos adiante[219]. O que se pode

---

216. Memorial Luigi Brizzolara, *Monumento do Ipiranga*. C06017.04, 3497, MI03.1.04, doc. 16, Arquivo do Estado de São Paulo.

217. Esse memorial foi publicado no Brasil, portanto, é posterior ao primeiro. *Monumento à Independência do Brasil* – Projeto Etzel-Contratti, São Paulo, 1919, Arquivo Histórico de São Paulo.

218. Aracy Amaral, *Artes Plásticas na Semana de 22*, São Paulo, Editora 34, 1998.

219. É difícil eleger um projeto como o "vencedor popular". Pelo que se pode observar a partir de comentários e de votações realizadas por dois jornais paulistas, *A Capital* e *A Platéa*, é difícil apontar um projeto dessa forma. Brizzolara era realmente um dos favoritos, mas outros projetos como Ximenes, Rollo e Etzel também haviam sido muito elogiados pelo público.

Figura 45. Projeto Luigi Brizzolara, *Monumento do Ipiranga*, C06017, Arquivo do Estado de São Paulo.

afirmar com certeza é a maquete de Brizzolara era uma das preferidas, não só do público como dos críticos. Os jornais elogiaram o projeto: no *Fanfulla*, afirmou-se que era "um dos melhores e mais originais"[220] e o *Jornal do Commercio* destacou que ele era digno de "todos os aplausos do nome do autor". Dizia-se que a "linha arquitetônica" era "muito correta, apesar de simples" e que era de uma "originalidade acentuada, que a faz sobressair logo à primeira vista, dentre as demais obras expostas". Foi considerado um artista criativo, que possuía "um cérebro fecundíssimo de criações novas, cheio de novas inspirações", e foi elogiado também por ter uma boa técnica. A crítica ao projeto recaiu principalmente à maneira "vaga" de representar as personagens históricas. O articulista do *Jornal do Commercio* considerou que:

O Sr. Brizzolara não possui, (é evidente) o poder da invocação histórica e bem o demonstra apesar de afirmar que com a sua simbolização muito se preocupou. Mas, sendo como é dotado de uma extraordinária capacidade de concepção que nada tem de comum com as outras que já nos referimos, alcança belíssimos efeitos adaptáveis à nossa história.

220. "Il Monumento dell'Indipendenza Brasiliana – Il Bozzetto di Luigi Brizzolara", *Fanfulla*, p. 3, 16 mar. 1920.

Figura 46. "Três sorvetes". Belmonte, Caricatura Luigi Brizzolara, *Revista Miscellânea*, São Paulo, ano 1, n. 14, 2 abr. 1920. Arquivo Público do Estado de São Paulo, acervo Bibliográficos/Periódicos.

Este artista abusa um pouco, ou melhor, parece ter predileção pronunciada pela maneira vaga de colocar os seus personagens heroicos, fazendo irromper, às vezes, o aspecto geral, o efeito talvez estranho, mas que, todavia, não deixa de ser imponente[221].

Assim, a técnica foi considerada boa, porém o monumento "pecaria" na "força de concepção", pois haveria deixado de "evocar a época que se quis representar". O articulista disse que ele "representa bem os movimentos, as figuras em si, individualizadas, não simbólicas, porém não faz sentir o momento histórico da ação". A figura da Liberdade também foi criticada pela sua pose que, por estar, "pacatamente sentada, não pode absolutamente, nos dias de hoje, simbolizar a liberdade".

Apesar de muito elogiado e de ter conquistado a simpatia do público, o projeto recebeu críticas. A *Revista Miscellânea* satirizou os três grupos esculturais em uma caricatura que dizia serem eles três bolas de sorvete (Figura 46). O projeto foi bastante polêmico, pelas divergências entre o memorial descritivo apresentado pelo artista em junho de 1919 e a descrição da maquete realizada pelos jornais, em março de 1920. Essa discrepância entre as descrições evidencia um conflito que ocorreu durante o concurso. Brizzolara foi acusado por Roberto Etzel e Bibiano Silva de ter realizado modificações na sua maquete após o prazo estabelecido

---

221. "Gazetilha – O Monumento da Independência", *Jornal do Commercio*, p. 4, 21 mar. 1920.

pelo edital. Os dois concorrentes enviaram uma carta de protesto à Comissão do concurso em que diziam que o escultor italiano, ao fazer a montagem de sua maquete, em vez de realizar apenas os retoques permitidos e necessários, causados por estragos pelo transporte, ele haveria modificado-a "totalmente dando a ela um aspecto novo e conservando unicamente as massas principais e a linha geral". Eles afirmaram que:

A sua audácia foi tal que chegou a modelar no mês de janeiro de 1920, (seis meses depois de findo o prazo) (com a sofística desculpa de ser a mesma "fora concurso") a maquete da sistematização onde é evidente apresentação de ideias tiradas das maquetes já expostas.

Os desenhos não foram entregues regularmente, não tendo chegado com a maquete, e sofreram pari-passo as modificações da maquete, entrando no local clandestinamente.

O único que não pode ser modificado, uma aquarela que representa a maquete como tinha sido completada ao findar do prazo legal, recebeu a curiosa inscrição: "PRIMEIRA IDEIA DA MAQUETE"[222].

Em seguida, os dois escultores enumeravam 23 irregularidades cometidas por Brizzolara, como a inclusão de novas alas, implementação de ornamentações, mudanças no caráter escultórico dos conjuntos. Dentre essas reclamações, estavam:

6) Os dois grupos secundários laterais da maquete sofreram mudança de significado. Em lugar da "Proclamação da República" e da "Liberdade dos Escravos" enaltecem agora a ação "Fico" e os "Heróis da Independência!"

[...]

19) Incluiu na nova concepção, na nova maquete de sistematização, os grupos dos Bandeirantes, Catequese, guerra dos Holandeses, Tiradentes, evidentemente inspiradas na maquete de Etzel, a única que traz tais características.

20) As figuras de José Bonifácio, Gonçalves Ledo, colocadas nesta maquete variante, ilícita, trazem as características da figura de José Bonifácio da maquete de Etzel.

[...]

22) As fontes laterais foram ideadas depois que Ximenes expôs a sua maquete de conjunto[223].

---

222 *Monumento do Ipiranga*. C06017.04, 3497, MI03.1.04, doc. 16, Arquivo do Estado de São Paulo.
223. *Monumento do Ipiranga*. C06017.04, 3497, MI 03.1.04, doc. 16, Arquivo do Estado de São Paulo.

É bastante provável que pelo menos algumas dessas irregularidades tenha ocorrido, como o item 6, já que as descrições feitas nos artigos dos jornais e no memorial em português são distintas daquelas feitas no memorial entregue à comissão. É difícil saber se o artista realmente copiou figuras históricas das maquetes de outros concorrentes e quais teriam sido as modificações, já que não se sabe o paradeiro dessas maquetes e há poucas imagens delas, sendo que as existentes não permitem a visualização desses detalhes. Os contestadores afirmavam que "Brizzolara sabia que a sua maquete necessitava de fortes irregularidades para ser convenientemente apresentada, certo de que a sua concepção era fraca", pelo que ele haveria cometido todas essas infrações. Diante disso, Etzel e Bibiano pediram à Comissão que Brizzolara fosse eliminado do concurso e, ademais, solicitavam que fossem indicadas as "partes de proveniência ilícita, para que o público constate e tome visão das infrações cometidas e reconheça as causas que obrigaram a justiça a defender os direitos garantidos pelo edital"[224].

No *Jornal do Commercio* foi divulgada uma nota dizendo que Roberto Etzel e Bibiano Silva haviam dirigido à Comissão do concurso um memorial alegando que Brizzolara não havia cumprido as disposições do edital de concorrência e que havia "aproveitado ideias de outros autores". Informava que o jornal havia recebido uma cópia desse protesto, mas que não diria nada a esse respeito, já que cabia à comissão do concurso apurar a veracidade dos fatos.

Na primeira sessão da comissão julgadora do concurso, que ocorreu no dia 27 de março de 1920, o fato foi exposto para todos os membros do júri e um deles, o engenheiro Ramos de Azevedo, teria proposto que o incidente fosse esquecido. Interessante notar que há duas versões da mesma ata da reunião. Naquela que possivelmente foi a primeira versão, dizia-se que:

Tomando a palavra o sr. dr. Ramos de Azevedo expende o seu parecer sobre o assunto. Se acaso houve algumas alterações referem-se a pequenas particularidades que de forma alguma afetam o conjunto do monumento e a ideia que o inspirou. Nem é de crer que um artista da força do professor Brizzolara precise abeberar-se em inspiração alheia. Os protestos dos dignos concorrentes representam uma feição de espírito de artistas que estão empenhadíssimos no certame para o qual concorrem com todas as forças da vis criadora e às vezes da alma. Finalizando propõe o Dr. Ramos de Azevedo que a comissão não tome em

224. *Idem, ibidem.*

consideração o protesto dos srs. Etzel e Bibiano e quaisquer outras nas mesmas condições. É aprovada unanimemente a proposta do dr. Ramos de Azevedo[225].

Essas considerações contemporizadoras feitas por Ramos de Azevedo, no entanto, foram suprimidas na outra versão da ata da sessão julgadora, que possivelmente foi a que se tornou oficial[226]:

Pede a palavra o sr. Ramos de Azevedo dizendo que se deve tomar em consideração a justificação do sr. Brizzolara e atender principalmente a que não houve alteração alguma do projeto na sua fatura original, linhas e partes principais, referindo-se apenas essa alteração e particularidades acessórios e secundárias.

É aprovado este parecer[227].

Omitiram-se, assim, as considerações que Ramos de Azevedo teria feito sobre Brizzolara, Etzel e Bibiano, colocando maior peso na justificativa que o artista teria feito para explicar a situação e no fato de a alteração não ter modificado a ideia geral da obra. Mas em nenhuma das versões da ata negava-se que Brizzolara havia feito mudanças em seu projeto inicial. É estranho também o argumento de que os jurados levaram em consideração a justificativa de Brizzolara, pois na carta que o artista enviou à Comissão do Concurso não foram apresentadas explicações para possíveis irregularidades que Brizzolara teria cometido. O escultor limitava-se a dizer que estava à disposição para esclarecimentos e, em seguida, transcrevia uma carta que teria recebido de Roberto Etzel meses antes, convidando-o para uma reunião a fim de elaborar um protesto contra Ettore Ximenes que, segundo Etzel, teria infringido normas do concurso. A transcrição dessa carta não tinha qualquer relação com as acusações feitas a Brizzolara; apenas expunha Roberto Etzel, afirmando que ele teria escrito que o governo fazia favorecimentos a Ximenes, provocando danos aos demais concorrentes. Com isso, Brizzolara

---

225. *Monumento do Ipiranga*, C06017.05, 3483, MI 03.01.05, doc. 4, Arquivo do Estado de São Paulo.
226. Acredito ser a segunda a versão que se tornou oficial pois há mais de uma cópia dela, além dela estar inserida em uma encadernação de capa dura onde foram reunidas todas as atas das reuniões da Comissão Julgadora. Além disso, na primeira versão, há um risco sobre a parte que está diferente das demais atas.
227. *Monumento do Ipiranga*, C06017.05, 3483, MI03.01.05, doc. 4, Arquivo do Estado de São Paulo.

delatava e difamava Etzel para a Comissão. E o resultado, como vimos, foi a desconsideração do protesto[228].

Outro artista cujo projeto causou bastante polêmica foi Ettore Ximenes. O escultor siciliano, de fama internacional, como será visto no próximo capítulo, foi considerado um grande concorrente mesmo antes da abertura da exposição de maquetes ao público. O jornal ítalo-brasileiro *Il Pasquino Coloniale*, em janeiro de 1920, publicou uma nota em que fazia referência a Ximenes:

> Talvez sim, talvez não, será inaugurado o concurso de maquetes para o Monumento do Ipiranga e talvez sim, talvez não, talvez logo, talvez nunca, o comendador Ettore se convencerá que... o mundo não é uma aldeia[229].

Ironizando o atraso para o início da exposição das maquetes, o articulista debocha do experiente Ximenes, que já havia vencido diversos concursos internacionais e questionava se a experiência do escultor siciliano se sobreporia à dos demais participantes, fazendo-o vencer o concurso. A carreira de Ximenes e as diversas obras que realizou foram, de fato, constantemente destacadas pelos jornais, desde o seu desembarque no Brasil. No artigo da descrição de sua maquete, o articulista do *Jornal do Commercio* novamente as explicitou:

> O comendador Heitor Ximenes, há quase meio século, vem espargindo pela América e pela Europa os frutos do seu engenho, alguns dos quais, ou quase todos, são de maravilhosa beleza de forma e de linhas. Para se ter uma ideia da sua produção bastará correr os olhos no elenco das suas obras que figuram em muitas partes do mundo.
>
> São suas, entre outras, as seguintes:

228. Como se verá a seguir, o projeto de Luigi Brizzolara foi classificado em segundo lugar no concurso. A carta de Brizzolara, citada acima, encontra-se em *Monumento da Independência*, C06017.04, 3497, MI03.1.04, Arquivo do Estado de São Paulo.

229. Tradução livre de: Forse che si, forse che no, sarà inaugurato il concorso dei bozzetti per il Monumento dell'Ypiranga e forse che si, forse che no, forse che tosto, forse che mai, il. Comm. Ettore si persuaderà che... non tutto il mondo è paese" ("Le Previsioni per il Nuovo anno", *Il Pasquino Coloniale*, n. 638, 20 jan. 1920, p. 23). A expressão "Tutto il mondo è paese" significa "o mundo é uma aldeia", ou seja, os defeitos típicos de pequenas comunidades, como a maledicência e avareza, estão em toda a parte, já que os seres humanos são todos iguais, possuem os mesmos instintos. O articulista, no entanto, modificou a frase, colocando-a na negativa: "non tutto il mondo è paese".

Cesar Morto (Galeria de Arte Moderna em Londres); *Beijo de Judas* (Galeria de Arte Moderna, em Turim); *Garibaldi*, em Pesaro (Itália), em Milão e em Nova Iorque[230]; *Cicheruacchio*, em Roma; *Verrazzano*, e *Dante*, em Nova York; *Eduardo Costa, Cambaseras, Muniz*, em Buenos Aires; *Stolipin*, na Rússia, e tantas mais que seria supérfluo enumerar aqui.

Chegou a São Paulo precedido de grande nomeada, aliás merecida, nomeada que a todos tornou ansiosos de poder observar um dos seus últimos esforços de artista.

Que se poderá dizer dele? É hoje fartamente conhecida sua obra, que se destaca, fortemente, dentre as tantas que estão em exposição no Palácio das indústrias[231].

O crítico não poupou elogios e menções honrosas às obras de Ximenes, afirmando ainda que a sua maquete impressionava "logo o primeiro golpe de vista" e demonstrava que "o seu autor está habituado concorrer em certames desta categoria". Um destaque especial à carreira do escultor e diversas congratulações também foram feitas no extenso artigo que o *Fanfulla* dedicou à maquete do artista siciliano[232].

Para o *Monumento à Independência do Brasil*, a proposta do escultor Ettore Ximenes e do arquiteto Manfredo Manfredi[233] (Figura 47), conforme foi descrita pelos periódicos[234], consistia em um grandioso alto-relevo, onde havia sido "cristalizado" o "memorável episódio" do grito de Independência. Além dele, quatro estátuas simbolizariam "o pensamento e ação": José Bonifácio, Diogo Feijó, Tiradentes e Ledo Gonçalves. Dois conjuntos escultóricos laterais representariam o "Jugo e a escravidão" e a "Liberdade".

No cimo do monumento, haveria um o grupo triunfal constituído por um "colossal plinto retangular", cujos lados seriam ornados com altos-relevos. No carro

---

230. A nota traz um equívoco, porque o *Monumento a Garibaldi* de Nova York não é de autoria de Ettore Ximenes, mas de Giovanni Turini.

231. "Gazetilha – O Monumento da Independência", *Jornal do Commercio*, p. 4, 23 mar. 1920.

232. "Il Monumento dell'Indipendenza Brasiliana – Ettore Ximenes", *Fanfulla*, p. 3, 21 mar. 1920.

233. O nome de Manfredo Manfredi, autor da parte arquitetônica da obra, foi pouco citado pela imprensa e pelo público.

234. O memorial descritivo do artista não se encontra na pasta referente aos documentos do *Monumento à Independência* no Arquivo do Estado e, apesar de ter sido feita uma extensa pesquisa, não foi possível encontrá-lo em outras pastas nem em outros arquivos. Com isso, não é possível saber com mais detalhes qual era a visão do artista e a sua proposta inicial para cada parte de seu monumento. A descrição da obra foi retirada dos artigos do *Jornal do Commercio* e do *Fanfulla*.

triunfal, estaria em pose majestosa uma figura representando a Independência (Figura 48), a empunhar, "com a mão direita, o pendão da liberdade, e com a esquerda, uma espada embainhada, como significação do fato consumado". Junto dela, nessa "Marcha do Triunfo", estariam um atleta, um trabalhador, a Agricultura, a Felicidade e o Amor "que unem as raças, criando progresso da nação". Além deles, haveria um "Indígena operoso", a Arte, a Poesia, a Música, a História, o Pensamento e a Ciência.

Na base do alto-relevo principal haveria uma grande escadaria, e nela estaria o altar da Pátria. Na praça em que estaria situado o monumento haveria duas fontes, como representação dos rios Amazonas e Paraná; haveria ainda esculturas que recordariam os "fatos mais importantes da nossa independência", bem como as "figuras legendárias"[235].

Para o crítico do *Jornal do Commercio*, Ximenes conhecia "perfeitamente as formas anatômica" e suas figuras haviam sido "plasmadas maravilhosamente", com proporção correta. A maquete teria "empolgado o público", no entanto, no seu entender, faltava-lhe "vida". O artista não havia conseguido imprimir a sua personalidade na obra, além de ter abusado no uso de símbolos e alegorias, deixando de expressar os acontecimentos históricos:

O autor é grande, é, em certas obras magnífico, exuberante de concepções audaciosas, mas nesta maquete não tem a sua personalidade, a sua individualidade tão característica, que o fez, um tempo, grande entre os grandes... Alguém ousou chamá-lo quase divino. Não foi exagero. Esta sua última criação, entretanto, apesar de grandiosa, não merece esse adjetivo. Nela abusou positivamente de símbolos antigos que nada exprimem hoje, como leão, a esfinge, o dragão, e mesmo eterno carro triunfal, símbolos que são absolutamente reprovados em concepções modernas.

O ilustre artista quer ser neoclássico. Será. Ninguém ousará negar-lhe esse direito. O certo é, porém, que a sua obra, assim como está, não exprime perfeitamente bem o grande acontecimento que se quer comemorar. A maquete exposta, fala-nos de arte, de amor, de religião, de grandeza e mesmo de magnificência raras, mas não nos dá o sentimento evocativo da independência que é o que se deseja[236].

235. "Gazetilha – O Monumento da Independência", *Jornal do Commércio*, p. 4, 23 mar. 1920.
236. *Idem, ibidem.*

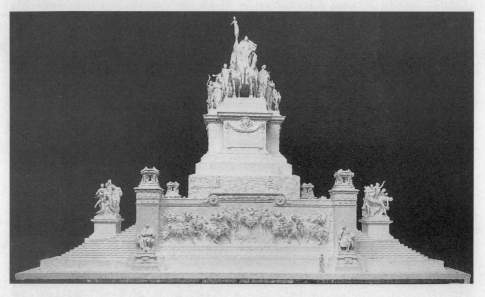

Figura 47. Projeto Ettore Ximenes. Paolo Barbaro, Il Gesso e la Creta. Studio Vasari Roma, L'atelier Ximenes. Parma. CSAC dell'Università di Parma, 1994. Foto: Vasari. Autor: Zanella, São Paulo.

Figura 48. Projeto Ettore Ximenes. Paolo Barbaro, Il Gesso e la Creta. Studio Vasari Roma, L'atelier Ximenes. Parma. CSAC dell'Università di Parma, 1994. Foto: Vasari. Autor: Zanella, São Paulo.

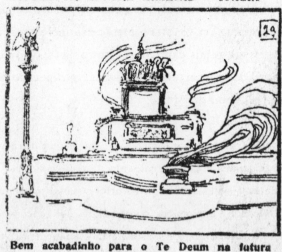

Figura 49. "Bem acabadinho para o Te Deum na futura Catedral", Caricatura Projeto Ettore Ximenes. Álbum "Monumentos para o Centenário", Arquivo Histórico de São Paulo.

O abuso de símbolos que, como indicou o articulista no excerto acima, remetiam-se até mesmo à religião, foi satirizado em uma caricatura que comparou a maquete a um "hino católico" (Figura 49). O alto-relevo principal, representando o grito da Independência, que havia sido motivo de grandes elogios, também não impressionou o articulista do *Jornal do Commercio*, que afirmou que o relevo não fazia "brilhar" o nome de Ximenes e que a estética dele havia sido "muito sacrificada". Criticava a figura do menino que trazia em sua mão um ramo e também o boi que, para ele, não deixava de ser "um pouco irritante, embora bem trabalhada como figura". Concluía, com isso, que esses detalhes poderiam ter sido suprimidos para favorecer a estética e o efeito do monumento. Afirmava que os cavalos eram pequenos e que a figura de D. Pedro não estava em destaque. Defendia que o alto-relevo não era plágio da obra de Pedro Américo[237], como alguns críticos haviam enunciado, pois considerava que a escultura não tinha "o mesmo desenho do quadro, a mesma movimentação". O articulista reconhecia que o friso, realizado em grandes proporções, tinha sido "apreciado e admirado pelo público". Mas conjecturava que se outros concorrentes tivessem tido a "feliz ideia de também desenvolver detalhes de seus projetos, em ponto considerável ou mesmo natural, causaria no espírito do público o mesmo impressionante efeito causado pelo baixo relevo do sr. Ximenes".

237. A questão do plágio será abordada no próximo capítulo.

São Paulo na disputa pelo passado

O articulista criticou também o relevo presente no embasamento em granito do monumento que, para ele, era "quase banal" e nada exprimia "da nossa emancipação", visto estar repleto de símbolos que "todo mundo conhece: âncoras, gôndolas, espirais caprichosas, folhas, etc". Destacava ainda que, assim como a maioria dos concorrentes, Ximenes havia pecado na representação da história da Independência do Brasil:

O eminente senhor Ximenes, artista tão magnífico e tão rico de concepções, cujo todo tem evidente a nota personalíssima desceu classicismo, porém não tem compreendido o modo da representação comemorativa do nosso maior acontecimento histórico.

Verdade é que poucos, pouquíssimos dos concorrentes, o compreenderam com exuberância, sintetizando, e somente em algumas particularidades, com uma certa majestade digna do acontecimento a ser festejado no seu primeiro centenário[238].

Apesar dessas críticas bastante contundentes, o crítico do *Jornal do Commercio* considerava a maquete de Ximenes bem concebida e colocava-a dentre as melhores do concurso, juntamente com as de Rollo, Brizzolara e Etzel. O *Fanfulla*, que fez apenas elogios à obra, enfatizava que ela fazia "honra à gloriosa fama do artista e da Itália"[239].

O alto-relevo em que o escultor representou o grito do Ipiranga havia sido motivo de polêmicas antes mesmo da exposição ser aberta ao público. Em outubro de 1919, os escultores Bibiano Silva e Roberto Etzel enviaram à Secretaria do Interior uma carta dizendo que temiam a "interpretação elástica" dada ao programa do concurso, que havia permitido que o escultor Ximenes apresentasse o "seu friso ultimado depois de findo o prazo oficial". Afirmavam que essa atitude poderia "provocar em outros concorrentes veleidades de transgressão do edital com própria vantagem e prejuízo dos que observam regularmente as normas prescritas". Pediam, então, que "o máximo rigor fosse observado na aceitação dos trabalhos"[240].

A alegação foi apresentada a todos os jurados durante a primeira reunião da Comissão Julgadora, em 27 de março de 1920. É provável que Etzel tenha enviado

238. "Gazetilha – O Monumento da Independência", *Jornal do Commercio*, p. 4, 23 mar. 1920.
239. "Il Monumento dell'Indipendenza Brasiliana – Ettore Ximenes", *Fanfulla*, p. 3, 21 mar. 1920.
240. *Monumento do Ipiranga*, C06017.04, 3496, MI.03.01.04, doc. 15

um novo protesto, já que na ata da reunião foi registrado que ele havia protestado "contra o fato do comendador Ximenes haver exposto seu alto-relevo nas dimensões em que o fez, alegando que tal exposição infringia as cláusulas do edital por ter sido a maquete, em gesso, do alto-relevo, entregue ao governo após a expiração do prazo da lei". Não se mencionou o nome de Bibiano Silva, signatário da primeira carta, e acrescentou-se uma argumentação sobre o tamanho do alto-relevo apresentado por Ximenes. A resposta de Oscar Rodrigues Alves, secretário do Interior, que presidia a Comissão Julgadora, foi a seguinte:

> Entende o senhor presidente [que] absolutamente não procede tal protesto pois que ele, próprio, teve, em maio próximo passado, o ensejo de ver o alto relevo em questão modelado em barro, tal qual depois se transportou para o gesso, isto muito antes do prazo marcado pelo edital findar, isto é 30 de junho.
>
> Declaram os doutores Ramos de Azevedo e Taunay que também no mês de maio fizeram igual visita e constatação. Propõe pois que o senhor presidente que não se tome consideração o protesto do arquiteto Roberto Etzel, o que é unanimemente aprovado[241].

O que parece ter de fato acontecido foi Ximenes ter apresentado um alto-relevo de barro que, depois, moldou em gesso, quando já havia findado o prazo para apresentação dos trabalhos. Etzel alegou que isso contrariava o edital. Os jurados, no entanto, não viram o ato como um problema, pois o mesmo modelo apresentado no barro teria sido transposto para o gesso. Sobre o tamanho do friso apresentado, Etzel possivelmente sugeria que o edital havia sido descumprido, pois estava estabelecido que as maquetes deveriam ser entregues na escala 1:10. Essa crítica, no entanto, não foi sequer mencionada pelos jurados. É certo que havia flexibilizações em relação ao edital do concurso, no entanto, como visto, não foi apenas Ximenes que obteve essas concessões.

A experiência de Ettore Ximenes em concursos certamente influenciou as suas escolhas e forneceu-lhe estratégias para obter projeção e prestígio no certame. Por isso, o escultor decidiu apresentar, em grandes dimensões, o alto-relevo,

---

241. *Monumento do Ipiranga*, C06017.05, 3483, MI03.01.05, doc. 2, Arquivo do Estado de São Paulo. Na outra versão da ata, em vez de dizer que eles haviam visto o alto-relevo de Ximenes em maio, dizia-se junho, ver Monumento do Ipiranga. C06017.05, 3483, MI03.01.05, doc. 4, Arquivo do Estado de São Paulo.

São Paulo na disputa pelo passado

que fazia clara referência ao pintor brasileiro Pedro Américo. Tal procedimento favoreceu sua apreciação pelo público visitante à exposição, que também foi ouvida durante o certame.

2.7. Ouvindo o público

Diversos dos participantes utilizaram estratégias para evidenciar as suas maquetes e para conquistar o apoio do público, a fim de obter a vitória no concurso. Alguns aproximaram-se dos meios de comunicação, para que os seus projetos estivessem em evidência. Charles Keck, por exemplo, conseguiu que a sua maquete fosse publicada nas revistas ilustradas cariocas *Fon Fon*[242] e *O Malho*[243] muito antes do início do concurso, respectivamente em outubro e novembro de 1919. Em setembro desse mesmo ano, a revista *Fon Fon* divulgou também maquete de Mario Pinto e Frick[244]. A revista da colônia italiana *Il Pasquino Coloniale* afirma em 21 de fevereiro de 1920 que recebeu de Roberto Etzel a monografia ilustrada na qual se expunha detalhadamente a sua "magnifica maquete"[245]. Com isso, o artista obteve, no número subsequente, um artigo dedicado à descrição do seu projeto, em que não foram poupados elogios ao artista[246].

Outra maneira de obter a atenção do público e dos jurados do concurso era ressaltar as obras, conquistas e prêmios obtidos anteriormente. Muitas vezes, no próprio memorial descritivo constavam informações sobre os artistas, como aconteceu com Charles Keck, Lucio Rossi, Roberto Etzel e Luigi Contratti, entre outros. No caso de Angel Garcia, para ter mais chances de ganhar, o artista apresentou duas maquetes. Muitos dos concorrentes também procuravam se mostrar flexíveis, dizendo que fariam todas as alterações que os jurados julgassem necessárias. Também visando obter maior projeção, Ximenes quis demonstrar a sua técnica e impressionar o público com a execução do grande alto-relevo. E Brizzolara alterou sua maquete para torná-la mais próxima das expectativas dos

242. "O Projeto Norte-americano ao Monumento do Centenário", Revista *Fon Fon*, ano XIII, n. 40, p. 29, 4 out. 1919.
243. "O Monumento da Independência em S. Paulo", Revista *O Malho*, ano XIX, n. 896, p. 27, 15 nov. 1919.
244. "Monumento da Independência", *Fon Fon*, ano XIII, n. 38, p. 39, 20 set. 1919.
245. "*Monumento à Independência do Brasil*", *Il Pasquino*, n. 645, p. 21, 21 fev. 1920.
246. Floresto Bandecchi, " ", *Il Pasquino*, n. 646, p. 24, 28 fev. 1920.

jurados, destacando acontecimentos históricos que estavam mais relacionados à Independência. Esses artistas demonstravam, assim, a sua grande vontade de vencer o concurso, mesmo que para isso precisassem recorrer a meios opacos.

Essas disputas envolveram também a população, que teve grande presença na Exposição de Maquetes, conforme noticiaram diversas vezes os jornais, afirmando ter "sido extraordinário o movimento de visitantes"[247] durante o dia e a noite ou ainda que o Palácio das Indústrias estava "constantemente visitado por numerosas pessoas, que mostravam interessar-se especialmente pelo importante certame de arte"[248]. Cientes desse afluxo popular à exposição, alguns jornais promoveram votações para que seus leitores escolhessem a melhor maquete. Essas iniciativas foram feitas pelo jornal *A Capital* e *A Platéa* – o último, além de fazer a enquete do projeto preferido do público, ainda publicava as justificativas de seus votos. O primeiro periódico contou com pequena participação do público e os comentários publicados eram sempre curtos, pois, na maioria deles, as pessoas apenas faziam alguma ponderação elogiosa sobre a obra em que votavam e as opiniões eram as mais diversas:

Voto pró Ximenes, porquanto, ao meu ver, aliás humilde, é mais artística e engenhosa[249].

Rolo tem o meu voto. Seu monumento é grandioso e lindo, lembrando o saudoso "Arco do Triunfo" que eu já vi – Aldo Morelli (arquiteto)[250].

Bravos, mil vezes bravos aos srs. Etzel-Contratti. Os verdadeiros patriotas devem admirar o seu trabalho. É o ÚNICO que diz alguma coisa sobre história – Geraldo Silveira, A. de Queiroz, Nelson Washington Pereira e Amadeu Damato[251].

Sou paulista e, por isso, voto no Bibiano; é preciso valorizar a arte nacional – J. Couto Júnior[252].

247. "No Palácio das Indústrias", *Correio Paulistano*, p. 43, 12 mar. 1920.
248. "No Palácio das Indústrias", *Correio Paulistano*, p. 4, 13 mar. 1920.
249. "Cousas do Centenário – As Maquetes", *A Capital*, p. 1, 19 mar. 1920.
250. "Cousas do Centenário – As Maquetes", *A Capital*, p. 1, 20 mar. 1920.
251. "Cousas do Centenário – As Maquetes", *A Capital*, p. 1, 24 mar. 1920.
252. *Idem, ibidem.*

São Paulo na disputa pelo passado

Voto na maquete dos srs. Mario Pinto e Fernado Frick, por acha-la a mais histórica, simples e digna. Não é exagerada e luxuriosa. Com algumas modificações pode ficar até obra prima – Raphael Ferraz[253].

É uma injustiça deixar de premiar o monumento Ximenes. Como arte e história não há igual – Pedro Pachini (escultor e entalhador)[254].

Voto na "maquete" Brizzolara, que a meu entender é a mais artística – Silva e Fontenelle[255].

Alguns comentários faziam referência a questões mais polêmicas:

Sabe o sr. em quem voto? No trabalho Etzel-Contratti. Ele ao menos representa alguma coisa de história e é modesto. Outros, como o tal de Ximenes, fizeram uma coisa deslumbrante... para a trocinha miúda – Um paulista que não vai na onda[256].

Tanto a "maquete" do Ximenes como a do Etzel merecem o primeiro (1º lugar), por serem ambas artísticas e se aproximarem da história, porém, deve-se dar preferência à do Etzel, porque é feita por um artista italiano e outro brasileiro, além de que o sr. Ximenes não perderá o seu trabalho, pois já arranjou a "panelinha", para que o governo adquira o alto-relevo – Edmundo Dantis[257].

Esses comentários demonstram que havia muitas polêmicas envolvendo o concurso, que ficaram ainda mais evidentes nas apreciações enviadas pelos leitores de A Platéa. Houve uma grande participação do público e o resultado disso foram extensas análises, que permitem perceber algumas opiniões e também descobrir novas disputas. Algumas das questões já apontadas nos excertos da crítica tratados anteriormente foram reafirmadas nesses jornais populares. Por exemplo, muitos votavam pincipalmente em Bibiano Silva, mas também em Ro-

253. "Cousas do Centenário – As Maquetes". *A Capital*, p. 4, 25 mar. 1920.
254. *Idem, ibidem.*
255. "Cousas do Centenário – As Maquetes". *A Capital*, p. 4, 26 mar. 1920.
256. "Cousas do Centenário – As Maquetes". *A Capital*, p. 4, 20 mar. 1920.
257. "Cousas do Centenário – As Maquetes". *A Capital*, p. 4, 23 mar. 1920.

berto Etzel e Mario Pinto pelo fato de serem eles brasileiros e de acreditarem que, assim, estariam defendendo a "arte nacional":

Independência ou morte foi o grito da nossa emancipação política e daqui a pouco iremos festejar essa data tão gloriosa para nós brasileiros.

Ora, se festejamos a nossa independência por que motivos havemos de aceitar o esforço estrangeiro que atesta no mármore ou no bronze aquela data gloriosa, quando aqui um artista de valor apresenta como ninguém sua maquete as fases vivas da nossa história?

Eis porque o meu voto do Bibiano Silva – Davina Mendes[258].

O alto-relevo de Ximenes foi outro tema muito debatido pelos leitores, o que evidenciava a ausência de consenso sobre o mesmo. Enquanto muitos o indicavam como o motivo para escolherem essa maquete como a vencedora, outros criticavam-no por ser uma "cópia" da obra de Pedro Américo:

Ximenes – Quase todos falam do seu quadro monumental: dizem alguns que é plágio de Pedro Américo, dizem outros que é um quadro grande e não um grande quadro; dizem muitos que é preferível mil vezes o quadro de nosso patrício – Pedro Américo – que o de Ximenes, porque Pedro Américo não tem defeitos sensíveis e transpira nacionalidade, enquanto que o de Ximenes é um simples quadro decorativo e mais parece comemorar a vitória de um general qualquer que o faustoso acontecimento do Ipiranga[259].

Para um leitor de *A Platéa*, o mais significativo do friso de Ximenes foi o fato de D. Pedro não aparecer como protagonista da cena:

Senhor redator. Ouso também manifestar-me sobre as maquetes. O vencedor é Ximenes. Seu projeto possui em sumo grau, propriedade, majestade e arte. A suas linhas arquitetônicas casam com o conjunto da praça. O grupo que o coroa simboliza bem o fato comemorar: aparecimento de uma nacionalidade nova.

Não procedeu, pois, como outros que destinaram a situação máxima a Pedro I, credor do preito, mas apenas elemento participante do acontecimento. O relevo principal é feliz e, até certo ponto, uma homenagem à arte nacional. A pira sobre a escadaria mostra que

258. "As Maquetes do Monumento", *A Platéa*, p. 6, 23 mar. 1920.
259. "As Maquetes do Monumento", *A Platéa*, p. 6, 25 mar. 1920.

São Paulo na disputa pelo passado

além de monumento festivo será altar da pátria e da liberdade, ponto de peregrinação de um povo. Restrições: 1) Dada a altura do pedestal as figuras do corvamento têm visibilidade precária. 2) os bicharôcos não são do gosto de muita gente[260].

Em seguida, esse leitor criticou Jorge Krug e Charles Keck justamente por terem feito do monumento uma homenagem a D. Pedro I:

Krug/Keck– São estátuas equestres Pedro I. É interessante notar que, enquanto uns resumem o monumento em Dom Pedro e seu cavalo, outros, mostrando o mais inconcebível pouco caso pela imperial montaria, fazem-no peão[261].

Outro aspecto criticado no friso de Ximenes foi a dimensão em que ele apresentou a sua obra. Muitos concordavam com o articulista do *Jornal do Commercio* que afirmou que os visitantes da exposição só se impressionavam com o friso pelo seu tamanho e defendiam que o mesmo aconteceria se outro concorrente tivesse feito igual com uma das partes de seu projeto. Estimulados por essa crítica, os leitores usavam esse argumento para defender os artistas que haviam escolhido. Por isso, ao exaltar os relevos de Mario Pinto e Fernando Frick, uma pessoa questionou: "Que diria o público se os grandes baixos-relevos fossem apresentados em tamanho natural de 2 metros por 4 metros, e colocados em volta da maquete, como fez um dos distintos artistas concorrentes?"[262]. O defensor de Etzel e Contratti usou o mesmo argumento:

A maioria dos visitantes mais apreciam a do Ximenes, devido ao quadro do Ipiranga que este fez em tamanho normal e é o que só bem representa da nossa história. Só pergunto aos que em Ximenes votaram, que figura colossal não faria o de Etzel-Contratti se este tivesse também esculpido em tamanho natural os quadros importantes da nossa história que figuram na maquete?[263]

---

260. "As Maquetes do Monumento", *A Platéa*, p. 6, 23 mar. 1920 – comentário feito pelo leitor que assina como P. M.
261. "As Maquetes do Monumento", *A Platéa*, p. 6, 23 mar. 1920 – comentário feito pelo leitor que assina como P. M.
262. "As Maquetes do Monumento", *A Platéa*, p. 6, 24 mar. 1920.
263. *Idem, ibidem.*

Nota-se com esses comentários que o concurso longe esteve de ser algo de interesse restrito às elites dirigentes da cidade. Ademais, evidenciava-se a importância que a imprensa tinha enquanto formadora de opinião, já que foi comum os leitores dizerem, em suas considerações, que concordavam com determinado jornal ou que apoiavam a ideia de algum crítico. Outro aspecto a ser destacado é a grande participação da população, fosse visitando a exposição, como constantemente se indicava na imprensa, fosse enviando as suas opiniões, lendo as críticas e, assim, participando dos debates do concurso.

Dentre as questões abordadas nos comentários dos leitores, é possível citar o desrespeito ao edital. Alguns leitores indicavam artistas que haviam descumprido as dimensões de suas maquetes, outros apontavam o problema das obras extrapolarem o orçamento estabelecido. Contudo, havia os que defendiam que o governo não deveria gastar apenas mil contos de réis com o monumento, por ser essa quantia pequena em relação à grandiosidade da obra. Havia querelas entre os próprios leitores, que citavam comentários anteriores, apontando os pontos dos quais discordavam ou concordavam.

Foi possível também perceber, por meio das falas populares, conflitos entre os concorrentes, como o que aconteceu quando a maquete de Cesare Donini foi comparada ao projeto com o qual Brizzolara vencera o concurso do *Monumento à Independência da Argentina* (Figura 50). Relatos contam, então, que Brizzolara tomou uma atitude controversa para destacar essa semelhança e desmerecer o seu rival. O fato foi citado por um leitor ao fazer comentários sobre a obra de Donini:

Donnini: belíssimo, confirma o grande merecimento próprio do autor. Prejudicam a semelhança com o monumento da independência Argentina, cuja fotografia Brizzolara perversamente espetou na parede, ao lado da maquete. Por essa mesma razão não convém seja escolhida: permite uma comparação desvantajosa para nós, pela maior imponência daquele[264].

A conduta de Brizzolara foi criticada por outros leitores e um deles resolveu fazer um protesto contra o artista:

---

264. "As Maquetes do Monumento", *A Platéa*, p. 6, 23 mar. 1920 – comentário feito pelo leitor que assina como P. M.

Figura 50. Projeto *Monumento a la Revolución de Mayo*, de Luigi Brizzolara e Gaetano Moretti. *La Ilustración Artística* (Barcelona), 27 jul. 1908, p. 9. Biblioteca Nacional de España.

Permita-nos que protestemos com veemência contra o procedimento do escultor Brizzolara que procurou ferir o seu talentoso colega Cesar Donini.

Os homens criteriosos e de bom senso, depois de uma "ligeira comparação" verão perfeitamente que nada há de comum entre o monumento de Buenos Aires e aquele de C. Donini, e se com seu ardil o sr. Brizzolara (como disso ontem P. M.) julgou prejudicar Donini, só conseguiu enaltece-lo mais.

Portanto eu, como diretor e proprietário de um estabelecimento artístico, com sessão de mecânica, escultura e trabalhos em mármore, autorizado pela minha secretaria e pelos meus 340 operários votamos no valoroso Donini em 1º lugar – M. Bernaus[265].

O relato, no entanto, destacava uma outra questão que passou a ser comum na votação promovida pelo jornal *A Platéa:* os votos coletivos. Inicialmente as pessoas participavam com a sua contribuição e, no máximo, com a de seus familiares. Depois começaram a fazer parte dessa competição estabelecimentos comerciais, grupos de vizinhos, pessoas que encontravam os jornalistas na exposição, concursos menores que enviavam seus resultados para serem computados nessa contagem. Alguns leitores questionaram se não haveria fraudes nesses números, como a votação unânime de 340 funcionários em um mesmo artista. A resposta dos responsáveis pelo concurso do jornal foi que passariam a contabilizar apenas os votos que

265. "As Maquetes do Monumento", *A Platéa*, p. 6, 24 mar. 1920.

estivessem acompanhados dos nomes de seus signatários. Por isso, recusaram 800 votos indicados para Ximenes por um leitor. Porém, o próprio jornal alertava para a possibilidade de haver assinaturas "apócrifas" e concluía que não poderia evitá-las por não haver meios de comprovar sua autenticidade. Além disso, lembrava que fraudes aconteciam nos mais importantes pleitos e concluía:

> Se assim acontece no preenchimento dos mais elevados cargos político e administrativos, é justo que o mesmo aconteça no nosso concurso, que tem por objetivo único facilitar ao público a manifestação de suas simpatias pelos escultores que se acham representado no Palacio da Indústrias.

> Seria ingenuidade supor que, abrindo este concurso, estivéssemos convencidos de que o resultado pudesse influir de modo definitivo para a escolha de qualquer das "maquetes" expostas.

> A comissão julgadora talvez não esteja de acordo com a opinião dos nossos leitores.

Apesar do lembrete feito pelo articulista *d'A Platéa* de que o concurso popular não iria alterar o resultado do concurso oficial, as pessoas opinavam e justificavam seus votos como se realmente fossem ser decisivos para a escolha do projeto.

Depois do episódio do "voto coletivo", a classificação dos projetos sofreu profundas alterações e o concurso tomou outra proporção. Logo no início da competição, o jornal declarou que os leitores estavam divididos entre os "pró-Ximenes" e os "pró-Brizzolara". Esse resultado foi alterando-se pouco a pouco até a edição de 22 de março, quando Ximenes liderava o concurso, com 60 votos; seguido por Etzel Contratti, com 59; Rollo, 56; Brizzolara, 46; Mario Pinto e Frick, 39; Bibiano, 22; Donini, 17; Zocchi, 12; Jorge Krug, 11; Barroso, 5. No entanto, com os "votos por atacado", cada dia era um artista que liderava o primeiro lugar. Por exemplo, em 23 de março, Etzel e Contratti foram para a liderança com 199 votos, seguido de Ximenes, com 91. No dia 24 de março, Donini assumiu o primeiro posto, graças ao protesto de M. Bernaus e dos seus 340 operários, deixando o artista com um total de 365 votos, seguido por Etzel, com 230. No dia seguinte, Brizzolara conquistou mais votos, totalizando 435.

O resultado final, divulgado em 30 de março, classificou: 1º lugar, Nicola Rollo, com 893 votos; 2º lugar, Ettore Ximenes, 744; 3º lugar, Luigi Brizzolara, 690; 4º lugar, Roberto Etzel e Luigi Contratti, 679; 5º lugar, Mario Pinto e Fernando Frick, 487; 6º lugar, Cesare Donini, 480; 7º lugar, Bibiano Silva, 190; 8º lugar,

Barroso, 171; 9º Arnaldo Zocchi, 43; 10º lugar, Jorge Krug, 34, além de outros em menor quantidade.

A votação divulgada pelo jornal *A Capital* contou com uma amostragem bem menor, mas o resultado foi: 1º lugar, Roberto Etzel e Luigi Contratti, com 75 votos; 2º lugar, Ettore Ximenes, 66; 3º lugar, Nicola Rollo, 49; 4º lugar, Mario Pinto e Fernando Frick, 24; 5º lugar, Luigi Brizzolara, 21; 6º lugar, Donini Cesare, 15; 7º lugar Bibiano Silva, 13; 8º lugar Macchiavello, 5; 9º Barroso, 2.

Apesar das grandes diferenças entre as votações promovidas por *A Platéa* e por *A Capital*, é possível afirmar que cinco maquetes foram as preferidas do público, pois são as mesmas nos dois concursos populares. Ademais, correspondem também às que haviam sido eleitas pelo *Jornal do Commercio*, que indicou quatro melhores, mas ressaltou a importância da quinta:

Resta agora aguardarmos a palavra da comissão julgadora.

Qual será o seu voto? Difícil responder.

Para nós, entretanto, restam em campo, para escolher, quatro maquetes: Ximenes, Rollo, Brizzolara e Etzel.

Nenhuma delas, já o dissemos, poderá porém, ser aceita como já apresentada pelos seus autores. Todas são incompletas, todas devem sofrer sensíveis alterações.

E foi por isso que lembramos, há dias, adoção de algumas partes que figuram em trabalhos de outros concorrentes, como por exemplo, os baixos-relevos da maquete de Mário Pinto e Frick.

No *O Estado de S. Paulo*, Monteiro Lobato já havia declarado a sua preferência pela maquete de Nicola Rollo. Julio de Mesquita Filho, por sua vez, escreveu um artigo em que elencava três possíveis vencedores: Nicola Rollo, Ettore Ximenes e Luigi Brizzolara. Porém, também não escondeu a sua preferência:

Ximenes é perfeito. O golpe de vista do todo, logo a primeira vez, revela-nos toda a técnica insuperável de um artista para o qual a sua arte não tem segredos. É um consumado possuidor das regras súbtia da estética, quem assim superar as dificuldades verdadeiramente assustadoras, inerente a concepção harmônica de um monumento escultural de dimensões e tamanhos. A pureza de linhas a sobriedade clássica dos grupos, a tranquilidade ártica que só reveste os efeitos de conjunto, na sua simplicidade, faz lembrar um poema Parnasiano. Mas por isso mesmo impomos-lhe algumas restrições: as que sugerem a própria natureza dessa arte em demasia objetiva. Os seus defeitos decorrem da própria perfeição. Preferíamos menos arte e mais sentimento, menos impassibilidade e mais inspiração, menos harmonia e maior poder sugestivo. A maquete de Ximenes ressente-se das glórias do seu autor. Há, nela, cérebro demais e alma de menos.

Brizzolara apresenta-se como quem buscou maior originalidade do que o seu companheiro de triunfos; mas no conjunto, sofre o mesmo mal; é um artista cujo sentimento já se cristalizou.

Resta Rollo...

É o inverso dos mestres consagrados. As restrições que se lhe possam fazer dizem respeito ao complexo arquitetônico. Há quem lhe acoima de falta de originalidade por ter adotado o arco de triunfo como ideia central de sua obra. Será justo? Napoleão e os artistas que o glorificaram na pedra não desdenharam de adotar esse símbolo, genuinamente latino, para perpetuar a maior de todas as epopeias... E, depois, o arco de triunfo vale a quadriga, alegoria obrigada desde as remotas eras da mitologia olímpica. Daí para cá, não sei inventar novidades. A Grécia as esgotou todas. Tudo está em que as velhas criações se apresentem, quando repetidas, capazes de produzir efeitos novos. E Rollo o conseguiu.

Para tanto é mister levarmos em conta a intenção do artista. Esta é a de aproveitar o monumento já existente como elemento de conjunto. As linhas do arco de triunfo misturam-se, consorciam-se, integram-se nas do museu, formando um todo harmônico de soberba grandiosidade. Os estilos irmanam-se agradavelmente, oferecendo esplêndido os efeitos, se atendermos a perspectiva futura, proporcionada pela avenida.

Mas, onde o Rolo supera todos os seus competidores é na sincronização dos nossos feitos históricos. É completa e magistral a síntese dos fatos épicos. Os seus grupos são poderosas e comoventes. É novo e forte, sugestivo até a exaltação

[...] O talento de Rolo parece ter sofrido influência decisiva do nosso meio, da nossa natureza. Há na sua produção muita coisa que lembra surpreendentemente a maneira pessoal e grandiosa de Euclides da Cunha, esse gênio por excelência brasileiro. Lisonjeia-nos essa revelação, que vale por uma confirmação da influência irresistível que exercemos nos que nos procuram, e que mais uma vez prova o poder de assimilação da nossa terra.

Seja como for, não escondemos a nossa decidida predileção pelo monumento do jovem esplêndido artista. Entretanto, vença sua arte ou a do com. Ximenes, São Paulo pode desde já contar certo com o monumento que muita honra lhe fará[266].

266. Júlio Mesquita Filho, "O Monumento da Independência", *O Estado de S. Paulo*, p. 3, 26 mar. 1920.

São Paulo na disputa pelo passado

Júlio de Mesquita Filho apoiava Rollo, mas não desprezava Ettore Ximenes como muitos críticos, principalmente Monteiro Lobato. Essa acirrada batalha pela escolha do melhor projeto, que havia tomado conta dos jornais, das revistas e até mesmo de diversos cidadãos, não cessaria com a escolha do vencedor, pois, como veremos, alguns críticos não pouparam condenações ao governo pela escolha feita pela Comissão Julgadora.

Capítulo 3

Um artista internacional para o monumento nacional

A escolha do projeto vencedor para o *Monumento à Independência*, preparatório para a maior encomenda pública de obra escultórica feita até então no país, foi certamente algo que moveu inúmeras expectivas em 1920. Veículos da imprensa, seus leitores, intelectuais e sobretudo os próprios artistas concorrentes aguardaram a decisão que seria capaz de projetar a maquete escolhida e seu autor a uma evidência de escala nacional. A conquista de uma projeção internacional não deveria estar afastada das expectativas das autoridades locais, tendo em vista a repercussão da chamada para o concurso nos jornais de fora e o amplo espectro de artistas estrangeiros que havia se inscrito na concorrência.

O projeto vencedor do concurso, realizado por Ettore Ximenes, foi enxovalhado por parte da crítica local. Embora as manifestações anti-acadêmicas de tais críticos sejam hoje muito sonantes, a Comissão Julgadora esteve em tudo alheia aos impropérios que a todo custo tentavam ridicularizar o projeto de Ximenes. Aos olhos do júri, o projeto, marcantemente clássico, tinha o imenso mérito de ter sido projetado por um dos mais consagrados escultores italianos do início do século. Autor de obras localizadas em Nova York, Buenos Aires, Kiev (atual Ucrânia), Kishinev (atual Moldávia), além de diversas cidades italianas, como Milão, Florença, Roma, Parma, Urbino entre outras, Ximenes demonstrava, assim, ser uma escolha segura para quem quisesse imaginar São Paulo entre as cidades inscritas no rol daquelas detentoras de monumentos capazes de exprimir vínculos com a civilização ocidental e o gosto consagrado que deveria ornamentar adequadamente os logradouros urbanos.

No entanto, tão logo foi anunciado o vencedor, numerosas críticas e acusações passaram a ser disseminadas contra o projeto e o escultor italiano na imprensa brasileira. Reconstituir e entender o que diziam aqueles que o criticavam e que o defendiam pode contribuir para delinear o ambiente de disputas simbólicas em que o Brasil estava imerso, além de permitir que se matize uma aparente condenação unívoca, que pode emanar da lembrança constante das críticas negativas proferidas por Mário de Andrade e por Monteiro Lobato.

Também é importante almejar compreender os motivos que levaram a Comissão Julgadora do concurso a escolher a obra de Ettore Ximenes. De que maneira era percebido esse artista e qual o impacto de suas obras no cenário internacional são dimensões indispensáveis para reconstituir o ambiente favorável à sua preferência. Percorrer a trajetória profissional do escultor permite ainda associá-lo à importância da difusão da arte acadêmica italiana na América e na Europa, capaz de concorrer fortemente com as linguagens mais livres que emanavam da França.

3.1. Moderno e nacional em questão

Os artistas que mais agradaram ao público e que mais receberam os elogios foram principalmente Nicola Rollo, Luigi Brizzolara, Ettore Ximenes, a dupla Roberto Etzel e Luigi Contratti e a dupla Mario Ribeiro Pinto e Fernando Frick. A indicação desses projetos como os que tiveram maior apoio da imprensa e do público foi baseada na leitura dos periódicos paulistas *Jornal do Commercio*, *Correio Paulistano*, *O Estado de S. Paulo*, além dos concursos populares realizados por *A Capital* e *A Platéa*.

Tanto o *Correio Paulistano* como o *Jornal do Commercio* realizaram, como vimos, a tarefa de descrever as maquetes participantes do concurso. No entanto, enquanto o primeiro, na maioria de seus artigos, limitava-se a desempenhar essa função fazendo apenas pequenos comentários críticos, o *Jornal do Commercio* realizava sempre uma análise mais aprofundada e opinativa de cada obra. Apesar dos artigos não serem assinados, pelo que não se sabe a sua autoria, percebe-se que foi a mesma pessoa que escreveu todas as apreciações.

Por meio de seus comentários, nota-se uma posição de crítica às obras de características mais nitidamente clássicas e acadêmicas, como as que adotavam símbolos e alegorias como leões e carros do triunfo. Por exemplo, ao falar da maquete de Angel Garcia Dias, o crítico afirmou que ela condenava o autor pela "vulgaridade dos símbolos, tão batidos até em jardins europeus"[1], considerando, portanto, que algumas simbologias eram "impróprias" na "escultura monumental moderna"[2]. Ao falar da maquete de Inocencio Soriano, o articulista disse que tudo no seu projeto tendia para "o acadêmico, tão reprovado mesmo na Espanha, onde o artista goza de renome"[3]. Ao mesmo tempo em que rejeitava os trabalhos mais clássicos, condenava qualquer elemento que estivesse ligado a uma linguagem mais livre e próxima das vanguardas. Isso foi evidenciado na crítica que fez ao trabalho de Edgardo Simone:

[...] a sua maquete recorda, se bem que vagamente, a deplorável construção dos monumentos no tempo em que a última inovação revolucionou o campo vastíssimo das artes. É bem possível que essa revolução, necessária às evoluções intelectuais, não passasse de um sonho mau, de um longo pesadelo do gênio que parecia agonizar; deixando atrás desse de si dois vestígios diferentes na sua orientação. Um desses vestígios foi se apagando muito cedo na pintura com aparecimento inesperado e ridículo do *futurismo*, e, na escultura, com a falta de perseverança dos chamados *impressionistas da forma*; o outro vestígio, ao contrário, aprofundou-se com rara energia, tornando-se uma estrada ampla de evolução, e é o que hoje nós podemos apreciar abrangendo horizonte vastíssimo, capaz de todos os prodígios e de todos os extremos, desde a miniatura até as criações fenomenais, trabalhando e criando, sempre com a mesma nota inconfundível de originalidade, e de continuas inovações perfeitas e sensatas sobre todo e qualquer ponto de vista.

E o trabalho apresentado pelo senhor Simone, segundo que tivemos ocasião de constatar, representa um dos últimos suspiros profundos da agonia do mau sonho; é talvez uma das últimas projetadas criações que sofreu influência da primeira e não da segunda fertilíssima senda traçada da revolução. Pertence à decadência[4].

1   "No Palácio das Indústrias", *Correio Paulistano*, p. 2, 16 mar. 1920.
2   *Idem*, p. 3, 20 mar. 1920.
3   *Idem*, p. 2, 16 mar. 1920.
4   "Gazetilha – O *Monumento da Independência*", *Jornal do Commercio*, p. 4, 18 mar. 1920.

São Paulo na disputa pelo passado

Para ele, a maquete deveria ser original, porém, com formas representadas de maneira realista, sem as idealizações clássicas mas também sem qualquer deformação vinculada às vanguardas, como o futurismo, ou ao que ele chamou de "impressionistas da forma", uma crítica de difícil compreensão exata, mas que poderia estar se referindo às liberdades formais de Rodin, Bourdelle ou Maillol. Considerava que o *Monumento à Independência* do Brasil, como destacou diversas vezes, estava destinado a representar "o triunfo da arte moderna de esculpir", que não poderia ser nem "passadista" e nem "futurista". Essas características relacionadas à técnica e ao estilo foram destacadas quando o articulista emitiu seus comentários críticos sobre as maquetes consideradas mais prováveis de obter a vitória do certame, junto às observações sobre a capacidade delas de exprimir os fatos históricos da Independência do Brasil.

Ao analisar a obra de Roberto Etzel e Luigi Contratti, por exemplo, considerou que a linha arquitetônica era original e obedecia à "nova estética monumental", que havia tido a "influência reanimadora da inovação". Considerava, assim, que ela pertencia "indiscutivelmente à segunda geração do sonho revolucionário", ou seja, era inovador e moderno, sem recorrer ao "impressionismo da forma". Além disso, ela se afastava do clássico, já que abandonava o que ele chamou de "as formas decadentes, as formas doentias e mesquinhas chamadas *academia*, preocupando-se com a criação de um monumento digno, de linhas novas de efeito possante". Destacava ainda que a obra era "fiel à nossa história", tendo êxito em evocar os "acontecimentos representativos das etapas da nossa evolução, desde o descobrimento até o fato consumado da liberdade". Assim, a obra tinha qualidades no estilo empregado e na concepção histórica. Criticou, no entanto, o carro triunfal, que quebrava a "linha da estética" e roubava "um pouco da majestade do monumento". Concluía que, apesar de ser "realmente monumental e rigorosamente histórica", não era perfeita[5]. O articulista do *Correio Paulistano*, afirmou que era "um dos monumentos em que o conceito histórico foi melhor observado, sem que se prejudicasse a concepção artística" e destacava também que ela obedecia "a todos os requisitos do 'monumental' bem estudado e bem sentido"[6].

A maquete de Luigi Brizzolara foi destacada por ter uma linha arquitetônica "correta, apesar de simples, e de uma originalidade acentuada". A sua técnica

5   *Idem*, p. 3, 20 mar. 1920.
6   "No Palácio das Indústrias", *Correio Paulistano*, p. 3, 15 mar. 1920.

foi considerada boa, além de representar bem "os movimentos, as figuras em si, individualizadas, não simbólicas". O seu maior destaque foi a sua "capacidade de concepção" que permitia alcançar "belíssimos efeitos adaptáveis à nossa história". Contudo, apesar dos elogios aos aspectos técnicos, a maquete foi criticada por suas características históricas. Segundo o articulista do *Jornal do Commercio*, "o Sr. Brizzolara não possui, (é evidente) o poder da invocação histórica e bem o demonstra apesar de afirmar que com a sua simbolização muito se preocupou"[7]. O *Correio Paulistano* limitou-se a descrever a obra, seguindo as ideias existentes no memorial descritivo[8].

Mario Ribeiro Pinto e Fernando Frick não tiveram a sua maquete descrita pelo *Correio Paulistano*. Porém, ela foi elogiada pelo articulista do *Jornal do Commercio*, pois foi considerada de grande "significação comemorativa", que havia conseguido obter uma "obediência rigorosamente histórica em relação ao acontecimento a comemorar-se". Além disso, em relação às características formais, os artistas foram elogiados porque, "embora usando dos velhos estilos arquitetônicos, souberam fazer reviver estes mesmos estilos, inundados de uma nova inspiração". Assim, apesar de usarem um modelo clássico, teriam conseguido inová-lo. O articulista, no entanto, declarou que não escolheria essa maquete como a vencedora, porque ela pecava "e muito, pela falta de simbolização verdadeiramente escultórica"[9]. Mario Ribeiro Pinto foi também bastante elogiado pelo público por ser um artista brasileiro. Alguns consideravam que isso deveria ser levado em consideração na escolha projeto vencedor, pois seria uma maneira de fomentar a "arte nacional".

O projeto de Ettore Ximenes também não foi descrito pelo *Correio Paulistano*. O articulista do *Jornal do Commercio* fez mais críticas que elogios à maquete do artista italiano. Afirmou que ela impressionava e demonstrava a experiência de Ximenes em concursos, destacando que ela havia empolgado o público. O crítico considerou que o artista tinha grande técnica e conhecia "perfeitamente as formas anatômicas" e que suas figuras haviam sido plasmadas maravilhosamente, seguindo as proporções corretas. Contudo, criticou o uso de "símbolos que são absolutamente reprovados em concepções modernas". Também afirmou que o artista "não exprime perfeitamente bem o grande acontecimento que se quer come-

7   "Gazetilha – O *Monumento da Independência*", *Jornal do Commercio*, p. 4, 21 mar. 1920.
8   "No Palácio das Indústrias", *Correio Paulistano*, p. 3, 13 mar. 1920.
9   "Gazetilha – O *Monumento da Independência*", *Jornal do Commercio*, p. 4, 19 mar. 1920.

morar" e "não nos dá o sentimento evocativo da independência que é o que se deseja". Criticou o alto-relevo principal, o carro do triunfo e os símbolos presentes no embasamento. Apesar disso, colocou o projeto no rol dos artistas merecedores da vitória. As críticas feitas à obra de Ximenes não foram tão categóricas quanto as feitas a outras maquetes que também seguiam um modelo clássico e eram repletas de alegorias, características vistas pelo articulista como absolutamente reprováveis. Talvez o crítico tenha feito considerações mais afáveis a Ximenes por ele ser um grande artista e ter grande habilidade técnica e pela sua maquete cumprir com maestria a intenção a que havia se proposto: fazer uma obra vinculada à tradição acadêmica. Por isso, o articulista admitia: "O ilustre artista quer ser neoclássico. Será. Ninguém ousará negar-lhe esse direito"[10].

O que se percebe pela leitura dos artigos do *Jornal do Commercio* é que o seu crítico demonstrava preferência pela obra de Nicola Rollo, por isso considerou-o "a maior revelação artística". Era visto como o escultor que havia se libertado da "macaqueação", do "classicismo decadente", fazendo uma obra de personalidade, cujas linhas eram de "expressão magnífica" e obedeciam às "exigências da estética moderna". Afirmou ser ele um "conhecedor da anatomia plástica", portanto, suas formas correspondiam à realidade, porém, tinha "efeitos dignos de inovação". Para ele, era "talvez o único artista que concorreu sabendo interpretar e reproduzir magistralmente na matéria, a tremenda psicologia do momento em que desabrochou a nossa aurora". Mesmo sendo o seu projeto de preferência, fez algumas críticas, pois considerou que o Arco do Triunfo era uma "coisa batida" e os dois carros triunfais eram "ornamentos falhos de simbolização".

Como visto, *O Estado de S. Paulo* também fez a descrição da maquete de Nicola Rollo (a única a receber tal tratamento pelo periódico) e declarou o seu apoio explícito ao artista, por meio de artigos escritos por Monteiro Lobato[11] e Julio de Mesquita Filho[12], em que se destacavam as inúmeras qualidades do projeto de Rollo, sem fazer qualquer ressalva ou crítica. Certamente esse apoio refletiu na repercussão do artista e na propagação da opinião a seu favor, já que *O Estado de S. Paulo* era um importante veículo de comunicação, que havia se tornado o periódico de maior tiragem e tinha grande penetração nas camadas médias da socieda-

10   *Idem*, p. 4, 23 mar. 1920.
11   Monteiro Lobato, "A 'Maquete' de Nicolo Rollo", *O Estado de S. Paulo*, p. 3, 25 mar. 1920.
12   Julio Mesquita Filho, "*O Monumento da Independência*", *O Estado de S. Paulo*, p. 3, 26 mar. 1920.

de[13], além de Lobato já ser considerado uma autoridade no meio artístico. Como demonstrou Tadeu Chiarelli, em *Um Jeca nos Vernissages*, o escritor tornou-se o líder da crítica de arte, tanto pela qualidade de seus escritos como pela influência que exercia no público leitor[14]. Ao elogiar a obra de Rollo, Lobato destacou o fato dela estar acima da "decalcomania pitoresca", ou seja, de uma imitação servil da obra de Rocha Pombo. Para o escritor, a maquete de Rollo seria a única a sintetizar a "independência em toda a sua amplitude", encarando a sua "significação social". Considerava que a obra tinha "a força da concepção, a pureza do símbolo".

Tadeu Chiarelli mostra que Monteiro Lobato tinha uma predileção pelo naturalismo, por isso valorizava artistas capazes de captar as características do seu entorno de maneira fiel, mas sem a idealização que era marcante da arte de tendências acadêmicas. Ao mesmo tempo, refutava qualquer deformação expressiva que comprometesse a verdade aparente, como era a característica das tendências de vanguarda[15]. São esses atributos que Lobato ressaltou na análise que fez da maquete de Rollo, declarando que ela se afastava da "tradição acadêmica", pautada na referência a modelos, pela representação por meio de alegorias. Porém, o tratamento das formas, dos corpos e músculos das estátuas era pautado no realismo.

Nas palavras de Chiarelli, a "estética naturalista e a preocupação em retratar o "típico", o individual, foi usada pela crítica e pelos artistas como estratégia de superação de uma arte que tendia à idealização", tal como era a arte vinculada nas Academias. Por isso, é possível caracterizar Lobato como um crítico que defendia uma "arte nacional", que apoiava uma estética naturalista e contestava o academismo[16].

Concorde a essa visão foram as considerações feitas por Júlio de Mesquita Filho ao defender a maquete de Rollo. Afirmou que ela era a composição "mais fiel para a perpetuação desse esforço caótico" que teria sido o da Independência e, simultaneamente, era "de um realismo supremamente comovedor". E asseverou que o artista conseguira realizar a "síntese dos fatos épicos" e que havia superado todos os seus competidores na "sincronização dos nossos feitos históricos". Elogiou-o justamente por ser o "inverso dos mestres consagrados"[17].

---

13   Ana Claudia Veiga de Castro, *A São Paulo de Menotti del Picchia*, São Paulo, Alameda, 2008, pp. 77-78.
14   Tadeu Chiarelli, *Um Jeca nas Vernissages*, p. 27.
15   *Idem*, p. 19.
16   *Idem*, p. 62.
17   Júlio Mesquita Filho, "O *Monumento da Independência*", *O Estado de S. Paulo*, p. 3, 26 mar. 1920.

São Paulo na disputa pelo passado

Para Mesquita Filho, além de Rollo, só existiam outros dois concorrentes passíveis de vitória: Ettore Ximenes e Luigi Brizzolara. Sobre o primeiro, destacou a sua habilidade técnica, considerada "insuperável", por ser ele um possuidor das "regras sutis da estética". No entanto, para o crítico, a arte de Ximenes era "em demasia objetiva" e que era preferível "menos arte e mais sentimento", pois ela teria "cérebro demais e alma de menos". Sobre Brizzolara, limitou-se a dizer que havia mais originalidade na sua obra que o seu "companheiro de triunfos", porém, no conjunto, ambos sofriam do mesmo "mal", pois ele também era um "artista cujo sentimento já se cristalizou"[18].

Percebe-se, assim, que *O Estado de S. Paulo* adotava uma posição mais enérgica de apoio a Rollo, defendendo-o como único projeto merecedor de vitória. Já o crítico do *Jornal do Commercio*, apesar de apoiar a maquete de Rollo, considerava que havia quatro propostas dignas de vencer o concurso. No entanto, nas visões de ambos, defendia-se um tipo de monumento, considerado por eles como "escultura moderna", aquela que deveria ser reverenciada no *Monumento à Independência*. Mas, o que significava, nesse momento, ser moderno? Essa era uma categoria que ainda estava incerta e em disputa nos anos 1910 e 1920, tanto no Brasil como na Europa. Havia grupos de intelectuais que defendiam propostas distintas para uma arte moderna brasileira, sendo, por exemplo, a visão de Monteiro Lobato divergente da perspectiva de Mario de Andrade. Ademais, permeava o discurso de muitos desses críticos a preocupação com uma "arte nacional".

A aproximação do Centenário ensejou a busca das origens e a construção de um discurso sobre a modernidade. Estava em pauta o debate acerca da construção da nação e da imagem da cidade. Como demonstraram Joana Mello de Carvalho e Silva e Ana Claudia Veiga de Castro, com o fim da Primeira Guerra Mundial, "a questão nacional entra na ordem do dia, ultrapassando o campo dos debates sociopolíticos, fazendo com que também as artes, a arquitetura, as ciências e a literatura se tornassem espaços de intensa discussão sobre os rumos do país"[19]. É justamente nesse debate que estão inseridos esses críticos, que

18   *Idem, ibidem.*

19   Ana Claudia Castro e Joana Mello de Carvalho Silva, "Inventar o Passado, Construir o Futuro: São Paulo entre Nacionalismos e Cosmopolitismos nas Primeiras Décadas do Século 20", *Revista Pós*, vol. 21, n. 36, pp. 24-53, dez. 2014. Disponível em < http://www.revistas.usp.br/posfau/article/view/90242>. Acesso em nov. 2022.

foram chamados por Firmiano Pinto, um dos jurados do concurso, de "crítica nacionalista"[20].

O que bem demonstraram essas autoras, no entanto, é que o debate sobre a estética da cidade e sobre a nacionalização e internacionalização estava "em aberto". Por isso, as crônicas publicadas nos jornais por intelectuais como Menotti del Picchia, Mario de Andrade e Monteiro Lobato evidenciam esse "pensamento em processo, essa reflexão cotidiana, com seus avanços e recuos, certezas e hesitações". Exemplo disso é a postura de Monteiro Lobato em relação ao "caipira". Conhecido por ser criador do personagem preguiçoso Jeca Tatu, havia construído uma imagem negativa do homem do campo. No entanto, como demonstrou Chiarelli, a partir de 1919, com a publicação de *Ideias de Jeca Tatu*, Lobato assumiu o caipira como o símbolo da resistência contra a descaracterização do nacional na cultura do país. Ademais, o parâmetro para a sua visão de nacionalismo na arte era Almeida Júnior:

> Parece inegável que Almeida Jr. com essas características – paulista e retratando o paulista "típico" – ia de encontro a um certo desejo de um segmento da burguesia paulistana de ver levado para o campo da arte, signos precisos de uma suposta identificação étnica e cultural "paulista" e/ou "brasileira", em oposição à influência da cultura francesa no país e à crescente infiltração de valores culturais e artísticos trazidos pelos imigrantes europeus que aqui chegavam[21].

As obras de Almeida Júnior correspondiam, assim, às expectativas de largos segmentos da sociedade paulistana para uma arte genuinamente "nacional" e "paulista". Segundo Fernanda Pitta, a crítica associava o pintor ao naturalismo e ao realismo, considerando que ele tinha uma arte expressiva e pessoal, que superava a arte convencional. Dois dos mais atuantes críticos da imprensa paulista de fins da década de 1880 descreveram e comentaram o quadro *Caipira Negaceando* (1888). Wenceslau Queirós[22] evidenciava que Almeida Junior trazia para a pintura

---

20 Firmiano Pinto, "Justificação de Voto", *Monumento do Ipiranga*, CO6O17.06, MI 03.01.06, documento 1, Arquivo do Estado de São Paulo.

21 Tadeu Chiarelli, *Um Jeca nos Vernissages*, p. 132.

22 Wenceslau José de Oliveira de Queirós (1865-1921) nasceu em Jundiaí, no estado de São Paulo. Formou-se na Faculdade de Direito do largo São Francisco e atuou como escritor, jornalista, político e juiz. Pertencia a uma das mais tradicionais famílias paulistas, de proprietários de imóveis. Colaborou com os jornais *A Vida Paulista*, *Diário Mercantil*, *O Paíz*, *A Semana*, *O Estado*

brasileira a desejada "cor local", ou seja, a representação da "realidade" caracte-rística do Brasil[23]. Ezequiel Freire[24] ressaltou a obra como inaugural da pintu-ra paulista de aspiração nacional e o caráter naturalista da pintura legitimaria esse posicionamento[25]. A recepção crítica esforçou-se em fixar as obras do pintor como fundamentais para a arte produzida no Brasil sobretudo em razão da te-mática entrelaçada às opções estéticas. Na década de 1890, dando continuidade a essa visão, Filinto de Almeida[26] seguiu de perto a produção de Almeida Júnior, defendendo sua arte como a "legítima representante da pintura nacional", por ser paulista e por filiar-se às matrizes realistas-naturalistas[27].

Pedro Nery evidencia como Cesário Motta Júnior, que foi secretário do Interior de 1892 a 1894, portanto, durante a implantação do Museu Paulista, valorizava a cultura do mestiço e via o caipira como uma figura moral e ética. Na década que se seguiu à proclamação da República, diversos intelectuais defendiam uma "estirpe americana", que seria resultado da mestiçagem entre o europeu e o índio. Nessa visão, a ação civilizatória faria desaparecer os hábitos característicos de mestiço e o museu deveria servir de suporte de manutenção e preservação da identidade local. Nery indicou que os quadros de Almeida Júnior, *Caipira Picando Fumo* e *Amolação Interrompida*, adquiridos em 1894 para o Museu Paulista, podem ter sido encomen-das, pois eles se encaixam perfeitamente nas molduras das paredes laterais do Sa-lão de Honra. Nesse sentido, é possível que as telas tenham feito parte da constru-ção de uma narrativa, elaborada por Cesário Motta Junior, em que se destacava o "típico paulista" e a mestiçagem. As obras serviriam de suporte a essa construção

---

de *S. Paulo, Diário Popular, Gazeta do Povo*, entre outros. Foi redator-chefe do *Correio Paulistano* (Fernanda Mendonça Pitta, *"Um Povo Pacato e Bucólico": Costume, História e Imaginário na Pin-tura de Almeida Júnior*, Tese de Doutorado, ECA-USP, 2013).

23 *Idem*, pp. 15-23.

24 José Ezequiel Freire (1850-1891) nasceu em Resende, no Rio de Janeiro. Foi jornalista, escritor, professor de Direito da Faculdade do Largo São Francisco, onde se formou. (*Idem*, p. 15).

25 *Idem*, pp. 15-23.

26 Francisco Filinto de Almeida (1857-1945), jornalista e poeta, nasceu no Porto, Portugal. Filinto de Almeida trabalhou como redator de *A Província de São Paulo*, depois transformada em *O Estado de S. Paulo*, de 1889 a 1895. Foi deputado na Assembleia Legislativa de São Paulo, de 1892 a 1897. Colaborou em *A América*, de que foi diretor, *O Besouro, O Combate, Folha Nova, A Estação, A Semana, O Mequetrefe*, todos do Rio de Janeiro; e no *Diário de Santos* e *A Comédia*, de São Paulo. *Site* Academia Brasileira, disponível em: <http://www.academia.org.br/academicos/filinto-de-almeida/biografia>, acesso em nov. 2022.

27 Fernanda Mendonça Pitta, *op. cit.*, p. 294.

histórica e ocupariam o lugar de destaque no Museu, junto com *Independência ou Morte* de Pedro Américo. Esses quadros de Almeida Júnior tinham as características almejadas por Monteiro Lobato, ou seja, naturalismo e realismo.

No entanto, Nery demonstrou que a ideia de formação do "povo" paulista, que via o caipira como a "memória viva" daquele que era herdeiro do bandeirante, transformou-se na década seguinte. Os escritos do IHGSP passaram a apontar para uma visão de que os caipiras seriam a "decadência" da história das bandeiras. Junto a isso, em 1905, diversas obras do Museu Paulista foram transferidas para a recém-criada Pinacoteca, primeiro museu de arte da cidade de São Paulo. Dentre essas obras estavam os caipiras de Almeida Júnior. Com esse deslocamento de obras, o Museu Paulista, responsável por "narrar a história nacional", desarticulava o discurso vinculado a essas cenas de gêneros, o que favoreceu indiretamente a consagração iconográfica do bandeirante, que seria configurada por Taunay a partir de 1917[28].

Assim, se alguns críticos defendiam, tal como afirmam Silva e Castro, que a busca da nacionalidade estava em um Brasil agrário, original, que se opunha à referência europeia, esse não era o posicionamento de toda a elite paulistana. Esse discurso do caipira e do rural já havia sido banido do Museu Paulista. Ademais, nota-se que os jurados do concurso também não coadunavam com essa visão. Afinal, uma das críticas que Affonso Taunay fez ao projeto de Roberto Etzel foi justamente a presença do carro de bois:

Belo trabalho, onde com muita felicidade se casam os esforços do arquiteto e os do escultor. *Acho inaceitável, contudo, o seu coroamento, o carro de bois, símbolo imemorialmente agricultural,* e que além de tudo pode prestar-se a interpretações maliciosas, descoladas, senão mesmo malignas[29].

Nos textos depois organizados no compêndio *Ideia de Jeca Tatu*, Monteiro Lobato passou a defender o caipira e se posicionou contrariamente às correntes imigratórias que afluíam ao Brasil, o que chamou de "invasão polimorfa"[30]. Para

---

28 Pedro Nery, *Arte, Pátria e Civilização: A Formação do Museu Paulista e da Pinacoteca do Estado de São Paulo, 1893-1912*, Dissertação de Mestrado, Interunidades em Museologia-USP, 2015.

29 Affonso d'Escragnolle Taunay, "Justificação de Voto", Arquivo do Estado de São Paulo, C06017.06, MI 03.01.06, documento 3. Grifos meus.

30 Tadeu Chiarelli, *Um Jeca nos Vernissages*, p. 545.

Lobato, São Paulo se tornava uma cidade de imigrantes, cuja transformação em ritmo acelerado deveria ser vista com cautela, para que essa nova urbe que se formava não estivesse desvinculada das "tradições" e do "passado". Além disso, entendia que os responsáveis pela construção da cidade eram os artesãos, e não os "grandes mestres das artes plásticas", por isso, defendia a educação artística e o Liceu de Artes e Ofícios para que se criasse um "estilo na cidade" que chegasse ao "7 de setembro estético"[31].

Com a aproximação do Centenário da Independência, os debates sobre a "arte nacional" ficaram exacerbados. O tema foi reacendido com o Concurso do *Monumento à Independência*, quando Monteiro Lobato declarou abertamente o seu apoio a Nicola Rollo. Procurou evidenciar o lado "brasileiro" do escultor, que havia se estabelecido no Brasil e concluído seus estudos artísticos aqui, o que justificaria o apoio do escritor. Ademais, Rollo estava vinculado ao Liceu de Artes e Ofícios, como apontou Maria Cecília Kunigk:

Nicola Rollo pertenceu a esse movimento artístico-cultural imigratório, participando ativamente na fixação de um novo estilo e conduta artística, que marcaria época em São Paulo. Intervindo diretamente sobre os conceitos, procedimentos e finalidades da arte, participaria da primeira fase de transformações ocorridas nas artes plásticas locais, sucedida na primeira e segunda décadas do século XX. Através de suas aulas, ministradas no próprio Liceu de Artes e Ofícios desde 1917, e no seu ateliê no Palácio das Indústrias, Rollo influenciaria vários jovens artistas, que encontravam, nestes escultores estrangeiros, a oportunidade de ampliar seus conhecimentos teóricos e práticos, sem a necessidade de sair do país[32].

Esse mesmo destaque ao fato de Rollo ter se adaptado ao Brasil foi evidenciado em artigos de outros críticos. Júlio de Mesquita Filho declarou, por exemplo, que "o talento de Rollo parece ter sofrido influência decisiva do nosso meio, da nossa natureza"[33]. O crítico do *Jornal do Commercio* ressaltou que o escultor era

---

31 Ana Claudia Castro e Joana Mello de Carvalho Silva, "Inventar o Passado, Construir o Futuro", p. 33.

32 Maria Cecilia Martins Kunigk, *Nicola Rollo: Um Escultor na Modernidade Brasileira*, Dissertação de Mestrado, ECA-USP, 2001, p. 49.

33 Julio Mesquita Filho, "O Monumento da Independência", *O Estado de S. Paulo*, p. 3, 26 mar. 1920.

"fruto de uma estirpe artística por excelência, pois é filho da Itália", cujo maior desenvolvimento teria, porém, ocorrido "aqui, nesta capital", declarando, então, que o "ambiente influiu sobre a concepção de maneira inegável"[34]. Esse pensamento aproximava-se do que Menotti del Picchia defendia[35].

Não se sabe ao certo o posicionamento de Picchia em relação à escolha de Ettore Ximenes, pois não foi possível atribuir a ele a autoria de nenhum dos artigos dedicados às maquetes do concurso[36]. No entanto, logo após o resultado, Picchia escreveu um artigo no *Correio Paulistano*, cujo título era "Da Estética. Seremos Plagiários?". Sem citar o monumento ou o seu autor, o intelectual fez críticas a um tipo de utilização da arte europeia no Brasil, possivelmente motivado pelos debates que ocorriam na imprensa contra Ximenes e seu projeto. Em seu texto, afirmava que a "nossa escultura reflete formas e gestos de outros climas" e citava vários exemplos, dentre os quais o "classicismo italiano" de nossas estátuas. No entanto, questionava ao leitor se realmente era "tudo de empréstimo, tudo copiado, tudo decalcado". Propunha-se, assim, a analisar o que seria ou não "plágio". Afirmava, citando Monteiro Lobato, que a verdadeira coisa plagiada havia sido o "indianismo" que, segundo ele, era "um decalque chateaubrianesco". Declarava ainda que Peri e Iracema "não eram mais do que devaneios do romantismo da França". Concluía que, dessa "raça vencida pela invasão do cosmopolitismo nada nos ficou de apreciável" e defendia que seria um "falso nacionalismo" aquele que reivindicava o indígena como a nossa representação nacional. Declarava: "Morreu Peri, morreu Jeca Tatu. Surge, afinal, o tipo definitivo do brasileiro vencedor", que o descreve como:

> *É um ser poligenético, múltiplo, forte, vivo, culto, inteligente, audaz, fruto de muitas raças em combate, resultante de muitos sangues e adaptado, pela força das leis mesológicas, ao meio em que surge, temperado pelo clima, plasmado pela força da fatalidade histórica.* [...] É, afinal, a mistura do italiano com o caboclo, do francês com o espanhol, do português com o produto do cruzamento de outras raças.
>
> [...]

---

34 "Gazetilha – O Monumento da independência", *Jornal do Commercio*, p. 4, 23 mar. 1920.
35 Ana Claudia Castro e Joana Mello de Carvalho Silva, *op. cit.,* 2014.
36 Como já se observou, os artigos veiculados no *Jornal do Commercio* e no *Correio Paulistano* não eram assinados. Além disso, não se encontrou nenhum artigo assinado por Menotti del Picchia defendendo ou criticando algum projeto.

Se essa é a "nossa raça", originariamente heterogênea, mas homogênea na sua última essência – é claro que a nossa estética não é mais que um reflexo das forças artísticas hereditárias de que são dotadas as nacionalidades que a formam. É, pois, um erro crasso imaginar que nossa arte, por ser igual à europeia, seja uma vulgar imitação. Por ser um espelho dela, é que é sincera. A roseira não pode dar crisântemos.

[...]

Nós, não; o português, o francês, o italiano, o espanhol, *aqui transplantados*, que por si, que na sua descendência, devem sentir e agir de acordo com a sua índole originária. Daí apareceu uma arte francesa, espanhola, italiana, que não deixa de ser visceralmente nacional.

É mister, pois, que se desfaça a velha lenda de que somos um povo de imitadores. Obedecemos à fatalidade do destino que nos brindou com uma nacionalidade de empréstimo. É, por um daltonismo crítico, que o observador superficial nos crê plagiários, insinceros, impessoais.

Há de fato uma arte de decalque no Brasil; essa porém, viceja em todo o mundo[37].

Menotti del Picchia concorda com Monteiro Lobato na crítica ao índio, mas difere dele no que defende como a verdadeira "arte nacional". Para o escritor de ascendência italiana, o imigrante formaria um "novo" brasileiro, aquele que "venceu" (oposto ao indígena, que foi "vencido pelo cosmopolitismo"). Portanto, para ele, a herança europeia é vista positivamente, como propulsora de uma arte nacional[38]. Porém, destaca que o elemento capaz de realizar isso é o que está adaptado "ao meio, temperado pelo clima", ou seja, é aquele que está estabelecido no Brasil. Esse posicionamento explica o grande apoio que dará a Victor Brecheret, que, diga-se de passagem, também apoiou a obra de Nicola Rollo no *Monumento à Independência*[39]. No entanto, Picchia indica a existência de uma "arte de decalque", presente no Brasil e em outras partes do mundo, ou seja, uma arte que não era feita por esses artistas "transplantados" aqui.

Desse ponto de vista, havia uma distinção entre Nicola Rollo, artista imigrante, e outros artistas, como Ettore Ximenes, estrangeiros. Aquele teria estabele-

---

37 Menotti del Picchia, "Da Estética. Seremos Plagiários?", *Correio Paulistano*, p. 1, 10 abr. 1920 (grifos meus).

38 Ana Claudia Castro e Joana Mello de Carvalho Silva, *op. cit.*, p. 35.

39 Victor Brecheret participou do concurso popular promovido pelo *A Platéa*, declarando seu apoio a Nicola Rollo ("As Maquetes do Monumento", *A Platéa*, p. 6, 16 mar. 1920).

cido um vínculo com o Brasil, portanto, ele era desejável, enquanto o segundo, completamente alheio ao nosso meio artístico, era indesejável e, para muitos, condenável.

Interessante notar uma passagem do livro biográfico de Ettore Ximenes, em que Ugo Fleres transcreve um comentário que o escultor teria feito a esses posicionamentos contrários às origens indígenas em uma palestra que proferiu, intitulada "L'Anima d'Italia".

O autor, após haver dito na conferência que os artistas brasileiros "ignoram, ou melhor, não chegam a entender o espírito de seu ambiente", continua: "Eles estudam todas as publicações que vem à luz na Europa e na América do Norte. Ninguém pensa em estudar a origem artística do Brasil. Têm horror ao índio, e quando lhe dizem: Por que não procura criar um estilo seu a partir dos elementos indígenas? Respondem que são portugueses, e que a sua arquitetura e arte em geral começou a se manifestar no período colonial"[40].

Com essa declaração, provavelmente o escultor estava se referindo à arte neocolonial, que encontrava grande afirmação, por exemplo, nos pavilhões que se erguiam no Rio de Janeiro para a Exposição Internacional do Centenário. Ricardo Severo entendia que o projeto nacional e estético tinha a sua origem na colônia, com o elemento luso, algo que defendia desde suas palestras de 1914 na Sociedade de Cultura Artística. Mario de Andrade também buscava no período colonial as raízes da "arte nacional", no entanto, tentava identificar o que havia de original e identificou em Antônio Francisco Lisboa, o Aleijadinho, o seu representante maior. Destacava, assim, a contribuição africana, já que o grande artista do período colonial era mestiço. Também não vê o estrangeiro como uma ameaça desagregadora, mas como um elemento que poderia ser assimilado, transformado a partir da condição de ser brasileiro[41].

Nota-se, assim, que a "arte nacional" não era unívoca. Monteiro Lobato, Menotti del Picchia e Mario de Andrade buscavam, por caminhos distintos, determinar o que poderia ser indicado como verdadeiramente "nosso". Os próprios intelectuais estão, no início dos anos 1920, configurando as suas opiniões e, como indicaram Ana Castro e Joana Mello,

40 Ugo Fleres, *Ettore Ximenes: Sua Vita e Sue Opere*, 1928, pp. 225-226.
41 Ana Claudia Castro e Joana Mello de Carvalho Silva, *op. cit.*, p. 40.

[...] nos debates sobre a estética da cidade, os discursos dos intelectuais se alternam entre a valorização do local e a assimilação de modos de vida europeus. Protagonistas e intérpretes desses impasses [...] revelam em suas falas toda a ambiguidade desse período[42].

Não existia ainda um projeto claro e definido do que era "arte nacional" e do que era "moderno". Havia também outros intelectuais, como aqueles que compunham a comissão de jurados do Concurso do *Monumento à Independência*, que tinham outras visões sobre qual seria a melhor escolha para a colina do Ipiranga. Dentre os jurados estava Ramos de Azevedo, um arquiteto ligado ao ecletismo, considerado por Sergio Miceli um típico representante de uma elite perrepista de perfil convencional e gosto acadêmico[43]. Outro era Affonso Taunay, também vinculado aos políticos do Partido Republicano Paulista (PRP), que fora escolhido por membros do governo para dirigir o Museu Paulista. Ademais, durante a sua direção na instituição, tornou-se um grande encomendante de obras que seguiam a tradição acadêmica, além de ter uma grande proximidade com os artistas italianos, que seriam posteriormente consultados e contratados para realizar a decoração do Museu.

O que esses jurados esperavam do projeto para o *Monumento à Independência*? Prefeririam uma obra inovadora ou a segurança que a arte clássica poderia garantir? Vincular-se com a tradição da arte ocidental, cujo gosto era consagrado, constituía uma opção bastante válida para um monumento que pretendia ser a demonstração de São Paulo como centro irradiador de civilização, cultura e tradição. Além disso, escolher um artista estrangeiro de grande fama internacional era algo muito plausível de ser desejável aos organizadores, por isso, tanto investimento haviam feito para internacionalizar o concurso. Pretendia-se, por decorrência, que o monumento tivesse a chancela da crítica estrangeira, o que tornava favorável a escolha de um artista que já tinha reconhecimento e fama.

Como previsto no edital, a Comissão de Julgamento foi nomeada por Altino Arantes, presidente do estado de São Paulo. Nota-se que a escolha do melhor projeto seria responsabilidade da elite paulista que detinha o poder, já que três dos membros escolhidos faziam parte do governo e pertenciam ao PRP: Oscar

---

42 *Idem*, p. 49.

43 Sérgio Miceli, *Nacional Estrangeiro: História Social e Cultural do Modernismo Artistico em São Paulo*, São Paulo, Companhia das Letras, 2003, pp. 27-42.

Figura 51. "O Concurso para o Monumento do Ipiranga – O Submarino em Ação". *Il Pasquino Coloniale*, n. 650, 27 de março de 1920, p. 17. Acervo da Hemeroteca da Biblioteca Nacional do Brasil.

Rodrigues Alves, secretário do Interior e filho do ex-presidente Rodrigues Alves, que propusera a edificação do monumento; Firmiano Pinto, prefeito de São Paulo; e Carlos de Campos, deputado federal. Junto aos políticos estavam o engenheiro Ramos de Azevedo, diretor da Escola Politécnica; e o historiador Affonso de Escragnole Taunay, diretor do Museu do Paulista. Os jornais indicaram que Adolpho Pinto também faria parte dos jurados – contudo, como um dos concorrentes, Mario Ribeiro Pinto, era seu sobrinho, o engenheiro se escusou da tarefa[44].

Com a proximidade do desfecho do concurso, os críticos evidenciaram seus posicionamentos e estimularam a "batalha" que existia pela escolha do projeto vencedor e pelas denúncias de ilegalidades cometidas pelos concorrentes e pelos jurados. Em 23 de março, o *Jornal do Commercio* opinou sobre os possíveis ganhadores. Em 25 de março, em *O Estado de S. Paulo* publicou o artigo de Monteiro Lobato a favor de Rollo e, no dia seguinte, o de Júlio de Mesquita Filho. Aumentava-se a suspeita de que Ettore Ximenes venceria o concurso, como foi evidenciado na caricatura veiculada no jornal *Il Pasquino Coloniale* (Figura 51), que mostra Ximenes como um submarino lançando mísseis nos demais concorrentes.

---

44 "*O Monumento da Independência*", *O Estado de S. Paulo*, 31 de março de 1920, p. 3; "*O Monumento da Independência*", *O Combate*, 31 de março de 1920, p. 1; "Notas", *Correio Paulistano* 31 de março de 1920, p. 1; "Monumento da Independência", *O Paiz*, 31 de março de 1920, p. 4; "*Monumento à Independência*", *Correio da Manhã*, p. 4, 31 mar. 1920.

São Paulo na disputa pelo passado

Demonstrava, assim, que o escultor italiano estava atacando seus adversários e que agia sub-repticiamente para conquistar a vitória.

O periódico *A Capital*, em 30 de março, noticiou o fim da Exposição de Maquetes e afirmou que o veredicto da "comissão de incógnitos, dos cavalheiros misteriosos"[45] seria anunciada no dia seguinte. Porém, o articulista reafirmava a suspeita de que o vencedor já havia sido escolhido antes do início da exposição, tal como havia mencionado no início do mês[46]. Ele alegava que o arquiteto Christiano da Neves teria condenado o trabalho de Ximenes, uma obra feita "para iludir a trocinha" e teria ainda negado "absolutamente méritos ao daquele escultor italiano". Concluía dizendo:

> E dói saber-se, ter-se a quase convicção de que o governo premiará a "maquete" do sr. Heitor Ximenes – cópia muito mal disfarçada do célebre "Altare dela Patria", de Roma...
> Dói e revolta[47].

A suspeita também foi levantada por outros jornais, como *O Combate*, de São Paulo, e *A Rua*, do Rio de Janeiro, que confirmavam o boato de que o parecer seria favorável à escolha do projeto de Ximenes[48]. No dia seguinte as previsões se confirmaram e a vitória de Ettore Ximenes foi anunciada em diversos jornais brasileiros, como o *Correio Paulistano*, *O Estado de S. Paulo*, *Jornal do Commercio*, *O Combate*, *A Capital*, *A Platéa*, *O Paiz*, *Correio da Manhã*, *Gazeta de Notícias*, *A União*, *Jornal do Recife*, entre outros[49].

45 Há uma ironia nesse comentário, pois inicialmente não havia sido divulgado quem faria parte do júri do concurso, porém, em 30 de março já se sabia quem eram. Mesmo antes da divulgação da Comissão Julgadora, o articulista do jornal supôs que os membros seriam: Carlos de Campos, Ramos de Azevedo, Ferreira Ramos, Freitas Valle, Paula Souza ou Ricardo Severo ("Coisas do Centenário", *A Capital*, p. 1, 4 de março de 1920).

46 Na matéria veiculada em 4 de março de 1920, o articulista denunciou que Altino Arantes e Oscar Rodrigues Alves teriam prometido a um escultor o primeiro prêmio (*Idem, ibidem*).

47 "Coisas do Centenário", *A Capital*, p. 1, 30 de março de 1920.

48 "Corre que o Parecer Será Favorável ao Projeto Ximenes", *A Rua*, p. 3, 30 mar. 1920; "Ao que se Afirma, esse Parecer é Favorável à Escolha do Projeto Sr. Z. Ximenes", *O Combate*, p. 3, 30 mar. 1920.

49 "*O Monumento da Independência*", *O Estado de S. Paulo*, p. 3, 31 mar. 1920; "Notas", *Correio Paulistano*, p. 1, 31 mar. 1920; "Várias Notícias", *Jornal do Commercio*, p. 3, 31 mar. 1920; "O Monumento da Independência – Julgamento das Maquetes", *O Combate*, São Paulo, p. 1, 31 mar. 1920; "O *Monumento da Independência em S. Paulo*", *Gazeta de Notícias*, p. 5, 31 mar.

3.2. Uma escolha controversa

O JULGAMENTO

A comissão julgadora dos projetos do monumento da Independência esteve ontem reunida, pela segunda vez, no Palácio do Governo, sob a presidência do sr. Secretário do Interior.

Examinados os projetos e depois de longa troca de ideias e impressões entre os membros do júri, procedeu-se à classificação dos trabalhos, que foi a seguinte: 1º lugar, projeto do sr. Ettore Ximenes; 2º, projeto do sr. Luigi Brizzolara.

O pronunciamento dos membros do júri, que, como noticiamos, são os srs. Drs. Firmiano Pinto, Ramos de Azevedo, Carlos de Campos e Affonso d'E Taunay, – foi unânime.

A comissão propôs e o governo aceitou fossem concedidos dois "accessits": aos concorrentes srs. Nicola Rollo, em primeiro lugar, e srs. Etzel-Contratti, em segundo, correspondendo a cada "accessit" um prêmio de cinco contos de réis.

Sabemos que, no projeto escolhido, serão introduzidas algumas modificações, devendo nele figurar dois grupos representando os movimentos, em prol da nossa independência, que se deram, anteriormente a esta: – a revolução pernambucana de 1817 e a inconfidência mineira (1789).

Chamado a palácio, quando se encerravam os trabalhos do júri e consultados sobre as alterações sugeridas, o sr. Ximenes não pôs a isso nenhuma dúvida[50].

Foi essa a nota oficial emitida pela Comissão Julgadora do concurso, divulgada em diversos periódicos brasileiros. As reuniões dos jurados aconteceram nos dias 27 e 30 de março. A primeira sessão iniciou-se com a apresentação e julgamento dos protestos feitos por Roberto Etzel contra Luigi Brizzolara e Ettore

1920; "Monumento da Independência", O Paiz, Rio de Janeiro, p. 4, 31 mar. 1920; "Monumento à Independência – O Julgamento das Maquetes em S. Paulo", Correio da Manhã, p. 4, 31 mar. 1920; "Dos Estados", A União, p. 2, 4 abr. 1920; "Telegramas", Jornal do Recife, p. 2, 1 abr. 1920. A revista A Cigarra também divulgou a notícia e a imagem das maquetes dos dois primeiros colocados: Ettore Ximenes e Luigi Brizzolara.

50 A mesma nota foi divulgada em diversos periódicos, com apenas pequenas modificações: "O Monumento da Independência", O Estado de S. Paulo, p. 3, 31 mar. 192; "O Monumento da Independência", O Combate, p. 1, 31 mar. 1920; "Notas", Correio Paulistano, p. 1, 31 mar. 1920; "Monumento da Independência", O Paiz, p. 4, 31 mar. 1920; "Monumento à Independência", Correio da Manhã, p. 4, 31 mar. 1920; "Várias notícias", Jornal do Commercio, p. 3, 31 mar. 1920; "O Monumento da Independência em S. Paulo", Gazeta de Notícias, p. 5, 31 mar. 1920.

Ximenes[51]. Em seguida, Ramos de Azevedo propôs que não se lavrasse em ata as razões que levaram o júri à rejeição dos projetos. Ele acreditava que, por ser um concurso internacional, a decisão da Comissão Julgadora teria grande repercussão. E, como a análise dos diversos monumentos poderia ser "pouco generosa" com alguns artistas "menos felizes na concepção de seus projetos ou em sua execução", o veredicto poderia prejudicar as carreiras desses "artistas respeitáveis", que haviam vindo de diversos países para atender ao chamamento do governo de São Paulo. Declarou, então, que convinha "evitar qualquer causa de desgosto e melindre a estes artistas e a interpretação do ato menos lisonjeiro à comissão". Além disso, considerava que não havia necessidade de o público conhecer as opiniões individuais dos membros da comissão e, caso houvesse divergência de votos, seria feita a publicação destes pareceres em separado.

Em seguida, os jurados estabeleceram uma "longa e animada troca de ideias e impressões" a respeito dos diversos projetos e, logo após, realizaram a votação. Como a proposta de não se divulgarem os comentários dos jurados foi aprovada, não é possível saber o teor dessa discussão e nem a opinião de alguns dos jurados. Tem-se apenas as apreciações de Firmiano Pinto, Affonso Taunay e Ramos de Azevedo, já que todos apresentaram os seus pareceres sobre as maquetes em documentos escritos, que são hoje acessíveis. Porém, como Oscar Rodrigues Alves e Carlos de Campos fizeram apenas apreciações orais, não é possível saber detalhes de seus argumentos. O que se lavrou em ata foi que todos elegeram unanimemente Ettore Ximenes como o vencedor e Luigi Brizzolara como o segundo classificado.

Na sua "justificação de voto", Firmiano Pinto, formado em Direito, afirmou ter pedido auxílio dos "conhecimentos técnicos" de Adolpho Pinto[52] e Victor Freire[53]. Ele ressaltou que haviam acudido ao convite oficial brasileiro "artistas

---

51 Esses protestos foram analisados no capítulo 2.

52 Firmiano de Morais Pinto e Adolpho Augusto Pinto eram primos (Luiz Gonzaga da Silva Leme, *Genealogia Paulistana*, São Paulo, Duprat, vol. IV, 1904-1905).

53 Victor da Silva Freire estudou engenharia em Portugal, na Escola de Estudos Preparatórios de Lisboa, e concluiu sua formação em Paris, na École Nationale des Ponts et Chaussées, em 1891, com o título de engenheiro civil. Estabeleceu-se em São Paulo, em 1895, quando foi convidado pelo governador Manoel Ferraz de Campos Salles para trabalhar na Superintendência de Obras Públicas. Em 1899, atuou junto ao governo de Antonio Prado, prefeito da capital, sob a função de diretor de Obras Públicas Municipais da cidade de São Paulo, cargo que desempenhou por vinte anos. De 1898 a 1934, lecionou tecnologia civil e mecânica na Escola Politécnica de São

notáveis da Europa e da América", que apresentaram projetos que se recomendavam pelo seu valor. Porém, justamente pela maioria dos participantes ser estrangeiro, nenhum projeto satisfazia plenamente todos os requisitos necessários, que eram a "perfeita composição técnica" e a glorificação condigna dos "principais episódios" da Independência do Brasil. Portanto, concluiu que deveria ser escolhido o projeto que reunisse a "maior soma de qualidades", sujeitando-o "às modificações convenientes". Argumentou que, sob esse ponto de vista, o projeto de Ximenes era o que tinha "primazia", destacando o quadro em alto-relevo, que considerou como "por si só um notável monumento de arte", de "feliz inspiração" e "valorosa técnica". Em seguida, destacou quais modificações deveriam ser feitas, tanto no alto-relevo como em outras partes do monumento, como supressão de figuras alegóricas, inclusão de baixos-relevos representando episódios da Independência, alteração dos grupos laterais, inclusão de novas estátuas na praça em frente ao monumento e referência aos estados da Federação.

Disse eu de princípio que uma das qualidades do projeto Ximenes é a de oferecer uma estrutura geral que se presta ao enquadramento de umas tantas ideias históricas, no interesse de tornar a obra nobremente digna, sob todos os pontos de vista, do seu alevantado fim, e por certo o mais notável monumento histórico do Brasil[54].

O prefeito propôs ainda que se elevasse o custo total do monumento para 2 mil contos de réis, tendo em vista principalmente os novos conjuntos escultóricos propostos para a praça. A respeito do segundo lugar, limitou-se a dizer que votava em Brizzolara, "pelo seu valor artístico e bela concepção". E afirmou que mereciam "especial menção" os projetos de Etzel, Rollo, Pinto e Donini, sugerindo que fossem oferecidos prêmios também a esses concorrentes, pelo "real sacrifício" e esforço que cada um teve para participar do concurso.

Nas suas apreciações, Ramos de Azevedo fez uma análise mais técnica, em que discorreu sobre o melhor tipo de monumento tendo em vista o conjunto em que ele estaria inserido, composto por museu, escadarias, balaustradas e jardins

Paulo e foi o diretor da instituição entre 1932 e 1933. Informações retiradas de http://www.poli.usp.br/pt/a-poli/historia/galeria-de-diretores/201-prof-dr-victor-da-silva-freire-.html. Acesso em nov. 2022.

54 Firmiano Pinto, "Justificação de Voto", *Monumento do Ipiranga*, C06017.06, MI 03.01.06, documento 1, Arquivo do Estado de São Paulo.

da avenida de acesso. Dentre esses elementos, o arquiteto afirmou que o projeto deveria destacar o museu, "pela sua grande massa e pelas boas linhas arquitetônicas que o compõe". Não poderia ser, portanto, um arco, um peristilo, uma cúpula ou outra forma que prejudicasse o "efeito de fundo". Por isso, considerou ser mais recomendável que o monumento interpretasse o "sentimento nacional" por uma "composição francamente escultural", que reproduzisse as "cenas incisivas" que constituíram o fato histórico da Independência. Para ele,

[...] o monumento deve ser não só comemorativo e glorificador como também de ensinamento histórico e artístico.

Em tais condições, tenho como preferíveis os projetos em que é dominante esta nota escultural. Entre os que apresentam no atual concurso, julgo ter melhor interpretado o pensamento "de perpetuar a memória da proclamação da Independência do Brasil e render homenagem as principais figuras que o cooperam ao fausto acontecimento" o que é oferecido pelo snr. Ettore Ximenes[55].

Para Ramos de Azevedo, o fato principal da Independência havia sido apresentado "de maneira magistral em um alto-relevo impressionante pela expressão das suas figuras e pela vida do conjunto". Destacou ainda a "felicidade" que o artista teve de "se inspirar no trabalho de uma artista nacional". Diferente de Firmiano Pinto, o arquiteto não propôs alterações no projeto de Ximenes, afirmando que figuras históricas, grupos alegóricos e atributos artísticos completavam "um conjunto harmônico e belo, apreciável em todas as suas faces", ressaltando também a qualidade técnica do artista. Sobre o segundo classificado, limitou-se a indicar Brizzolara. Propôs prêmios extras para Nicola Rollo, por sua "talentosa composição e ideia original" e para a dupla Etzel e Contratti, pelo seu "valor artístico".

Affonso Taunay foi o terceiro a apresentar as suas observações sobre os projetos. Iniciou sua justificação afirmando que a característica essencial a ser exigida no monumento era, além da fatura artística, o que ele chamou de "nota do brasileirismo":

---

55 Francisco de Paula Ramos Azevedo, "Justificação de Voto", *Monumento do Ipiranga*, C06017.06, MI 03.01.06, documento 2, Arquivo do Estado de São Paulo.

Na minha opinião (salvaguardando naturalmente as exigências primordiais da fatura artística) o característico essencial a exigir-se no monumento que deverá comemorar o centenário da proclamação da nossa Independência é a nota do brasileirismo.

O ideal, sobre o meu ponto de vista, é que, perante a representação de tal monumento, possa logo todo e qualquer brasileiro medianamente culto imediatamente dizer: Isto é nosso! Isto representa o 7 de setembro! Isto diz respeito a Independência do Brasil![56]

Para Taunay, a maioria dos artistas tinha apenas "uns tantos nomes" e "alguns tantos esclarecimentos vagos" sobre a história do Brasil, por isso, fizeram monumentos dotados de realce artístico, mas "alheios à nossa nota nacional". Criticou, portanto, o projeto que colocou "o Marechal Deodoro da Fonseca proclamando a Independência", aqueles que destacaram em demasia lord Cochrane e Labatut e aqueles que escreveram os dísticos em espanhol, pois "nem se deram ao trabalho de saber que língua se fala no Brasil". Considerou, portanto, que esses projetos poderiam ser apresentados em qualquer país, mudando apenas o rótulo e os nomes dos personagens figurantes.

A respeito dos artistas brasileiros ou que viviam no Brasil, fez menção à dupla Etzel e Contratti, pelo bom memorial descritivo; a Mario Pinto e Fernando Frick, pelos baixos-relevos; a Krug e Moya, pela elegância do projeto de inspiração clássica; a Rollo, pelo elevado simbolismo; e também a Bibiano, apesar de considerá-lo o mais fraco dentre os citados.

Taunay concluiu, então, que, de todas as maquetes, a que "indiscutivelmente sobressai de evocação nacional, com o valor que dela se quer, é o do Snr. Ximenes". Considerou absolutamente "feliz" a idealização do quadro de Pedro Américo, pois todo brasileiro de longe reconheceria no monumento a "cena majestosa de sete de setembro". Sugeriu, assim como Firmiano Pinto, reparos na obra vencedora, em que seriam substituídos o carro do triunfo e grupos laterais, além dos ornatos do monumento e de duas das figuras sedestres.

Classificou Brizzolara em segundo lugar, pois alegou que a obra foi feita com maestria, por ser "concepção artística absolutamente notável", realçando a figura da República e os baixos-relevos. Porém, afirmou haver desequilíbrio entre a parte escultural e a parte arquitetônica, por considerar que esta era fraca, além

56 Affonso d'Escragnolle Taunay, "Justificação de Voto", *Arquivo do Estado de São Paulo*, C06017.06, MI 03.01.06, documento 3.

de apontar para a falta de "nota brasileira", declarando que o artista desconhecia a história nacional, já que havia dado muito relevo ao episódio do Fico.

Também indicou outros projetos merecedores de prêmios. O primeiro, Nicola Rollo, por ser "bem estudado e superiormente executado". Elogiou os "quatro gênios que tomam posse da terra". Porém, considerou que as interpretações simbólicas eram de "difícil apreensão à alma popular e pequena evocação brasileira", criticou o pórtico do Arco do Triunfo e a existência de dois carros idênticos a coroá-lo. Juntamente com Rollo, considerou merecedor de prêmio o projeto "Barroso", formado pela dupla de italianos Francisco Terêncio Gianotti e Troiani Troiano, apesar de pouco apreciável na parte escultural, tinha arquitetura majestosa, feita por um artista de "poderosa capacidade inventiva". Sugeriu que um outro prêmio fosse concedido à dupla Etzel-Contratti, pelo "belo trabalho", apesar de considerar inaceitável que o monumento fosse coroado por carro de bois, símbolo da agricultura, além de afirmar que o conjunto escultural tinha linhas imprecisas. Declarou que nos três projetos escasseava a "nota brasileira".

Na ata da sessão, relatou-se que tanto Carlos de Campos como Oscar Rodrigues Alves declararam estar "de inteiro acordo com os votos de seus colegas". Diante da "absoluta concordância de ideias e pontos de vista", Firmiano Pinto congratulou a "harmonia" que existiu entre os membros da comissão e Carlos de Campos acrescentou que o posicionamento dos jurados refletia:

> [...] a impressão da maioria dos visitantes do concurso no Palácio das Indústrias. Assim nas visitas que lá fez sempre reparou quanto o público se mantinha mais detidamente a examinar os monumentos Ximenes e Brizzolara de preferências aos demais[57].

Relatou-se, na ata, que o projeto de Ximenes foi visto por Firmiano Pinto como "deficiente", por isso, não poderia ser aceito integralmente, cabendo à sessão julgadora indicar ao autor essas "deficiências". Taunay teria apoiado o companheiro, e ambos sugeriram algumas alterações a serem feitas. Após essas considerações, Ramos de Azevedo pediu a palavra e expôs o "seu modo de ver", classificando o caso como "delicado". O arquiteto considerou que o assunto não poderia ser resolvido

---

57 "Ata da Primeira Sessão Julgadora (Primeira Versão)", *Monumento do Ipiranga*, C 06017, 3483, MI 03.01.05, documento 2, Arquivo do Estado de São Paulo.

naquela sessão, pois seria necessário que o fato fosse "longa e detidamente" debatido entre Ximenes e a comissão.

Outro assunto apresentado por Ramos de Azevedo foi a questão orçamentária, pois diante da mudança das "condições universais da vida e do trabalho, é impossível que se mantenham um orçamento de três ou quatro anos atrás". Além disso, ele propõe que sejam fornecidos "accessits e menções honrosas" a alguns projetos "dignos de encômios". O primeiro prêmio foi designado para Nicola Rollo, a despeito de Affonso Taunay ter sugerido que fosse dividido com Barroso. O segundo foi conferido de assentimento geral a Etzel-Contratti. A sessão foi, em seguida, encerrada.

Com base na leitura da ata da sessão e da justificativa de votos, nota-se que havia uma grande preocupação com os artistas estrangeiros, por isso, decidiu-se que não seriam publicados comentários sobre as suas obras. Ademais, Taunay e Firmiano Pinto indicaram em seus pareceres o valor artístico das maquetes realizadas por eles. Prova disso foi também a designação de dois italianos como vencedores. Todos os jurados procuraram demonstrar que a escolha do projeto havia sido pautada em critérios relacionados à técnica e à história. Firmiano Pinto teria apontado que a linha de Ximenes era a mais adequada para retratar os episódios históricos, mesmo que, para isso, grandes modificações fossem realizadas. Ramos de Azevedo destacou o fato da composição escultural ser a forma mais adequada para o local em que o monumento seria instalado (e as duas obras vencedoras correspondiam a esse preceito). Taunay ressaltou a importância do didatismo da obra, portanto, do seu fácil reconhecimento pela população. A lembrança do quadro de Pedro Américo permitia essa associação instantânea entre o monumento e o episódio histórico. Além de servir de suporte para o ensino histórico, Ramos de Azevedo indicou também a importância do ensino artístico. Portanto, era fundamental que a obra fosse executada com maestria e todos concordavam que a técnica e qualidade do trabalho de Ximenes era a de maior destaque. Outro consenso era o alto-relevo principal, considerado por todos uma grande ideia por remeter a Pedro Américo.

Nota-se que havia muitos pontos de contato entre o posicionamento dos jurados e o dos comentários críticos publicados nos jornais. Isso é observável, por exemplo, na desaprovação dos ornamentos e alegorias do projeto de Ximenes, ou na indicação de falta de evocação histórica da maquete de Brizzolara. Na sua apreciação, Firmiano Pinto citou as "críticas nacionalistas", sugerindo que suas ideias fossem enquadradas no monumento final[58]. Ademais, os premiados eram justamente aqueles que haviam sido considerados os melhores, tanto pelos jornais como pela opinião popular, ainda que não na mesma ordem em todos os casos. A tentativa de demonstrar que o público concordava com o veredicto dos jurados também foi manifestada por Carlos de Campos, que afirmou que as maquetes vencedoras eram justamente aquelas que tinham recebido mais atenção dos visitantes da exposição, o que nos parece ser, sobretudo, uma colocação de caráter retórico.

Além dessa primeira sessão, houve outra no dia 30 de março. Na ata desse encontro pouco se falou sobre as discussões que ali teriam ocorrido, mencionando-se apenas a decisão de levar ao conhecimento da imprensa a determinação do júri e, em seguida, o enaltecimento do concurso. Louvou-se o fato de nele terem concorrido "reais notabilidades artísticas", destacando-se a procedência de todos os artistas participantes. Concluiu-se que a exposição havia sido de alto valor, não apenas pela quantidade, mas também pela qualidade de algumas composições. Mais uma vez, destacava-se como era motivo de honra a "afluência internacional de profissionais da arte".

Afora isso, não houve relato de outro tema discorrido nessa reunião. Tendo em vista a determinação de não se lavrarem todas as discussões em ata, é possível que esta sessão tenha sido realizada para resolver alguns aspectos citados no dia 27, como a conversa com Ximenes sobre as alterações em seu projeto. Evidência disso foi a publicação da concordância do artista com as modificações propostas pela comissão nas notícias que divulgavam o vencedor do certame[59]. Como havia ponderado Ramos de Azevedo, esse era um assunto "delicado", que merecia ser discutido com o escultor. Possivelmente, os jurados quiseram ter a certeza da aprovação de Ximenes a respeito das alterações no projeto antes do anúncio de sua vitória.

A concordância de ideias entre críticos e jurados foi explicitada pelo *Jornal do Commercio*, quando noticiou quem eram os vencedores do certame:

O resultado do julgamento não nos surpreendeu. A escolha deveria recair mesmo numa das quatro maquetes mencionadas, e essa classificação – perdoem-nos os leitores a

---

58 Firmiano Pinto, "Justificação de Voto", *Monumento do Ipiranga*, C06017.06, MI 03.01.06, documento 1, Arquivo do Estado de São Paulo.

59 Trecho citado anteriormente, que foi divulgado por vários jornais, dentre eles, em *O Estado de S. Paulo*, p. 3, 31 mar. 1920.

falta de modéstia – já havia sido por nós feita no dia 23, com uma diferença: daríamos ao Sr. Nicolau Rollo, se não o primeiro, ao menos o segundo lugar.

A ilustre comissão julgadora, entretanto, assim não entendeu e para isso deve ter tido as suas razões. Uma coisa, porém, ela fez muito justa e digna de aplausos: conseguiu o Governo, contra a letra expressa do edital de concorrência, mais dois prêmios, para conferi-los aos Srs. Rollo e Etzel-Contratti, merecedores, pelo esforço e pela capacidade revelados, dessa diferença.

E esses aplausos são, sem favor, extensivos ao Governo por ter, pressurosamente, acedido ao apelo da comissão, estimulando desse modo dois jovens artistas, destinados a um grande futuro[60].

Apesar da preferência pelo projeto de Nicola Rollo, o articulista não questionou a decisão da Comissão Julgadora do concurso. Ao contrário, até fez um elogio por ela ter oferecido prêmios que não estavam previstos no edital. Nem todos, no entanto, encararam o resultado de maneira condescendente. Com a vitória de Ettore Ximenes anunciada, não tardaram as publicações que criticavam o seu projeto e a sua postura no concurso. Nem o júri foi poupado de censuras e denúncias.

Como evidenciou Sérgio Miceli, os jornais eram porta-vozes dos grupos oligárquicos, tanto daqueles que ocupavam o poder quanto dos que estavam excluídos dele[61]. A década de 1920 foi marcada por questionamentos e críticas aos políticos do PRP que dominavam o poder. A elite política não era monolítica e havia interesses diferenciados no seu interior, portanto havia dissidências na própria oligarquia cafeeira. Ana Cláudia Veiga de Castro afirma que "por constituírem uma das principais instâncias da luta pelo poder, os jornais são lugar privilegiado para flagrar essas dissensões e embates no seio da oligarquia paulista"[62]. Ademais a imprensa assumia um papel fundamental na vida intelectual, como difusora de ideias e formadora de opinião.

Importante destacar que a família Mesquita, proprietária do jornal *O Estado de S. Paulo*, opunha-se aos quadros mais conservadores do PRP. Como demonstraram Maria Helena Capelato e Maria Lígia Prado em *O Bravo Matutino*, o editorial

---

60 Várias notícias. *Jornal do Commercio*, p. 3, 31 mar. 1920.
61 Sergio Miceli, *Intelectuais e Classes Dirigentes no Brasil (1920-1945)*, São Paulo, Difel, 1979.
62 Ana Claudia Veiga de Castro, *A São Paulo de Menotti del Picchia*, São Paulo, Alameda, 2008, p. 75.

do jornal indicava a insatisfação em relação aos padrões restritivos de participação política, proporcionados pela "política dos governadores". Defendia, assim, a existência das oposições e atuava ao lado dos que propunham uma alteração do quadro político brasileiro. Criticava a garantia de poder às "oligarquias dominantes", afirmando que, com isso, as "elites intelectuais" eram afastadas dos postos governantes[63]. É por isso que os ataques dirigidos aos organizadores do concurso, vistos como corruptos e incapazes intelectualmente de julgar as maquetes, eram difundidos principalmente no jornal da família Mesquita. Tinham também apoio de jornais menores, como *O Combate*, definido como "anarquista" e que não tinha compromisso com o governo. Muitas das críticas a Ximenes feitas pelo *O Estado de S. Paulo* eram reafirmadas nesse periódico.

Em contrapartida a esse posicionamento, estava o principal rival de *O Estado de S. Paulo*, o *Correio Paulistano*, órgão conservador e que apoiava o governo perrepista vigente. Esse periódico era um dos maiores da imprensa brasileira do período e estava definitivamente ligado ao PRP desde o fim de 1890. Era, portanto, um porta-voz oficial do partido que publicava a posição oficial do governo e, portanto, era difusor das ideias de uma parcela da elite cafeeira. Por isso, não foram encontradas críticas ao concurso e nem à maquete de Ettore Ximenes nesse periódico. Ao contrário de outros, que logo após o anúncio do vencedor publicaram as polêmicas e as contradições do projeto selecionado, o *Correio Paulistano* realizou uma entrevista com o escultor, enaltecendo o artista e dando oportunidade dele se posicionar diante das críticas que recebia.

Segundo Ana Castro, o PRP também teve a simpatia dos jornais *A Gazeta*, e, eventualmente, do *Jornal do Commercio*. O crítico deste último, como visto, apesar de preferir o projeto de Nicola Rollo, não criticou a determinação do júri. *A Gazeta* também publicou artigos que evidenciavam uma aproximação entre o periódico e o escultor. Em alguns momentos polêmicos, procurou "dar voz" ao artista, além de ter publicado uma série de relatos sobre a Vila Prudente[64], que

---

63 Maria Helena Capelato e Maria Lígia Prado, *O Bravo Matutino. Imprensa e Ideologia no Jornal* O Estado de S. Paulo, Alfa-Omega, 1980, pp. 24-25.

64 Vila Prudente é o local em que foi instalada uma fundição para produzir as peças de bronze do *Monumento à Independência* e onde também ficava a residência de Ettore Ximenes no Brasil. Esse espaço ficava situado no bairro da Vila Prudente, segundo relatos, na rua Cananéia, esquina com a praça Irmãos Falchi (atual praça Centenário de Vila Prudente). Hoje, há inclusive uma rua com o nome de "Ettore Ximenes", que margeia a praça.

era a residência de Ximenes no Brasil e um lugar de frequentação de políticos e jornalistas[65].

Havia ainda os periódicos ítalo-brasileiros, lidos principalmente pelos imigrantes italianos, que configuravam uma parcela significativa da sociedade paulistana. Esses periódicos davam grande destaque aos escultores italianos. Portanto, é fundamental analisar as críticas ao projeto de Ximenes e ao posicionamento dos jurados à luz desse cenário de embates políticos difundidos pelos periódicos paulistas.

Monteiro Lobato foi um dos críticos que dedicou extensos artigos para denunciar o escultor italiano e seu trabalho. No mesmo dia em que se anunciou o vencedor do concurso, foi veiculado no jornal *O Estado de S. Paulo* um longo artigo de Monteiro Lobato intitulado "Royal Flush Arquitetônico", em que o autor tecia críticas ácidas a Ettore Ximenes[66]. O escritor, no entanto, não foi o único a manifestar o desagrado pela escolha da Comissão Julgadora do concurso. Outros articulistas posicionaram-se contra esse veredicto. No artigo "Monumento da Independência", do jornal *O Estado de S. Paulo*, divulgou-se o resultado do concurso, porém as imagens veiculadas foram as das maquetes de "Barroso" e da dupla Etzel e Contratti, não a da vencedora. Segundo esse articulista, a vitória de Ximenes se justificava porque ele tinha os votos "mais valiosos, ou mais válidos", bem como as "simpatias e os augúrios de grande parte da gente que desfilou por entre os projetos expostos". O articulista então questiona o leitor:

> Será porque a concepção do sr. Ximenes seja esmagadoramente superior às demais? Não nos parece. O que nos parece é que a maioria se deixou dominar por circunstâncias alheias ao puro mérito artístico da obra.
>
> Nem podia ser de outro jeito. A "maquete" do sr. Ximenes, de grandes proporções, posta numa ampla sala bem iluminada, com largos "fundos" de pano escuro pelas paredes, podia ser vista à vontade e em pleno destaque pela frente, pelos cantos, pelos lados e até por trás.

---

65 Estou me referindo a artigos como "Em torno do Custo do Monumento do Ipiranga", publicado em 31 de março de 1922, e a série de relatos feitos por Carlo da Maia, intitulados "o Escultor Ximenes" e publicados em julho de 1922. Esses artigos serão vistos mais detidamente no capítulo 4.

66 Monteiro Lobato acusa Ettore Ximenes de ter fraudado o concurso. Afirma que ele não poderia vencer apenas pela força do valor estético, já que a sua maquete possuiria defeitos sérios. Considera, portanto, que o escultor teve uma "atitude cavatória, subordinativa". Mais detalhes sobre essas críticas serão vistos em páginas adiante. Monteiro Lobato, "Royal-Flush Arquitetônico", *O Estado de S. Paulo*, p. 10, 31 mar. 1920.

São Paulo na disputa pelo passado

O seu vulto, a sua apresentação feliz, o ambiente, tudo concorria a projetá-la com vigor, em todo o recorte alteroso e elegante da sua forma, na câmara ótica do observador desprevenido.

Outras obras expostas com mais simplicidade e modéstia exigiam, para a sua avaliação artística, uma certa capacidade, que não é vulgar, de visão imaginativa. Era preciso que o observador se concentrasse, se dobrasse um pouco sobre si mesmo, se alçasse um pouco sobre a própria impressão, a transfigurasse e, olhando para o que tinha diante de si, visse o que diante de si teria se a "maquete" fosse feita nas dimensões que o monumento devia ter e estivesse colocada no lugar em que o monumento haveria de ficar. A feitura do sr. Ximenes, porém, estava tão bem posta e disposta, que seria antes capaz de dar uma impressão empática do monumento futuro, do que uma impressão atenuada ou rala[67].

O articulista defendia, assim, que Ettore Ximenes havia sido privilegiado em relação aos demais concorrentes e, por isso, a sua maquete havia ocupado um lugar de destaque na exposição do Palácio das Indústrias, tendo bastante iluminação e espaço na sala em que se encontrava, o que permitia que ela fosse vista de diversos ângulos. Segundo suas palavras, a disposição da sua maquete transmitiria uma boa impressão do monumento futuro e ludibriava o público espectador, fazendo com que ele gostasse do projeto. Porém, isso não ocorria pela superioridade da concepção de Ximenes, mas porque as outras maquetes estavam expostas com simplicidade e sem espaço para serem observadas na sua totalidade, o que causava uma impressão atenuada desses projetos. Essas circunstâncias, que eram alheias ao mérito artístico da obra, fizeram com que, a seus olhos, Ximenes obtivesse a simpatia do público. São escassas as informações sobre a disposição das maquetes no Palácio das Indústrias. O que se sabe é que Ximenes apresentou duas maquetes, além do friso em tamanho real, e, por isso, certamente precisou de um espaço amplo para exibi-los.

Osvaldo de Almeida, com o pseudônimo de Paula Judeu, no *Jornal do Recife,* também denunciou supostas manipulações para a escolha do vencedor, afirmando que o projeto aceito atendia "interesses particulares" e indicando que havia outras maquetes melhores. Questionava o leitor: "como se aceita um trabalho imperfeito, tendo outros que melhor representam os feitos de 7 de setembro?". Para ele, o projeto de Ximenes não era o que melhor representava os fatos históricos da emancipação brasileira. Acusou, então, o júri do concurso, ao dizer que

67   "O Monumento da Independência", *O Estado de S. Paulo*, p. 3, 31 mar. 1920.

não havia sido atendido o "mérito artístico" e nem a "significação histórica". E denunciou fraudes envolvendo os membros da Comissão Julgadora e o artista:

A vitória de Ximenes estava esperada: não se pode acreditar que um artista que não tenha certeza da vitória em um concurso banqueteou membros da comissão.

Este fato típico e que talvez aqui fosse ignorado eu divulgo para que melhor se possa julgar da consciência do sr. Oscar Rodrigues Alves, Carlos de Campos (deputado), Firmiano Pinto (prefeito), arquiteto Ramos Azevedo e o sr. Afonso Taunay diretor do Museu do Ipiranga.

Nesta comissão se destacam pela competência os dois últimos, mas certamente no momento de julgamento colocaram de lado toda conveniência para atender uma recomendação forte, "um pistolão", que o Ximenes dizia em qualquer parte, antes mesmo do julgamento.

Eis por que acham justo o portento da opinião pública de São Paulo contra semelhante escândalo[68].

As acusações são direcionadas explicitamente aos integrantes da Comissão Julgadora: Firmiano Pinto, Carlos de Campos e o secretário do Interior, Oscar Rodrigues Alves, que havia presidido o júri do concurso. Apesar de considerar que Affonso Taunay e Ramos de Azevedo eram competentes, eles também haveriam sido induzidos a votar em Ettore Ximenes. Osvaldo Almeida cita o artigo de Monteiro Lobato, veiculado no *O Estado de S. Paulo* dias antes, que já indicava a prática subordinativa do escultor italiano.

Como o próprio título do artigo sugere, Monteiro Lobato afirmou que o artista sabia que tinha um "Royal-Flush"[69], ou seja, sabia que venceria o concurso, uma vez que havia subornado o júri, dando-lhes bustos de bronzes e trazendo cartas de "padrinhos italianos":

68 Paulo Judeu [Osvaldo Almeida], "O Movimento para o Centenário da Independência", *Jornal do Recife*, p. 3, 8 abr. 1920.

69 "Royal-Flush" ou "Royal-Straight Flush" é quando o jogador de pôquer possui cinco cartas seguidas do mesmo naipe do 10 ao Ás. É uma combinação difícil de obter, já que existem apenas quatro combinações possíveis, por isso, é a sequência que vale mais do que qualquer outra. Portanto, o jogador que a possui sabe que vencerá o jogo. Monteiro Lobato afirma que Ettore Ximenes possui um "Royal-Flush" ou o que chama de "Royal-Street-Flush", sugerindo que ele sabia que seria o vencedor do concurso.

O caso é este: um dos concorrentes ouviu dizer que nestas plagas tudo se arranja, sendo a questão coisa só de preço e jeito. Fiado nisso, organizou um meticuloso plano de campanha para arrebatar a muque a palma da vitória. Não confiou apenas, como fizeram os demais, nos méritos estéticos de sua arte: pôs em jogo os melhores truques da arte de ganhar concursos, na qual, não resta dúvida, é um gênio.

Trouxe cunhas de primeiríssima, cartas dos melhores padrinhos italianos, a começar pelo papa, endereçada às altas potências paulistanas com voz decisória no certame.

Não parou aí. Presenteou ainda com bustos de bronze, da sua lavra, todas as personagens marcantes do nosso alto bordo, capazes de cochichar ao ouvido de Têmis uma palavrinha ajeitadora. Não esqueceu, por exemplo, o presidente do estado, nem para maior reforço uma pessoa da sua família. Não esqueceu o célebre deputado-poeta que entre nós exerce a mimosa função de plenipotenciário de Apolo, Minerva e Mercúrio junto ao Tesouro Paulista. Nem esqueceu nenhum dos demais paredros suscetíveis de se enternecerem com a gentilíssima amabilidade[70].

Quando Lobato escreve "deputado poeta", refere-se a Freitas Valle, personagem de grande centralidade na vida artística paulistana[71]. Ele era conhecido por ser um grande mecenas, além de ser o responsável pelo financiamento de artistas nos principais centros artísticos europeus. Pertencia à ala conservadora do PRP e tinha grande poder junto ao *Correio Paulistano*. Em contrapartida, Monteiro Lobato era um grande crítico do Pensionato Artístico, mantinha uma relação de animosidade com Freitas Valle e escrevia nos periódicos[72] da família Mesquita que tinha o *Correio Paulistano* como o principal oponente, além de defender uma posição política distinta. Artistas que tinham a proteção do deputado poderiam ser desabonados pelos jornais e críticos oposicionistas[73], como *O Estado de S. Paulo*. E é provável que Ximenes fosse um desses artistas que contavam com o aval de Freitas Valle, tal como sugeriu Monteiro Lobato, pois o escultor fez um busto do

70 Monteiro Lobato, "Royal-Flush Arquitetônico", p. 10.
71 José de Freitas Valle (1870-1958) foi deputado de 1904 a 1922, quando passou a senador, até 1930. Sobre a sua biografia ver Marcia Camargos, *Villa Kyrial: Crônica da Belle Époque Paulistana*, São Paulo, Editora Senac, 2001.
72 *O Estado de S. Paulo* e *Revista do Brasil*.
73 Tadeu Chiarelli, ao analisar a pouca atenção dada pelo *O Estado de S. Paulo* sobre a exposição de Lasar Segall, sugere que isso tenha ocorrido porque o artista tinha a proteção de Freitas Valle. Tadeu Chiarelli, *Um Jeca nas Vernissages*, p. 225.

Figura 52. *Revista do Brasil*. São Paulo, vol. XIV, ano V, maio/ago. 1920, p. 96. A frase diz: "Ximenez – Agora v. v. excs aprovem doze mil contos para a construção do monumento". Acervo da Biblioteca Faculdade de Arquitetura e Urbanismo da USP.

deputado e aparece citado em 1921 como palestrante de uma conferência realizada na residência de Freitas Valle[74], a Villa Kyrial, lugar em que artistas e políticos se reuniam para participar de eventos culturais que ali ocorriam.

A denúncia de que Ximenes havia subornado os jurados foi também veiculada por meio de uma caricatura, intitulada "Os Busteados", que foi publicada na revista *O Parafuso* e, depois, reproduzida também na *Revista do Brasil*, periódico dirigido por Monteiro Lobato. Nela, bustos substituem os membros do júri e na legenda é dito "Agora v. v. excs. aprovem doze mil contos para a construção do monumento" (Figura 52). Isso sugere que o artista, além de aliciar os jurados por meio da oferta de seus bustos em bronze, detinha o controle sobre eles, sugerindo que o custo da obra, apesar de enormemente superior ao estabelecido no edital, teria a aprovação da comissão. Ettore Ximenes realmente fez alguns bustos de personalidades como o já citado Freitas Valle e também de Firmiano Pinto, Ramos de Azevedo, Altino Arantes e Ruy Barbosa. Porém, são poucas as informações sobre essas obras. Sabe-se apenas que em 1922 os bustos de Ramos de Azevedo e de Freitas Valle foram citados por Carlos da Maia em artigo escrito para *A Gazeta*, afirmando que eles estavam no ateliê do escultor na Vila Pruden-

---

[74] Conforme observou Fabrício Andrade em sua dissertação, o nome de Ximenes aparece em panfletos de divulgação de conferências realizadas em 1921 na residência de Freitas, que foram publicadas no livro de Marcia Camargos sobre a Vila Kyrial. Ver "*O Monumento da Independência*" (*O Estado de S. Paulo*, p. 3, 31 mar. 1920 apud Fabrício Andrade, *Ettore Ximenes: Monumentos e Encomendas (1855-1926)*, Dissertação de Mestrado, IEB-USP, 2016.

te[75]. O busto de Ruy Barbosa foi encomendado em 1924, quando foi realizado um tributo ao político[76]. Das demais obras, não foram encontradas informações para se afirmar elas foram encomendadas ou se realmente foram presentes do artista dados antes ou durante o processo do concurso[77].

As acusações de fraude do concurso eram diversas. Enquanto em alguns jornais se afirmava que Ximenes teria "comprado" os jurados, outros afirmavam que, na realidade, o governo teria firmado um contrato antecipado com o escultor e que o concurso seria uma grande farsa[78]. Também defendendo que a escolha de Ximenes havia sido feita muito antes do concurso, Monteiro Lobato escreveu um artigo intitulado "O Grillo Ximenes" em que descrevia a suposta cena:

Vai fazer um ano. Era em Guarujá. A formosa praia reunia em suas areias gritantes a alta goma da Paulicéia, que, de figurino na mão, purgava-se ali das toxinas acumuladas da capital. Em dado momento cruzou conosco um tipo enfunado, de marca exótica, com esse ar petulante dos quem chegam à colônia, vêm e vencem.

– O escultor Ximenes, cochichou-nos um amigo. É o tal que vae fazer o monumento da Independência.

O concurso para esse monumento, aberto em 1917, ia encerrar-se em 1920; estranhamos, pois, que, com tamanha antecipação, já se apontasse na rua o vencedor.

– Vai fazer como? inquirimos. Não está encerrado o concurso, não se conhecem os projetos, não houve julgamento: como já pode haver um vencedor?

– Ingênuo! Não conheces ainda S. Paulo? Julgas, acaso, que um certame artístico possa ser regido por um critério moral diferente do que rege os casos políticos e os concursos para empregos públicos? Concorra quem concorrer, Miguel Angelo, Rodin ou Jevach, res-

---

75   Carlos da Maia, "O Escultor Ettore Ximenes", *A Gazeta*, p. 1, 11 jul. 1922.

76   *Correio Paulistano*, p. 7, 20 abr. 1924.

77   A acusação de que os bustos realizados por Ximenes pudessem ter servido de instrumento de favorecimento ao artista (corroborada por Fabrício Andrade, *Ettore Ximenes: Monumentos e Encomendas (1855-1926)*, p. 104) merece muita cautela. Dois desses bustos, que pertencem aos Acervos dos Palácios do Estado de São Paulo - dedicados a Altino Arantes e Carlos de Campos - não são datados, o que dificulta saber se foram feitos antes ou depois do concurso. Ademais, há indícios de que sua existência não era constrangedora, visto que estão em coleções públicas e não no recato de coleções privadas.

78   "Quando, em S. Paulo, foi aberto, no governo de Altino Arantes, o concurso para o monumento comemorativo do Centenário da Independência, correram boatos de que esse concurso seria apenas *pró-formula*, pois já havia um contrato com o escultor italiano Ettore Ximenes" ("Monumentos por Atacado", *A Rua*, p. 1, 30 ago. 1920).

suscitados, o vencedor há de ser este Ximenes. Ele "acordou cedo", já teceu os paus, já organizou a vitória. Outros serão eleitos, o "reconhecido" será ele. Verás.

Calamo-nos. Pessoa intima do situacionista que era o informante deveria ter razões ponderadas para falar com tamanha segurança. Mas em nossa mente ficou uma dúvida. Era impossível que o espírito negocista do alto coturno dominante chegasse a ponto de bancar corretagem sobre a cabeça de José Bonifácio, ou cotar na bolsa o grito do Ipiranga. Não iriam até lá. Por mais fênicas que sejam as almas diante dum monumento nacional, onde está em símbolo a pátria, a traquibernia adormece. Não! Não chegariam a tanto[79].

As divergências políticas são evidenciadas no trecho, no qual se afirmava que o informante era "pessoa íntima do situacionista". As críticas feitas à maneira ilícita de conduzir o concurso, fosse por parte dos políticos e jurados, fosse por parte de Ximenes, eram sempre alvo dos jornais e dos críticos que se opunham ao governo. Essa era, portanto, uma rixa política e artística, ou seja, contra os políticos responsáveis pelo concurso e contra o estilo artístico escolhido para representar o *Monumento à Independência do Brasil*. Em outro trecho desse mesmo artigo, Lobato denuncia novamente a organização do concurso e a escolha dos membros da Comissão Julgadora:

Estavam as coisas nesse pé, quando o governo nomeia um tribunal julgador. Juízes que seriam de escultura e arquitetura, foram técnicos dessas artes os escolhidos? Não. Mas empreiteiros, vereadores, engenheiros, funcionários públicos. Tinham competência para julgar na matéria? Não. Nem estavam ali para julgar e sim referendar um julgamento já feito nas antecâmaras pelos corretores do negócio. E esse tribunal escolheu...o projeto de Etzel? o de Brizzollara? o de Rollo? Não. Escolheu o de Ximenes, um projeto que o concurso unanime da opinião vacilara em colocar no quarto ou quinto logar.

Mal correu a notícia, foi de estupor a impressão da cidade. Depois, veio a revolta. Não houve alma bem formada que não sentisse presa dum profundo engulho – o mesmo engulho que S. Paulo sentiu na campanha contra Luiz Barreto e, mais tarde, na campanha contra Ruy Barbosa. Entretanto, os homens sendo os mesmos, o extraordinário seria se procedessem de outro modo. Foram lógicos... [80]

---

79 Monteiro Lobato, "O Grillo Ximenes", *Correio da Manhã*, p. 2, 4 abr. 1920.
80 *Idem, ibidem.*

Denunciava-se o jogo político, denunciava-se a "escolha artística". Os críticos procuraram de todas as maneiras desmerecer a vitória de Ximenes, por isso as mais diversas versões sobre a forma desonesta de escolher a maquete vencedora foram divulgadas: ora como um concurso de fachada para uma obra que já havia sido encomendada e que tinha contrato assinado, ora como uma escolha premeditada de alguns membros políticos, ora como suborno do artista, que teria "comprado" os jurados com bustos. As palavras de Lobato tinham grande poder de difusão, e por isso jornais de outros estados repetiam as alegações do escritor sem encará-las como a opinião de um crítico, mas sim como consenso. Nesse sentido, o *Jornal do Recife*, ao criticar o concurso ocorrido em São Paulo, referiu-se ao artigo de Lobato publicado em *O Estado de S. Paulo*, afirmando que o escritor "ridiculariza" a maquete de Ximenes, a partir do que conclui o articulista: "A opinião geral é que a comissão não procurou atender ao mérito artístico e nem levou em conta a significação histórica dos projetos"[81]. Foi comum aos críticos utilizarem o argumento da "concordância de todos" ou da "opinião geral" para falarem do que era, na realidade, o ponto de vista de alguns. Esse mesmo tipo de generalização era usado para afirmar que uma maquete ou outra era a melhor. Por exemplo, Lobato afirmou que todos apoiavam Rollo e já o viam como vencedor:

O povo sentiu que estava diante de uma obra de gênio e, hipnotizado pela força mágica da beleza, aglomerou-se em redor da maquete, cumulando-a de todos os louvores. Cobriu-a de inscrições ingênuas, mas fogosas, onde se punha em palavras os arrepios de entusiasmo que só o grandioso costuma arrancar.

Uníssonos como o povo, os artistas todos da Paulicéia, os críticos, os jornalistas, num "rush" soberbo, vitoriavam o herói do dia[82].

Já para o jornal carioca *A Rua*, o consenso recaía sobre a obra de outro artista, declarando que "a *maquete* de Bibiano Silva reuniu quase a unanimidade dos aplausos, pela grandeza da sua técnica e pela originalidade da sua concepção"[83]. Curioso que esse artigo veiculava as imagens dos projetos de Ettore Ximenes e Bibiano

81   Paulo Judeu [Osvaldo Almeida], "O Movimento para o Centenário da Independência", *Jornal do Recife*, p. 3, 8 abr. 1920.
82   Monteiro Lobato, "O Grillo Ximenes", *Correio da Manhã*, p. 2, 4 abr. 1920.
83   "Monumentos por Atacado", *A Rua*, p. 1, 30 ago. 1920.

Silva, porém com as legendas das obras invertidas. Havia também quem defendesse que a opinião do público era a favor da maquete de Ximenes, como Carlos de Campos havia alegado na sessão de julgamento do concurso, ou quando o articulista d'*O Estado de S. Paulo* defendeu que era o lugar privilegiado ocupado pela maquete de Ximenes que havia levado o público a preferi-la. Mas, afinal, qual era a opinião do público? A historiografia difundiu que teria sido Brizzolara o vencedor popular[84], no entanto, como visto, a única certeza que se pode ter é que não havia consenso. O que existiu foi uma batalha em defesa de alguns projetos e contra outros, ou, nas palavras de um outro articulista, foi "uma intrigalhada tal"[85]. Muitas vezes as opiniões eram baseadas em poucas informações, como demonstra o comentário:

> Temos acompanhado este assunto e sabemos que dentre os concorrentes os que mais definiram o assunto foram, Bibiano Silva e Luiggi Brizzolara. Li a descrição da maquete deste último e julguei como concepção magnífica[86].

Mesmo sem ter visto as maquetes, apenas pela leitura das suas descrições, Osvaldo de Almeida já declarava seu apoio ao projeto de Brizzolara. Muitos críticos alegavam que a escolha de Ximenes só poderia ser uma fraude, não viam outras possibilidades além dessa. Por isso, desmereciam os organizadores, os jurados e os políticos, ou seja, todos aqueles que poderiam estar de acordo com a escolha do projeto de Ximenes. Recorrendo à famosa frase de Shakespeare, em *Hamlet*, Lobato denunciou, mais uma vez, a política paulista e, em seguida, Freitas Valle, cuja residência ficava no bairro da Vila Mariana:

> Eis o que é o "grillo" Ximenes: uma coisa que não diz absolutamente nada. Mas não dirá nada mesmo?
>
> Não diz nada do ponto de vista estético, mas, do ponto de vista moral, é eloquentíssimo. Diz muito. Diz demais. Diz tudo que não deveria dizer.
>
> Diz que "há alguma coisa podre no reino da Dinamarca". Diz que São Paulo tem o que merece, um estafermo à altura da sua política, dos seus mecenas villamarianescos, da sua

---

84 Aracy Amaral, *Artes Plásticas na Semana de 22*, São Paulo, Editora 34, 1998, p. 89.

85 "Coisas da cidade", *O Estado de S. Paulo*, p. 5, 31 mar. 1920.

86 Paulo Judeu [Osvaldo Almeida], "O Movimento para o Centenário da Independência", *Jornal do Recife*, p. 3, 8 abr. 1920.

Figura 53. Depois do Concurso. "O triunfador: Deixem que cantem os adversários. Coloquei-me bem no alto porque poderiam me derrubar". *Il Pasquino Coloniale*, n. 651, 10 de abril de 1920, p. 20. Acervo da Hemeroteca da Biblioteca Nacional do Brasil.

mediocridade mental. Diz que São Paulo é rico, mas não é fino, não tem "delicatesse". Diz que S. Paulo é "grilleiro" por temperamento, e que tanto engrilla as boas manchas de terra roxa com a nobre arte de Rodin.

Diz que a palavra de S. Paulo não merece fé, e que foram prodigiosamente ingênuos os artistas que tomaram a sério a comédia do concurso. Diz que serão, mais que ingênuos, cretinos, os artistas que, daqui em diante, concorrem a futuros certames. Diz que o negocismo invadiu tudo e, à semelhança da estrela de absinto do Apocalipse, envenenou todas as águas, a começar da fonte Castalia.

Diz que o mérito é nada, e a cavação é tudo[87].

Eram tantas as críticas que Ximenes recebia que uma caricatura foi divulgada no *Il Pasquino Coloniale* (Figura 53) em que o escultor era representado em uma pilha de obras, a fim de se proteger das acusações que recebia, dizendo: "deixem que cantem os adversários. Coloquei-me bem no alto porque poderiam me derrubar". Certamente ciente da ampla polêmica sobre sua obra evidenciada pela imprensa, Ettore Ximenes respondeu a algumas acusações em uma extensa entrevista que concedeu ao jornal *Correio Paulistano*[88]. Nela, iniciava a sua fala afirmando que a

---

87   Monteiro Lobato, "O Grillo Ximenes", *Correio da Manhã*, p. 2, 4 abr. 1920.
88   Importante destacar que Carlos de Campos, deputado federal e um dos membros da Comissão julgadora do concurso, era também diretor do jornal *Correio Paulistano*. Certamente não por

vitória não era esperada por ele, respondendo, assim, às alegações de que ele já sabia há tempos que era o vencedor. Em seguida, acrescentou:

[...] é um grande prazer para mim ter um monumento cuja ideação me coube e que irá ilustrar o maior fato da história do vosso país. Admiro, sinceramente, o povo brasileiro, cujo espírito de hospitalidade e de cavalheirismo serei sempre reconhecido. Essa vitória, no entanto, assinala, ao mesmo tempo que uma grande satisfação para mim, o desprazer de ter sido, por alguns, mal interpretado e até insultado em meu decoro de artista. Consola-me contudo saber que tais ataques não merecerão a solidariedade desse povo em cujo seio me encontro e cujas qualidades de polidez e de boa educação aprendi, de há muito, a conhecer e apreciar[89].

O artista evidenciou a importância do monumento, enaltecendo, assim, a própria vitória. Na sua colocação, procurou conquistar o público leitor, por isso elogiou o povo brasileiro e demonstrou o bom acolhimento que ele teria recebido. Em seguida, referiu-se às acusações de suborno, sem oferecer respostas, mas apelando para o lado emotivo, fazendo uma súplica:

[...] que me ataquem o projeto, mas não o meu decoro de artista, acusando-me de usar expedientes vergonhosos para conseguir cair nas boas graças dos elementos de destaque político e social de S. Paulo. Ataquem-me o projeto sob o ponto de vista artístico, mas não procurem atacar-me na minha dignidade. Desde o momento, porém, que eu vencera, não poderia esperar outra coisa[90].

Ao pedir que fosse julgado e criticado pela sua arte, sem que seu caráter fosse questionado, o artista pretendia demonstrar que as denúncias não se baseavam em questões estéticas, mas em interesses pessoais. Tentava, assim, inverter as

acaso, os artigos publicados nesse jornal apoiaram a vitória de Ximenes. Uma análise mais aprofundada dos periódicos e do posicionamento contido nos artigos neles veiculados foi realizada no capítulo 2, em que se discorre sobre o concurso e os projetos concorrentes, momento em que teve início a publicação de artigos defendendo e repudiando alguns escultores.

89 O Monumento da Independência – entrevista com o escultor Ettore Ximenes. *Correio Paulistano*, p. 3, São Paulo, 1 abr. 1920.

90 "O Monumento da Independência – Entrevista com o escultor Ettore Ximenes", *Correio Paulistano*, p. 3, 1 abr. 1920.

São Paulo na disputa pelo passado

acusações. Monteiro Lobato, no entanto, havia fundamentado a sua acusação, afirmando que a frisa em tamanho real exposta por Ximenes comprovava que ele tinha certeza que venceria o concurso:

E tal certeza tem ele de levar avante a empreitada que apresentou ao lado da sua maquete uma frisa em tamanho natural, obra definitiva, pronta para ser incorporada ao monumento. Essa frisa, que vale ou custou uma fortuna, jogá-la-ia ele no pano verde dum concurso se não estivesse convencido de ter um royal-street-flush na mão?[91]

A "frisa" a que Monteiro Lobato se refere é o alto-relevo que representava o grito de independência de D. Pedro às margens do Ipiranga. Como visto, durante a Exposição de Maquetes, Ximenes apresentou o painel em gesso em grande dimensão real, fato que, segundo os críticos, teria impressionado o público devido às suas proporções, como relata o articulista do jornal *O Estado de S. Paulo*:

Além de tudo isso, perto da "maquete", abria-se em toda a largueza dos seus duzentos metros quadrados, o alto-relevo histórico que deve figurar numa das faces do monumento. A impressão causada por esse alto-relevo é de uma sugestibilidade poderosa. "Esplendido!" exclama entre si, entusiasmado, o pio observador, contemplando aquela tropeada silenciosa de grandes cavalos que se encaracolam, se afastam e mascam os freios, de um e outro lado, e aquele grupo de figuras ressaltantes em vigoroso destaque em torsos, de cabeças e de braços. "Esplendido!"... E o observador nem por um instante trata de experimentar que efeito lhe causariam certos detalhes vigorosos de outras "maquetes", se ali se mostrassem nas mesmas proporções colossais.... O alto relevo presente é que é de extraordinária imponência[92].

Como o autor deixa claro, a dimensão do alto-relevo desviava a atenção do público para a maquete de Ximenes, desfavorecendo os outros concorrentes. O relevo já havia sido alvo de protesto de Roberto Etzel, tanto por ter sido passado do barro para o gesso após o prazo final do concurso quanto pelas proporções desrespeitarem o edital do concurso. Porém, os jurados não só consideraram improcedente a acusação do arquiteto, como destacaram em suas justificativas de voto a relevância desse detalhe para a obra de Ximenes e para a escolha dela como

91   Monteiro Lobato, "Royal-Flush Arquitetônico", *O Estado de S. Paulo*, p. 10, 31 mar. 1920.
92   "O Monumento da Independência", *O Estado de S. Paulo*, p. 3, 31 mar. 1920.

vencedora. Nas três justificativas de voto, há menções elogiosas ao painel de Ximenes. Firmiano Pinto afirmou que

[...] o quadro em alto relevo, representando o episódio capital da proclamação da Independência, tratado como está, com o vigor que a escultura permite, é por si só um notável monumento de arte, e o melhor monumento histórico que se poderá erigir no Ipiranga[93].

Ramos de Azevedo utilizou quase as mesmas palavras do prefeito de São Paulo:

O fato principal, a cena da independência, é ali apresentada de maneira magistral em um alto-relevo impressionante pela expressão das suas figuras e pela vida do conjunto.

Esta composição que teve a felicidade de se inspirar no trabalho de uma artista nacional que há cerca de trinta anos que habituamos a ver, como uma modesta consagração daquele fato, é por si só um monumento[94].

Os dois jurados ressaltaram a escolha da cena do grito, que consideraram ser o principal acontecimento da Independência. Tendo em vista que um dos critérios utilizados no julgamento do concurso havia sido a capacidade de evocação dos episódios mais importantes do processo de emancipação política, entende-se, no parecer dos jurados, que Ximenes havia feito a escolha ideal. Avaliação semelhante foi feita por Affonso Taunay, que destacou ainda um apelo à questão didática do monumento, ao afirmar que todo brasileiro poderia reconhecer no painel a cena do Sete de Setembro:

O projeto que, a meu ver, indiscutivelmente sobressai em intensidade de evocação nacional, com valor que dela se requer, é o do sr. Ximenes. Sua lembrança de transportar para a escultura a idealização de Pedro Américo parece-me um achado absolutamente feliz, sobretudo pelo fato de ter seu alto relevo as dimensões em que o concebeu e a mestria com que o executou.

93 Firmiano Pinto, "Justificação de Voto", Arquivo do Estado de São Paulo, C06017.06, MI 03.01.06, documento 1.

94 Francisco de Paula Ramos Azevedo, "Justificação de Voto", Arquivo do Estado de São Paulo, C06017.06, MI 03.01.06, documento 2.

São Paulo na disputa pelo passado

Popular como é – e merece sê-lo – a grande e bela tela do nosso ilustre artista não haverá brasileiro algum que de longe deixe de reconhecer no monumento, que o projeto Ximenes idealiza, uma representação da cena majestosa de sete de setembro de 1822, cara a todos os nossos corações.

Dirá um ou outro que lhe falta certa originalidade, poder-se-á responder-lhe que ainda representa uma homenagem e das mais rigorosamente executadas, e até hoje realizadas, e a um documento incontestavelmente notável da arte brasileira[95].

Taunay alertou para a possível denúncia de falta de originalidade, porém refutou esse posicionamento, afirmando que a obra era uma homenagem muito bem executada e, por fim, reiterou a ideia de o monumento ter uma "nota do brasileirismo". Além disso, para o diretor do Museu Paulista, a obra era como um documento visual da Independência, o que justificava o seu uso pelo escultor. Esse mesmo argumento, como veremos a seguir, foi usado por Ximenes para justificar a referência à pintura histórica. Como Taunay havia previsto, a referência ao quadro de Pedro Américo feita no alto-relevo de Ximenes foi novamente[96] motivo de crítica pela ausência de originalidade, sendo considerada como plágio por alguns, como relata o autor do artigo do jornal O Estado de S. Paulo:

Quanto ao grande alto relevo, que tanta admiração causou, vem a ser, como já se sabe, uma cópia do belo painel de Pedro Américo. A execução é de um artista que conhece o seu mister. O efeito é magnífico. Mas a lembrança desse alto relevo, a nosso ver, foi infeliz.

Duplamente infeliz. Primeiro, porque o trabalho não é original; e o monumento, se não é original nas suas linhas arquitetônicas, devia ao menos ser original na escultura. E a escultura, justamente a espacialidade do ilustre artista, não é mais original do que a parte arquitetônica, sendo muitíssimo mais escassa do que ela. Depois, a ideia desse alto relevo já está executada, e muito bem executada, ali mesmo a dois passos do local onde será colocado o monumento. A réplica escultural é, pelo menos, inútil. E o episódio máximo da independência não é assim tão pobre de motivos e sugestões, que haja absoluta

95 Affonso d'Escragnolle Taunay, "Justificação de Voto", Arquivo do Estado de São Paulo, C06017.06, MI 03.01.06, documento 3.

96 Como visto no capítulo 2, alguns críticos já haviam apontado falta de originalidade e plágio na obra de Ximenes antes dele ser declarado vencedor do concurso.

necessidade de o relembrarmos, pelo pincel e pelo bronze, por uma forma absolutamente idêntica no mesmo lugar![97]

O articulista considerou a obra de Ximenes uma escolha infeliz e sem originalidade, apesar de reconhecer que foi bem executada. Ele acusou o escultor de plágio ao afirmar que é "absolutamente idêntica" ao quadro de Pedro Américo e afirmou ser inútil ter os dois no mesmo lugar, pois a pintura histórica já ocupava o Salão de Honra do Museu Paulista. No *Jornal do Recife*, Osvaldo Almeida afirmou que o monumento de Ximenes tinha "largueza de concepção, mas sobre o assunto da independência há apenas uma 'vergonhosa cópia' do quadro de Pedro Américo, que ele descreveu na cimalha acima do monumento, e nada mais"[98].

Na entrevista que Ximenes concedeu ao jornal *Correio Paulistano*, o escultor respondeu às denúncias de plágio, demonstrando como o quadro realmente havia servido de modelo e de documento histórico, mas que isso não era uma característica condenável, mas valorizada:

Acusam-me de ter copiado o vosso Pedro Américo. Só um critério muito estreito em arte poderá deixar de reconhecer que não foi intuito meu copiar, mas procurar no quadro da independência uma ideia mais ou menos verídica do fato que eu devia reproduzir em um alto relevo do meu projeto, já que foi a referida tela considerada como um quadro histórico, pertencendo ao próprio Museu do Ipiranga. De que modo deveria eu reproduzir tal cena? Fugindo aos personagens e ao local, ao ponto de vista, enfim, que o próprio artista brasileiro escolhera para o seu grande quadro? É claro, é lógico, que se Pedro Américo assim representara o fato e não fora o seu quadro contestado e inaceito como inverídico, em nenhum outro artista – porque não me consta que qualquer outro tivesse tido o intuito de reproduzir tal fato – deveria eu ir buscar o molde para meu friso. Se um artista brasileiro, que devia conhecer a história de seu país, melhor do que eu, assim representava o grito do Ipiranga, é lógico que eu fosse procurar nesse artista a ideação para o alto relevo em questão. E como os fatos não podem ser interpretados a gosto da fantasia de qualquer, mas considerados sempre sob o ponto de vista da verdade histórica, com os seus personagens e o seu ambiente próprio, eu teria forçosamente de jungir-me aos mesmos personagens e ao

97 "O Monumento da Independência", *O Estado de S. Paulo*, p. 3, 31 mar. 1920.
98 Paulo Judeu [Osvaldo Almeida], "O Movimento para o Centenário da Independência", *Jornal do Recife*, p. 3, 8 abr. 1920.

mesmo ambiente de Pedro Américo. Eu poderia fantasiar outra qualquer coisa e não ser assim acusado de copista ou plagiário, mas [...] seria extravagante e estaria, virtualmente, "hors concours" pois este estabelece, logicamente uma cláusula que atende pela verdade histórica do monumento. Além disto seria absurdo vir fazer plágio no Brasil do quadro de Pedro Américo[99].

Ettore Ximenes, ao afirmar que aqueles que o acusavam de plágio tinham um "critério muito estreito em arte", tentou demonstrar que eles desconheciam os fundamentos da arte acadêmica. Certamente, a acusação de plágio é improcedente, já que a referência a outros artistas era uma prática não só muito recorrente como nobilitante, um instrumento legítimo. Os alunos da Academia aprendiam por meio de cópias de modelos, que eram apresentados como normas de excelência e bom gosto. Como demonstrou Jorge Coli, a cultura visual mostrava-se tão importante quanto a invenção[100]. A citação, portanto, não era encarada como falta de imaginação ou plágio, pois, ao contrário, demonstrava a capacidade técnica e artística, além de aptidão para retomar um elemento preexistente e inseri-lo em um novo contexto.

Além de atender à idealização, fundamentada em esquemas acadêmicos, o artista deveria ter um embasamento documental, a fim de atribuir um caráter de realidade[101]. A intenção de buscar uma "veracidade histórica" também está presente na colocação de Ettore Ximenes, que justificou a sua inspiração no quadro de Pedro Américo dizendo que buscava uma "ideia mais ou menos verídica do fato". Ele considerou que aquela pintura histórica era o modelo ideal para o seu friso, que não poderia ser interpretado "a gosto da fantasia de qualquer", já que o edital do concurso previa o comprometimento com a "verdade histórica do monumento".

Vale destacar que é possível verificar esses mesmos parâmetros da arte acadêmica na composição da pintura de Pedro Américo. O artista realizou pesquisa histórica em museus e bibliotecas a fim de atribuir veracidade à cena, contudo,

---

99 "O Monumento da Independência – Entrevista com o Escultor Ettore Ximenes", *Correio Paulistano*, p. 3, 1 abr. 1920.

100 Jorge Coli, *Como Estudar a Arte Brasileira do Século XIX?*, São Paulo, Editora Senac, 2005, p. 34.

101 Cláudia Valladão de Mattos, "Imagem e Palavra", em Cecília Helena de Salles Oliveira e Cláudia Valladão de Mattos (orgs.), *O Brado do Ipiranga*, São Paulo, Edusp/Museu Paulista, 1999, pp. 119-132.

Figura 54. Ernest Meissonier, 1807, *Friedland*, 1875, 1,44 x 2,52, The Metropolitan Museum of Art, Nova York. Retirado de: http://metmuseum.org/

Figura 55. Pedro Américo, *Independência ou Morte!*, 1888, 4,15x7,60, Acervo Museu Paulista da USP.

esteve sempre atento às convenções pictóricas, por isso realizou mudanças na geografia, nas roupas das personagens e nos animais. Como demonstrou Claudia Valladão de Mattos, Pedro Américo apresentou D. Pedro I como o equivalente a um Napoleão, um estadista determinado, sendo a *Batalha de Friedland* (Figura 54) de Ernest Meissonier uma das fontes privilegiadas de *Independência ou Morte!* (Figura 55). É evidente a semelhança entre os traços essenciais de composição das duas telas, porém Mattos indica diferenças que considera notáveis. Enquanto o pintor brasileiro equacionou cada detalhe, buscando um equilíbrio estável entre

Figura 56. Ettore Ximenes, Painel Independência ou Morte, *Monumento à Independência*, 1922. São Paulo. Foto da autora, 2021.

os elementos da obra a fim de produzir a impressão de unidade, Meissonier simula uma "fotografia instantânea do real"[102].

Nesse mesmo sentido, por ser uma citação e não um plágio, o alto-relevo de Ximenes (Figura 56) também possui diferenças evidentes em relação ao quadro de Pedro Américo. As aproximações são verificáveis na presença dos mesmos personagens, na indumentária que eles vestem e na indicação do ambiente, assinalado pela casa que se apresenta ao fundo direito do painel. No entanto, a composição da pintura e da escultura são bastante divergentes. Como demonstrou Mattos, a estrutura do quadro é hierárquica, pois D. Pedro I, apesar de menor por estar no segundo plano, está em desnível em relação às demais figuras, mostrando uma hierarquia entre soberano e súditos. Além disso, todos os elementos contribuem para uma unidade da tela, por isso a guarda de honra está distribuída em um formato de semicírculo, que envolve a cena principal. O painel de Ximenes, no entanto, dissolve a hierarquia de planos. Mesmo estando no centro, D. Pedro I não está em destaque. A guarda de honra está dividida dos dois lados do painel e, pela multiplicidade de movimentos dos cavaleiros, não contribui para atribuir unidade à cena. Ademais, a figura D. Pedro I é bastante diversa entre as duas representações, pois na pintura, como afirma Mattos, ele se assemelha a uma estátua equestre. Na escultura, no entanto, D. Pedro I não possui a mesma altivez, pois a posição do cavalo não é imponente. Além disso, o caipira que, na composição de Pedro Américo serve para introduzir o observador à cena e dire-

---

102 Cláudia Valladão de Mattos, "Independência ou Morte!: O Quadro, a Academia e o Projeto Nacionalista do Império", em Cecília Helena de Salles Oliveira e Cláudia Valladão de Mattos (orgs.), *op. cit.*, pp. 79-117.

cionar seu olhar para a ação principal, na escultura aparece deslocado, seja pelo local que ocupa, seja pelo olhar distraído, o que novamente não contribui para dar unidade e centralidade a D. Pedro I. Por fim, há no painel de Ximenes outros personagens que não aparecem no quadro, como a mulher que segura um bebê atrás do carroceiro e, do lado oposto, um menino em primeiro plano.

Ettore Ximenes, na sua entrevista, contou ainda o que chamou de "fato singular e interessantíssimo":

> Fui vizinho de "atelier" de Pedro Américo e, em certa ocasião, quando o artista brasileiro se encontrava em uma fase de trabalho intenso, pois contava com a próxima visita de D. Pedro II, foi pedir-me que modelasse um pequeno cavalo, indicando-me a forma como queria.
>
> Fiz o cavalo e quando o Imperador do Brasil chegou à Itália, ainda Pedro Américo me apresentou o monarca, manifestando este tanta simpatia por mim, que me convidou para acompanha-lo até Siena, onde permaneci três dias em sua companhia.
>
> Passou-se o tempo, e quando ouvi falar no concurso no Brasil, pedi ao professor Parlagrecco que me fornecesse, por favor, um trabalho pelo qual me pudesse guiar para a composição do meu friso. Parlagrecco arranjou-me uma fotografia do quadro da Independência e lá fui encontrar o meu cavalo, magistralmente executado. Quando havia eu de pensar que viesse, um dia, ao fazer aquele pequeno cavalo, a concorrer para um monumento que devia perpetuar com uma obra definitiva o mesmo acontecimento que Pedro Américo imortalizou na sua tela!..[103]

O escultor procurou evidenciar os seus laços com o Brasil pelo fato de ter sido vizinho de ateliê de Pedro Américo em Florença e de ter conhecido D. Pedro II. Também quis mostrar que contribuiu para a tela *Independência ou Morte!* ao modelar um cavalo para o pintor. Portanto, a sua relação com o Brasil e com o quadro antecedia o concurso. E, passados tantos anos, ele era acusado de copiar o artista brasileiro. Evidenciou também o contato que mantinha com o pintor Salvador Parlagrecco, que também era siciliano e havia se radicado no Brasil entre 1898 e 1899[104].

---

103 "O *Monumento da Independência* – Entrevista com o Escultor Ettore Ximenes", *Correio Paulistano*, p. 3, 1 abr. 1920.

104 "Salvador Parlagreco", *Enciclopédia Itaú Cultural*. Disponível em, http://enciclopedia.itaucultural.org.br/pessoa24135/salvador-parlagreco>. Acesso em nov. 2022.

Monteiro Lobato, ao criticar o alto-relevo, afastou-se das acusações de plágio e tentou mostrar justamente o oposto, ou seja, as falhas cometidas por Ximenes na composição do painel, que considerou ser bastante diferente da pintura histórica:

Pedro Américo soube agrupar magistralmente as figuras e dar-lhes a atitude lógica, única admissível.

Na frisa, porém, é o contrário. Cada cavaleiro assume uma atitude à parte, sem ligação com o grito. Todos divertem-se em cima dos animais; um enrista a espada e procura espetar a caraça dos animais da cimalha; outro desce a sardinha sobre o cavalo, como se fora ela um chicote – nenhum atende à voz do imperial senhor. À direita espreme-se uma triste figura de caboclo, entre a cabeça de uma vaca e a anca dum potro: é um caboclinho maninguera, opilando, perfeitamente jeca.

No quadro de Pedro Américo há ali um carreiro, soberbo de movimento e expressão, que passa de largo, espantado com o imprevisto da cena. Na frisa, o jeca, apesar de metido entre as aspas da caracu e o coice possível cesta indiferente ao rei, à vaca, ao cavalo e ao público.

No entanto, é linda esta frisa. Não há menina de escola que diante dela não espirre o clássico:

– Que galanteza![105]

Além dessas considerações, feitas em tom de ironia, Monteiro Lobato criticou também os aspectos estéticos do monumento. Descreveu-o como "frio", afirmando que "não diz nada" e que "não anima nenhuma ideia", além de considerá-lo sem "sopro de genialidade, nem sequer um vago fulgor de concepção". Afirmou ainda que a obra era destituída de uma ideia central diretora e, por isso, abundava "em detalhes vazios de qualquer significação", citando os leões alados e as esfinges como exemplo disso. Julgava o monumento como uma "obra de arte de qualquer latitude", que teria como defeito a "excrescência", pois a "fraca inventiva" do escultor fazia com que o monumento ficasse repleto de "enfeites", que "não possuem outra significação". Sobre o grupo central, disse que é uma "apoteose vieux-jeu", que unia elementos gregos e um índio de tanga "à *highlander*" e que poderia representar qualquer coisa: a vitória, o triunfo, a independência, a democracia, as artes, etc.

105 Monteiro Lobato, "Royal-Flush Arquitetônico", *O Estado de S. Paulo*, p. 10, 31 mar. 1920.

Para Lobato, portanto, o que caracterizava o monumento era a "falta de inventiva" e a "pobreza de ideias"[106].

Críticas semelhantes foram denunciadas pelo articulista do jornal *O Estado de S. Paulo*, ao afirmar que:

[...] a obra do sr. Ximenes é realmente clássica demais.... O ideal de equilíbrio supremo dominando tudo, pode coexistir perfeitamente com quaisquer tendências modernas e com qualquer proporção de coeficiente pessoal que o artista ponha no seu trabalho. Mas o monumento Ximenes é clássico demais justamente nas suas formas.

Já por isso parece um pouco frio e banal. Contemplando-o, estamos revendo uma coisa já vista ou entrevista muitas vezes. Acresce que ele não se adapta senão artificialmente, pelas intenções que se lhe "emprestam", ao grande acontecimento a comemorar. "Organicamente", por si mesmo, pela força da expressão própria, não diz nada. Não diz absolutamente nada. É um monumento que, com variantes, poderá estar no Brasil ou na colônia do Cabo. É necessário que tenha ao lado um cartaz explicativo. Ou, por outra, é um canto muito sonoro e harmonioso – mas sem palavras[107].

Mário de Andrade resumiu a sua opinião[108], demonstrando em tom de ironia o desagrado pelas características clássicas do escultor italiano, na conhecida crítica que realizou para a revista *Illustração Brasileira*[109]: "o ilustre Sr. Xime-

---

106 *Idem, ibidem.*

107 "O Monumento da Independência", *O Estado de S. Paulo*, p. 3, 31 mar. 1920.

108 Além deste comentário, foi possível encontrar apenas mais uma menção ao artista italiano, feita em "As Enfibraturas do Ipiranga (Oratório Profano)". Nesse poema, diversos estratos da sociedade paulistana alternam coralmente suas vozes com as das "Juvenilidades Auriverdes", ou seja, o grupo modernista, e com a "Minha Loucura", figuração simbólica da individualidade do poeta. Em uma das falas dos "milionários e burgueses", intitulados "as senectudes tremulas", Mario ironiza os homens "ricos" que, sentados de suas poltronas, olhariam as estátuas do senhor Ximenes e diriam que só admiravam os célebres e os recomendados, ou seja, os escultores consagrados. Esse poema encontra-se no livro *A Pauliceia Desvairada*.

109 Segundo Telê Ancona Lopez, a série "De São Paulo" foi escrita por Mário de Andrade entre novembro de 1920 e maio de 1921, na *Illustração Brasileira*. A autora descreve a coluna como "extensas, as crônicas combinam o relato irônico com a análise; noticiam e narram a história; traduzem 'propósitos' – enaltecer a cidade moderna, pregar a renovação nas artes e na literatura. Com irreverência, graça, filtram nas impressões fatos na cidade, e explicitam um compromisso" (Telê Ancona Lopez, "Mário de Andrade e Brecheret nos Primórdios do Modernismo", *Revista USP*, n. 94, p. 36, jun./jul./ago., 2012).

nes, que de longe veio, infelicitará a colina do Ipiranga com seu colossal centro de mesa de porcelana de Sevrés"[110].

Ettore Ximenes defendeu alguns dos elementos que haviam sido intensamente criticados, dizendo que havia colocado no monumento os grandes grupos alegóricos, que tinham "todos, no conjunto, a sua razão de ser claramente explicada e visível"[111]. No entanto, o excesso de alegorias e os ornamentos haviam sido criticados não apenas pela imprensa como também pelos jurados. Firmiano Pinto afirmava que as faces do corpo central do projeto haviam sido "decoradas por um verdadeiro pandemônio de figuras alegóricas", que possuíam caráter vago e genérico e não apresentavam nada de peculiar à nossa gênese política. Ademais, ao se referir a dois conjuntos escultóricos que ladeavam o monumento e representavam a liberdade e a opressão, afirmou não serem representações características da história do Brasil, podendo se referir à Independência de qualquer outro país[112].

Affonso Taunay afirmou que a "questão de alegorias e de símbolos comuns está por demais gasta". Assim como Monteiro Lobato, também criticou a "Independência no seu carro de triunfo", que considerou ser uma figura "de medíocre inspiração". Disse ainda que eram inaceitáveis os ornatos em forma de âncoras, folhas e espirais na base do carro triunfal. Porém, apesar desses defeitos, não considerava que o projeto fosse tão genérico a ponto de servir a qualquer outra nação, como apontavam outros. Taunay desaprovava vigorosamente os artistas que apresentavam maquetes que parecem ser "de reserva", ou seja, que bastaria mudar o "rótulo e os nome dos personagens figurantes, para aproveita-las aqui, ou acolá, se acaso o Equador, a Costa Rica ou a Bolívia abrirem certames como este que o Brasil nesse momento realiza". Ao contrário, como já foi indicado, ele defendia que o trabalho de Ximenes era o melhor, pois "a sua nota brasileira é a única intensa", embora ele reconhecesse que ainda não fosse suficiente e, por isso, seria necessário fazer reparos no projeto[113].

110 Mário de Andrade, "De São Paulo", *Illustração Brasileira*, nov. 1920.
111 "O *Monumento da Independência* – Entrevista com o Escultor Ettore Ximenes", *Correio Paulistano*, p. 3, 1 de abr. 1920.
112 Firmiano Pinto, "Justificação de Voto", Arquivo do Estado de São Paulo, C06017.06, MI 03.01.06, documento 1.
113 Affonso d'Escragnolle Taunay, "Justificação de Voto", Arquivo do Estado de São Paulo, C06017.06, MI 03.01.06, documento 3.

A necessidade de fazer adaptações na maquete vencedora, que foi divulgada ao público junto com o anúncio do triunfo de Ximenes[114], não agradou a muitos dos críticos, que encaravam essas mudanças como reconhecimento da imperfeição do projeto e comprovação de fraude no julgamento do concurso, como explicitou Osvaldo de Almeida:

O projeto aceito, sabemos foi devido a interesses particulares: não presidiu absolutamente o critério, pois, na correspondência publicada ontem, no "Diário de Pernambuco" lê--se este pequeno trecho, que é o bastante para que se afirme não ter havido nenhum critério.

Diz o local:

O PROJETO XIMENES SERÁ MODIFICADO, VISTO ESTAR DIVORCIADO DA VERDADE HISTÓRICA, DEVENDO FIGURAR DOIS GRUPOS REPRESENTANDO UM A REVOLUÇÃO PERNAMBUCANA DE 1817 E O OUTRO INCONFIDÊNCIA MINEIRA[115].

A solicitação de mudanças em projetos vencedores de concursos não era algo incomum[116], tanto que alguns escultores que participaram do certame do *Monumento à Independência* declaravam em seus memoriais descritivos estarem dispostos a fazer qualquer alteração que a comissão solicitasse. Portanto, esse caso não

---

114 No dia 31 de março de 1920, os jornais *O Estado de S. Paulo* e *O Combate* indicaram que: "no projeto escolhido, serão introduzidas algumas modificações, devendo nele figurar dois grupos representando os movimentos, em prol da nossa independência, que se deram, anteriormente a esta: – a revolução pernambucana de 1817 e a inconfidência mineira (1789)" ("Julgamento das Maquetes", *O Combate*, p. 1, 31 mar. 1920).

115 Paulo Judeu [Osvaldo Almeida], "O Movimento para o Centenário da Independência", *Jornal do Recife*, p. 3, 8 abr. 1920.

116 Dentre os concursos que solicitaram alterações ao projeto vencedor é possível citar o de Buenos Aires para o Mausoléu ao general Belgrano. Ettore Ximenes saiu vencedor, porém a comissão pediu algumas modificações no elmo que coroava o monumento e no medalhão com o busto do homenageado (*La Ilustración Sud-americana*, Buenos Aires, 16 Agosto 1898, p. 312). Em São Paulo, no concurso para o *Glória Imortal aos Fundadores*, após a decisão pelo projeto de Amadeo Zani, foram solicitadas alterações (Ana Rita Uhle, "Operários da Memória: Artistas Escultores do Início do Século XX e o Concurso do Monumento Glória Imortal aos Fundadores de São Paulo", *Anais do Museu Paulista*, vol. 23, n. 2, pp. 139-163, jul-dez, 2015. Disponível em: <http://www.scielo.br/pdf/anaismp/v23n2/1982-0267-anaismp-23-02-00139.pdf>. Acesso em nov. 2022). Outro exemplo é o concurso para o *Monumento à República*, realizado em 1923, no Rio de Janeiro. Luigi Brizzolara venceu o concurso, porém, posteriormente foi determinado que se realizasse o projeto de Ettore Ximenes com algumas alterações (Fanny Tamisa Lopes, *Cenografia e Passagem Urbana*).

se constituiu como uma exceção. José Machado Pinheiro Junior, que escrevia na coluna Coisas da Cidade, no jornal *O Estado de S. Paulo*, notou que os projetos não satisfaziam plenamente à finalidade proposta pelo concurso, que era a de ser uma "arte brasileira", que resumisse e sintetizasse o país. Por isso, ele sugeriu a anulação do concurso, já que afirmava que nenhuma maquete era digna do "desabafo sincero: – Isto sim: isto é brasileiro":

A impressão que se tem é que todos os artistas são estrangeiros e que não conhecem nada do Brasil. Qualquer daqueles monumentos, tanto serviria pois, para comemorar a independência do Brasil, como a da Colômbia, ou a da Bolívia, ou a da Guatemala, bastando apenas mudar os bustos dos personagens históricos.

Nessas condições, se, para solenizar o nosso primeiro século de vida livre, não aparece nada original e realmente belo, sem convenções nem artifícios, o que havia mais razoável a fazer seria, pura e simplesmente, anular o concurso. O Brasil nada perderia se ficasse adiado para daqui a cinco anos, por exemplo, o concurso para o monumento. Quem sabe se os próprios estrangeiros, que agora concorrem, não se decidiriam a estudar seriamente a nossa nacionalidade e a nossa história, compreendendo melhor portanto, o Brasil e os brasileiros, para disputarem a honra de construir aqui o monumento comemorativo da Independência?[117]

Não era mera "impressão", como afirma José Machado Pinheiro Junior, serem estrangeiros os artistas que participaram do concurso. De fato, quase todos os concorrentes ou eram residentes em outros países ou eram imigrantes e, dentre os poucos brasileiros que participaram, todos tiveram apoio de um estrangeiro, exceto Bibiano Silva[118]. Havia uma clara internacionalização do certame, algo enfatizado no pronunciamento de Oscar Rodrigues Alves durante a segunda sessão da Comissão Julgadora, em que ele destacou a presença de artistas de outras nacionalidades e afirmou ser uma honra para o governo de São Paulo a "afluência internacional de profissionais da Arte e com o excepcional brilho deste certame: desvanecem-no estas provas de simpatia pelo Brasil: e louva em nome do Go-

---

117 José Machado Pinheiro Júnior, "Coisas da Cidade – As 'Maquetes'", *O Estado de S. Paulo*, 31 mar. 1920.
118 O projeto de Bibiano Silva foi realizado juntamente com o arquiteto João Confalonieri. Porém, não foi possível encontrar informações sobre esse arquiteto.

verno do Estado todos os concorrentes"[119]. Nos concursos realizados no Brasil, a presença de estrangeiros e a vitória deles era muito frequente. Em São Paulo, o primeiro certame ocorreu em 1909, quando foi divulgado o edital da concorrência internacional para o monumento *Gloria Imortal aos Fundadores de São Paulo*, em que o italiano Amadeo Zani foi vencedor[120]. Em 1910, foi realizado um concurso para o *Monumento ao Regente Feijó*, vencido pelo francês Louis Convers e inaugurado em 1913, no Largo da Liberdade[121]. Em Santos, houve a concorrência para o *Monumento aos Irmãos Andradas*[122], ocorrido em 1920, vencido pelos franceses Antoine Sartorio e Gaston Castel e inaugurado em 1922[123].

Vencer concursos internacionais era muito valorizado na carreira dos escultores. No entanto, a participação em concursos públicos demandava muito empenho e investimento, já que o artista precisava dispender recursos para realizar maquetes e projetos, arriscando-se para obter algum prêmio. A participação frequente de Ettore Ximenes em concursos é uma demonstração das estratégias em que ele se lançara para obter sucesso em sua carreira, já que fora vencedor de diversas concorrências na Itália, na Rússia e na Argentina antes de obter o triunfo do *Monumento à Independência do Brasil*. Quando foi noticiada a vitória de Ximenes no concurso brasileiro, uma lista gigantesca das suas obras foi publicada no

119 Ata da 2ª Sessão realizada pela Comissão encarregada pelo Exmo. Sr. Pres. do Estado de São Paulo de proceder o julgamento dos projetos apresentados em concurso para a construção do monumento a erigir-se no Ipiranga e destinado a comemorar a passagem da 1ª efeméride centenária da Proclamação da Independência do Brasil, a Sete de Setembro de 1822, 27.03.1920, Arquivo do Estado de São Paulo, C06017.05, MI 03.01.05, documento 2.

120 Ana Rita Uhle, "Operários da Memória": Artistas Escultores do Início do Século xx e o Concurso do Monumento Glória Imortal aos Fundadores de São Paulo", Anais do Museu Paulista, São Paulo, vol. 23, n. 2, pp. 139-163, jul.-dez. 2015.

121 Magda Ricci, "Os Republicanos Revisitam o Regente: A História da Construção de um Monumento ao Regente Feijó na São Paulo de 1913", *Anais do XX Simpósio Nacional de História*, São Paulo, Humanitas – FFLCH-USP/ANPUH, 1999, pp. 1043-1057.

122 Ana Cláudia Brefe e Morel-Deledalle, *O Monumento aos Andradas*, Santos, Fundação Arquivo e Memória de Santos, 2005.

123 Posteriormente, houve ainda no Rio de Janeiro o concurso para o *Monumento a Proclamação da República*, que ocorreu entre 1922 e 1923, tendo Luigi Brizzolara como vencedor, sendo que seu projeto não foi executado. Em 1925, houve o concurso ao monumento a Luiz Pereira Barreto, que teve como vencedor o italiano Galileo Emendabili, obra inaugurada em 1929, na praça Marechal Deodoro. Nesse mesmo ano, Emendabili venceu também o concurso do *Monumento a Ramos de Azevedo*, inaugurado em 1934.

jornal *Correio Paulistano*[124]. A fim de compreender o papel que o escultor desempenhava no meio artístico internacional, torna-se premente percorrer a sua trajetória artística e, assim, entender quais outros motivos, além dos citados pelos jurados, poderiam ter contribuído para que se escolhesse Ximenes como artífice do monumento brasileiro. Ademais, será possível perceber o que representava para a carreira desse escultor vencer o concurso brasileiro.

3.3. Uma escolha estratégica

Ettore Ximenes nasceu em Palermo, capital da Sicília, em 11 de abril de 1855, filho de Giulia Tolentino e Antonio Ximenes. A sua formação artística teve início em sua cidade natal, tendo sido admitido no Istituto di Belle Arti di Palermo, sediado na Abadia da Martorana[125]. Em 1872, aos dezessete anos, Ximenes recebeu a sua primeira encomenda: um monumento a ser feito no vilarejo de Burgio, na Sicília. Por este trabalho recebeu mil liras, que utilizou para financiar seus estudos em Nápoles, no Istituto di Belle Arti.

No ano seguinte, participou da Exposição Universal de Viena, com uma escultura intitulada *Lavoro senza Genio*. Em 1874, voltou a Palermo a fim de participar do concurso para o Pensionato Nacional Artístico, que venceu, obtendo uma bolsa quadrienal para estudar em Florença. Nesse período, começou a realizar trabalhos como ilustrador em periódicos como *Gazzetta di Milano* e *L'Illustrazione italiana* e no jornal humorístico *Il Bollente Achille*[126].

---

124 "*O Monumento da Independência* – Entrevista com o Escultor Ettore Ximenes", *Correio Paulistano*, p. 3, 1 abr. 1920.

125 O Istituto di Belle Arti di Palermo surgiu em 1780, como escola de desenho, e, em 1783 transformou-se em Accademia dell'Uomo Ignudo. A partir de 1805, a instituição se associa aos cursos de arquitetura e filosofia da Regia Università di Palermo. Com a Unificação Italiana, intencionou-se criar uma Academia de Arte, que demorou a ser concretizada. Por isso, criou-se temporariamente um Instituto de Belas Artes, no entanto desmembraram os cursos. Assim, em 1867, as cadeiras de escultura, nu e de desenho são transferidas para a antiga Abadia da Martorana. Foi nesse momento que Ettore Ximenes realizou seus estudos. Por isso, na bibliografia, a instituição é apontada como Istituto di Belle Arti della Martorana. Com o decreto de 31 de setembro de 1923, o Istituto di Belle Arti transformou-se em Accademia di Belle Arti (Giovanna Cassese (curadoria), *Accademie/ Patrimoni di Belle Arti*, Roma, Gangemi, 2013).

126 Sobre a carreira de Ettore Ximenes ver: Anna Barricelli, "Ettore Ximenes, Una Vita per la Scultura", *Kálos arte in Sicilia*, edição monográfica de mestre sicilianos 7, n. 2, ano 1995, mar.--abr.; Giovanna Bonasegale, *Catalogo Generale della Galleria Comunale d'Arte Moderna e Con-*

A partir de 1877, Ximenes passou a ter participação assídua em numerosos concursos e exposições[127], com os quais obteve prêmios que garantiram a divulgação de seu trabalho em revistas ilustradas e lhe proporcionaram visibilidade, tornando-o um artista conhecido. Era de grande importância para a carreira dos escultores europeus divulgar seus trabalhos em exposições e concursos, sobretudo quando conquistavam prêmios capazes de lhes trazer distinção. Arnaldo Zocchi, por exemplo, era considerado um grande escultor por ter obtido a medalha de ouro na Exposição Internacional de Roma, em 1892, e pelas conquistas em concursos internacionais, como em 1903, d'*Monumento ao Czar Libertador*, em Sofia, atual Bulgária, e em 1907, d'*Monumento a Cristóvão Colombo*, em Buenos Aires[128]. Luigi Brizzolara ganhou a medalha de prata na mostra colombiana de Gênova em 1892, e ficou conhecido por ter vencido o concurso do *Monumento à Independência* em Buenos Aires, em 1910. A projeção internacional por meio desses concursos era, assim, parte da construção de uma carreira fora da Itália, que não dava conta de absorver todos os escultores nativos que ofereciam seus trabalhos internamente. Nesse sentido, Ettore Ximenes destacou-se, pois recebeu prêmios em diversas exposições no exterior e ficou dentre os primeiros colocados em vários concursos internacionais.

Uma conquista importante para o início da carreira de Ximenes no exterior foi a medalha de ouro da Exposição Universal de Paris, de 1878, com *L'Equilibrio*, que representa um jovem acrobata, em tamanho natural, que se equilibra em uma esfera. A obra mereceu uma longa análise de Pietro Coccoluto Ferrigni, jornalista e advogado, que escreveu para diversos periódicos italianos, utilizando o pseudônimo de Yorick.

Encontrou um artista louco, um belo talento e um belo humor, com a cabeça aberta a todas as ideias generosas e um coração escancarado a toda ternura humana, que deixou cair um olhar de compaixão e simpatia sobre um mísero saltimbanco, que tomou como modelo para uma estátua. Uma estátua ao filho de palhaço!... [...] Mas, nesse ínterim, há isso de mais curioso: que vós, pessoas consistentes, amadurecidas, que desconsideram parar um momento diante de um palhacinho de carne e osso, permanecem meias horas

temporanea, Roma, Edizione de Luca, 1995 e Ugo Fleres, *Ettore Ximenes: Sua Vita e sue Opere*, Bergamo, Instituto Italiano d'Arte Grafiche, 1928.

127 Giovanna Bonasegale, *op. cit.*, p. 591.

128 O *Monumento ao Czar Libertador* foi inaugurado em 1907 e o *Monumento a Cristóvão Colombo*, em 1921.

inteiras boquiabertos, imóveis, dormentes, na contemplação de um saltimbanco de gesso, o qual, em vez de ser uma criatura de Deus, que sofre e se agita e se aflige a falar de vosso bom coração, é uma criatura do senhor Ettore Ximenes, que está ali unicamente para fazer cócegas ao vosso bom gosto. [...] Assim, se demonstra uma vez mais que a arte não é o real [...] mas é qualquer coisa mais, é a união entre real e ideal que resplandece e transparece a alma do artista; é o real aparente com complemento da chama divina que se esconde na matéria e a agita, e a esquenta, e a move. O equilibrista, o qual vimos mil vezes eu e vós, era um fedelho esfarrapado, desordeiro e antipático, que vos deixava indiferente e talvez um tanto irritado. Guarda-o lá, tal qual há visto e tal qual o senhor Ximenes vos fez ver. Observe aquele corpinho penoso que não há nervo, não há fibra que não revele juntamente o esforço, a fadiga, a dificuldade da ação, a preocupação profunda do espírito e do medo de não ter sucesso, e a vanglória de vencer. A cabeça baixa, os olhos atentos, com o rosto contorcido em uma careta que está entre o susto e o sorriso, o torso tensionado para frente com aquela sensação de trepidação tão natural em que se sente faltar o solo, todas as pessoas denunciam aquele movimento de rápida ondulação, de trepidação geral e de tremor de cada músculo que é próprio do equilibrista... no exercício das suas funções[129].

L'Equilibrio foi considerada a primeira "opera d'artista" de Ettore Ximenes pelo crítico de arte Luigi Archinti, que utilizava o pseudônimo de Chirtani[130]. A imagem da estátua do equilibrista foi divulgada no livro *Les Merveilles de l'Exposition de 1878* e posteriormente foi reproduzida para fins comerciais em dimensões reduzidas, tanto em mármore como em bronze[131].

Na exposição de Turim, em 1880, foi novamente premiado com *Cuore di Re*, que representa um episódio em que o rei Vittorio Emanuele II, durante uma caçada, encontra um menino sem sapatos, abraça-o e oferece-lhe uma moeda, que foi recusada pelo jovem agricultor. A obra foi adquirida pelo príncipe Amedeo, duque de Aosta, filho de Vittorio Emanuele II. Na mesma mostra, recebeu o grande prêmio com *Ciceruacchio*, que representa Angelo Brunetti, herói da insurreição republicana de 1849 nos Estados Pontifícios, que é representado prestes a ser fuzilado junto a seu filho. Essa obra foi posteriormente reproduzida em bronze, em

---

129 [Pietro Coccoluto Ferrigni] Yorick, em Angelo de Gubernatis, *Dizionario degli Artisti Italiani Viventi, Pittori, Scultori e Architetti*, Firenze, Successori Le Monnier, 1906, pp. 556-557 (tradução minha).

130 Chirtani, "Il Monumento a Garibaldi in Milano", *Natura ed Arte*, 1 dicembre 1895-96, p. 60.

131 Giovanna Bonasegale, *op. cit.*, p. 591.

Roma. Em 1883, Ximenes participou da mostra inaugural do novo Palazzo delle Esposizione, em Roma, com uma obra grandiosa intitulada *Giulio Cesare Morto*, que representa os instantes seguintes ao assassinato do estadista por membros do Senado romano. Um artigo veiculado na *L'Illustrazione Italiana* considerou a estátua a mais bela escultura de toda a mostra[132]. No ano seguinte, Ximenes foi novamente premiado na exposição de Turim, com a obra *Bacio di Giuda*. Nessa ocasião, o articulista da revista da exposição, ao falar das obras apresentadas pelo artista, demonstrou como a sua carreira estava se sedimentando, após o pontapé inicial gerado por *L'Equilibrio*:

Ximenes a cada exposição apresenta uma obra prima, séria, e esculturas de menor importância, de gênero ameno e de assunto moderno. Este ano, junto a *Bacio di Giuda* expôs várias dessas obras menores. [...] Estes trabalhos devem ser assinalados porque figuram dentre as coisas de caráter gentil das Exposições e representam a fisionomia artística desse jovem escultor que da estátua *Equilibrio* em diante se fez destacar em todas as Exposições, dentre os nossos valentes escultores modernos[133].

Em 1884, Ximenes participou do concurso para o *Monumento a Garibaldi*, em Roma, no qual ficou em quinto lugar. Em Milão, houve um concurso com o mesmo tema, o qual precisou, no entanto, ser adiado e só foi realizado novamente em 1887, com a divulgação de Ettore Ximenes como vencedor no ano seguinte[134]. Todo o processo do concurso, os projetos e a obra escolhida foram bastante divulgados nos periódicos italianos, recebendo especial destaque a inauguração, que ocorreu em novembro de 1895[135] (Figura 57).

132 *L'Illustrazione Italiana*, 25 febbraio 1883, p. 118.
133 Il Bacio di Giuda, *Gruppo in Gesso di Ettore Ximenes,* Torino e L'Esposizione Italiana 1884, Cronaca Illustrata della Esposizione Nazionale-Industriale ed Artistica del 1884, Torino-Milano, Roux e Favale e Fratelli Treves, p. 162.
134 Fabrício Andrade, *Ettore Ximenes: Monumentos e Encomendas (1855-1926).*
135 Sobre o concurso do Monumento a Garibaldi em Roma ver *L'Illustrazione Italiana*, Milano, pp. 295, 296, 297, 9 novembre, 1884; *L'Illustrazione Italiana*, p. 7, 4 gennaio 1885. Sobre o concurso do *Monumento a Garibaldi* em Milão ver: *L'Illustrazione Italiana*, p. 123, 23 agosto 1885; *L'Illustrazione Italiana*, Milano, pp. 152, 153, 160, 6 settembre 1885; *L'Illustrazione Italiana*, p. 320, 4 novembre 1888; *L'Illustrazione Italiana*, Milano, pp. 338, 339, 341, 11 novembre 1888; *L'Illustrazione Italiana*, pp. 355, 361, 18 novembre 1888; *L'Illustrazione Italiana*, Milano, p. 390, 2 dicembre 1888; *L'Illustrazione Italiana*, 15 giugno 1890; *L'Illustrazione Italiana*, p. 174, 12 marzo 1893. Durante a inauguração diversas imagens do monumento foram divulgadas na revista L'Illustrazione Italiana, sendo que

Figura 57. *Il Monumento a Garibaldi, che s'inaugura oggi a Milano.* Ettore Ximenes, scultore, – Augusto Guidini, architetto. *L'illustrazione Italiana,* 03 de novembro de 1895, capa. Biblioteca Galleria Nazionale d'Arte Moderna e Contemporanea Roma.

Vencer o concurso do *Monumento a Garibaldi* em Milão, capital econômica e cultural do Norte da Itália, certamente impulsionou a carreira de Ettore Ximenes, que se tornou mais conhecido e passou a somar uma série de sucessos em concursos e obras de grande visibilidade. Seus monumentos passaram a alcançar o espaço público, sendo instalados em praças, cemitérios e museus.

Em 1887, realizou a estátua de *San Mattia* para a fachada da Igreja de Santa Maria del Fiore, em Florença, um dos grandes projetos de arquitetura em curso na Itália de então[136]. Venceu o concurso para a ereção da estátua de Giuseppe Garibaldi, na cidade de Pesaro, que foi inaugurada em 1891[137]. Em 1894, ganhou o certame para a realização de um monumento em homenagem ao importante linguista italiano Nicolò Tommaseo, que foi inaugurado dois anos depois, na cidade de Sebenico (Sibenik), que hoje pertence a Croácia[138].

duas vezes foram estampadas na capa do periódico. Além das imagens, foram publicadas matérias sobre a obra e sobre Ettore Ximenes (*L'illustrazione Italiana,* capa, pp. 275, 278, 280, 281, 3 novembro 1895. *L'illustrazione Italiana,* capa, pp. 290, 296, 297, 30, 10 novembre 1895).

136 *L'illustrazione Italiana,* anno XIV, n. 19, p. 331, 8 maggio 1887.
137 *L'illustrazione Italiana,* anno XVIII, n. 33, p. 110, 16 agosto 1891.
138 *L'illustrazione Italiana,* anno XXI, p. 207, n. 13, 1 aprile 1894.

Na Exposição de Veneza de 1895, apresentou o modelo em gesso de *Rinascita*, que representa uma jovem mulher, cujas formas e indumentária remetem ao *Quattrocento* florentino. É um exemplo emblemático de união de elementos neorrenascentistas e *art nouveau*. A obra obteve grande sucesso, fazendo com que o Ministério de Instrução Pública encomendasse a sua fusão em bronze[139]. A escultura foi apresentada na Exposição Universal de Paris em 1900, e premiada com uma medalha de ouro[140]. Outro monumento que obteve repercussão nas revistas ilustradas foi o dedicado ao *Maggiore Pietro Toselli*, inaugurado em 1899, na cidade de Peveragno, no Piemonte[141].

Uma conquista de imensa importância simbólica para a carreira de Ettore Ximenes foi vencer, em 1900, o concurso para fazer a *Quadriga*, que coroa o edifício do Palazzo di Giustizia (Figura 58) em Roma, situado em frente ao rio Tibre e um dos mais importantes edifícios erguidos na capital italiana desde o *risorgimento*. Segundo Ugo Fleres, a competição foi realizada em três etapas e contou com a participação de Raffaello Romanelli[142], Mario Rutelli[143] e Davide Calandra[144]. Este último acabou em um "duelo" com Ximenes, que obteve a aprovação final com um esboço "bem superior" aos que havia apresentado anteriormente, como relatou Fleres:

139 *L'illustrazione Italiana*, anno XXII, n. 19, p. 297, 12 maggio 1895.

140 Matteo Lanfranconi, *Galleria Nazionale d'Arte Moderna, Le Collezioni. Il XIX Secolo*, Roma, Electa, 2006, p. 330.

141 *La Domenica del Corriere*, Milano, anno L, n. 29, p. 4, 23 luglio 1899.

142 Raffaello Romanelli (1856–1928) foi um escultor de Florença que estudou na Accademia di Firenze. Ativo no âmbito do naturalismo, trabalhou nos Estados Unidos, Áustria, Inglaterra e Cuba. Dentre suas obras, são notáveis os monumentos aos estudantes Curtatone (universidade de Siena) e Carlo Alberto (Roma), mortos na Primeira Guerra Mundial. Informações retiradas de http://www.treccani.it/enciclopedia/raffaello-romanelli/. Acesso em nov. 2022.

143 Mario Rutelli (1859-1941) foi um escultor de Palermo, que estudou na sua cidade natal e em Roma. Dentre as obras que realizou, destacam-se *Naiadi* (1901) e *Il Glauco* (1912) da fonte na praça da República em Roma (*Fontana dele Naiadi*, com arquitetura de A. Guerrieri, 1885), que lhe deram notoriedade. Além disso, fez o monumento a Anita Garibaldi, no Gianicolo, e uma Vitória no monumento a *Vittorio Emmanuele II*, em Roma. Informações retiradas de http://www.treccani.it/enciclopedia/mario-rutelli/. Acesso em nov. 2022.

144 Davide Calandra (1856-1915) foi um escultor de Turim que realizou muitas obras, sobretudo de monumentos públicos, na Itália e no exterior. Dentre as mais importantes, estão *Monumento a Garibaldi*, de Parma; *Zanardeli*, em Brescia; *Umberto I*, em Roma; *Mitre*, em Buenos Aires. Mas, certamente a mais notável obra é a dedicada ao *Principe Amedeo*, em Turim, feita em 1902. Informações retiradas de http://www.treccani.it/enciclopedia/davide-calandra/. Acesso em nov. 2022.

Figura 58. Ettore Ximenes, *Quadriga da Corte di Cassazione* (Palazzo di Giustizia), Roma. Foto da autora, 2014.

A grandiosa obra será realizada em bronze, terá onze metros de altura e será colocada a mais de quarenta metros do solo, sobre o colossal prospecto do edifício que está diante da ponte Umberto. É assim a gigantesca, figura alada da Justiça, que se encontrará na região aérea, onde até agora se ergue apenas o anjo da Mole Adriana, ali, em ato de embainhar a espada[145].

Apesar de a obra estar pronta em 1907, ela só foi inaugurada em 1925, quando foi colocada no topo do edifício[146].

Em 1907, na cidade de Parma, foi inaugurado o seu *Monumento a Vittorio Bottego*, um explorador e oficial italiano que ficou conhecido pelas suas expedições à África Oriental. Um artigo veiculado na revista *L'Illustrazione Italiana* afirma que Ettore Ximenes foi condecorado cidadão honorário pela municipalidade de Parma[147]. Nesse mesmo ano, duas obras foram inauguradas em Roma – *Ciceruacchio*, que havia sido premiada na Exposição de Turim de 1880, tendo sido então erguida no Lungotevere Flaminio[148], junto ao busto do poeta Luigi Mercantini, no Monte Janículo (*Gianicolo*)[149].

---

145 Ugo Fleres, "Frontone e Quadriga", *L'Illustrazione Italiana*, anno XXVII, p. 330, 11 novembre 1900.
146 Não foi possível ainda identificar os motivos do atraso da colocação da Quadriga. Não foram encontradas notícias nos jornais, nem informações na bibliografia consultada.
147 "Le Feste di Scienze e d'arte a Parma", *L'illustrazione Italiana*, p. 337, 6 ottobre 1907.
148 A obra *Ciceruacchio* foi transferida em 1957 para o *Lungotevere in Augusta* e, em 2011, durante as comemorações dos 150 anos da unificação italiana, para o parque Gianicolo, próximo à Porta San Pancrazio.
149 Roma e Ripatransone per Ciceruacchio e per Mercantini, *L'illustrazione Italiana*, p. 458, 10 novembre 1907. Nuovi monumenti A Ciceruacchio, a Roma, La Domenica del Corriere, p. 8, 17 a 24 novembre 1907.

Figura 59. Ettore Ximenes, *Il Diritto, Monumento Nazionale a Vittorio Emanuele II*, Roma.
Foto da autora, 2015.

No ano seguinte, em 1908, Ettore Ximenes foi escolhido para realizar um grupo alegórico para o *Monumento Nazionale a Vittorio Emanuele II*. Esse gigantesco e polêmico monumento arquitetônico, conhecido também como *Vittoriano* ou *Altare della Patria* (ou mais ironicamente como *Olivetti*, numa alusão à sua forma de máquina de escrever), foi realizado em homenagem ao primeiro rei da Itália unificada e está situado sobre a Colina Capitolina, o Campidoglio, em frente à Piazza Venezia. Feito em mármore branco botticino, possui 81 metros de altura, 135 metros de largura e uma superfície total de 17 mil metros quadrados. Dentre as diversas esculturas, quadrigas e grupos alegóricos que compõem o monumento, há quatro conjuntos situados no terraço do altar, que simbolizam os valores dos italianos: o Sacrifício, a Força, a Concórdia e o Direito. A execução deste último foi confiada a Ettore Ximenes (Figura 59). O *Vittoriano* foi uma obra de grandes proporções, que exigiu um muito investimento e desencadeou uma remodelação urbana iniciada com a demolição de dezenas de construções para que ele pudesse ser erguido. Dessa maneira, o monumento e o extenso processo para a sua consecução foram minuciosamente divulgados nos periódicos italianos, pelo que fazer parte desse projeto era estar no centro das atenções e dos debates da imprensa.

Todos esses monumentos demonstram como Ettore Ximenes era um escultor ativo e bastante requisitado para obras de grandes proporções. Esse elencar de encomendas e vitórias em concursos e exposições revela que suas obras se encontram dispostas de norte a sul na Itália, como monumentos públicos na Sicília, Toscana, Lombardia, Piemonte, Marcas (Marche) e na capital italiana. Porém Ximenes não construiu uma carreira sólida e profícua apenas no território italiano, visto que participou de diversos concursos internacionais, vencendo alguns deles, o que o colocava numa condição sedutora aos olhos dos membros do júri que escolheu seu projeto para o *Monumento à Independência*.

O primeiro concurso que venceu fora da Europa foi o do *Mausoléu ao General Manuel Belgrano*[150], em Buenos Aires, cidade que despontava como a riquíssima capital da economia da carne e do trigo argentinos e um mercado importante para pintores, escultores e arquitetos europeus. A vitória portenha ocorreu logo após a inauguração do *Monumento a Garibaldi*, em Milão que, como foi visto, foi amplamente divulgado em revistas ilustradas e, certamente, conquistou uma repercussão internacional.

A ideia de realizar um monumento a Manuel Belgrano remonta a 1894, quando Luis Duprat denunciou, em um artigo veiculado na revista *Artes y Letras*[151], a ausência de um mausoléu digno ao general que lutou nas guerras de independência da Argentina e que havia sido sepultado de maneira muito humilde no átrio da Igreja de Santo Domingo em Buenos Aires. No ano seguinte, começou-se a organizar um concurso internacional para realizar o monumento fúnebre, concluído apenas no início de 1898. Ettore Ximenes foi escolhido vencedor, sendo atribuído a Vittorio de Pol, outro escultor italiano, o segundo lugar, ficando o artista argentino Arturo Dresco com o terceiro prêmio. A comissão do mausoléu, no entanto, antes de dar início à execução do monumento, convidou o escultor francês Jules-Félix Coután[152] para apresentar um projeto alterna-

150 Michelli Cristine Scapol Monteiro, "O *Mausoléu a Belgrano*, de Ettore Ximenes, e a Presença Artística Italiana na Argentina", *Revista de História del Arte y Cultura Visual del Centro Argentino e Investigadores de Arte Caiana*, n. 8, jan-jun 2016. Disponível em: <http://caiana.caia.org.ar/template/caiana.php?pag=default.php> Acesso em nov. 2022.

151 Jorge Lanata, *Argentinos: Desde Pedro de Mendoza a la Argentina del Centenario*, Buenos Aires, Ediciones B, 2002, tomo II, ano 2, n. 30, p. 466, 24 jun. 1894. Assinado por Luis Duprat.

152 Jules-Félix Coután foi um escultor francês, nascido em 1848, aluno de Pierre-Jules Cavelier, na Ecole des Beaux-Arts de Paris. Em 1871 ganhou o Prix de Roma, e estudou na Itália de 1872 a 1876. Sua primeira exposição no Salon foi em 1876, quando ganhou a medalha de primeiro lugar. Em 1881, ganhou o concurso para o monumento da Assembleia Constituinte em Versailles. Posteriormente à concorrência em Buenos Aires, participou da decoração da ponte Alexandre III, criando a alegoria *La France de la Renaissance*, em 1900, e o conjunto escultórico *Les Chasseurs D'aigles*, para a fachada do Museu de História Natural de Paris. Em Buenos Aires realizou a tumba de José Paz, para o cemitério da Recoleta, em 1912. Em Nova York, em

Um artista internacional para o monumento nacional

tivo. Dessa maneira, uma nova concorrência foi realizada em 1896 entre os três primeiros colocados do certame e o artista convidado. Na nova etapa, Ximenes venceu novamente, tendo recebido doze votos a seu favor, enquanto Vittorio de Pol recebeu quatro e Coután apenas um[153]. O resultado do concurso foi divulgado com orgulho na Itália, tendo sido considerado como um "novo triunfo"[154] de Ettore Ximenes, que apresentou um esboço "genial"[155]. O mausoléu foi inaugurado em 1903, no átrio da Igreja de Santo Domingo em Buenos Aires.

Durante a sua permanência na Argentina, Ettore Ximenes realizou outros monumentos, como o mausoléu a Francisco Muñiz, no cemitério da Recoleta, em Buenos Aires, e um busto representando a Argentina, para o Palácio do Governo[156], além de outras obras, como relata Giacomo de Zerbi:

Ele trabalhou no seu estúdio da rua Corrientes e Reconquista como teriam feito dez artistas juntos: modelou e esculpiu bustos – magníficos aquele da República, adquirido para o grande Sala de Recepção do Palácio do Governo, e aquele de Roca, o novo presidente da República – pintou quadros, idealizou e realizou monumentos, preparou projetos, criou belíssimos pastéis, encontrando tempo para tudo, sem se descuidar dos salões e encontros, em que é muito solicitado[157].

A carreira internacional de Ettore Ximenes não ficou, contudo, restrita à sua vitória inaugural na Argentina. Em 1909, os jornais divulgaram a inauguração de um monumento em homenagem a Giovanni da Verrazzano, explorador italiano que teria sido o primeiro viajante a chegar à baía de Nova York. O monumento foi encomendado pela colônia italiana dos Estados Unidos[158], sob os auspícios de Car-

---

1913, inaugurou o frontispício da entrada principal da Grand Estação Central, um conjunto escultórico intitulado *Glory of Commerce* (A. Cunha, *Les Travaux de L'exposition de 1900*, Paris, Masson, 1901, pp. 144-150).

153 "Mausoleo á Belgrano", *La Illustración Sud-Americana*, Buenos Aires, ano VI, n. 136, p. 316, 16 ago. 1898.

154 Noterelle, *L'Illustrazione Italiana*, p. 150, 28 ago. 1898.

155 Giacomo de Zerbi, "Arte e Artisti", *Natura ed Arte*, p. 888, 1 maggio 1898.

156 *L'Illustrazione Italiana*, p. 195, 17 marzo 1901.

157 Giacomo de Zerbi, "Arte e Artisti", *Natura ed Arte*, p. 888.

158 Sobre os monumentos de Ettore Ximenes em Nova York ver Michelli Cristine Scapol Monteiro, "A América como Consagração: Esculturas de Ettore Ximenes em Nova York (1909-1921)". *Revista História*, n. 178, a09617, 2019. https://doi.org/10.11606/issn.2316-9141.rh.2019.141992. Acesso em nov. 2022.

lo Barsotti, editor do jornal *Progresso Italo-Americano*. A obra foi instalada no *Battery Park*, de onde se pode observar a baía de Nova York e a estátua do escultor francês Frédéric Auguste Bartholdi, *La Liberté Éclairant le Monde*, a célebre Estátua da Liberdade, monumento oferecido pela França que tornara a cidade de Nova York um palco privilegiado para a consagração mundial de escultores europeus.

Assim como ocorreu em Buenos Aires, a encomenda do monumento público permitiu ao artista vender outras obras e realizar encomendas enquanto esteve no Estados Unidos, como a estatueta em bronze feita para o presidente Taft[159]. Em 1910, ano seguinte à inauguração do monumento nova-iorquino, Ettore Ximenes recebeu uma nova encomenda para realizar um monumento em homenagem a Dante Alighieri a ser instalado também em Nova York. Pouco tempo depois, o esboço do artista estava pronto. Um artigo veiculado no *Progresso Italo-Americano* demonstrava a ambição dos artífices do monumento:

O projeto do monumento a Dante moldado por Ettore Ximenes foi concluído. Das mãos do insigne artífice saiu uma composição admirável por concepção e por estrutura.

Nova York, por obra dele, terá o maior dos monumentos eretos a Dante: certamente mais imponente, alto e belo que aquele de Trento.

Será a glória da nossa arte e dos italianos da América[160].

É possível perceber quão grandes eram as pretensões de Carlo Barsotti com a realização dessa obra, que objetivava ser o maior e mais imponente monumento dedicado a Dante Alighieri em todo o mundo. Para ele, tal feito era visto como a glória da arte e dos italianos na América. Em artigos posteriores, a obra foi considerada "a esfinge de Dante mais bela que existe na arte"[161] e a "obra-prima"[162] de Ettore Ximenes. Os planos de Barsotti, no entanto, foram frustrados, já que não foi possível inaugurar o monumento na data prevista, pois o Conselho de Arte de Nova York desaprovou a parte arquitetônica do projeto, exigindo diversas modificações, inclusive no tamanho da obra, além de ter reprovado a sua instalação na Times Square e em outros locais indicados pela comissão do monumento. Essa de-

---

159 Ettore Ximenes, *Il Progresso Italo-Americano*, p. 2, 2 aprile 1910.

160 "Ximenes Há Finito il Bozzetto del Monumento a Dante per Nuova York", *Il Progresso Italo-Americano*, Nova York, 18 settembre 1910, p. 1.

161 *Il Progresso Italo-Americano*, Nova York, p. 1, 25 giugno 1911.

162 *Il Progresso Italo-Americano*, Nova York, p. 1, 23 luglio 1911.

cisão foi intensamente criticada pelos membros do jornal *Il Progresso Italo-Americo*, que recebeu e publicou cartas de leitores e autoridades que manifestavam sua indignação diante do acontecimento. Os manifestos, no entanto, não foram suficientes para reverter a situação e a obra precisou ser remodelada, tendo sido finalmente inaugurada em novembro de 1921 no local atualmente denominado Dante Park, na esquina da Broadway com Avenida Columbus, no Upper East Side[163]. Em dezembro do mesmo ano, uma réplica do monumento foi instalada em Washington, no Meridian Hill Park[164].

O início da década de 1910 foi bastante agitado para Ettore Ximenes, já que ele circulou entre Itália, Estados Unidos e Rússia. Isso aconteceu porque logo após retornar da inauguração do monumento a Giovanni da Verrazzano, em Nova York, em 1909, o escultor embarcou para Kiev, na Rússia, a convite do czar Nicolau II, para participar do concurso para o monumento em homenagem ao czar Alexandre II.

A monarquia russa passou a investir no desenvolvimento monumental a partir de meados da década de 1900 e durante a década de 1910. O fracasso da Guerra Russo-Japonesa, seguida por rebeliões sociais, ocasionou um progressivo desprestígio do czar Nicolau II. A fim de difundir uma nova imagem da monarquia, foram retomadas as instalações de monumentos nos quais, entre 1909 e 1914, foram introduzidas inovações, sobretudo na maneira de retratar o monarca. A natureza sagrada do poder foi preterida a uma imagem mais secular, em que se destacava a dignidade pessoal do monarca. Esse processo de secularização da imagem tomou como base modelos ocidentais. Outra nova característica desse período foi o convite a artistas estrangeiros, principalmente italianos. Isso se explica principalmente pela mudança do estilo e pela ampla utilização das formas neoclássicas, cuja maior referência era a Itália. Por isso, segundo Yuri Savaliev, "foram convidados para trabalhar na Rússia os mais famosos e talentosos escultores italianos, como Ettore Ximenes, P. Canônica, R. Romanelli, e muitos outros"[165].

---

163 O pequeno Dante Park e a estátua de Garibaldi encontram-se exatamente em frente ao Lincoln Center for the Performing Arts, cuja concepção foi iniciada em 1955 para a renovação da antiga Lincoln Square.

164 Gertrude Richardson Brigham, "The New Memorial to Dante in Washington", *Art and Archaeology*, vol. XIII, pp. 32-35, jan-june 1922.

165 Yuri Savaliev (Юрий, Савельев), *Power and Monument* (власть и монумент: Памятники державным правителям России и Европы 1881-1914), São Petersburgo, Liki Rossii Editora (Лики России), 2011.

Como relata Savaliev, apesar do convite ter sido iniciativa pessoal de Nicolau II, o projeto passou pela análise da Academia de Belas Artes, que o aprovou, porém, sugerindo algumas modificações. A revista *L'Illustrazione Italiana*[166] noticiou que Ximenes obtivera o primeiro lugar deliberado por concurso[167], tendo recebido 5000 rublos pela obra. O escultor precisou trabalhar simultaneamente no monumento ao czar e no monumento a Dante, que Carlo Barsotti havia lhe encomendado.

O monumento a Alexandre II foi erguido no coração da cidade de Kiev, na praça Carskaja, e foi inaugurado em 1912 na presença do imperador russo[168]. Ximenes participou ainda de outros concursos e obteve encomendas no país. Em 1912 venceu a concorrência, que aconteceu em Kiev, para homenagear Pyotr Stolypin (Figura 60), o presidente do Conselho de Ministros russo que havia sido assassinado no ano anterior[169]. Em 1913 participou de um grande concurso, que aconteceu em São Petersburgo, para erigir um monumento em homenagem ao Czar Alexandre II (Figura 61). Participaram da concorrência cerca de 117 projetos, dos quais quase um terço era de escultores italianos. Ximenes ficou dentre os primeiros colocados, mas o escultor florentino Rafaello Romanelli foi quem obteve a vitória[170]. Nesse mesmo ano, foi escolhido para fazer o *Monumento a Alexandre I*, em Kishinev (capital da atual Moldávia), que foi erguido na rua Aleksandrockaja, em frente à residência do prelado metropolita. Nicolau II novamente esteve presente na inauguração do monumento[171], que aconteceu em 1914, às vésperas da Primeira Guerra Mundial, que se iniciaria em 28 de julho. Nenhuma dessas obras de Ximenes realizadas na Rússia existem mais, pois foram destruídas durante o período soviético.

166 Per un monumento ad Alessandro II a Kiew. *L'illustrazione Italiana*, p. 583, 12 giugno 1910.
167 Na biografia feita por Ugo Fleres e nas revistas italianas, afirmou-se que Ximenes venceu um concurso internacional para o monumento a Alexandre II, em Kiev. Porém, Yuri Savaliev o encara como uma encomenda.
168 Yuri Saveliev, "Il Monumento Pubblico Russo Agli Inizi del Novecento. Gli Scultori e Gli Incarichi Pubblici", em Loretta Mozzoni e Stefano Santini, *Archietttura dell'Eclettismo, Il Rapporto tra l'Architettura e le Arti (1930-1960)*, Napoli, Liguori Editore, 2009, pp. 314-371.
169 Nuovi monumenti a Pietro A. Stolypin, *La Domenica del Corriere*, p. 10, 31 ottobre – 7 novembre 1912.
170 Yuri Saveliev (Юрий Савельев). *Power and Monument* (власть и монумент: Памятники державным правителям России и Европы 1881-1914).
171 Yuri Saveliev, "Il Monumento Pubblico Russo Agli Inizi del Novecento. Gli Scultori e Gli Incarichi Pubblici", em Loretta Mozzoni e Stefano Santini, *Archietttura dell'Eclettismo, Il Rapporto tra l'Architettura e le Arti (1930-1960)*, pp. 314-371.

Figura 60. *Monumento a Stolipin*, Ettore Ximenes, Kiev Ugo Fleres. *Ettore Ximenes: sua vita e sue opere.* Bergamo, Istituto Italiano d'arte grafiche, 1928, p. 165.

Figura 61. *Monumento a Alexandre I* em Kishinev, na Bessarábia (hoje Chişinău, capital da Moldávia). Retirado de: https://static.locals.md/2017/07/oldchisinau_com-alexI_17.jpg. Acesso em nov. 2022.

São Paulo na disputa pelo passado

O sucesso de Ettore Ximenes em encomendas e concursos internacionais esteve certamente atrelado ao relacionamento que mantinha com a elite política italiana e à inserção institucional que galgara em seu país de origem, uma referência para as artes escultóricas em todo o mundo que apenas tinha rival na França. O início dessa rede de contatos começou a se configurar com a sua nomeação para cargos de professor e diretor dentro dos institutos de belas artes. Em 1884, Ximenes transferiu-se de Florença, cidade em que havia realizado seus estudos de aperfeiçoamento artístico, para Urbino, onde assumiu a cátedra de escultura do Istituto di Belle Arti per le Marche e a direção da Accademia Raffaello Sanzio. Foi eleito membro da Giunta di Belle Arti del Regno em 1891, tendo recebido um grande número de votos de pintores, escultores e arquitetos, o que fez dele o escultor mais votado dentre os três eleitos[172]. Em 1899, foi nomeado pelo ministro da Pública Instrução professor de escultura do Instituto di Belle Arti, em Palermo, no posto que havia se tornado vacante com a morte de Benedetto Civiletti[173]. Em 1901, Nunzio Nasi, ministro da Pública Instrução do governo de Zanardelli, nomeou Ettore Ximenes membro do conselho do Istituto di Belle Arti em Nápoles[174]. A aproximação com os políticos capazes de lhe garantir esses cargos está evidenciada nos bustos que realizou, por exemplo, a Nunzio Nasi (1899) e a Giuseppe Zanardelli[175] (1900), que hoje se encontram no Palazzo di Montecitorio, sede romana do parlamento da Itália.

Nota-se que o artista percorreu diversas cidades italianas ao longo de sua carreira, até instalar-se definitivamente em Roma. Em 1902, quando já havia conquistado prestígio no meio artístico, mudou-se para uma casa na Piazza Galeno. Conhecida hoje como *Villino Ximenes*, a residência foi projetada por Leonardo Baldizzi e Ernesto Basile e possui uma ornamentação *art nouveau*, sendo um dos palacetes mais requintados da cidade neste estilo[176]. A fachada do edifício é decorada com frisos de motivos vegetais e baixos-relevos realizados pelo próprio Xi-

172 Noterelle, *L'Illustrazione Italiana*, p. 323, 24 maggio 1891.
173 *L'Illustrazione Italiana*, p. 473, 31 dicembre 1899.
174 *L'Illustrazione Italiana*, p. 283, 3 ottobre 1901.
175 Ettore Ximenes manteve um relacionamento de amizade com Giuseppe Zanardelli. Segundo Barricelli, essa amizade rendeu ao escultor numerosos trabalhos em Brescia, cidade natal de Zanardelli (Anna Barricelli, "Ettore Ximenes, Uma Vita per la Scultura", *Kálos Arte in Sicilia*, Palermo, anno 7, n. 2, marzo-aprile 1995, fascicolo monografico maestri siciliani, p. 13).
176 Francesca Coiro Cecchini, *Ville Villini Nella Roma dela Belle Époque*, Roma, Edilazio, 2010, pp. 65-72.

menes. Em um artigo publicado na revista *L'Illustrazione Italiana*, o autor descreve a residência do artista:

O estúdio é também criação do ilustre artista siciliano. Ele erigiu uma construção que é quase uma renda por sua leveza; ainda que sustente enormes blocos de mármore... Ximenes modelou um grande alto relevo que enfaixa a metade externa do edifício; é uma fileira de artistas, de todos os tempos e países, os quais correm para render homenagem à Arte, cujo altar sagrado se ergue ao meio. Nas janelas, em baixíssimo relevo em travertino, o artista representou Palermo, onde nasceu, Florença onde estudou, Urbino em cuja Academia ensinou escultura, e Roma onde agora realiza novas obras, com o impulso, com entusiasmo e felicidade que indica o fervor de inspiração inesgotável. Um afresco central destaca-se no meio: este também obra do nosso amigo. Duas figuras que representam a pintura e a escultura. O fundo é uma paisagem[177].

Como relatou o articulista, a decoração do edifício fazia referência ao seu residente por meio dos baixos-relevos e esculturas relacionados à arte, além de narrar a trajetória de Ximenes por meio da representação das principais cidades em que o escultor se estabeleceu. Esse artigo foi publicado na ocasião em que o rei da Itália, Vittorio Emanuele III, havia visitado o ateliê de três artistas, dentre eles o de Ettore Ximenes, tendo sido acompanhado por diversas autoridades italianas, como membros do exército e ministros. Ximenes, naquela ocasião, trabalhava em diversas obras, dentre as quais a Quadriga para o *Pallazzo di Giustizia*. Essa visita solene demonstra a notoriedade e o prestígio que Ettore Ximenes havia conquistado na sua carreira e o seu estreitamento com a elite política italiana.

O *Villino Ximenes* era também um espaço de encontro de personalidades italianas, pois o escultor promovia os *incontri della domenica*, que eram reuniões que contavam com a participação de uma grande quantidade de artistas, literatos, cientistas e políticos e, algumas vezes, até os soberanos. Segundo Anna Barricelli, essa intensa vida social que Ettore Ximenes estabeleceu em Roma favoreceu o seu acesso aos mais altos cargos acadêmicos, como o de Superintendente da coleção de escultura da Accademia di San Lucca e o de membro da Commissione Superiore di Belle Arti. Ademais, promoveu o incremento das encomendas de bustos de personagens proeminentes da elite, da política, da arte e das profissões

---

177 "Il Re in Visita Agli Sudii di ter Artisti", *L'Illustrazione Italiana*, p. 14, 2 luglio 1905.

liberais, como do pintor Angelo dall'Oca Bianca, do escultor Domenico Guidi, do primeiro-ministro Francesco Crispi, do presidente do Senado do reino Giuseppe Manfredi e do diplomata Vittorio Emanuele Orlando[178].

Outro relacionamento que certamente favoreceu a carreira de Ettore Ximenes foi o que manteve com a família Treves, fundadora da revista *L'illustrazione Italiana*. Além de haver trabalhado como ilustrador dessa revista, realizou o mausoléu de Giuseppe Treves, no cemitério monumental de Milão, e fez ainda estatuetas dos irmãos Emilio e Giuseppe Treves. A aproximação com os editores dessa importante revista ilustrada italiana favoreceu a divulgação dos trabalhos do escultor e, consequentemente, contribuiu para torná-lo conhecido na Itália e nos países de grande quantidade de emigrados italianos, como Estados Unidos, Argentina e Brasil.

É possível constatar que a rede de relacionamentos de Ettore Ximenes extrapolava o território nacional, já que mantinha contato com importantes membros da colônia italiana em países americanos. Isso é verificado, por exemplo, por meio de notícias que relatavam a recepção e as festas realizadas para o escultor quando vencia um concurso internacional. Quando ficou em primeiro lugar na concorrência para o *Mausoléu a Belgrano*, na Argentina, a revista *L'illustrazione Italiana* publicou que "esta vitória italiana deu oportunidade aos nossos compatriotas de Buenos Aires de fazer muitas festas ao Ximenes"[179]. Alguns meses depois, divulgou também que "em homenagem a Ettore Ximenes muitos dos seus amigos ofereceram em Buenos Aires um banquete e fizeram muitos brindes ao vencedor"[180]. A aproximação com Carlo Barsotti e com a colônia italiana nos Estados Unidos também era evidente. Além de ter sido designado a fazer dois monumentos de grande vulto em Nova York, aquele a Giovanni da Verrazzano e a Dante Alighieri, a notícia da sua chegada à América era sempre acompanhada de manchetes enérgicas, como "A chegada de Ettore Ximenes – Uma grande multidão de compatriotas aclama entusiasticamente o sumo artista no porto"[181], que eram publicadas na primeira página do periódico, junto da foto do artista.

É possível perceber, portanto, que, além ter realizado numerosas obras de vulto na Itália e em outros países, Ettore Ximenes soube aproveitar as oportuni-

---

178 Anna Barricelli, "Ettore Ximenes, Uma Vita per la Scultura", *Kálos Arte in Sicilia*, Palermo, pp. 12-14.
179 *L'Illustrazione Italiana*, p. 150, 28 agosto 1898 (tradução livre).
180 *L'Illustrazione Italiana*, p. 362, 17 novembre 1898 (tradução livre).
181 *Il Progresso Italo-Americano*, p. 1, 21 settembre 1912 (tradução livre).

dades e estabelecer redes de conexão capazes de impulsionar sua carreira. Como resultado, o escultor obteve novas encomendas, divulgou seu trabalho e tornou-se um escultor internacionalmente conhecido e prestigiado.

Percorrer a trajetória de Ettore Ximenes permite perceber, portanto, o prestígio e reconhecimento que o escultor tinha no meio artístico internacional. A organização do concurso havia realizado um grande esforço para que artistas de grande fama participassem do concurso brasileiro. Assim, escolher um escultor da notoriedade de Ximenes poderia garantir uma repercussão internacional do *Monumento à Independência do Brasil*. Como afirma Franco Sborgi, o modelo europeu de consagração da memória por meio de esculturas foi transmitido a diversos países, em que as elites dirigentes tornaram urgente a necessidade de consagração da própria identidade nacional por meio de imagens públicas que celebrassem os marcos dos processos de independência, de unificação, entre outros. Fora da Europa esse fenômeno foi particularmente visível nos países da América Latina e dos Estados Unidos, em que ocorreram diversos concursos internacionais para a realização de monumentos com essa finalidade. Os artistas italianos tiveram um papel importante nesse processo[182]. Paralelamente, como apontam diversos textos de Maurice Agulhon, a "statuemania" também grassava na França desde meados do século XIX, pontuando o espaço das cidades com os novos heróis do Segundo Império e da República. Tais monumentos se tornavam, simultaneamente, artífices da memória nacional e da própria paisagem disciplinada do urbanismo da era burguesa capitaneada pela cidade de Paris, modelo maior para as cidades americanas que pretendiam "civilizar-se"[183].

Entre 1880 e 1920, ocorreu uma difusão massiva e capilar da escultura italiana nos países americanos, como demonstra Luca Bochicchio. Em virtude da grande tradição artística e técnica no fazer escultórico, bem como de fatores históricos e sociais como o processo de emigração que fortaleceu o interesse pelas referências culturais da Itália do *risorgimento*, os escultores italianos conquistaram um relacionamento privilegiado com diversos países americanos[184].

---

182 Franco Sborgi, "Percorsi del Marmo in America Latina", em Sandra Berresford, *Carrara e il Mercato della Scultura*, Milano, Frederico Motta Editore, 2007, p. 249.

183 Maurice Agulhon, "La 'Statuomanie' et l'Historie", em *Histoire Vagabonde*, Paris, Gallimard, 1988, pp. 137-185.

184 Luca Bochicchio, "La Diffusione della Scultura Italiana in America tra Ottocento e Novecento: Metodologie per una Definizione Generale del Fenomeno", *L'Uomo Nero*, nova série, ano X, n. 10, pp. 51-53, dez. 2013.

São Paulo na disputa pelo passado

As condições históricas vivenciadas pela Itália e pela América explicam o fomento desse trânsito de obras de arte:

De um lado, as dinâmicas político-econômicas e socioculturais sul-americanas conduziram à afirmação dos Estados independentes, com a consequente estruturação das cidades neocoloniais e modernas; de outro lado, enquanto na Itália as tensões econômicas, políticas e demográficas determinam uma atração interclassista em direção à América, a arte escultórica vive um momento de grande vitalidade, marcado pelo impulso técnico dos laboratórios e do sucesso da estatutária monumental e da escultura decorativa. Própria nas nascentes cidades modernas sul-americanas, enquadrada no mais ampla afirmar-se dos novos Estados nacionais, a escultura europeia, e a italiana em particular, torna-se o meio de expressão artístico e cultural privilegiado, comum e transversal ao componente público e privado da sociedade americana[185].

Não por acaso, no concurso do *Monumento à Independência* brasileiro, grande parte dos concorrentes, assim como os dois primeiros colocados, eram provenientes da Itália. Escolher um escultor como Ettore Ximenes era uma maneira de agregar o valor da técnica e da tradição artística italiana ao monumento, tendo em vista que ele possuía uma sólida carreira profissional na Itália e na Rússia e tinha obras em Nova York e Buenos Aires, as duas principais cidades dos dois países mais ricos da América.

Além do grande número de obras realizadas, Ettore Ximenes ainda somava, como visto antes, cargos acadêmicos e consultivos na Itália, que foram mencionados com distinção na entrevista feita pelo *Correio Paulistano*, quando a sua vitória foi anunciada:

O comm. Ettore Ximenes ilustrou durante 20 anos a "Illustazione Italiana", durante 19 anos foi membro do Conselho Superior de Belas Artes, é professor honorário de todos os institutos de belas artes da Itália, diretor do Instituto de Bellas Artes de Urbino, professor de escultura do Instituto de Belas Artes de Palermo. Atualmente é membro do conselho diretor do Instituto Superior de Bellas Artes de Roma e acadêmico de S. Luca[186].

185 Luca Bochicchio, *La Scultura Italiana nelle Americhe fra '800 e '900. Studio di un Modello Generale di Diffusione in America Latina*, Tese de Doutorado, Università di Genova, 2011.

186 "O *Monumento da Independência* – Entrevista com o Escultor Ettore Ximenes", *Correio Paulistano*,

Vale destacar também que o escultor estava em evidência na imprensa italiana durante o concurso brasileiro, já que em 22 de fevereiro de 1920, alguns dias antes de abrir a Exposição de Maquetes no Palácio das Indústrias, inaugurou-se em Parma um grande monumento dedicado a Giuseppe Verdi, obra de Ximenes[187].

Outro aspecto importante a ser analisado no que toca à recepção de Ximenes em São Paulo é a grande presença de imigrantes italianos na cidade, uma situação análoga ao que ocorria em Nova York e Buenos Aires. Em 1920, aproximadamente 70% dos italianos que haviam imigrado para o Brasil residiam nesse estado, onde representavam 9% da sua população total[188]. Ximenes estabeleceu um vínculo com a colônia italiana no Brasil, mantendo contato com pessoas de destaque desse ambiente. Ele esteve presente, por exemplo, na missa de sétimo dia de Ermelino Matarazzo, filho do importante industrial ítalo-brasileiro Francisco Matarazzo, que ocorreu na Igreja Imaculada Conceição, em São Paulo[189].

Outra evidência desse relacionamento com a colônia italiana foi a encomenda que Ettore Ximenes recebeu em 1919 da Banca Francese e Italiana per L'America del Sud para realizar uma estatueta representando a alegoria da paz social. O banco pretendia arrecadar recursos no Brasil para emprestá-los à Itália, que enfrentava uma grande crise econômica após a Primeira Guerra Mundial. Assim, para incentivar a petição, o banco ofereceu uma reprodução em bronze da estatueta, de 50 centímetros, a todos aqueles que contribuíssem com a soma de 500 mil liras italianas[190]. Outro exemplo desse relacionamento foi a série de palestras e leituras que realizou no Istituto Medio Dante Alighieri, em São Paulo[191]. Vale destacar que Rodolfo Crespi, importante imigrante italiano e conde papalino, era o fundador do banco relatado acima e também o responsável pela criação do Colégio Dante Alighieri. Ettore Ximenes também mantinha um bom relacionamento com Nicola Puglisi[192], um imigrante italiano que havia feito grande fortuna no

---

p. 3, 1 de abril de 1920.

187 "Parma: L'Inaugurazione del *Monumento a Giuseppe Verdi*", *L'Illustrazione Italiana*, p. 238, 29 febbraio 1920.

188 Herbert Klein, "A Integração dos Imigrantes Italianos no Brasil, na Argentina e Estados Unidos", *Novos Estudos Cebrap*, n. 25, pp. 95-117, out. 1989.

189 "Commendador Ermelino Matarazzo", *Correio Paulistano*, p. 2, 4 fev. 1920.

190 *Fanfulla*, pp. 1 e 4, 28 dicembre 1919.

191 *Fanfulla*, p. 3, 10 aprile 1921, *Fanfulla*, pp. 3 e 4, 25 ottobre 1921.

192 Como será visto no capítulo 4, esse industrial foi fiador de Ettore Ximenes no contrato do *Monumento à Independência*.

São Paulo na disputa pelo passado

Brasil e que havia contratado o escultor para realizar obras para o palacete do industrial na rua Santa Magdalena, hoje demolido. Carlos da Maia fez um relato sobre as obras do escultor para essa residência:

> O palacete Puglisi é um monumento de arte arquitetural como poucos existem em S. Paulo. Dois grandes profissionais colaboraram nele: a construção é de Ramos de Azevedo; a decoração é de Ximenes. [...]
>
> No interior do palacete vou ver Ximenes na feição em que admiro incondicionalmente: o escultor extraordinário, que tem o segredo de plasmar com expressão e vida as suas figuras e que, acima de tudo, se revela sempre um espírito criador por excelência. Na grande sala de recepção, em alto relevo, destacam-se sobre três paredes, mas formando um friso único de original composição, as figuras representativas da arte italiana em suas diversas manifestações, tendo por ponto de convergência o gênio de Dante, pois por ocasião da recente comemoração do centenário do poeta florentino que Ximenes compôs esse trabalho maravilhoso, para oferece-lo, como símbolo de gratidão, à família Puglisi. Não são figuras modeladas a esmo, mas copiadas quanto possível dos originais mais autênticos e insufladas, nas atitudes e nos gestos pela visão do artista[193].
>
> [...]
>
> Mas meus olhos não se cansam de contemplar o friso admirável do salão. E ocorre-me que, para atestado do bom gosto de São Paulo, nem todos os capitalistas dispensam, no conforto do lar, essas manifestações da arte, que tanto deleitam a vista como tonificam a alma, constituindo oásis restauradores da energia gasta na labuta cotidiana.

O relato demonstra também as relações com Ramos de Azevedo, um dos jurados do concurso. Além dessas conexões, Ettore Ximenes havia estabelecido um vínculo com embaixadores brasileiros na Itália, como Carlos Magalhães de Azeredo e Luís Martins de Sousa Dantas, para os quais havia realizado bustos antes de vencer o concurso no Brasil[194]. Com Azeredo, o escultor mantinha uma relação de amizade, que ficou evidenciada na passagem do embaixador em São Paulo, em 1919. Um artigo do jornal *Fanfulla* descreve as atividades que o embaixador realizou no Brasil e as pessoas que o receberam na cidade. Dentre elas ministros,

---

193 Carlos da Maia, "Impressões de Arte", *A Gazeta*, p. 1, 27 jun. 1922.

194 "O *Monumento da Independência*. Entrevista com o Escultor Ettore Ximenes – as Obras do Ilustre Artista Italiano", *Correio Paulistano*, p. 3, 1 abr. 1920.

deputados e outros políticos brasileiros, personalidades da colônia italiana, como Francesco Matarazzo, Gaetano Pepe e Rodolfo Crespi, além do escultor Ettore Ximenes, que acompanhou o embaixador até o hotel em que estava hospedado. Durante a sua permanência em São Paulo, o diplomata realizou duas visitas, a primeira ao presidente do estado de São Paulo, Altino Arantes, e a segunda a Ettore Ximenes. Ele "quis visitar o estúdio do com. Ximenes, com quem mantém antiga amizade, e teve oportunidade de admirar os vários projetos que se encontram já recolhidos no Palácio das Indústrias para o próximo concurso do monumento do Ipiranga"[195].

Toda essa rede de relacionamentos certamente ajudou Ximenes a se destacar no concurso, pois fica evidente que, além de ser um artista renomado internacionalmente, mantinha contatos com pessoas de muita influência no meio político brasileiro e com os riquíssimos empresários ítalo-brasileiros de São Paulo. A denúncia feita por Monteiro Lobato de que o escultor havia manipulado o concurso a seu favor provavelmente baseou-se na constatação desses relacionamentos que o artista mantinha. Ele, no entanto, não era o único a ter contato com pessoas influentes. Luigi Brizzolara era outro artista que mantinha relacionamento intenso com membros de destaque da colônia italiana. Por isso, recebeu encomendas importantes no ano de 1920, como o mausoléu da família Matarazzo, erguido no Cemitério da Consolação, finalizado em 1925, e o conjunto de esculturas *Monumento a Carlos Gomes*, inaugurado ao lado do Teatro Municipal, em 1922. Outro artista de grande reconhecimento internacional era Arnaldo Zocchi, que também estava em evidência nos jornais com obras que realizava na Itália e na Argentina, como o gigantesco *Monumento a Cristóvão Colombo* que executava para Buenos Aires. Porém, a maquete que ele apresentou no concurso brasileiro não se destacou. Disso é evidência o fato de que pouquíssimo se falou do artista, a despeito de sua fama[196].

O *Monumento à Amizade Sírio Libanesa*[197] é outro exemplo da inserção de Ettore Ximenes na cidade e de seus vínculos com o empresariado local. Em 1920,

195 "L'Arrivo dell'Amb. Azeredo a S. Paulo", *Fanfulla*, p. 4, 28 dicembre 1919 (tradução livre).

196 Como foi visto no capítulo 2, o projeto de Arnaldo Zocchi recebeu uma boa avaliação da crítica. Porém, ele não foi listado como um dos possíveis vencedores do concurso, foi pouco citado nos concursos populares e não foi mencionado pelos jurados.

197 Renato Brancaglione Cristolfi, *O Orientalismo Arquitetônico em São Paulo – 1895-1937*, Dissertação de Mestrado, FAU-USP, 2016; Caroline Olivia M. Wolf, "Innovación e Inmigración em el Centenário Brasileño: el Monumento Amizade Sírio Libanesa Como Expresión Moderna

foi formada uma comissão de membros influentes da colônia sírio-libanesa, sob a liderança de Basílio Jafet[198], a fim de promover um monumento comemorativo ao Centenário da Independência que, ao mesmo tempo, atestasse a amizade dos sírios e libaneses residentes no Brasil. Em junho, Ettore Ximenes apresentou uma maquete da sua proposta que, segundo o *Correio Paulistano*, fazia parte de um concurso que contou com a participação de um artista sírio. Porém, em outras notícias publicadas pela imprensa, o monumento é citado como uma encomenda feita pela colônia[199]. Em dezembro de 1920, foi firmado um contrato com Ximenes e o projeto[200] foi divulgado nos jornais. O *Fanfulla* destacava a obra como mais uma conquista da arte italiana no Brasil.

A escolha, para a execução do grande monumento, recaiu sobre o ilustre escultor italiano, grande oficial Ettore Ximenes, vencedor do concurso do monumento da Independência brasileira.

A arte italiana é assim novamente afirmada neste país na pessoa de um dos mais célebres e geniais artistas da época atual[201].

---

de Identidad Transnacional", *Primer Congreso Iberoamericano de Historia Urbana, Ciudades en el Tiempo: Infraestructuras, Territorios, Patrimonio*, Santiago, Chile, nov. 23-25, 2016. Disponível em: <http://media.wix.com/ugd/ea4362_3fe99cb8c2cf45929fa4da421b621b80.pdf>. Acesso em nov. 2022.

198 Jeff Lesser, *A Negociação da Identidade Nacional: Imigrantes, Minorias e a Luta pela Etnicidade no Brasil*, São Paulo, Edusp, 2001, p. 106.

199 Na bibliografia em que se menciona o monumento, afirma-se que ele foi resultado de uma encomenda feita pela colônia síria a Ettore Ximenes. Porém, no *Correio Paulistano*, em 7 de junho de 1920, o articulista descreve a exposição de duas maquetes, uma feita pelo escultor italiano, outra por um escultor sírio chamado Salim Maluf. O articulista descreve a maquete do artista sírio como "um grandioso monumento, com 14 metros de altura por oito metros de base, todo talhado em granito e com as suas figuras e medalhões decorativos em bronze". Sobre o projeto de Ximenes, ele afirmou apenas ser "um belo trabalho, que não desmerece do prestígio que conquistou em nosso meio artístico". No entanto, em outros artigos de jornal, como os publicados no *Fanfulla*, São Paulo, 2 de dezembro de 1920 e no *O Estado de S. Paulo*, São Paulo, 5 de dezembro de 1920, p. 5, aponta-se Salim Diab Maluf como o secretário do comitê do monumento. Não foram encontradas informações sobre um escultor chamado Salim Maluf, que tenha atuado nesse período e nem mais informações sobre o suposto concurso. É possível que o articulista tenha cometido um erro ao relatar a existência de uma concorrência; no entanto, são necessárias pesquisas sobre o monumento para esclarecer a trajetória dessa obra, a recepção que teve pela colônia síria e os motivos para a delonga de sua execução, pois ela só foi inaugurada em 1928.

200 É possível perceber que o projeto inicial sofreu alterações.

201 "Un'altra Affermazione dell'Arte Italiana", *Fanfulla*, 2 dicembre 1920 (tradução livre).

Não foram todos que concordaram com a implantação desse monumento. Salim Maluf, um dos membros do comitê do monumento, enviou uma carta a Affonso Taunay pedindo a sua intervenção e ajuda, pois considerava a obra um "monstrengo" e defendia que ela absolutamente não poderia ser erguida em "São Paulo, por constituir uma afronta à Colônia Síria"[202]. A despeito do questionamento de Maluf, o parecer da Comissão de Justiça aprovou o projeto em 27 de maio de 1922, indicando o largo do Arouche como o lugar mais apropriado para o monumento. A obra estava prevista para ser inaugurada antes do Sete de Setembro de 1922, mas isso não aconteceu, pois a obra só foi finalizada em 1926[203]. A sua inauguração aconteceu, contudo, apenas em maio de 1928, quando o escultor já havia falecido, sendo colocada no parque D. Pedro II, em frente ao Palácio das Indústrias[204].

Tantos eram os predicados artísticos e relacionais de Ettore Ximenes para realizar o *Monumento à Independência* que sua escolha deveria parecer ser a mais acertada, já que ele agregava diversas vantagens. Ele era um artista influente, tinha carreira consolidada e grande visibilidade internacional. Além disso, a maquete de Ettore Ximenes era uma grande representação do ideal clássico que, apesar de causar desgosto a certos críticos, como Mario de Andrade e Monteiro Lobato, ainda era um estilo de grande prestígio, que permitia agregar o "valor da tradição" ao monumento brasileiro, que talvez fosse justamente o que os organizadores do concurso estavam buscando. A escolha da obra de Ximenes era uma possibilidade de inserção do Brasil, e notadamente de São Paulo, na arte escultórica que seguia os preceitos da Academia, tal como acontecia em outros países.

Além disso, a fama de Ximenes permitia supor que seria grande a repercussão internacional na imprensa caso sua obra fosse escolhida, o que também seria

202 Carta enviada por Salim Maluf a Affonso Taunay em 14 de novembro de 1921. Correspondências, pasta 115, APMP/FMP.

203 "Gratidão aos Sírios", *Correio Paulistano*, p. 5, 8 mar. 1926.

204 "Homenagem Síria", *O Estado de S. Paulo*, p. 9, 3 maio 1928; "Homenagem Síria", *O Estado de S. Paulo*, p. 7, 4 maio 1928; "Uma Homenagem dos Sírios-libaneses para o Brasil", *Correio Paulistano*, p. 2, 4 maio 1928. Nas matérias sobre a inauguração, o nome de Salim Maluf não foi citado dentre os membros da "Comissão do monumento, que ficou encarregada de receber as autoridades e os convidados no local". Ela era composta de Nagib Jafet, Balisio Jafet, Calil Andraus, Miguel Bochara, Jorge Maluf, Adib Gebara, Jamil Moherdaui, Elian Naccache, Demetrio Calfat, Salim Simão Racy, Jorge Nacache, Miguel Abs, Nicolau Maluf, Manuel Sahão, dr. Assad Bachara, dr. José Riskallah e Michel Assad.

estratégico para divulgar o monumento brasileiro – e, de fato, ocorreu. Assim que foi anunciada a vitória do escultor siciliano no concurso, diversos jornais e revistas da Itália divulgaram com orgulho a "nova conquista da arte italiana". Houve artigos veiculados em periódicos como *Il Messagero*[205], e revistas como *L'Artista Moderno*[206] e *L'Illustrazione Coloniale*[207]; houve também imagens da maquete com legenda explicativa sobre o concurso, em revistas como *La Domenica del Corriere* e no jornal da colônia italiana no Brasil *Fanfulla*; e até matérias de página inteira, com reprodução de várias imagens da maquete, como em *L'Illustrazione Italiana*[208] (Figura 62). Todas essas publicações destacavam o mérito do escultor e da arte italiana. Afirmava-se que era uma das mais belas e orgulhosas vitórias, resultado de uma competição árdua em que tomaram parte artistas de diversos países. E a *Illustrazione Italiana* concluiu dizendo: "Assim, o maior acontecimento histórico do Brasil, permanece eternamente ligado ao nome e ao gênio italiano que triunfou na arte genial de Ettore Ximenes"[209].

O mesmo tom de orgulho e altivez que apareceu nos artigos veiculados pelos jornais da Itália foi expresso nos periódicos da colônia italiana no Brasil, como o *Fanfulla*:

Ximenes venceu e nós saudamos a sua vitória como aquela da Arte pura, da Arte imortal italiana que será nesta nobre terra a sua mais alta expressão na representação do maior momento histórico do povo brasileiro.

A Arte italiana, que sente a riqueza e o peso das suas inúmeras glórias milenares. Cruzando o Oceano, soube no seu nome, isto é, no nome de um dos seus mais eleitos cultores, estender ao sol sua vitória.

O julgamento da Comissão selou aquilo já dado pela maioria de opiniões que haviam reconhecido no projeto de Ximenes a soberba afirmação de um grande artista[210].

205 *Il Messaggero*, p. 3, 2 aprile 1920.
206 *L'artista Moderno*, anno XX, p. 29, Torino, Gennaio 1921, n. 1-2.
207 A revista *L'illustrazione Coloniale* publicou uma nota sobre a vitória de Ximenes na edição de julho de 1920. Outros artigos, com imagens da maquete de Ximenes, foram publicados em 1921 (Figura 18) e 1922, nessa mesma revista.
208 *L'Illustrazione Italiana*, p. 750, 27 luglio 1920. Além dessa extensa matéria, no dia 9 de maio de 1920 foi publicada a imagem da maquete com uma legenda que apontava Ettore Ximenes como vencedor do concurso brasileiro.
209 *L'Illustrazione Italiana*, p. 750, 27 luglio 1920 (tradução livre).
210 *Fanfulla*, p. 4, 31 marzo 1920(tradução livre).

Além dos periódicos italianos, o concurso e a vitória de Ximenes ganharam destaque na revista portuguesa *A Águia*, que divulgou imagens de dois projetos premiados, o do vencedor e o de Nicola Rollo. A revista madrilena *La Ilustración Española y Americana* também divulgou imagens do projeto de Ximenes (Figura 63), anunciando-o como vencedor do concurso brasileiro. O periódico *The Graphic*, de Londres, que tinha grande repercussão, foi outro exemplo de divulgação da vitória do escultor italiano (Figura 64).

O *The Graphic*, entretanto, cometeu um equívoco, ao afirmar que o monumento era destinado à comemoração da Independência da Bélgica e que seria erguido em Bruxelas. O engano foi repetido pela revista italiana *La Domenica del Corriere* (Figura 65). Esse mal-entendido teve repercussão no Brasil e serviu de argumento para novas críticas ao monumento e ao escultor. Uma extensa matéria dedicada ao *Monumento à Independência* divulgada no jornal paulista *O Combate* demonstra o ambiente de tensões que envolveram novamente a obra de Ximenes:

[...] em vários jornais europeus, chegados pelo último correio, vem publicada a notícia de que o sr. Ximenes foi o escultor preferido pelo governo Belga para executar, também lá, o monumento comemorativo da sua independência.

Até aqui, a notícia só devia encher-nos de jubilo; a Europa, mais uma vez, se curvava ante o juízo crítico do Brasil. Mas o fato grave, excessivamente grave a ser verdadeiro, é o complemento da encomiástica "réclame" ao talento artístico do sr. Ximenes: a "nova vitória da arte italiana", conforme anuncia o "La domenica del Corriere" e as nossas gravuras comprovam, foi obtida em Bruxelas com a mesmíssima "maquete" apresentada por aquele escultor ao concurso aberto pelo governo de S. Paulo para a comemoração do centenário da nossa independência.

A notícia do jornal italiano não admite dúvidas, mas a nossa surpresa ainda se tornou maior quando nos mostraram uma carta de um artista francês, justamente indignado contra a cretinice dos nossos homens de governo que aceitaram, por motivos inconfessáveis, um projeto que nada tem de original e que vai servir, ao mesmo tempo, para duas nações.

O artista parisiense informa ainda que um grupo de intelectuais franceses resolveu protestar perante o governo de S. Paulo contra o modo incorreto por que foi resolvido o concurso internacional.

Volta-se agora a falar que o ex-presidente do Estado recebera mesmo, quase de graça, uma explêndida casa em Guarujá, pelos seus bons ofícios neste caso, cuja imoralidade foi

Figura 62. *L'Illustrazione Italiana*, 27 giugno 1920, p. 750. Acervo da Biblioteca da Galleria d'Arte Moderna e Contemporanea, Roma.

Figura 63. *Ilustración Española y Americana*, n. 35, 22 septiembre 1920, p. 517.

Acervo da Hemeroteca Digital Biblioteca Nacional España.

Um artista internacional para o monumento nacional

Figura 64. *The Graphic*, July 3, 1920, p. 19. Acervo Biblioteca Mario de Andrade.

Figura 65. *La Domenica del Corriere*, n. 29, 18-25 giuglio, p. 6. Acervo Biblioteca Nacionale Centrale, Roma.

denunciada por Monteiro Lobato em um artigo sob o título – "O "grillo" Ximenes", publicado no Correio da Manhã.

Estamos, pois, diante de um caso que parece estar destinado a provocar um escândalo internacional. Nós, brasileiros, temos o direito de exigir que o sr. Ximenes nos prove, antes de partir para a Europa, levando o nosso dinheiro, se fomos efetivamente roubados. A Bélgica, cujo rei aqui estará dentro de alguns dias, precisa ver este caso decidido, se é que também foi vítima do "grillo" ítalo-brasileiro[211].

As denúncias contra o concurso voltavam a ser tema dos artigos de jornais, com menções a novos atos ilícitos, como subornos envolvendo uma casa no Guarujá e até supostos protestos de artistas franceses. Tudo isso foi motivado pelo erro da revista londrina, destacado também no jornal carioca *A Rua*, que afirmou ter sido descoberta a "fraude sensacional" de Ettore Ximenes, que nos "impingiu uma cópia de um trabalho seu destinado a Bruxelas e comemorativo da independência da Bélgica"[212]. Uma matéria veiculada n'*O Estado de S. Paulo* explicou o mal-entendido, afirmando que revistas estrangeiras haviam divulgado fotografias do conjunto monumental, com "encômios ao seu autor", porém, algumas delas havia atribuído as imagens a um "inexistente monumento comemorativo da independência da Bélgica", que asseverou ter sido um erro sem fundamento, causado por "uma série de quiproquós perpetuados na imprensa ilustrada estrangeira"[213]. Essas explicações, no entanto, não encerraram o debate, pois o jornal *O Combate* sugeriu que *O Estado de S. Paulo* estava "falando pela boca do sr. Secretário do Interior" e continuou a exigir que o concurso fosse anulado[214]. É evidente que as denúncias eram infundadas, sobretudo porque o próprio alto-relevo baseado no quadro de Pedro Américo, outrora condenado por alguns como uma cópia do pintor brasileiro, estava evidenciado nas imagens da revista, com o dístico escrito em português: "Independência ou Morte".

---

211 "O 'Grillo' Ximenes. Quem Foi Roubado: Nós ou a Bélgica? Será Possível?", *O Combate*, p. 1, 27 de agosto de 1920.

212 "Monumentos por Atacado. O Escândalo do Monumento do Centenário em S. Paulo. O Escultor Ettore Ximenes faz o Mesmo Trabalho para o Brasil e parra a Bélgica", *A Rua*, p. 1, 30 ago. 1920.

213 "*Monumento da Independência*", *O Estado de S. Paulo*, p. 5, 29 ago. 1920.

214 "O 'Grillo' Ximenes. Será Mesmo Enganos dos Jornais? O Silêncio do Comendador", *O Combate*, p. 1, 30 ago. 1920.

Essa confusão a respeito do projeto de Ettore Ximenes pode explicar a questão difundida na bibliografia brasileira sobre o *Monumento à Independência* ser uma cópia de uma obra feita para o czar da Rússia. Como indicou Aracy Amaral:

Uma das razões que circularam na época para explicar o triunfo de Ximenes foi de que o escultor italiano fizera o projeto do monumento ao czar da Rússia, porém, com a revolução bolchevista, seu trabalho ficou inapropriado. Assim, pois, seu enorme esforço no projeto da biga romana e os dois cavalos encontrou a sua aplicação aqui em São Paulo no Monumento à Independência...[215]

Além de indicar que o monumento era o reaproveitamento de um projeto feito para a Rússia, Aracy Amaral ainda sugere que essa era uma das explicações para Ximenes ter vencido o concurso brasileiro. A afirmação da cópia foi reiterada por Dayse Peccinini, porém, não foi encontrado nenhum documento que comprovasse essa relação, nem mesmo nas constantes críticas contemporâneas que o artista e seu monumento receberam. As informações que se tem da participação de Ximenes em monumentos na Rússia são os já citados *Monumento a Alexandre II*, em Kiev, *Monumento a Alexandre I*, em Kishinev, e *Monumento a Stolipin*, em Kiev, assim como a participação no concurso para o *Monumento a Alexandre I*, em São Petersburgo. Além desses monumentos, Ximenes teria ainda retratado pessoas da sociedade russa, como em *Una Signora di Kiev*, além da czarina *Caterina II*. Em nenhuma dessas obras há qualquer semelhança formal com o monumento do Ipiranga[216]. Ademais, não foi encontrada menção a nenhum outro projeto, concluído ou não, que ele tenha realizado na Rússia na pesquisa realizada na documentação periódica italiana dos anos 1910 a 1920, nem nos gessos do artista preservados nas galerias italianas, nem na bibliografia italiana e russa consultada. A semelhança que pudemos concluir que existe é entre o seu projeto para o concurso do *Monumento aos Andradas*, ocorrido em Santos, em que Ximenes foi

---

215 Aracy Amaral, *Artes Plásticas na Semana de 22*, São Paulo, Editora 34, 1998, p. 90.
216 Yuri Savaliev, *op. cit.*, pp. 110, 111, 171, 172, 196, 198, 199, 256, 270, 271; "Per un Monumento as Alessandro II a Kiew", *L'Illustrazione Italiana*, Milano, 583; Il Monumento ad Alessando II in Kiew, *L'Illustrazione Italiana*, Milano, p. 289, 17 settembre 1911; *L'Illustrazione Italiana*, Milano, p. 643, 28 giugno 1914.

classificado em terceiro lugar, e a concepção que realizou para o monumento ao Czar Alexandre II, erguido em Kiev.

Participaram do concurso do *Monumento aos Irmãos Andradas* treze concorrentes[217], em sua maioria, italianos. O júri[218] escolheu como vencedora a maquete do escultor francês Antoine Sartrio[219] enquanto os italianos Giulio Starace e Ettore Ximenes ficaram com o segundo e o terceiro lugares. Os projetos vencedores receberam a atenção do jornal *O Estado de S. Paulo*, que descreveu a maquete de Ximenes como:

Dominando o monumento, no meio de um semi-círculo mural, a figura do patriarca, vestido à romana. Em baixo, sobre uma plataforma, uma alegoria à independência, vendo-se aos lados figuras simbólicas do Comércio e da Indústria. À frente, em pé sobre os sôcos, Martim Francisco e Antonio Carlos. Baixos relevos esculpidos ao fundo representam vários episódios da vida dos três irmãos santistas[220].

Ao observar a imagem desse projeto, é possível notar uma grande proximidade com o monumento a Alexandre II. Os dois possuem a mesma estrutura, pois são semicírculos em que há baixos-relevos, dois pedestais laterais e um central, maior. Segundo Yuri Savaliev, a proposta inicial do escultor para o monumento russo sofreu alterações nos detalhes arquitetônicos (Figura 66). A Comissão de Belas Artes solicitou ao artista a supressão de decorações existentes sobre os beirais e pedestais, além de ter pedido que as cornijas fossem simplificadas. A "decoração escultural sofisticada do pedestal, refletindo o conteúdo simbólico do monumento" como um todo manteve-se inalterada (Figura 67).

217 Quando foi descrita a mensagem oficial do anúncio do vencedor, mencionou-se terem concorrido treze artistas (*Correio Paulistano*, 6 de novembro de 1920). No jornal *Fanfulla*, citam-se doze concorrentes: Ildegardo Leão Velloso, Augusto Seyses, E. Benedettini, Companhia Construtora de Santos (Antoine Sartorio e Gaston Castel), Brecheret-Moya, além dos já citados Ettore Ximenes, Arnaldo Zocchi, Ricardo Cipicchia, Giulio Starace, Nicola Rollo e Amadeo Zani. No *Fanfulla*, informa-se também que a maquete de Roberto Etzel estava a caminho, (*Fanfulla*, 7 set. 1920).

218 O júri era composto de Antonio Freitas Guimarães Sobrinho, Max Fleuiss, Petrus Verdie, Benedito Calixto e Oscar Pereira da Silva.

219 Esse projeto foi apresentado pela Companhia Construtora Santos em parceria com Affonso Taunay e os franceses Antoine Sartorio e Gaston Castel.

220 "Monumento aos Andradas em Santos", *O Estado de S. Paulo*, p. 3, 8 nov. 1920.

O eixo principal é a proclamação da unidade nacional e da liberdade sob a autoridade do imperador. Na sua mão direita, ele segura um projeto de constituição, e uma figura feminina personifica a Rússia, unindo as mãos de ricos e pobres, no centro da composição, "a libertação dos camponeses"[221].

No projeto de Santos (Figura 68), em vez do imperador no pedestal principal, o representado é José Bonifácio. Abaixo dele, em posição muito semelhante à figura da Rússia, está a alegoria da Independência, rodeada de outras alegorias, como as do Comércio e da Indústria. Na maquete brasileira, Ximenes manteve a decoração dos beirais que precisou retirar do monumento russo e elaborou um pedestal central de linhas mais simples, tal como a alteração do monumento ao Czar Alexandre II.

É muito possível que a evidente semelhança entre os dois projetos tenha sido motivo de comentários entre os artistas e os críticos. Afinal, a imagem do monumento russo havia sido difundida em revistas italianas de grande circulação, inclusive no Brasil, como *L'Illustrazione Italiana*[222], bem como no jornal de Nova York, *Il Progresso Italo-Americano*[223] e possivelmente em outros periódicos. Ademais, isso ajudaria a explicar a recorrente afirmação do *Monumento à Independência* ser uma cópia de um monumento russo. O erro da alegação está na obra indicada, pois, se há uma proximidade de projetos, isso não acontece com o monumento erguido no Ipiranga, mas sim entre a maquete com a qual Ximenes obteve o terceiro lugar no concurso de Santos e o monumento ao Czar Alexandre II.

A acusação do *Monumento à Independência* ser uma cópia de uma obra feita para a Bélgica foi apenas um erro de revistas estrangeiras que repercutiu no Brasil. Percebe-se, por exemplo, que as duas notícias que afirmavam que o projeto de Ximenes se destinava a Bruxelas veiculadas nas revistas estrangeiras *The Graphic* e *La Domenica del* Corrie republicaram as mesmas fotos dispostas de maneira idêntica, o que nos leva a supor que a fonte era a mesma. Além disso, a revista italiana havia divulgado anteriormente informações sobre o monumento em que dizia que se destinava ao Brasil. Como não há nenhum indício de que Ximenes tenha viajado até a Bélgica, não há notícias sobre esse suposto concurso e não

---

221 Yuri Saveliev (Юрий, Савельев), *Power and Monument* (власть и монумент: Памятники державным правителям России и Европы 1881-1914), p. 172.

222 *L'Illustrazione Italiana*, p. 583, 12 giugno 1910; *L'Illustrazione Italiana*, p. 289, 17 settembre 191.

223 *Il Progresso Italo-Americano*, p. 2, 17 settembre 1911.

Figura 66. Ettore Ximenes, *Projeto Monumento ao Czar Alexandre II*.
Retirado de http://www.rah.ru/news/detail.php?ID=15685, acesso em nov. 2022.

Figura 67. Ettore Ximenes, *Monumento ao Czar Alexandre II*, 1911, Kiev. Retirado de <http://primetour.ua/pictures/files/Image/pam_AleksandrII-1910e.jpg>, acesso em nov. 2022.

Figura 68. Ettore Ximenes, *Projeto Monumento aos Andrada*. Paolo Barbaro, Il gesso e la creta. Studio Vasari Roma, L'atelier Ximenes. Parma. CSAC dell'Università di Parma, 1994. Foto: Vasari (a legenda indica, incorretamente, ser o projeto ao Monumento a czar Alexandre II).

foi encontrado nenhum monumento de autoria do escultor italiano em Bruxelas, conclui-se que o monumento brasileiro não é uma cópia nem de um projeto russo nem de um projeto belga. Trata-se, portanto e muito provavelmente, da confusão com dois países cujos nomes começam com a mesma letra...

Todas as polêmicas e denúncias que envolveram a seleção do projeto de Ettore Ximenes não impactaram a determinação da Comissão Julgadora do concurso. Escolher a maquete de Ximenes era algo sedutor, pois esse projeto era o que poderia render mais frutos, configurando uma oportunidade de São Paulo ter um monumento de grande qualidade técnica, cujo estilo vinculava-se a uma tradição da arte europeia, realizado por um escultor italiano capaz de difundir a obra em periódicos internacionais. Ademais, era uma concepção artística bastante complexa, com um enorme relevo que fazia referência a um quadro consagrado cuja imagem já fazia parte do imaginário da Independência.

Realizar o *Monumento à Independência* era também uma aposta decisiva para Ettore Ximenes, um artista experiente e maduro, que já havia obtido louros em diversos lugares. Portanto, lançar-se nesse concurso, dispendendo tempo e dinheiro para realizar duas maquetes e um friso de grandes proporções, demonstra que essa era uma decisão pensada e de grande importância para sua carreira. Não era uma aposta da juventude, mas uma tentativa de alcançar um glorioso ponto da sua trajetória profissional ao realizar o monumento da Independência de um país, numa das cidades mais ricas da América, em que havia uma presença marcante de imigrantes italianos. Para isso, empenhou-se e utilizou de todas as estratégias para conquistar o objetivo almejado.

Todas essas ambições que envolviam o monumento, no entanto, seriam abaladas pelos atrasos na sua construção e pela malograda recepção nacional e internacional que receberia em 1922, ano em que a obra seria "inaugurada" de maneira constrangedora, ainda inconclusa.

Capítulo 4

O monumento, o museu e o parque: lugar de memória da nação

A escolha do projeto de Ettore Ximenes demonstra que as autoridades paulistas estavam seguras de que era ele o mais adequado às suas pretensões. Por isso, a despeito das inúmeras críticas e denúncias feitas contra Ximenes e sua maquete, seria a sua obra que marcaria o lugar do grito da Independência em 1922. Bastava apenas adequar o projeto às expectativas dos jurados do concurso para que o monumento pudesse desempenhar aquilo que Pierre Nora nomeou, para o caso republicano francês, um "lugar de memória". Tendo em vista que a década de 1920 foi marcada por questionamentos do poder exercido pela elite perrepista de São Paulo no âmbito nacional, tornava-se premente reforçar a importância da cidade, de suas lideranças e de seus habitantes e cristalizar uma memória gloriosa do passado paulista, evidenciando-o como o "berço da nação". Fundamental, portanto, era escolher quais episódios deveriam ser lembrados no monumento e retificar o projeto de Ximenes.

Além da obra escultórica, uma ampla reforma urbanística e paisagística foi empreendida para tornar o Ipiranga não só o espaço "sagrado" do evento histórico, mas também a evidência do progresso material baseado em modelos consagrados na Europa que a cidade passaria a apresentar por meio de um eixo viário sem paralelo no país. Buscava-se, assim, apresentar a capital paulista como centro simbólico de onde a modernidade era propagada por meio de valores e de uma missão política herdados do passado. A memória esculpida no bronze deveria ainda manter uma estreita relação com o Museu Paulista, que se configurava como "guardião da história", capaz de "comprovar" por meio de documentos a narrativa histórica que se construía visualmente pelas estátuas e pelas grandes telas de pintura histórica que eram encomendados por Taunay.

A capacidade de lograr um êxito nacional e internacional a todas essas ambições foi o maior desafio enfrentado pelas autoridades estaduais e municipais de São Paulo na corrida contra o tempo até 1922. As alterações propostas a Ximenes, o aumento do custo da obra e a grandiosidade de todo o projeto para o Ipiranga são alguns dos fatores que acabaram, como veremos, por frustrar a extensão das expectativas governamentais e de segmentos da população para o Centenário.

4.1. O Ipiranga em obras

No mês seguinte à divulgação de Ettore Ximenes como vencedor do concurso, o *Correio Paulistano* divulgou uma nota[1] na qual afirmava que o artista havia comparecido ao Palácio do Governo e fora recebido pelo recém empossado presidente do estado, Washington Luís[2]. Percebe-se, assim, a importância desse projeto monumental, que recebeu a atenção imediata do novo governante. A despeito do edital do concurso prever a possibilidade de o governo indicar outro artista que não o vencedor para realizar a obra, a nova gestão decidiu pela contratação de Ximenes.

No dia 23 de junho de 1920[3], foi firmado o contrato[4] entre a Secretaria do Interior do estado de São Paulo e escultor Ettore Ximenes em parceria com o arquiteto Manfredo Manfredi. Esse, no entanto, não veio ao Brasil para parti-

---

1 Notas, *Correio Paulistano*, p. 1, 22 maio 1920.

2 Washington Luís assumiu a presidência do estado de São Paulo em 1º de maio de 1920.

3 Conforme notas divulgadas pelo *Correio Paulistano* em 23 e 24 de junho de 1920.

4 A análise feita aqui sobre a contratação de Ettore Ximenes baseou-se em cinco documentos encontrados no Arquivo do Estado de São Paulo. Dois deles são cópias da mesma ata de uma reunião em que foram decididos os termos do contrato, e os demais são rascunhos do contrato e a sua versão em italiano. Nenhum deles, no entanto, é o contrato oficial, pois não há assinatura e nem estão incluídos os documentos anexos que são mencionados no corpo do texto. O contrato foi também transcrito no *Correio Paulistano*, p. 2, 11 set. 1925. Agradeço a Renato Brancaglione Cristolfi pela generosidade em me indicar uma das cópias da ata da reunião, que ele encontrou durante as suas pesquisas em uma pasta da Secretaria do Interior.

cipar do concurso e, possivelmente por isso, seu nome foi pouco mencionado na imprensa. Segundo os termos do contrato, o monumento deveria estar, obviamente, finalizado até a data de 7 de setembro de 1922. Ademais, o escultor se comprometia a "executar a obra nas mais perfeitas regras da arte, empregando materiais de primeiríssima ordem". Determinava-se que o valor total da execução seria 1.300:000$000 (mil e trezentos contos de réis), portanto, como já haviam mencionado os jurados, houve um aumento de trezentos contos do que fora estabelecido em edital. O valor seria dividido em quatro parcelas, cujos pagamentos estavam atrelados às fases da construção da obra. A segunda parcela, por exemplo, só seria disponibilizada quando as esculturas estivessem prontas em gesso e já tivesse sido iniciado o trabalho de granito constituindo a parte arquitetônica decorativa. Era necessário que todas as fusões em bronze estivessem prontas, bem como a parte em granito, para se pagar a terceira parcela. A quarta seria realizada quando a obra estivesse concluída e aprovada pela comissão especial nomeada pela Secretaria do Interior[5].

Determinava-se que o monumento seria executado em granito cinzento polido na parte arquitetônica e em bronze de "boa e perfeita liga, para a parte escultórica". Aventava-se a possibilidade de o governo federal conceder canhões de bronze fora de uso para serem utilizados no monumento. O trabalho em granito seria realizado na Itália e previa-se que, caso fosse necessário, algumas esculturas também poderiam ser feitas lá. No entanto, o governo sinalizava a intenção de instalar uma fundição artística em São Paulo:

A Secretaria do Interior do Estado de São Paulo [...] facilitará o estabelecimento de uma fundição artística para a fusão do que for necessário à execução da obra acima referida, não excluído que esse estabelecimento possa permanecer, com a denominação de "Fundição do Estado de São Paulo", a fim de se percorrer o incremento de uma indústria artística em benefício da classe trabalhadora e da arte escultória que acena surgir vigorosamente nesta terra fecunda de engenhos e de vontade. A referida fundição poderia também surgir sob os auspícios do Liceu de Artes e Ofícios e como ampliação de sua fundição,

Com tal escopo, nas proximidades da Avenida da Independência, em construção, deverá surgir uma instalação para a referida fundição[6].

5   Monumento do Ipiranga – C06017.07-3478 – Arquivo do Estado de São Paulo.
6   Monumento do Ipiranga – C06017.07-3478, doc. 1 – Arquivo do Estado de São Paulo.

São Paulo na disputa pelo passado

De fato, foi instalada uma fundição, porém não na avenida da Independência[7], mas na Vila Prudente. Foi neste local que Ettore Ximenes residiu durante a sua permanência no Brasil e onde muitas das peças do monumento foram fundidas. O projeto de se criar ali a Fundição do Estado de São Paulo, no entanto, não teve prosseguimento. O contrato mencionava ainda que o fiador de Ettore Ximenes era Nicola Puglisi, um imigrante italiano que se estabelecera em São Paulo e fizera grande fortuna[8].

Em setembro de 1920, Ximenes voltou para a Itália. Segundo um relato publicado no *Correio da Manhã*, o artista iria "contratar operários e adquirir os materiais necessários para a confecção do referido monumento"[9]. Dizia-se, ainda, que ao retornar a São Paulo ele instalaria um ateliê. Durante esse retorno à Itália, o embaixador do Brasil ofereceu um jantar a Ximenes e Manfredi, a fim de comemorar a "vitória da arte italiana"[10]. Isso demonstra, uma vez mais, como o escultor tinha grande proximidade com os políticos, com os quais mantinha uma relação de amizade e de trabalho, pois realizou diversas estatuetas de personalidades italianas e brasileiras, dentre as quais a de Sousa Dantas.

Em abril de 1921, Ettore Ximenes retornou ao Brasil para acompanhar o processo de construção do monumento. Nesse mesmo período, os jornais indicavam que os trabalhos de fundação no terreno já haviam se iniciado[11]. As obras na colina do Ipiranga não se limitavam ao local do conjunto escultórico, pois uma ampla remodelação da área estava prevista. Procurava-se criar um cenário majestoso para demarcar o lugar do grito, fornecendo ao Museu e ao monumento de Ettore Ximenes a grandiosidade que as comemorações exigiam, como apontava o articulista do *Correio Paulistano*:

Com a aproximação do centenário da Independência, S. Paulo apressa as suas obras e pretende dar, por ocasião das grandes festas nacionais de 7 de setembro, uma nota alta e

7 Hoje é a avenida D. Pedro I.
8 Segundo Sérgio Miceli, o comendador Nicola Puglisi Carbone era proprietário do Moinho Santista, da Companhia City de Santos, da Companhia dos Armazéns Gerais e do Grand Hotel do Guarujá. Sérgio Miceli, *Nacional Estrangeiro: História Social e Cultural do Modernismo Artístico em São Paulo*, São Paulo, Companhia da Letras, 2003, p. 22.
9 "O Monumento da Independência em São Paulo", *Correio da Manhã*, p. 3, 6 set. 1920.
10 *Correio Paulistano*, p. 5, 6 mar. 1921.
11 *Correio Paulistano*, p. 1, 30 abr. 1921.

distinta entre todas as comemorações com que será relembrada a data da nossa emancipação política.

Cenário que foi do gesto histórico de Pedro I, por todas as razões, o verdadeiro centro das ideias liberais da época e de onde estas irradiavam com maior força de convicção para o país inteiro, cabe a S. Paulo a responsabilidade, não pequena, de ser, senão o centro dessas comemorações, pelo menos a cidade em que estas assumam um caráter de grandiosidade e de comovida evocação que deve ter, naquela hora, a revivescência dos fatos históricos de 1822.

Aqui, mais que em outro lugar do Brasil, se deve recordar com intima e exaltada comemoração a gloriosa aurora de 7 de setembro, a cujo sol se iluminaram as primeiras armas do Brasil livre; aqui tivemos o sonho dos primeiros movimentos libertários, a propaganda, a audácia das assembleias, o pensamento rebelde da nacionalidade nascente, em cujo sangue fervilhava, de há muito, latejante, a ânsia de liberdade das "bandeiras". Aqui, finalmente, se consumou o esperado gesto de emancipação, com a promessa de um florescimento mais amplo e mais fecundo de todas as riquezas da terra, sob a égide das suas próprias leis e de bênçãos de uma tranquilidade cheia de frutos de paz e de grandeza.

[...]

Por essa ocasião, estará terminado o belo monumento, confiado ao talento e à maestria de Ettore Ximenes, e que deverá ser uma admirável e imponente obra de arte, signa do acontecimento que irá comemorar[12].

As elites políticas paulistas reivindicavam o fato de ter sido em seu território que a Independência havia sido proclamada e, por isso, constantemente afirmavam a importância das comemorações de São Paulo no Centenário. Se no Rio de Janeiro a Exposição Internacional atraía os olhares dos brasileiros e estrangeiros, era fundamental destacar São Paulo como "berço da nacionalidade". Para atingir tal objetivo, nada melhor do que dotar a colina do Ipiranga da sacralidade do marco de origem. A inauguração de um monumento grandioso dedicado ao Sete de Setembro, erguido no "local do grito", já atribuía grande simbologia, sobretudo com o painel que mantinha uma relação com o quadro de Pedro Américo, obra que já compunha o imaginário da Independência. Cristalizava-se uma representação da cena da emancipação ocorrida literalmente às margens do Ipiranga. Para destacar ainda mais esse espaço e torná-lo acessível, tendo em vista que ali

12 "As Comemorações em São Paulo", *Correio Paulistano*, p. 4, 10 fev. 1922 (grifos meus).

seria o local do rito cívico da comemoração do Sete de Setembro, a remodelação do entorno do monumento era imprescindível.

Por isso, junto com as obras do monumento, começaram a ser realizadas outras intervenções, como a canalização do riacho do Ipiranga, iniciada em 1921[13]. Segundo descrições da época, nessa nova configuração, o córrego seria usado como "elemento ornamental do parque do monumento", o que obrigava a sua canalização para "evitar o efeito desastroso que poderiam acarretar para o parque as cheias desse riacho". Nessa praça estava prevista também uma "fonte ornamental"[14]. A canalização era vista também como medida para "melhorar de modo considerável as condições de higiene desse bairro". Previa-se também a abertura de "duas vias públicas margeando o referido canal"[15], que futuramente seriam prolongadas e constituiriam "uma importante artéria destinada a ligar o bairro do Ipiranga ao de Vila Mariana"[16].

Outro elemento fundamental da remodelação da paisagem era a construção da avenida da Independência, que, segundo o articulista, seria de aspecto moderno e agradável e teria:

[...] a mesma diretriz e largura de 50 metros até a avenida dos estados, a qual se juntará por meio de uma grande praça circular projetada, tendo em vista o desenvolvimento futuro da cidade.

Essa praça [...] será completada com um magnífico jardim em cujo centro também a comissão deixou um espaço adequado para nele se levantar um monumento à República[17].

Uma extensa e larga avenida foi prevista para ligar a colina do Ipiranga à avenida do Estado (Figuras 69 e 70). No encontro dessas duas vias, haveria uma praça em que se previa a futura instalação de um monumento em homenagem à República e a conexão com outras vias de ligação, sobretudo com a avenida do Estado. "Tal disposição, além de favorecer as necessidades do trafego, torna-a uma praça ornamental realçando, dessa maneira, extraordinariamente a entrada da

---

13   Em março de 1921 foi noticiada a autorização da canalização do riacho do Ipiranga. "Canalização do Ipiranga", *A Gazeta*, p. 6, 10 mar. 1921. "Notas", *Correio Paulistano*, p. 1, 11 mar. 1921.

14   Essa fonte não foi realizada.

15   Quando concluída, foi chamada de avenida do Ypiranga, e hoje é a avenida Ricardo Jafet.

16   "Novidades: O Centenário da Independência", *O Estado de S. Paulo*, p. 3, 18 ago. 1922.

17   *Idem, ibidem.*

O monumento, o museu e o parque: lugar de memória da nação

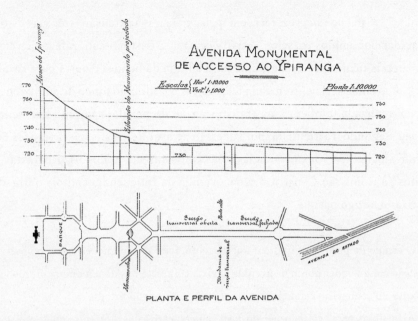

Figura 69. Plano da Avenida Monumental, Edital Concurso *Monumento à Independência*, 1917, Arquivo do Estado de São Paulo.

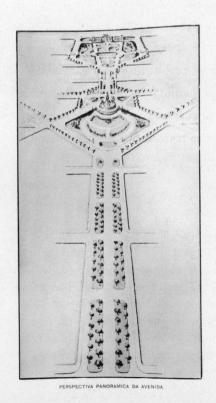

Figura 70. Perspectiva Panorâmica da Avenida, Edital Concurso *Monumento à Independência*, 1917, Arquivo do Estado de São Paulo.

avenida"[18]. Esta, por sua vez, teria em quase toda a sua extensão "três vias distintas separadas por amplos passeios. A parte central se destinará ao tráfego de veículos e as laterais ficarão reservadas, uma para a linha de bondes e outra para cavalheiros"[19]. A avenida seria entremeada de parques e jardins ao longo de sua extensão.

Foi realizada também uma transformação do perfil do terreno em frente ao Museu. Segundo o articulista, por sugestão do arquiteto-paisagista francês Felix-Émile Cochet[20] e "das exigências aliás impostas por todos os urbanistas modernos", a Comissão Construtora da Avenida da Independência foi "obrigada" a rebaixar o antigo parque.

O estudo do perfil longitudinal foi, portanto, feito em condições de ter o observador colocado em qualquer ponto da avenida, a vista completa dos dois monumentos, o comemorativo do centenário e aquele em que se acha o museu do Estado.

Além disso, para evitar a superposição da perspectiva dos diferentes objetos dispostos ao longo dessa via, para o observador colocado em qualquer ponto, esse perfil é ligeiramente parabólico, de acordo com o que preconiza o grande urbanista Stubben[21].

Percebe-se como havia uma clara intenção de configurar um espaço a partir de modelos europeus, por isso o arquiteto-paisagista francês foi consultado[22] e seguiam-se propostas do urbanista alemão Hermann Josef Stübben. Ademais, nessa cenografia que se configurava, era imprescindível destacar a colina histórica, o monumento e o museu. Em frente ao museu haveria ainda um "jardim francês" com uma cascata.

Afonso Taunay, em um artigo que escreveu para a revista *Illustração Brasileira*, descreveu a paisagem do Ipiranga antes dessa transformação, demonstrando

18   *Idem, ibidem.*
19   *Idem, ibidem.*
20   Mensagem apresentada ao Congresso Legislativo em 14 de julho de 1916, pelo dr. Altino Arantes Marques, presidente do estado de São Paulo. Cf. Paulo César Garcez Marins, "Un Jardin 'Européen' pour Commémorer le Centenaire d'une Nation Sud-Américaine: Appropriation et Transformations des Références Françaises au Parc de l'Indépendance", *Colloque Internationale Jardins et Civilisations - Approches Historiques et Contemporaines*, 19 nov. 2016. Bénouville.
21   "Novidades: O Centenário da Independência", *O Estado de S. Paulo*, p. 3, 18 ago. 1922.
22   Em 1916, a Secretaria do Interior já possuía o projeto elaborado por Felix-Émile Cochet para o traçado do jardim e do parque da Independência. "Mensagem Apresentada ao Congresso Legislativo em 14 de julho de 1916, pelo dr. Altino Arantes, Presidente do Estado de São Paulo", *Relatório dos Presidentes do Estado*, São Paulo, 1916.

como a área era rudimentar e havia pouca indicação do local em que ocorrera o grito da Independência:

Até 1919 conservou-se o cenário do episódio de Sete de Setembro quase como era em 1822, sobretudo nas vizinhanças do local onde devia achar-se Pedro I no momento de soltar o seu brado reivindicador das aspirações brasileiras.

Saindo do Museu e havendo percorrido os cento e muitos metros da rua central do belo jardim lenotriano, desenhado pelo hábil arquiteto paisagista Arsenio Puttemans; na antiga praça da Independência chegava o visitante da colina do Ipiranga à rua do Monumento, por onde então passava a linha de bondes da *Light and Power*.

Era esta[e] um simples caminho largo, de terra mais ou menos nivelada, separada do jardim do Museu por tosca cerca de arame e belas sebes vivas. Do modesto portão central tinha-se excelente vista de conjunto do jardim versaillesco de Puttemans, simétrico em todas as suas disposições, dispondo de duas largas ruas laterais, paralelas à principal, e duas depressões com caminhos transversais paralelogrâmicas.

[...]

Assim se venciam uns cem ou cento e cinquenta metros numa paisagem tristonha e árida, apenas embelecida pela grandiosa perspectiva do fundo longínquo do quadro, a serra além da grande planura.

Cruzava passeante o local onde há alguns anos se colocou um marco de pedra e um mastro conjecturais, fixando, com alguma aproximação, o local do Grito para depois passar pela frente das casinhas humílimas da chácara de um português vaqueiro, Francisco Tavares de Oliveira. Havia, um pouco mais abaixo, nova casa velha, de aspecto pitoresco, ensombrada por lindas árvores e daí em diante o caminho ficava mais ameno até a margem do regato onde à paisagem desfiguravam horrendos casebres, sobretudo o barracão de uma fábrica de um Sr. Wainberg.

Reduzido a pequeno filete d'agua, depois que a montante e para o abastecimento da cidade, lhe tomaram considerável volume, não tinha ali o Ipiranga, nem sequer uns vinte centímetros de profundidade. Perdera toda a já relativa majestade o pobre regato de 7 de setembro, com a formidável sangria sofrida e ao seu aspecto de córrego sujo não conseguia de todo aureolar a associação do nome altissonante à rememoração da cena gloriosa que o celebrizou.

– É este o Ipiranga? diziam os que pela primeira vez o viam, entre espantados e cheios de decepção funda! Este corregozinho tão feio e tão maltratado!

Vieram as comemorações centenárias engalanar o riacho setembrino, agora encerrado num belo canal de desemboque no Tamanduateí, represado em frente ao monumento

Ximenes, tratado em fim com homenagens reparadoras, embora tardias, do longo descaso em que viveu, não obstante andar-lhe o nome celebrado continuamente pelas vozes de dezenas, senão centenas de milhares de crianças, enaltecedores da "placidez de suas margens" modestíssimas.

Nesse artigo, Taunay demonstra a importância das obras de transformação e, sobretudo, da conformação desse "lugar de memória" da Independência. Era necessário dar materialidade à narrativa histórica de proeminência paulista. Para tanto, o local onde ocorrera o grito deveria ser de fácil identificação e não apenas "um corregozinho tão feio e tão maltratado". O monumento demarcaria o local e cumpriria a função pedagógica de ensinar o que aquele espaço representava. E, como foi evidenciado por Taunay, foram as comemorações do Centenário da Independência que motivaram a grande transformação da paisagem do Ipiranga, com a construção de um conjunto escultórico de proporções inéditas em São Paulo e realizado por um artista de reconhecimento internacional, a criação de um novo jardim e a abertura de uma avenida que conectava todo o conjunto simbólico com a cidade, por meio de um imenso *boulevard* cujas quatro pistas e a dupla fileira de árvores assemelhavam-na às da avenida Champs-Elysées.

Durante a remoção de terra para as obras da avenida, foi encontrada a baliza de pedra que havia sido colocada no "exato local do grito", onde havia se planejado, ainda no Império, erguer um monumento em homenagem à Independência. Essa descoberta fortalecia o caráter simbólico que se pretendia atribuir à colina. Por isso, Taunay escreveu artigos sobre o achado e, demonstrando a sua importância. A avenida, os jardins e os parques eram, assim, obras que pretendiam destacar o monumento, que era o grande destaque das festas centenárias em São Paulo.

4.2. As decisões de Ximenes

A Comissão de Julgamento indicou, por unanimidade, o projeto de Ettore Ximenes como vencedor do concurso para o *Monumento à Independência*. No entanto, para que se firmasse o contrato com o artista, alguns membros do júri, como Firmiano Pinto e Afonso Taunay, propuseram mudanças à maquete apresentada. Ramos de Azevedo, que na justificativa de votos não havia indicado nenhuma alteração na proposta original do escultor, ponderou que as solicitações feitas pelos outros membros do júri eram um assunto "delicado", que deveria ser discutido com Ettore Ximenes. Infelizmente, não foi encontrada documentação sobre as reuniões que ocorreram entre o escultor e os jurados, contudo, notas divulgadas no jornal demonstram que houve encontros em que esse tema foi debatido:

> Sob a presidência do sr. Dr. Alarico Silveira, secretário do Interior, reuniu-se ontem, às 14 horas, no Liceu de Artes e Ofícios, a comissão do monumento comemorativo da nossa Independência. Estiveram presentes os membros dessa comissão, srs. Drs. Firmiano Pinto, prefeito municipal; Ramos de Azevedo e Affonso Taunay, tendo-se escusado o sr. dr. Carlos de Campos, que se encontra no Rio de Janeiro.
>
> A comissão tomou conhecimento das modificações introduzidas no projeto primitivo do escultor Ettore Ximenes, e que consistem em dois grupos representativos – conjuração Mineira e da insurreição Pernambucana.
>
> O escultor Ximenes apresentou as "maquetes" dos dois referidos grupos que foram apreciadas demoradamente pelo sr. Secretário do Interior e pelos membros da comissão.
>
> Dessa reunião foi lavrada a competente ata.
>
> O escultor Ximenes parte para a Itália por estes dias, a fim de dar início à confecção do monumento[23].

A nota aponta a alteração dos conjuntos escultóricos laterais, entretanto, este é apenas um dos itens que haviam sido mencionados na justificativa de Firmiano Pinto e Afonso Taunay. A despeito da escassez de informação sobre os detalhes da proposta inicial de Ximenes[24] bem como do que se decidiu sobre as mudanças no seu projeto[25], ao cotejar as imagens e descrições da maquete inicial com o monumento final, é possível perceber que algumas propostas de mudança indicadas na justificativa de votos dos jurados foram realizadas, porém não todas. Isso nos

---

23 "Notas", *Correio Paulistano*, p. 1, 27 ago. 1920. A informação também foi divulgada no *Correio da Manhã*, p. 2, 28 ago. 1920.

24 A pesquisa não encontrou o memorial descritivo do projeto de Ettore Ximenes. As informações que se têm da sua maquete foram retiradas de outros documentos, como os artigos de jornais que descreveram ou criticaram a maquete, bem como de fotos do seu projeto.

25 Na pasta referente ao *Monumento à Independência* que se encontra no Arquivo do Estado, não foram encontradas atas de reuniões do escultor com os jurados. Ademais, foram identificados rascunhos do contrato firmado com Ettore Ximenes, porém, nenhum deles é o oficial, já que não há assinaturas e nem estão incluídos os documentos anexos que indicavam as modificações que deveriam ser feitas ao projeto inicial.

Figura 71. Ettore Ximenes, Projeto *Monumento à Independência* – Grupo "A Opressão e a Escravidão com o Sacrifício e o Juramento Clássico". Ugo Fleres, Ettore Ximenes: Sua Vita e sue Opere, Bergamo, Istituto Italiano d'Arte Grafiche, 1928, p. 200, Foto: Vasari.

Figura 72. Ettore Ximenes, Projeto *Monumento à Independência* – Grupo "A Opressão e a Escravidão com o Sacrifício e o Juramento Clássico". Ugo Fleres, Ettore Ximenes: Sua Vita e sue Opere, Bergamo, Istituto Italiano d'Arte Grafiche, 1928 p. 201 Foto: Vasari.

leva a crer que houve negociações para determinar o que deveria ser alterado no monumento.

Ao analisar as indicações de mudanças propostas na sessão de 27 de março da Comissão de Julgamento das maquetes, observa-se que tanto Afonso Taunay, como Firmiano Pinto consideraram que os grupos alegóricos laterais representando o "A Opressão e a Escravidão" (Figura 71) e a "Liberdade" (Figura 72) deveriam ser substituídos por esculturas representativas da história do país. O diretor do Museu Paulista propôs que uma dessas esculturas fosse trocada pela representação de Bandeirantes e a outra, por "figuras proeminentes dentre os que repeliram os estrangeiros do Brasil; no Rio de Janeiro com Mem e Estácio de Sá, na Bahia com D. Marcos Teixeira, em Pernambuco, com Matias de Albuquerque etc". Sugeria, ainda, a elaboração de um terceiro conjunto escultórico, dedicado à "Catequese Quinhentista". A proposta de Firmiano era substituir as alegorias pelos conjuntos representando "a inconfidência mineira, com Tiradentes à frente, e a revolução pernambucana de 1817". Essa sugestão foi acatada, como foi anunciado pelos jornais desde a indicação de Ximenes como vencedor do concurso. Esta, porém, não foi a única mudança realizada.

Os dois jurados propuseram também a supressão dos ornamentos que compunham o embasamento do corpo central do monumento. Firmiano Pinto considerou que havia "um verdadeiro pandemônio de figuras alegóricas, todas, porém, de caráter vago, genérico, e nenhum peculiar à nossa gênese política". E Taunay questionava:

Que significam aquelas âncoras, barquinhas, folhas, espirais etc? Ali o que o escultor precisará pôr são os baixos relevos alusivos aos grandes fatos da Independência, que ele reduziu à cena de 7 de setembro. Nada se diz por exemplo da campanha baiana. Haverá injustiça mais clamorosa?[26]

A proposta de Taunay era que em cada lado do embasamento houvesse baixos-relevos, cujos temas deveriam ser "o Fico", a "Batalha do Pirajá", a "entrada do exército libertador na Bahia" e o dia em que "o povo do Rio de Janeiro obrigou a divisão portuguesa de Jorge de Avilez a embarcar". A sugestão de Firmiano

26 Afonso d'Escragnolle Taunay, "Justificação de Voto", Arquivo do Estado de São Paulo, C06017.06, MI 03.01.06, documento 3.

Pinto era evidentemente baseada no projeto de Mario Ribeiro Pinto e Fernando Frick, pois considerava que os baixos-relevos que iriam compor a base do monumento deveriam ser "os protestos dos povos de São Paulo e das Províncias do Sul contra os decretos das Cortes de Lisboa", "as representações de São Paulo e outras Províncias, pedindo ao Príncipe que ficasse no Brasil", a primeira aclamação de D. Pedro I como chefe da nação, no Teatro da Ópera em São Paulo, e a aclamação do príncipe "pelo povo do Rio de Janeiro" em 12 de outubro de 1822. A partir dessas sugestões, foram feitos dois baixos-relevos, porém, que não foram dispostos no embasamento central do monumento, mas no pedestal dos grupos laterais. Neles foram representados o "Combate de Pirajá", tal como havia proposto Taunay e "Entrada de D. Pedro na rua do Carmo em São Paulo na tarde de 7 de setembro", alterando um pouco a solicitação de Firmiano Pinto, que sugeriu que ela fosse retratada no teatro da Ópera. Os ornamentos tão detestados pelos jurados e pelos críticos foram, no entanto, mantidos.

Taunay propôs ainda que a Marcha Triunfal, conjunto escultórico que coroa o monumento, fosse trocada por um grupo dos mártires, no qual estariam presentes Tiradentes, os revolucionários de 1817 e Filipe dos Santos. No entanto, esse grupo ficou inalterado, já que os revoltosos de Minas Gerais e de Pernambuco seriam reverenciados nos grupos laterais. O diretor do Museu Paulista sugeriu também que duas estátuas sedestres fossem substituídas: em vez de Tiradentes, deveria ser retratado Antônio Carlos de Andrada e, no lugar de Feijó, José Clemente Pereira. Contudo, a única figura substituída foi a Tiradentes, que já estava destacado no conjunto alegórico lateral, motivo pelo qual seu lugar foi ocupado por Hipólito José da Costa. Diogo Feijó, no entanto, foi mantido, junto a Joaquim Gonçalves Ledo e José Bonifácio.

Firmiano Pinto havia apontado até mesmo alterações no alto-relevo representando o "Independência ou morte", sobretudo na posição de D. Pedro I e de alguns cavalos:

Pelo que diz respeito à composição do belo alto relevo, acho-a muito feliz, apenas desejaria que o cavalo montado pelo Príncipe D. Pedro figurasse no quadro, não na atitude de uma alimária que está como a dormir em pé, mas em posição mais elegante e com aspecto mais vivaz, como, por exemplo, se apresentam os cavalos imediatamente à direita e à esquerda.

Contribui em parte para a deselegância e inoportuna quietude da montaria do Príncipe a circunstância de ter ela as suas patas dianteiras pisando em nível inferior ao em que descansam as patas traseiras.

Não custaria elevar um pouco o terreno sob as patas dianteiras desse animal, para lhe dar mais nobre atitude e fazer sobressair o vulto de D. Pedro, que, sendo a principal figura histórica da cena, não tem o conveniente destaque no quadro.

Na modelagem do animal ocupado pelo cavaleiro que está à direita do príncipe houve um descuido que conviria corrigir em tempo.

Esse animal acha-se em posição sensivelmente oblíqua em relação ao plano geral do quadro, com ele formando ângulo mais ou menos de 45 graus, ao passo que o peito e as pernas dianteiras figuram como se o animal estivesse inteiramente de frente.

O mesmo descuido se observa, ainda que menos sensivelmente, na modelagem do animal ocupado pela cavaleio à esquerda do Príncipe.

Como a composição está passada em gesso e parece definitiva, conviria não levá-la à fundição sem sanar esses pequenos defeitos de fácil correção[27].

Apesar dessas solicitações, que visavam dar maior destaque a D. Pedro no ato de proclamação do brado da Independência, nenhuma delas foi feita pelo escultor. O friso que Ximenes apresentou na exposição de maquetes (Figura 89 do capítulo 2) é idêntico ao que foi fundido em bronze para o monumento (figura 11 do capítulo 3) e, como o próprio prefeito indicou, é provável que tenha servido de molde para a obra final, sem nenhuma alteração.

Outra proposta feita pelo prefeito que não encontrou ressonância foi a inserção de pilastras para representar a união das províncias, que teria garantido "a unidade do todo". Por isso, sugeriu que o corpo central do projeto fosse adornado com "tantas pilastras estilizadas quantas eram em 1822 as Províncias do Brasil". Para ele, dessa maneira, seria atribuído um "cunho de caráter nacionalista" à obra. A única indicação feita às demais unidades da federação no monumento, entretanto, foi a inclusão do brasão da República dos Estados Unidos do Brasil, que tinha 21 estrelas em simbologia aos estados brasileiros.

O prefeito propôs ainda que a praça em frente ao monumento recebesse "seis grandes grupos de arte" para narrar a "evolução histórica" brasileira: o descobrimento do Brasil, os "heróis" da catequese, a epopeia bandeirante, os vencedores da guerra holandesa, o Tratado de Madrid e a vinda de D. João VI para o Brasil. Firmiano Pinto considerou que esses eram os "seis mais importantes fatores atá-

---

27 Firmiano Pinto, "Justificação de Voto", Monumento do Ipiranga, C06017.06, MI 03.01.06, documento 1, Arquivo do Estado de São Paulo.

vicos da nossa independência". É possível notar a influência de ideias que haviam sido mencionadas em outros projetos, principalmente no da dupla Roberto Etzel e Luigi Contratti, que tinham representado alguns desses acontecimentos em sua maquete.

Essa proposta, no entanto, também não encontrou ressonância e, em vez de se incluírem novos grupos escultóricos, o que ocorreu foi a supressão de alguns elementos que deveriam compor a praça, como as duas fontes representando os rios Amazonas e Paraná e outras esculturas que seriam erguidas ali[28]. Além disso, também foram excluídas as duas colunas encimadas por vitórias aladas, que serviam para anunciar a entrada no templo sagrado, além de outras figuras alegóricas, como leões, que estavam dispostas fora do conjunto monumental. Esses elementos eram comuns em obras escultóricas monumentais, como se vê no *Monumento Nazionale a Vittorio Emanuele II* (figura 16 do capítulo 3), a grande obra monumental erguida em Roma e, certamente, uma referência para Ettore Ximenes, visto que fora um dos escultores que ali atuaram.

As solicitações de mudanças, como bem havia alertado Ramos de Azevedo, constituíam um assunto delicado. Nota-se que, apesar de o artista ter feito modificações ao projeto, muitas sugestões foram por ele recusadas. É possível supor que tenham ocorrido negociações tanto entre os membros do júri como entre eles e Ettore Ximenes para determinar quais conjuntos deveriam ser modificados e quais deveriam ser mantidos. Vale destacar que a presença de símbolos em esculturas monumentais é uma das características da arte clássica. Por meio de alegorias, transmitem-se valores fundamentais. Por isso, Ettore Ximenes havia se posicionado a favor desses elementos existentes na sua obra quando concedeu uma entrevista para o *Correio Paulistano*, afirmando que no conjunto eles tinham "a sua razão de ser, claramente explicada e visível"[29]. Talvez isso justifique a sua decisão de manter muitas das alegorias no *Monumento à Independência*. As mudanças que foram feitas estão relacionadas, sobretudo, à inclusão de eventos históricos. Dessa maneira, criou-se um monumento em que a homenagem à eman-

28 Em algumas descrições, mencionam-se "esculturas que recordam os fatos mais salientes da história da independência e figuras legendárias dos precursores imortais". "Il Centenario della Indipendenza Brasiliana", *Il Pasquino*, p. 24, 9 set. 1922.

29 "O Monumento da Independência – Entrevista com o Escultor Ettore Ximenes", *Correio Paulistano*, p. 3, 1 abr. 1920.

O monumento, o museu e o parque: lugar de memória da nação

cipação política é feita pela rememoração de eventos e personagens históricas junto à evidenciação dos valores conquistados, por meio de símbolos e alegorias.

A narrativa do conjunto escultórico se inicia com os dois grupos que ladeiam o corpo central, que remetem a eventos anteriores a 7 de setembro de 1822. O grupo dos inconfidentes mineiros de 1789 (Figura 73) encontra-se na face oeste do monumento e é formado por sete personagens. Assim como havia proposto Firmiano, a figura de Joaquim José da Silva Xavier, conhecido como Tiradentes, está à frente dos demais. Ele está em pose altiva, sem demonstrar qualquer sinal de arrependimento, com a cabeça erguida e os olhos fixos no horizonte, em sinal de determinação. Suas vestes são simples e bastante diferentes da indumentária dos personagens que o cercam. Ele está a caminhar para a sua execução, com a corda ao redor do pescoço e o peito desnudo, porque a camisa está aberta, e com as mãos para trás. Como demonstrou José Murilo de Carvalho, Tiradentes havia se transformado em herói da República e Ximenes o representa de maneira muito semelhante a uma litogravura feita por Décio Villares (Figura 74), que Carvalho descreve da seguinte maneira:

Durante o desfile de 1890, Décio Villares, pintor positivista, distribuiu uma litogravura em que aparecia o busto de Tiradentes, corda ao pescoço, ornado com a palma do martírio e os louros da vitória. Barba e cabelos longos, ar sereno, olhar no infinito, era a própria imagem de Cristo. [...] Tratava-se, sem dúvida, de uma idealização[30].

Ximenes usou essa mesma idealização para elaborar a estátua do herói. Ademais, é possível evidenciar também uma relação com a imagem de Tiradentes presente na maquete de Roberto Etzel e Luigi Contratti (figura 64 do capítulo 2), que deve ter servido de exemplo ao escultor vencedor, tendo em vista os elogios que ela recebeu dos jurados. Porém, como indicou Ugo Fleres, biógrafo de Ettore Ximenes, há também uma relação com a estátua de Ciceruacchio, herói da unificação italiana, que também foi retratado pelo escultor siciliano nos momentos que antecederam a sua execução. Essa obra do início da carreira de Ximenes havia sido fundida em bronze e colocada no Lungotevere Arnaldo da Brescia[31], em

30 José Murilo Carvalho, "A Formação das Almas", *O Imaginário da República no Brasil*, São Paulo, Companhia da Letras, 2009, p. 65.
31 Hoje a obra se encontra no *Parco del Gianicolo*, próximo à porta *San Pancrazio*, em Roma.

São Paulo na disputa pelo passado

Figura 73. Ettore Ximenes, *Monumento à Independência do Brasil – Grupo Inconfidentes Mineiros*, 1922, São Paulo, Foto da autora, 2017.

Figura 74. Décio Villares, *Tiradentes*, Litografia, Igreja Positivista do Brasil. Retirado de: https://blogdaipb.wordpress.com/2015/04/21/o-rosto-de-tiradentes/. Acesso em nov. 2022.

Roma, em 1907 (Figura 75). Interessante notar também como essa obra serviu de referência para a imagem de Tiradentes feita por Giulio Starace para o monumento erguido em Belo Horizonte (Figura 76), em 1930.

Além do herói, outros quatro inconfidentes foram retratados, porém em pose muito diferente daquela de Tiradentes. Dois deles também estão com as mãos atadas, um sentado ao chão, com demonstração de profunda tristeza, e o outro em pé, de costas, olhando de soslaio o acontecimento. Do outro lado, um dos inconfidentes está desfalecido, sendo ajudado por outro (Figura 77). Interessante notar que essas duas figuras estavam presentes na alegoria que Ximenes fez na sua maquete inicial. Além dos inconfidentes, dois soldados da guarda portuguesa são retratados preparando Tiradentes para ser executado: um deles coloca-lhe a corda ao redor do pescoço, o outro veste-lhe o aval. O herói personifica, assim, a ideia do martírio, do sacrifício pela pátria.

Do lado oposto, o outro conjunto escultórico, que também é composto por sete pessoas, tematiza a Revolução de Pernambuco de 1817, último levante antes da proclamação da Independência (Figura 78). Essa revolta foi a única a passar da fase de conspiração e constituir um governo independente por 74 dias. Foi, portanto, a primeira experiência de rompimento com a metrópole, com a formação de um governo republicano e a elaboração de uma constituição. Tanto esse grupo escultórico como o dos inconfidentes mineiros representam, assim, interpretações republicanas da Independência.

No conjunto da Revolução Pernambucana, três figuras se destacam por estarem à frente das demais. Ugo Fleres fala a respeito desse grupo:

> Ettore Ximenes tem nele a sua última inspiração e a expressa com formidável energia. Os três irmãos pernambucanos, Antonio, Francisco e José Bonifácio, pronunciam o juramento de vida ou morte pela pátria independente[32].

Ugo Fleres descreve os personagens como os irmãos Andrada e considera-os, erroneamente, pernambucanos, confusão que se deve ao fato de o conjunto escultórico fazer referência à revolução ocorrida naquela província. A mesma legenda indicando as figuras como "os irmãos Bonifácio" aparece em num livro de foto-

---

32 Ugo Fleres, *Ettore Ximenes: Sua Vita e Sue Opere*, Bergamo, Istituto Italiano d'Arte Grafiche, 1928, p. 244.

São Paulo na disputa pelo passado

Figura 75. Ettore Ximenes, *Ciceruacchio*, 1907, Roma, Foto da autora, 2015.

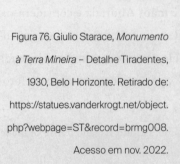

Figura 76. Giulio Starace, *Monumento à Terra Mineira* – Detalhe Tiradentes, 1930, Belo Horizonte. Retirado de: https://statues.vanderkrogt.net/object.php?webpage=ST&record=brmg008. Acesso em nov. 2022.

Figura 77. Ettore Ximenes, *Monumento à Independência do Brasil – Grupo Inconfidentes Mineiros*, 1922, São Paulo, Foto da autora, 2017.

Figura 78. Ettore Ximenes, *Monumento à Independência do Brasil – Grupo Inconfidentes Mineiros*, 1922, São Paulo, Foto da autora, 2017.

grafia das maquetes de Ximenes[33]. Atentando-se ao fato de que Taunay havia pedido que Antonio Carlos de Andrada fosse um dos homenageados nas figuras sedestres que ladeiam o monumento[34], seria possível que os paulistas tivessem sido representados junto aos revoltosos pernambucanos? Ou esse foi apenas um erro do cronista, reiterado pelo outro livro[35]? De fato, Antonio Carlos participou da rebelião e ficou preso por quatro anos em decorrência dela; contudo, seus irmãos não estiveram envolvidos no conflito, inclusive José Bonifácio estava na Europa nesse período. Estranha-se, portanto, a possibilidade da presença desses personagens nesse conjunto escultórico, além de não ter sido encontrado nenhum jornal brasileiro que tenha descrito o trio como os próceres santistas. Tendo em vista que Ugo Fleres fez uma obra biográfica baseada principalmente em lembranças e relatos, além do diário do escultor, seus dados e informações são bastante imprecisos. É provável, portanto, que ele tenha confundido esse conjunto com o projeto que Ximenes apresentou para o Monumento aos Andradas, em Santos. Uma vez que Antonio Carlos Andrada participara da revolta pernambucana e havia um desejo de que ele fosse representado no *Monumento à Independência*, é possível que ele seja uma das figuras que fazem o juramento, pois, assim, seria evidenciada a presença paulista no conflito ocorrido no Nordeste.

A ideia do juramento já estava presente no conjunto escultórico da primeira maquete de Ximenes, na qual três personagens haviam sido representados de braços estendidos. Aqui, dois estão nessa posição, enquanto o do meio encontra--se com os dois braços ao alto, exatamente como a alegoria da Liberdade que o escultor fizera no seu primeiro projeto. Há uma figura de braço estendido (Figura 78) que se assemelha a Domingos José Martins, um dos líderes da revolução, cujo gesto não é o de realizar o juramento, mas de erguer papéis que, possivelmente, fazem referência à constituição que foi elaborada durante aquela revolta. Além desses personagens, há também um a beijar um estandarte, provavelmente em alusão à bandeira de Pernambuco criada durante esse conflito, outro a segurar

---

33   Paolo Barbaro, "Il Gesso e la Creta", *Studio Vasari Roma, L'atelier Ximenes*, Parma, CSAC dell'Università di Parma, 1994.

34   Afonso d'Escragnolle Taunay, "Justificação de Voto", Arquivo do Estado de São Paulo, C06017.06, MI 03.01.06, documento 3.

35   Grande parte das pesquisas e bibliografias realizadas sobre Ximenes e suas obras foram baseadas no livro de Ugo Fleres, que contém também diversas imagens das maquetes do escultor.

Figura 79. Ettore Ximenes, *Monumento à Independência do Brasil* – Grupo Revolucionários Pernambucanos, 1922, São Paulo. Foto da autora, 2017.

três espadas, fazendo menção ao conflito armado e um terceiro está agachado, envolvido pelos demais personagens.

Nota-se que o artista posiciona as figuras de maneiras variadas, alguns eretos, outros curvados, oferecendo mais movimento à obra. Um aspecto marcante nessa revolta foi a grande participação de religiosos, como frei Caneca, por isso, ela é também conhecida como a "rebelião dos padres". Entretanto, na escultura, essa referência foi bastante mitigada, já que não há nenhum personagem claramente evidenciado como membro da Igreja Católica e a única referência é a cruz que compõe a vestimenta da personagem central, porém, ela não está em destaque e ele não se veste como padre. Esse conjunto escultórico tencionava demonstrar o empenho que existiu em prol da Independência, na divulgação das ideias, na luta armada e na simbologia criada. Todos esses elementos teriam sido compactuados pelos três personagens centrais, que se destacam no ato de jurar a defesa da pátria independente. Assim, os dois conjuntos escultóricos laterais fazem referência a acontecimentos históricos, porém, evidenciando os valores imbuídos no processo de emancipação política. Enquanto nos inconfidentes mineiros destaca-se o sacrifício de Tiradentes, aqui evidencia-se a união e o comprometimento com o ideal de independência.

São Paulo na disputa pelo passado

A Inconfidência Mineira e a Revolução Pernambucana foram representadas como os acontecimentos que antecederam o 7 de setembro de 1822. No entanto, para que a independência fosse possível, quatro personagens foram considerados fundamentais: José Bonifácio de Andrada, Diogo Antônio Feijó, Hipólito José da Costa e Joaquim Gonçalves Ledo, que se encontram sentados nos extremos do monumento.

Os dois paulistas estão posicionados na face norte do monumento, ou seja, ladeando o relevo que representa o grito de D. Pedro às margens do Ipiranga. José Bonifácio de Andrada foi considerado um dos responsáveis pela permanência de D. Pedro no Brasil: além de ter sido vice-presidente da Junta Governativa de São Paulo e ministro de D. Pedro I, foi indicado como o articulador da separação entre Brasil e Portugal. Junto à sua estátua, encontra-se o dístico "José Bonifácio de Andrada e Silva: o patriarca da independência" (Figura 80). Do outro lado, está representado o também paulista Diogo Antônio Feijó, que foi um dos deputados de São Paulo nas Cortes de Lisboa, onde teria feito um discurso a favor da independência do Brasil e teria se recusado a assinar a Constituição portuguesa. Na placa do monumento, ele é lembrado como "prócer da independência e deputado às cortes de Lisboa" (Figura 81).

Na face sul, encontra-se Hipólito José da Costa, nascido na Colônia do Sacramento, defensor das ideias liberais e da emancipação brasileira. Divulgou suas ideias e fez a cobertura da Revolução do Porto no jornal *Correio Brasiliense*, editado em Londres e considerado o primeiro jornal brasileiro. É memorado justamente como "o jornalista da Independência. Fundou e dirigiu o 'Correio Braziliense' em Londres" (Figura 82). Por fim, diametralmente oposto a José Bonifácio, está Joaquim Gonçalves Ledo, carioca que foi adversário dos irmãos Andrada. Ele era editor do jornal *Revérbero Constitucional Fluminense* e teria sido um dos articuladores, junto com José Clemente Pereira, do dia do "Fico". No monumento, ele foi reverenciado como o "chefe do movimento da Independência no Rio de Janeiro" (Figura 83).

Esses quatro próceres, como a descrição do monumento feita pelos jornais indicava, personificavam "a ideia e a ação do povo brasileiro para o cumprimento do ideal"[36] da emancipação política. E a concretização da Independência teria ocorrido com o episódio de 7 de setembro de 1822, representado no monumento por meio do grande alto-relevo que faz referência ao quadro de Pedro Américo, *Independência ou Morte!*. Ettore Ximenes colocou o relevo de frente ao riacho do Ipiranga, fazendo com que o observador, ao olhar para o monumento, visualizasse

---

36 "Il Centenario della Indipendenza Brasiliana", *Il Pasquino*, p. 23, 9 set. 1922.

Figura 80. Ettore Ximenes, *Monumento à Independência do Brasil – José Bonifácio*, 1923, São Paulo, Foto da autora, 2017.

Figura 81. Ettore Ximenes, *Monumento à Independência do Brasil – Diogo Feijó*, 1923, São Paulo, Foto da autora, 2017.

Figura 82. Ettore Ximenes, *Monumento à Independência do Brasil – Hipólito José da Costa*, 1923, São Paulo, Foto da autora, 2017.

Figura 83. Ettore Ximenes, *Monumento à Independência do Brasil – Joaquim Gonçalves Ledo*, 1923, São Paulo, Foto da autora, 2017.

a cena que teria ocorrido exatamente ali cem anos antes. Ademais, a semelhança com a pintura histórica de Pedro Américo permite uma identificação imediata do público com a homenagem da obra escultórica, portanto, sua função didática é de grande potencialidade.

Alguns elementos são muito análogos entre pintura e escultura, como o guarda que arranca o laço alusivo a Portugal de seu uniforme, os guardas em pose altiva com as espadas ao alto, a comitiva de D. Pedro a arremessar seus chapéus ao alto, o casebre ao fundo e até mesmo o carroceiro. No entanto, a maneira como os elementos foram dispostos nas obras são diferentes, atribuindo significados distintos. Na pintura, a figura de D. Pedro está em destaque, graças ao semicírculo formado pelos soldados, pelo caminho de terra que o envolve, bem como pelo fato dele estar em uma parte mais alta do terreno e também pelo olhar do carroceiro direcionado a ele. Na escultura, D. Pedro encontra-se ao centro, porém se confunde com os demais personagens, e não há elementos que o destaquem. Uma evidência disso é o seu cavalo, que não está em pose altiva e tem a cabeça baixa. Portanto, aqui, D. Pedro não é necessariamente o elemento primordial daquele acontecimento, senão pela sua centralidade.

Os soldados se espalham em ambos os lados do painel, fazendo com que o observador se coloque entre eles e, portanto, inclua-se na cena. Enquanto no quadro a figura do caipira levando o carro de boi e outras duas figuras estão apartadas da cena principal, demonstrando que a população não participou do acontecimento, na escultura o carroceiro se integra ao conjunto e não é o único a participar da cena. Atrás dele, uma mulher ergue um bebê para que ele observe o acontecimento e, do lado oposto, há uma criança que também integra o conjunto. O povo, apesar de não exercer a ação, participa como observador do evento e evidencia concordância e aprovação. Ademais, a criança é a representação da nova nação que nasce ali, em São Paulo. Cem anos após a proclamação da Independência e já em um contexto político novo, com a República, D. Pedro não é o grande herói que coroa o monumento na tradicional solução equestre. Muitas maquetes concorrentes haviam colocado em destaque a figura do imperador a cavalo sobre um pedestal, porém, essa representação não foi considerada adequada nem por Ximenes, nem pelos jurados e nem pelos críticos.

A homenagem imbuída no monumento paulista precisava eleger os novos heróis da República, como Tiradentes, lembrar os eventos que contaram com a participação dos brasileiros, que lutaram para conquistar a sua independência. E, principalmente, deveria destacar os paulistas e o seu território, evidenciando que ali era o "berço da nação", indicada na figura do bebê presente ali no painel. Há no *Monumento à Independência* outros elementos que fazem referência ao território paulista, como as folhas de café nos ornamentos e os dois brasões da cidade de São Paulo (Figura 84) que estão em duas faces do embasamento, enquanto nos outros lados está o brasão do Estados Unidos do Brasil (Figura 85).

Figura 84. Ettore Ximenes, *Monumento à Independência do Brasil – Brasão de São Paulo,* 1923, São Paulo, Foto da autora, 2017.

Figura 85. Ettore Ximenes, *Monumento à Independência do Brasil – Brasão de Estados Unidos do Brasil,* 1923, São Paulo, Foto da autora, 2017.

Continuando a narrativa da Independência, dois acontecimentos subsequentes ao Sete de Setembro foram lembrados. Logo abaixo dos inconfidentes mineiros, está um baixo-relevo representando a "entrada de D. Pedro na rua do Carmo em São Paulo, na tarde de 7 de setembro de 1822" (Figura 86), portanto, a aclamação popular do novo imperador do Brasil independente. Na imagem é possível ver homens e mulheres saudando D. Pedro, que está a cavalo, ao centro da obra, e os soldados, que estão logo atrás dele. Todos comemoram o novo acontecimento com abraços e vivas. Optou-se por destacar a participação dos paulistas e não dos cariocas, por isso a aclamação realizada no Rio de Janeiro, em 12 de outubro, foi preterida. Vale lembrar que o 12 de outubro, quando D. Pedro foi coroado imperador, havia sido a data da comemoração da Independência por muitos anos, e só depois ela foi substituída pelo Sete de Setembro[37]. Por isso, não era interessante destacar o evento ocorrido no Rio de Janeiro como um dos marcos da Independência; ao contrário, evidenciou-se o Sete de Setembro e a população de São Paulo.

O outro episódio foi inserido no pedestal do conjunto dos revolucionários de Pernambuco, no qual se representou o "Combate de Pirajá – campana da independência para a libertação da Bahia. Episódio do corneta Luis Lopes" (Figura 87). A Bahia, que era palco de lutas entre portugueses e brasileiros desde o início de 1822, foi lembrada em seu último combate, ocorrido após o evento de 7 de setembro. A cena escolhida para retratá-la não centra a ação no general francês Labatut, como muitos escultores haviam indicado em suas maquetes, mas em Luis Lopes. Nesse episódio, conta-se que o Major José de Barros Falcão, com medo do avanço das tropas portuguesas, ordenou que se desse o toque de recuar, porém Lopes sinalizou para avançar. Os portugueses, com receio de que reforços estivessem chegando, decidiram debandar e, assim, os baianos teriam vencido a batalha. Esse combate, ocorrido a 8 de novembro de 1822, foi a última batalha das lutas pela independência na Bahia, movimento cujo desfecho ocorreu a 2 de julho de 1823.

Todos os personagens e acontecimentos históricos circundam o corpo principal do monumento, que é coroado por uma grande alegoria. No plinto, há os ornamentos em relevo que haviam sido muito criticados por Taunay e Firmiano Pinto e que, no entanto, foram mantidos. Um desses painéis tematiza a proteção

---

37 Cecilia Helena de Salles Oliveira, "O Museu Paulista da USP e a Memória da Independência", Caderno; *Cedes*, Campinas, vol. 22, n. 58, pp. 65-80, dez. 2002. Disponível em: <http://dx.doi.org/10.1590/S0101-32622002000300005>. Acesso em nov. 2022.

Figura 86. Ettore Ximenes, *Monumento à Independência do Brasil – Entrada de D. Pedro I na rua do Carmo em São Paulo na tarde de 7 de setembro de 1822*, 1923, São Paulo. Foto da autora, 2017.

Figura 87. Ettore Ximenes, *Monumento à Independência do Brasil – Combate do Pirajá – Campana da Independência para a libertação da Bahia – Episódio do Corneta Luis Lopes,* 1923, São Paulo. Foto da autora, 2017.

Figura 88. Ettore Ximenes, *Monumento à Independência do Brasil – Detalhe arquitetônico, 1922*, São Paulo, Foto da autora, 2017.

do território (Figura 88), por isso, ao centro há uma armadura ladeada por folhas de palmeiras, do lado esquerdo um porto com uma embarcação atracada e, do outro, canhões. Na outra face do plinto, simboliza-se o progresso e, por isso, encontram-se uma locomotiva a vapor, um guindaste, engrenagens e cornucópias a evidenciar a abundância e, ao centro, uma cabeça feminina da qual saem asas e folhas de palmeira. Na face norte e sul, o tema é o trabalho e a cultura (Figura 89), por isso é possível ver pás, picaretas, âncoras e também harpas, pandeiros, tochas, globos terrestres e colunas de estilo clássico; ao centro, há uma figura feminina sobre uma embarcação, que se assemelha à imagem da vitória. Nos vértices de cada painel, encontra-se o *fascio*, símbolo associado ao poder e à autoridade[38]. Esses baixos-relevos são muito similares ao que se encontram no pedestal da estátua equestre do *Monumento Nazionale a Vittorio Emanuele II* (Figura 90), sobretudo pela escolha dos elementos representados.

O grande altar da pátria é protegido por quatro leões alados (Figura 91), que se encontram nas faces leste e oeste do monumento, e mais dois leões na face sul. Esses símbolos são muito comuns em monumentos dessa natureza. Por exemplo, no *Monumento Nazionale a Vittorio Emanuele II*, encontra-se o mesmo tipo de simbologia, com uma grande proximidade de desenho (Figura 92). Há ainda quatro pilastras sobre as quais repousam piras (Figura 93). Elas são adornadas com ramos de café e cabeças de bode, possivelmente em referência à maçonaria, da qual faziam parte muitos dos próceres da Independência brasileira. Há ainda uma quinta pira localizada em frente ao painel "Independência ou morte", onde arde uma chama que deve permanecer sempre acesa. Esse é também um elemento muito comum em monumentos pátrios, como no *Monumento Nazionale a Vittorio Emanuele II* ou sobre a tumba do soldado desconhecido no Arco do Triunfo da Étoile em Paris, inaugurado em 1923.

Outro elemento muito recorrente (Figura 94) é a biga, que aqui também coroa o *Monumento à Independência*. Neste caso, ela simboliza o Triunfo da Independência, por isso é puxada por dois cavalos, que conduzem a figura feminina da Independência, que se assemelha a uma Marianne, símbolo da República Francesa, e que usa o barrete frígio. A alegoria da Independência segura em uma de suas

---

38 Miriam Escobar na sua tese de doutorado faz uma análise sobre as formas e símbolos do *Monumento à Independência*. Miriam Escobar, *Centenário da Independência: Monumento Cívico e Narrativa*, Tese de Doutorado, FAU-USP, 2005.

Figura 89. Ettore Ximenes, *Monumento à Independência do Brasil – Detalhe arquitetônico*, 1922, São Paulo, Foto da autora, 2017.

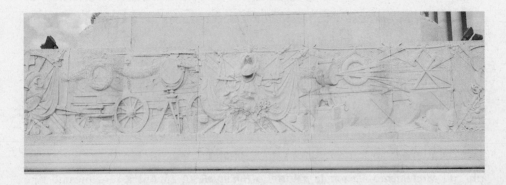

Figura 90. *Monumento Nazionale Vittorio Emanuele II*, 1911, Roma, Foto da autora, 2014.

Figura 91. Ettore Ximenes, *Monumento à Independência do Brasil – Detalhe*, 1923, São Paulo, Foto da autora, 2017.

O monumento, o museu e o parque: lugar de memória da nação

Figura 92. *Monumento Nazionale Vittorio Emanuele II*, 1911, Roma. Foto da autora, 2014.

Figura 93. Ettore Ximenes, *Monumento à Independência do Brasil – Detalhe*, 1923, São Paulo. Foto da autora, 2017.

Figura 94. *Monumento Nazionale Vittorio Emanuele II*, 1911, Roma. Foto da autora, 2014.

Figura 95. Ettore Ximenes, *Monumento à Independência do Brasil – Marcha Triunfal*, 1923, São Paulo. Foto da autora, 2017.

Figura 96. Ettore Ximenes, *Monumento à Independência do Brasil – Marcha Triunfal*, 1923, São Paulo. Foto da autora, 2017.

mãos uma espada embainhada e, na outra, o estandarte do povo livre, demonstrando que a emancipação foi conquistada e que ela está pronta para defender quem ousar violá-la. Essa figura é acompanhada por outras dezesseis (Figura 95 e 96), dentre as quais é possível citar:

[...] o atleta, que rompeu os laços do domínio; o trabalhador, que prepara o trabalho fecundo e sereno da paz; a agricultura, que carrega a colheita abundante; a felicidade e o amor que unem a raça para criar a nação; o índio bom que contribuiu com seu sangue à rendição da pátria invadida; a arte que imortaliza na obra a sua insurreição após a escravidão; a poesia que canta a paixão do sofrimento suportado e exalta o fato novo; a música, que transforma em harmonia o grito de dor e a hosana da glória; a história que consagra o evento; o pensador que o prepara e a ciência que abre o caminho do progresso[39].

Nessa grande alegoria estão, portanto, os valores fundamentais conquistados com a Independência. Em uma das maquetes apresentadas por Ettore Ximenes, duas crianças que se assemelhavam a anjos também compunham essa marcha, porém elas não foram realizadas no monumento final. São esses elementos que constituem o conjunto alegórico que simboliza os valores e destinos da nação, representados por alusões clássicas que associam o novo país às tradições europeias. Os demais grupos escultóricos e estátuas servem de suporte para essa exaltação do Brasil, destacando-se eventos que precederam e sucederam o grito da Independência, as personagens fundamentais nesse processo e a conquista definitiva, representada pela alegoria que coroa o monumento.

4.3. O museu e o monumento

Se o *Monumento à Independência* rendia homenagem a alguns dos principais eventos da emancipação brasileira, a saga histórica da nação seria ampliada e narrada no Museu Paulista. Situado no alto da colina do Ipiranga e coroando todo o espaço, o museu também estava sendo preparado para as festividades centenárias. Por meio de documentos, estátuas, objetos históricos e pinturas, Afonso Taunay elaborava uma exposição que percorreria a história do Brasil com um olhar paulista, desde a colonização até o ponto culminante que, assim como o monumento,

39 "Il Centenario della Indipendenza Brasiliana", *Il Pasquino*, p. 24, 09 set. 1922.

era também o evento ocorrido em 7 de setembro de 1822, consumado pela tela de Pedro Américo[40]. Monumento e museu complementavam-se, portanto, na narrativa histórica da nação.

Tão logo assumiu a direção do museu, em 1917, Taunay passou a adquirir documentos sobre o passado brasileiro e, principalmente, paulista, como mapas e cartas territoriais do período colonial brasileiro, além de "documentos referentes às diversas fases da vida paulista", como cartas de sesmaria, cartas setecentistas, registros de cartas régias e atos oficiais, livros de notas tabelionais, entre outros. No entanto, a fim de preparar o museu "condignamente para as comemorações centenárias", Afonso Taunay investiu na composição iconográfica do museu, que se tornaria um dos pilares da Seção de História oficialmente criada em 1922.

Como demonstrou Ulpiano Bezerra de Meneses, a importância da iconografia residia na concepção visual da História, como "magistra vitae" e no poder de evocação e celebração da imagem:

Por isso, o museu não apenas coleta *documentos* iconográficos, como passa a produzi-los, encomendando-os a pintores e escultores, segundo prescrições bem definidas. Finalmente, é o prédio inteiro, arquitetura e um oceano de figuras que, do saguão ao salão nobre, passando pela escadaria monumental, com seus quadros, nichos, molduras e brasões estucados, plataformas e bases para esculturas etc., se organiza alegoricamente para evocar e celebrar a transformação do território em ação independente. Taunay, nos anos 20, introduz nesse imaginário da independência a ideologia paulista (o projeto hegemônico de São Paulo na República Velha estava, então, sendo contestado). O bandeirante, associado à proeza da extensão do território e predecessor do tropeiro, do fazendeiro de café e do capitão de indústria, tem suas iconografia e ideologia gestadas no Museu Paulista[41].

40 Sobre o projeto decorativo do Museu Paulista, ver: Ana Cláudia Fonseca Brefe, *O Museu Paulista, Afonso de Taunay e a Memória Nacional 1917-1945*, São Paulo, Editora Unesp; Museu Paulista, 2005; Miyoko Makino, "A Ornamentação Alegórica" em José Sebastião Witter (ed.); Heloisa Barbuy (org.), *Museu Paulista, um Monumento no Ipiranga*, São Paulo, Fiesp/Ciesp/Sesi/Senai/IRS, 1997; Miyoko Makino, "Ornamentação do Museu Paulista para o Primeiro Centenário: Construção de Identidade Nacional na Década de 1920", *Anais do Museu Paulista – História e Cultura Material*, São Paulo, n. 10/11, pp. 167-195, 2002/2003; Ulpiano T. Bezerra de Meneses, "Museu Paulista", *Estudos Avançados*, São Paulo, v. 8, n. 22, pp. 573-578, dez. 1994.

41 Ulpiano T. Bezerra de Meneses, "Museu Paulista". *Estudos Avançados*, vol. 8, n. 22, pp. 576-577, dez. 1994. Disponível em: <https://doi.org/10.1590/S0103-40141994000300084>. Acesso em dez. 2022.

Como relatou Ana Claudia Brefe, desde 1917 Taunay implementara reformas na instituição a fim de destacar o seu caráter histórico. Porém, foi a partir de 1919 que o diretor enviou o primeiro plano detalhado sobre o que poderia ser feito no museu para a comemoração do Centenário, a pedido do secretário do Interior, Oscar Rodrigues Alves. Nota-se que Taunay ainda não estava decidido sobre quais personagens deveriam ser retratadas e nem quais eventos deveriam ser representados. Por isso, buscou informações e consultou historiadores, tanto os seus consócios do IHGSP, como Theodoro Sampaio, quanto membros do IHGB, como Basílio Magalhães. Brefe ressalta ainda que houve uma intervenção direta do governo do estado de São Paulo na determinação dessas escolhas[42].

No relatório de 1919, notam-se algumas propostas que não se concretizaram, pois Taunay ainda estava "ajustando" suas ideias. Então, no início de 1920, quando as escolhas referentes às modificações do *Monumento à Independência* estavam em curso, a proposta para a decoração do museu ainda não estava definida. O tema da "repulsa ao estrangeiro", que Taunay havia indicado como uma possível alteração do Monumento de Ximenes, também foi proposto para ser representado em quadros na escadaria do museu. Essa ideia, no entanto, não encontrou ressonância nem na obra escultórica nem na exposição. Portanto, parece que o diretor mudou de ideia em relação à relevância desses eventos. Em contrapartida, houve propostas feitas em 1919 que não foram realizadas no museu, mas receberam atenção no conjunto escultórico; por exemplo, Taunay propôs fazer estátuas aos insurgentes de Pernambuco na escadaria do museu. Possivelmente diante do destaque que esses personagens haviam adquirido no monumento, o diretor desistiu dessas estátuas, porém mencionou os insurgentes em retratos. Outra proposta de Taunay era a de realizar quadros no salão de honra em que figurariam "ações de guerra para a conquista da Independência"[43], que não foram realizados – contudo, o Combate do Pirajá foi contemplado na escultura. Apesar disso, as referências bélicas à Independência não parecem ter obtido aceitação, porque não estão em destaque. No monumento há apenas um baixo-relevo e o episódio escolhido (corneta Lopes), que não coloca violência em evidência. O mesmo se

---

42 Ana Cláudia Fonseca Brefe, *O Museu Paulista: Afonso de Taunay e a Memória Nacional 1917-1945*, São Paulo, Editora Unesp/Museu Paulista, 2005, pp. 114-115.

43 Apesar do quadro *Maria Quitéria de Jesus* remeter aos conflitos ocorridos na Bahia, não está figurada uma "ação de guerra". O mesmo se pode afirmar do quadro *O Príncipe D. Pedro e Jorge de Avilez a bordo da Fragata União*.

pode dizer da referência às lutas na Bahia que Taunay fez no salão de Honra, pois a representação escolhida não foi a de uma batalha, mas a da guerreira Maria Quitéria. Portanto, indicam-se os conflitos sem evidenciar a sua brutalidade.

A fim de destacar esses pontos de contato e divergência entre obra escultórica e decoração museal, é imprescindível indicar como Taunay concebeu a exposição do eixo central do museu até 1922[44], data da sua inauguração e da reabertura do museu ao público[45]. No peristilo, encontram-se as estátuas de Antonio Raposo Tavares e Fernão Dias Paes Leme, feitas por Luigi Brizzolara. Na escadaria, haveria a estátua de D. Pedro I, feita por Rodolfo Bernardelli, que em 1922 ainda não estava finalizada. Junto ao imperador brasileiro estariam seis estátuas de bandeirantes, feitas todas por escultores estrangeiros – os italianos Amadeo Zani e Nicola Rollo e o belga Adrien Henri Vital van Emelen – que se relacionavam às unidades da federação, demonstrando o território "conquistado pelos paulistas". Haveria quadros de Bandeirantes, realizados por Fernandes Machado, Henrique Bernardelli e Rodolpho Amoedo, todos ligados à Escola Nacional de Belas Artes, que também não ficaram prontos até a data da inauguração. Nas escadarias, estava prevista a colocação de vasos contendo a água de rios brasileiros. Esse espaço era, nas palavras de Taunay, destinado a consagrar e recordar o bandeirismo "fato culminante da história nacional, representando a expansão brasileira para Oeste e sem a qual seria o nosso território um terço do que é"[46].

Na sanca e em espaços abaixo dela, há uma série de retratos feitos por Oscar Pereira da Silva[47], Domenico Failutti e Nicollo Petrilli[48]. Os que recebem maior destaque, pela posição que ocupam, são os de Tiradentes, Domingos José Martins, Antônio Carlos Andrada, Martim Francisco Andrada, José Joaquim Rocha

---

44 Como demonstra Ana Cláudia Brefe, a narrativa seria completada ao longo dos anos subsequentes ao Centenário da independência.

45 Como afirma Ana Cláudia Brefe, no final de 1920, em razão das obras da de abertura da avenida da Independência, Afonso Taunay conseguiu autorização da Secretaria do Interior para que o museu ficasse fechado. A reabertura só aconteceu em 7 de setembro de 1922. Ana Cláudia Fonseca Brefe, *O Museu Paulista: Afonso de Taunay e a Memória Nacional 1917-1945*, p. 126.

46 Relatório Museu Paulista 1922, AMP/FMP.

47 Sobre as encomendas de Oscar Pereira da Silva para o Museu Paulista, ver Carlos Rogério Lima Jr., *Um Artista às Margens do Ipiranga: Oscar Pereira da Silva, o Museu Paulista e a Reelaboração do Passado Nacional*, Dissertação de Mestrado, IEB-USP, 2015.

48 Esse artista fez o retrato de Domingos José Martins, porém Taunay não gostou da sua proposta, por isso posteriormente foi substituído por um retrato do mesmo personagem feito por Oscar Pereira da Silva (*Idem*, p. 93).

e Januário Barbosa. Além desses, foram retratadas outras figuras que haveriam contribuído para a Independência, especialmente as que estavam ligadas aos debates ocorridos nas Cortes de Lisboa, à Insurreição Baiana e à difusão das ideias constitucionais. Dentre elas está Hipólito José da Costa, ressaltado pelo seu papel na imprensa. Nesse espaço ainda há quatro datas destacadas: 1720, em referência à Revolta de Felipe dos Santos, 1789, Inconfidência Mineira, 1817, Revolução Pernambucana, e 1822, Independência.

O Salão Nobre é onde figuram os principais eventos e próceres da emancipação e é onde está o quadro de Pedro Américo, *Independência ou Morte!*. Os retratados nessa sala foram D. Pedro I, José Bonifácio, Joaquim Gonçalves Ledo, José Clemente Pereira e Diogo Antônio Feijó. Duas telas fazem referência ao papel das mulheres na Independência: *Imperatriz Leopoldina e seus filhos* e *Maria Quitéria de Jesus*, obras de Domenico Failutti. Em frente à famosa tela do grito, estão os quadros *Sessão das Cortes de Lisboa* e *O Príncipe D. Pedro e Jorge de Avilez a bordo da Fragata União*, de Oscar Pereira da Silva, autor também dos cinco retratos mencionados[49].

É possível perceber que tanto no monumento como na exposição, foi dado destaque à Inconfidência Mineira e à Revolução Pernambucana, eventos em que, segundo Taunay, já se manifestava o desejo de separação da metrópole portuguesa e de constituição de uma nação independente. Os líderes dessas revoltas estão em local de destaque na escadaria do museu e os anos de 1789 e 1817 estão em destaque na sanca. No Monumento, são esses os dois grupos laterais que representam os acontecimentos que antecederam o Sete de Setembro. Outro aspecto a ser destacado é que os líderes religiosos do movimento pernambucano, como padre Roma e padre Miguelinho, que Taunay havia mencionado merecerem destaque na decoração do Museu, acabaram sendo, assim como no monumento, excluídos. Aliás, na narrativa museológica de Taunay, a Igreja Católica e sobretudo os jesuítas não foram privilegiados[50].

Dentre os próceres de maior destaque, ou seja, aqueles que estão representados no Salão de Honra, há apenas uma divergência em relação aos escolhidos no monumento, pois no museu foi destacado José Clemente Pereira, enquanto na

---

49 *Idem.*

50 Taunay havia proposto que a "catequese quinhentista" fosse contemplada no *Monumento à Independência*. Essa proposta não foi aceita, pois, além de anacrônica, ficou evidente que não havia interesse de evidenciar a Igreja Católica na obra escultórica, uma vez que nem mesmo os padres que lutaram na Revolução Pernambucana foram sido referenciados.

escultura, Hipólito José da Costa. Ana Claudia Brefe relata uma discordância entre o diretor do museu e Basílio Magalhães, a respeito da escolha desse "vulto". O historiador do IHGB havia proposto o retrato de Hipólito no salão de honra, pois considerava que o redator e fundador do *Correio Braziliense*, crítico severo aos atos régios, havia sido um dos personagens mais "eficientes" para o rompimento entre Brasil e Portugal. Taunay, que discordava dessa posição, representou-o na escadaria, portanto, em menor evidência. Em contrapartida, no monumento foi Hipólito o indicado para ocupar uma das cadeiras dos próceres à Independência[51]. Essa escolha de Ximenes pode ter sido, portanto, uma resposta às expectativas de alguns historiadores do Rio de Janeiro, como Basílio Magalhães.

Os conflitos que ocorreram na Bahia são outro ponto de contato entre monumento e museu. Na decoração do edifício, o evento é rememorado pelos retratos de diversos de seus representantes, como Cochrane, Labatut e Pirajá, além do quadro representando Maria Quitéria. No monumento, como já foi indicado, representou-se a última batalha, o Combate do Pirajá, que foi um dos episódios que Teodoro Sampaio havia afirmado ser "digno de tela", sugerindo que Taunay o fizesse presente no museu. Em vez de ser retratada em tintas, a batalha foi representada em bronze no monumento. Mais uma evidência de que havia uma intenção de contemplar as ideias dos historiadores do IHGB.

Nota-se que a Inconfidência Mineira e a Revolução Pernambucana, apesar de serem destacados como episódios marcantes da Independência, não foram figurados em tela no Museu. Talvez isso ocorra justamente porque a sua presença já havia tido destaque no monumento e, portanto, optou-se por incluir no museu outras telas, sobretudo as que poderiam oferecer mais informações históricas sobre o processo de Independência, como a sessão das cortes de Lisboa e a expulsão de Jorge Avilez. Taunay fazia grandes intervenções nas obras dos artistas, indicando modelos a seguir, documentos em que se basear, uma vez que as telas deveriam ser "fidedignas" aos eventos históricos que elas retratavam[52]. Isso pode

---

51   Ettore Ximenes havia proposto representar Tiradentes, porém com a criação do grupo escultórico dedicado à Inconfidência Mineira, essa cadeira ficou vacante e, apesar de Taunay sugerir outros personagens, como José Clemente Pereira ou Antonio Carlos Andrada, ela acabou sendo ocupada por Hipólito José da Costa.

52   Sobre as intervenções de Taunay, ver Ana Cláudia Fonseca Brefe, *O Museu Paulista, Afonso de Taunay e a Memória Nacional 1917-1945*; Maraliz de Castro Vieira Christo, "Bandeirantes na Contramão da História: Um Estudo Iconográfico", *Projeto História*, 24, pp. 313-314, jun. 2002;

justificar a escolha dos episódios da Inconfidência Mineira e da Revolução Pernambucana como os que ganharam maior destaque no bronze, pois por meio deles divulgava-se mais os valores imbuídos naquelas revoltas (o sacrifício, a união) do que os "dados históricos" de como ocorreram.

Assim, monumento e exposição museológica se complementavam. Enquanto alguns eventos foram selecionados para serem representados no Museu Paulista com maior precisão dos detalhes e, por isso, foram feitos em telas e reafirmados em documentos históricos, outros foram plasmados como idealizações nas esculturas de Ximenes. Porém, os paralelos são evidentes, seja na escolha dos temas, das datas, dos "vultos", ou, sobretudo, na simetria na representação do Sete de Setembro. Ademais, nas duas narrativas as referências aos episódios de conflito armado foram amenizadas e os elementos ligados à Igreja Católica foram excluídos.

Há, no entanto, um aspecto bastante divergente entre monumento e museu: o bandeirantismo. Enquanto Afonso Taunay dedicou grande parte da sua narrativa à epopeia bandeirante, ela foi completamente apagada do *Monumento à Independência*, a despeito das propostas para a sua inclusão feitas por Firmiano Pinto e pelo diretor do Museu Paulista. O que pode justificar esse descompasso?

É evidente que a referência ao movimento bandeirista não mantém relações imediatas com o processo de Independência. Essa era uma proposta incoerente, porém defendida por alguns como estratégia para garantir que a nacionalidade estivesse, uma vez mais, vinculada a São Paulo e à sua população. É possível que os demais membros da Comissão Julgadora tenham discordado dessa ideia, ademais a sua ausência evitava sensibilidades negativas dos políticos, historiadores e críticos do resto do país. Afinal, o grito da Independência ocorrido no Ipiranga já era uma referência forte o suficiente para garantir o protagonismo paulista.

A omissão dos bandeirantes no *Monumento à Independência* pode ter ensejado a proposta de se realizar uma obra escultórica dedicada exclusivamente a esse tema, que seria erguida em frente ao Museu Paulista. Em uma carta envia-

"Desbravadores do Brasil Colônia: Disputas Iconográficas", *Revista Caiana*, n. 3, dez. 2013, Sobre o caso específico das obras de Oscar Pereira da Silva, ver Carlos Rogério Lima Jr., *Um Artista às Margens do Ipiranga*, 2015.

São Paulo na disputa pelo passado

da a Oscar Rodrigues Alves em 22 de abril de 1920, portanto logo após a escolha do monumento de Ximenes, Taunay relatava os custos dos trabalhos escultóricos e mencionava um projeto para ser realizado nas imediações do museu:

> Decidirá V.Ex.ª. o que deve fazer agora que temos a despesa orçada para esta obra que virá de modo tão notável completar a decoração da nossa majestosa escadaria e cuja terminação há tantos anos está por fazer. Outrossim comunico a V.Ex.ª. que desde várias semanas me entendi com diversos artistas escultores para o projeto de decoração da escadaria, do peristilo e da frente do Museu, tendo já recebido esboço e estando a tratar dos preços[53].

Vale lembrar que uma das propostas de Firmiano Pinto para as mudanças no projeto de Ximenes era a inclusão de esculturas que rememorassem o passado paulista, na praça em frente ao *Monumento à Independência*. É possível, portanto, que essa ideia tenha sido transformada em um monumento a ser erguido em frente ao museu. Na correspondência de Taunay, o nome de Nicola Rollo é citado como um dos escultores consultados pelo diretor do museu para realizar essa obra. Em 1921, constata-se que essa proposta havia se concretizado, pois duas notas citadas em periódicos[54] mencionam a autorização do pagamento de 70:000$000 (setenta contos de réis) realizado pela Secretaria da Fazenda a Nicola Rollo, referente à primeira "prestação pelo grupo em bronze a ser construído diante do muro da esplanada do parque Francês, em frente ao Museu do Ipiranga"[55].

No ano seguinte, mais informações sobre essa obra foram mencionadas no jornal *O Estado de S. Paulo*:

> A esplanada onde assenta o edifício do museu, acha-se cerca de 4 metros e meio mais elevada que o jardim e é, por isso, suportada por um muro de sustentação em cantaria de granito convenientemente lavrado e ornado.
>
> Esse muro, em sua parte central, constituirá o fundo apropriado para o grande grupo escultural dos Bandeirantes, cuja execução, que será mais tarde mais pormenorizadamen-

---

53 Carta de Taunay ao secretário do Interior, 22 abr. 1920. Série de correspondência – Direção e administração, Pasta 111, APMP/FMP (grifos meus).

54 No *Correio Paulistano*, 28 out. 1921, dentre os pagamentos realizados pela Secretaria da Fazenda, encontra-se mencionado o realizado a Nicola Rollo.

55 "Parque Francês", *O Combate*, p. 3, 26 out. 1921.

te tratada por nós, foi confiada ao escultor Nicola Rollo. O mesmo grupo encabeçará a grande cascata e na [ilegível] no eixo do parque, formando com o conjunto dos muros e jardins um todo harmônico que condiz com a bela arquitetura do edifício do Museu[56].

No jornal *Il Pasquino Coloniale*, o monumento aos bandeirantes também foi citado, afirmando que ele seria erguido na esplanada que se estende abaixo do museu e divulgando uma foto do projeto (Figura 97), juntamente com o retrato do escultor. Enquanto a obra de Rollo dedicada à epopeia bandeirante ganhava concretude, a obra de Victor Brecheret, de mesma temática e apoiada por membros do círculo modernista, era rechaçada.

Figura 97. *Il Pasquino Coloniale*, p. 28, 9 set. 1922.

Há uma evidente coincidência temporal entre esses dois projetos, que merece ser observada. Como indicou Marta Rossetti Batista, em 5 de julho de 1920 um "grupo de intelectuais paulistanos" reuniram-se e nomearam uma Comissão Provisória a fim de encaminhar a proposta de uma obra escultórica com a temática bandeirista ao governo paulista[57]. Em uma notícia divulgada no *Correio Paulistano*, afirmava-se que esse era o monumento "que os paulistas vão oferecer a S. Paulo por ocasião do Centenário"[58]. As comemorações centenárias

---

56 *O Estado de S. Paulo*, 18 ago. 1922.
57 Marta Rossetti Batista, *Bandeiras de Brecheret: História de um Monumento (1920-1953)*, São Paulo, Departamento do Patrimônio Histórico, 1985, p. 26.
58 "Monumento das 'Bandeiras'", *Correio Paulistano*, p. 1, 26 jul. 1920.

ensejaram a criação de diversas obras escultóricas em São Paulo, muitas delas oferecidas pelas colônias de imigrantes à cidade, por exemplo, o *Monumento a Carlos Gomes*, feito por Luigi Brizzolara e custeado por imigrantes italianos, e o *Monumento à Amizade Sírio Libanesa*, feito por Ettore Ximenes às expensas de membros da colônia. Nessas ofertas, predominavam-se os escultores estrangeiros, que dominavam também o cenário dos concursos públicos, como o do *Monumento à Independência* e do *Monumento aos Irmãos Andradas*, feito pelo francês Antoine Sartorio, e das encomendas públicas, como a contratação de Nicola Rollo, Luigi Brizzolara e Amadeo Zani para a concepção e execução dos bandeirantes de bronze da decoração interna do Museu Paulista. Importante lembrar que Victor Brecheret participara, sem sucesso, do concurso para o *Monumento aos Irmãos Andradas*, em Santos. Diante dessa efervescência de obras escultóricas concebidas por estrangeiros que se erguiam na cidade, essa comissão sugeria que os paulistas oferecessem um monumento representando os bandeirantes, portanto, os "antigos paulistas", feito por um escultor paulista, para São Paulo.

Marta Rossetti Batista afirma que a exposição da maquete foi realizada a partir de 28 de julho de 1920, na Casa Byington, situada à rua Quinze de Novembro, nº 26[59]. No mês seguinte, Afonso Taunay foi convidado para emitir um parecer sobre essa maquete:

> Temos a honra de comunicar a V. Ex. ª que, tendo V. Ex. ª sido escolhido para Membro da Comissão Executiva do Monumento das Bandeiras, pelo seu presidente Honorário Dr. Washington Luís, na reunião efetuada na sala da Câmara Municipal no dia 19 do corrente, fostes, pelo sr. Presidente Efetivo, D. Firmiano Pinto, convidado para fazer parte da Comissão Técnica ao mesmo Monumento.
>
> Rogamo-vos, pois, para o fim de poder levar a cabo o mais breve possível o patriótico desideratum, que, conjuntamente com nossos colegas da Comissão Técnica Dr., Ramos de Azevedo, Aguiar de Andrade, Adolpho Pinto, Wash Rodrigues, apresenteis à Comissão Executiva o vosso laudo sobre a "maquete" do escultor Brecheret, laudo que deverá estudar a mesma sobre três pontos de vista: artística, histórica e orçamentária".

---

59   Marta Rossetti Batista, *Bandeiras de Brecheret*, p. 28.

Dependendo do resultado da vossa honrosa colaboração o prosseguimento dos trabalhos da Comissão Executiva, fazemos apelo à vossa patriótica operosidade para que o laudo seja entregue o mais breve possível ao sr. Presidente da Comissão[60].

Como foi indicado no documento, Taunay tornou-se membro da comissão executiva desse monumento e era um dos responsáveis por determinar se a obra seria concretizada. A maquete exposta em 1920, muito distinta da obra que hoje está erguida no Parque do Ibirapuera, foi descrita por Marta Rossetti Batista, que indicou uma possível inclusão feita de última hora que merece atenção:

Definiu o bloco principal de setes musculosos e retesados, em arrancada para a frente – já presente pequena inclinação para o alto – com um vigor que lembra as concepções monumentais dos heróis lendários de Mestrovic. E colocou-o sobre uma base alta, terminada em grandes escadarias nas quais, sobre apoios quadrangulares, dispôs blocos menores, justificados depois por descrições literárias e alegóricas, segundo esquemas da tradição acadêmica. Nas laterais das escadarias estavam quatro blocos. Os primeiros de cada lado, simbolizando as "insídias" que os bandeirantes tiveram que vencer, e os dois da parte final, mostrando figuras de índios, os guardiães do monumento. Na lateral direita da maquete, o bloco das "insídias" era composto por um movimento de nus femininos enrodilhados – verdadeiro exercício de "virtuose" do escultor – e a figura do índio, lança na horizontal, traz de volta a lembrança de Mestrovic. Na escadaria frontal, sobre a pequena base que antecedia os cavalos, Brecheret esboçou um nu feminino reclinado, de modelado possante, que simbolizaria a Terra Brasileira, a ser conquistada. Finalmente, na escadaria traseira, sobre outra base quadrangular, aparecia uma figura enrodilhada, carregando uma ânfora, na qual se colocaria água do rio Tietê. Esta figura, inspirada diretamente nas ideias do historiador Afonso de E. Taunay – que desenvolvia alegorias semelhantes no hall do Museu do Ipiranga – parece, na solução escultórica, quase um acréscimo de última hora, sem jeito em relação ao conjunto. Podemos até cogitar de sua inclusão tardia, visando reforçar as alegorias da maquete, que a tornassem "palatável" ao gosto da época. Época da febre dos monumentos, de nacionalismo, em que as justificativas históricas, a riqueza das alegorias e a simbologia geral do conjunto tinham tanto peso quanto a qualidade escultórica dos projetos apresentados nos concursos[61].

60 Correspondência de 24 de agosto de 1920, assinada por Armando Prado, Menotti del Picchia e R. Moreira. Série de correspondência – Direção e administração, Pasta 111, APMP/FMP.
61 Marta Rossetti Batista, *Bandeiras de Brecheret*, p. 26.

No entanto, nenhuma dessas obras, nem a de Brecheret nem a de Rollo foram executadas. Foi nessa conjuntura que Mario de Andrade publicou o artigo em que comparava o monumento de Ximenes a uma porcelana de Sèvres. O poeta não estava defendendo outro projeto para o *Monumento à Independência* em detrimento do de Ettore Ximenes, tal como fizera Monteiro Lobato meses antes. Ele estava apenas criticando os diversos monumentos "clássicos" concebidos por artistas estrangeiros que se erguiam na cidade e defendendo a proposta de Brecheret que, diga-se de passagem, ainda mantinha relação com a tradição clássica, como indicou Marta Rossetti Batista.

O ilustre Sr. Ximenes, que de longe veio, infelicitará a colina do Ipiranga com seu colossal Centro de mesas de porcelana de Sévres. Já as pás e os enxadões fragorosamente afundam no chão as bases dos monumentos de Anchieta e de Bilac, enquanto os largos tapetes de grama – pelouses, como diz o autor de João Miramar – marmoreamente alvejam de senhoras lendárias, helenicamente nuas. Neste concerto internacional, um brasileiro surge, assim mesmo trazendo ainda apensa ao nome uma recordação estrangeira: Victor Brecheret.

[...]

Se por acaso os paulistanos conseguirem reunir o dinheiro necessário para construção da obra, a cidade comemorará, num hino triunfal de pedra e bronze, o passado bravo e heroico em que viveu toda uma epopeia de arremessos galhardos e ousadia[62].

Mario de Andrade afirma que ainda não havia sido tomada uma decisão em relação ao projeto proposto por Brecheret. Porém, Batista aponta que no início de 1921,

[...] o desânimo dos promotores ficaria aparente: apesar do interesse de Washington Luís pelo tema, o patrocínio oficial não apareceu, mecenas também não. No início de 1921, Menotti del Picchia deploraria a "falta de bandeirantes modernos" na São Paulo de 1920[63].

Será que o apoio ao projeto "não apareceu" ou foi desviado para outro projeto? Em junho de 1921, Brecheret foi a Paris, por meio do Pensionato Artístico.

62   Mário de Andrade, "De São Paulo", *Illustração Brasileira*, nov. 1920.
63   Marta Rossetti Batista, *Bandeiras de Brecheret*, p. 29

Alguns meses depois, em outubro, os jornais noticiavam o pagamento da primeira prestação do *Monumento às Bandeiras*, a ser realizado por Nicola Rollo. Esse projeto, porém, também não foi concretizado. Dessa vez, não por vontade dos poderes públicos, mas porque o molde teria se estragado com a Revolução de 1924. Segundo Maria Cecília Martins Kunigk, diante do levante Rollo mudou-se temporariamente com a sua família para uma região próxima a Ribeirão Preto, abandonando o monumento, que estava modelado no barro em seu ateliê no Palácio da Indústrias. Com isso, o trabalho ficou deteriorado, pois sem ser umedecido, o barro secou e se despedaçou. Assim, o projeto foi adiado e acabou não se realizando[64].

Dentre as propostas para realizar um monumento em homenagem aos Bandeirantes em comemoração ao Centenário da Independência, a que chegou mais próxima de se concretizar, nesse contexto, foi a de Nicola Rollo para a esplanada do Museu. Considerando mais essa obra escultórica, é possível dizer que a narrativa elaborada por Taunay no Museu Paulista ganharia dimensões muito mais amplas, ocupando o espaço urbano. Assim, o eixo monumental conectaria a colina ao centro da cidade e narraria a história do Brasil, com um olhar paulista, por meio de esculturas que pontuariam a sua extensão: *Monumento às Bandeiras*, *Monumento à Independência* e *Monumento à República*[65]. Esse era um projeto de grandes pretensões que deveria estar parcialmente finalizado para o Centenário, com o *Monumento à Independência* como elemento central das comemorações paulistas e com o Museu Paulista, seu "lugar de memória" complementar, oferecendo uma narrativa integral que explicava a trajetória da nação até a ruptura com Portugal. O que ninguém poderia prever, no entanto, era a grande polêmica envolvendo o monumento e a sua construção que tomou as páginas dos jornais nos meses que antecederam às grandes festas.

64 Maria Cecília Kunigk, *Nicola Rollo (1889-1970): Um Escultor na Modernidade Brasileira*, Dissertação de Mestrado, ECA-UPS, 2001.

65 Tal como foi apontado no capítulo 1, o obelisco é mencionado no artigo do *Correio Paulistano*, p. 3, 6 jul. 1919.

4.4. Imprevistos e decepções no Centenário

Em 23 de junho de 1920, o governo do estado contratou com o escultor sr. Ettore Ximenes, de acordo com o seu projeto classificado em primeiro lugar, a construção do monumento da independência do Brasil, que deverá ser inaugurado em 7 de setembro do corrente ano.

O preço da construção é de 1.300:000$000 na forma de contrato do qual é fiador, por termo de 16 de agosto de 1920, o senhor Nicola Puglisi Carbone.

O escultor, sr. Ettore Ximenes, alegando agora não poder fazer a construção por aquele preço, pediu ao governo um aumento de 2.600:000$000[66].

Em 27 de fevereiro de 1922, dias antes da publicação dessa nota no *Correio Paulistano* e faltando pouco mais de seis meses para as grandes comemorações, Ettore Ximenes solicitou aumento de verba para o monumento, sob alegação da vertiginosa elevação do preço dos materiais e dos trabalhos na Itália. Na petição enviada a Washington Luís, o escultor afirmava que, se não obtivesse o aumento, teria de "suspender os trabalhos". E lembrava ao estadista que Péricles, em Atenas, havia sido acusado de "gastar dinheiro púbico na obra que confiou a Phydias", mas acrescentava que "o nome de Péricles e Phydias permaneceram, apesar dos séculos, na gratidão da civilidade e da arte e o Parthenon refolgo como exemplo de magnificência nunca ultrapassada". Portanto, comparava o seu trabalho ao grande monumento grego e procurava convencer o presidente do estado da importância dele, alegando ainda que esses monumentos "assinalam perenemente um período da história" e que o nome de Washington Luís ficaria "para lembrar, como o nome de Péricles, o seu tempo, principal fator de uma era de civilização, que a arte e a sabedoria dos governantes souberam imprimir para recordação imorredoura"[67]. Em março, após os jornais divulgaram o pedido do escultor, não tardaram as críticas:

O senhor Ximenes em sua já não curta vida de artista, se tem de velha data especializado em monumentos. Já levantou talvez várias dezenas deles, em muitos países do

---

66 "Notas", *Correio Paulistano*, p. 3, 10 mar. 1920 (grifos meus). A mesma notícia foi publicada em *A Rua*, p. 3, 10 mar. 1922, e no *Diario Espanhol*, p. 7, 12 mar. 1922.

67 Ao que se sabe, a petição só foi tornada pública em 1925. "Petição do Escultor Ximenes, Solicitando Acréscimo na Remuneração Estipulada no Contrato, 27 de fevereiro de 1922", *Correio Paulistano*, p. 2, 11 set. 1925.

mundo. Ninguém, portanto, mais habilitado do que s. a. a calcular, com relativa precisão, o custo de uma obra dessa natureza. Se aceitou preço estipulado, – e aceitou-o não só de livre vontade, mas com satisfação notória, – foi, sem a menor dúvida, porque achou preço conveniente, isto é, capaz de permitir uma obra digna do seu capricho de artista e de acordo com o contrato, e de ainda deixar uma boa margem de lucro.

Agora, quando faltam apenas seis meses para entrega do monumento, o senhor Ximenes requer, inopinadamente, um pequeno acréscimo da quantia fixada: pede, apenas que este seja elevado ao triplo![68]

O requerimento feito tão próximo da inauguração e com as obras de construção do monumento em andamento realmente indignou os críticos, que já haviam declarado sua desaprovação a Ettore Ximenes antes mesmo dele vencer o concurso. O articulista do *O Estado de S. Paulo* alegava não "haver aumentado sensivelmente o preço dos materiais, nem o da mão-de-obra". E afirmava que estava aguardando "o momento de divulgar e aplaudir o ato estritamente justo, com que o governo vai repelir a injustificável reclamação do sr. Ximenes"[69]. Denúncias como esta passaram a ocupar as páginas dos periódicos. Na revista carioca *O Malho*, Adalberto Pinto de Mattos, utilizando o pseudônimo de Ercole Cremona, afirmava que o escultor havia agido de "má fé" e declarava apoio aos críticos que haviam acusado Ximenes em 1920, confirmando que eles tinham "razões em que baseavam o seu desgosto e os ataques ao proceder de Ettore Ximenes". Diante dessas novas polêmicas, as velhas críticas vieram à tona não apenas ao escultor, mas ao formato do concurso, que permitiu a participação de artistas estrangeiros:

O mesmo há de se repetir com os monumentos entregues a tantos outros artistas estrangeiros, contemplados nababescamente para comemorar o nosso Centenário. Tudo está sendo entregue a essa gente, com patente menosprezo pela arte nacional, e por tudo o governo há de pagar dobrado, fazendo com isso atavie da nossa liberalidade, da nossa tão apregoada hospitalidade!

Dos nossos artistas exige-se mais do que lhes é possível dar, ao passo que com os arrivistas... é o que se vê!

68 *O Estado de S. Paulo*, p. 3, 14 mar. 1922.
69 *Idem, ibidem.*

São Paulo na disputa pelo passado

Em Roma, quando se cogitou da comemoração a Vittorio Emanuel II, só os artistas italianos foram admitidos; um arquiteto executou o plano geral, e todos os artistas da Itália cooperaram em tão grandiosa obra.

Assim procedendo, o governo da Itália praticou o verdadeiro patriotismo e reuniu em um só monumento toda a personalidade artística de uma época[70].

As antigas questões reivindicadas pelos cariocas da participação apenas de brasileiros no concurso foram novamente reclamadas. O jornal paulista *A Gazeta* procurou fazer o contraponto e publicou uma entrevista com o artista em que não se pouparam elogios ao escultor italiano, permitindo-se ainda que ele expusesse a sua versão dos fatos. Ximenes afirmava não poder fornecer declarações que esclarecessem completamente o caso, pois para isso "teria de desagradar várias pessoas, o que me tornaria mais desagradável a situação". Alegava não ser verdade que havia requerido o aumento "nos últimos momentos, abusando, assim da escassez do tempo para fazer imposições", mas explicava o retardo do pedido oficial apenas com a declaração de que havia sido "obstado por motivos de força maior". Contava que ao regressar à Itália havia encontrado um "mundo novo", pois os preços haviam aumentado vertiginosamente. Como exemplo, afirmava que o custo da base do monumento, que havia orçado em 300 mil liras, aumentara para 2 milhões de liras, ou que a diária de um operário que antes custava 7 liras passou a ser 50. Relatou ter procurado o embaixador brasileiro Sousa Dantas para explicar o embaraço em que se encontrava. O diplomata teria o aconselhado a prosseguir nos trabalhos, defendendo que o presidente do estado de São Paulo não poderia deixar de lhe "fazer justiça, uma vez que o preço da execução das obras fosse além do orçamento previsto". O embaixador teria, então, escrito uma carta a Washington Luís, porém Ximenes alegou que diversas vezes havia procurado falar com o presidente do estado, sem sucesso. Somente em janeiro, quando recebeu a visita dele em seu ateliê, pode lhe entregar a carta e pedir o aumento "de que largamente falaram os jornais". Respondia ainda as críticas que havia recebido:

Estou certo de que o tempo me dará razão; eu não sou nenhum "cavador", como alguns jornais me classificaram, nem mesmo um homem interesseiro.

70   Ercole Cremona (pseudônimo de Adalberto Pinto de Mattos), "Bellas Artes: Independências...", *O Malho*, p. 30, 25 mar. 1922.

Em 52 anos de vida honrada, tendo executado minhas obras de arte em quase todos os países do velho e do novo continente, nunca deixei de honrar os países em que deixei minhas obras de arte e a mim mesmo, e fui sempre alvo de estima e consideração da parte dos povos e dos chefes de estado estou certo de que também no Brasil quando a minha obra estiver acabada, o julgamento do público dos poderes competentes será a meu respeito o mais lisonjeiro.

– Mas o senhor ainda espera obter o aumento pedido?

– Certamente; nem eu o teria feito para me colocar em antipática evidencia.

– E se lhe for negado?

– Ah! Meu amigo, eu continuarei do mesmo modo a trabalhar até que me faleçam completamente os recursos.

Afim de pagar as obras que se estão executando na Itália, é que já passaram de 1.200 contos, eu fui forçado a tomar providências de caráter mais ou menos urgente.

Quando não tiver mais recursos, compreende que não poderia fazer um milagre...

Outra coisa: a imprensa quase toda alega que eu não apareço, que não me faço ver. Mas a minha ausência das redações explica-se pelo conceito que faço do jornal: acho que a imprensa é um juiz e que a ele se deve deixar ampla liberdade de julgar, sem lhe pedir proteção. Isso não seria decoroso para mim[71].

O artista procurava, assim, sensibilizar a opinião pública, evidenciando o esforço que empreendia para cumprir o acordo e finalizar o monumento a despeito das dificuldades encontradas. É sabido que a Itália enfrentou um período de recessão após a Primeira Guerra Mundial, com grande elevação dos preços causada pela alta inflação que ocorrera naqueles anos. Como o artista contratou funcionários italianos e parte do monumento, como a base de granito ornamentada, seria realizada na Itália, certamente o aumento dos preços impactou o orçamento previsto para a obra. No entanto, o valor solicitado pelo artista era realmente muito superior ao estabelecido em contrato. Ademais, o edital do concurso havia determinado que os projetos não poderiam exceder o limite estipulado. Esta era uma situação bastante complicada, sobretudo porque grande parte da imprensa já havia "declarado guerra" ao escultor e aos membros da comissão do monumento, portanto qualquer decisão tomada certamente ganharia ampla divulgação na mídia.

71 "Em Torno do Custo do Monumento do Ipiranga", *A Gazeta*, p. 1, 31 mar. 1922.

Apesar de se defender das acusações, declarando não ser "cavador" ou "interesseiro", Ximenes afirmava que a imprensa poderia julgar como bem lhe conviesse as suas atitudes e que ele não buscaria a sua proteção com visitas às redações. Como indicou Ana Cláudia Veiga de Castro, as redações dos jornais eram "verdadeiros escritórios políticos", pois era um espaço frequentado por pró-governistas e oposicionistas, além de intelectuais e membros do IHGSP[72]. A presença de artistas nas redações de jornais era comum, pois buscavam a divulgação do seu nome e de suas obras, recurso que foi utilizado pelo próprio Ximenes em 1919, antes da realização do concurso. Ademais, o artista afirmava que continuaria a realizar a obra, independentemente da resposta do governo sobre seu pedido de aumento. No entanto, sabemos que não foi isso que ele alegou na petição que enviou a Washington Luís, visto que havia afirmado que sem o aumento não poderia dar prosseguimento à execução da obra[73]. A pergunta que se fazia era se o monumento estaria finalizado para as festas centenárias. Ximenes asseverava que sim, respondendo ao jornalista:

Perfeitamente: a base e o grupo central deverão chegar dentro de dois meses; posso dizer que 2/3 da obra já estão fundidos. O alto relevo da base, de 16m de comprimento por quatro de altura, já está pronto, como senhor poderá verificar daqui a pouco na fundição[74].

De fato, o articulista relatava ter visto "prontos o friso principal, de 16m de comprimento por 4m de altura, o grupo de Tiradentes e da revolução de Pernambuco, com figuras de 3m de altura". Além disso, em janeiro de 1922, o artista havia recebido a segunda parcela do seu pagamento, portanto todas as esculturas em gesso deveriam estar prontas, além de já terem sido iniciado os trabalhos na base de granito, como previa o contrato.

Nos meses seguintes, continuaram a ser divulgadas notas nos jornais referentes a pagamentos realizados em obras de cantaria, de medição e de montagem do monumento. Portanto, a construção continuava em andamento, a despeito da controvérsia sobre o pagamento a Ximenes. Em 21 de março, o escultor enviou

---

72　Ana Claudia Veiga de Castro, *A São Paulo de Menotti del Picchia*, São Paulo, Alameda, 2008, p. 78.
73　"Petição do Escultor Ximenes, Solicitando Acréscimo na Remuneração Estipulada no Contrato, 27 de fevereiro de 1922", *Correio Paulistano*, p. 2, 11 set. 1925.
74　"Em Torno do Custo do Monumento do Ipiranga", *A Gazeta*, p. 1, 31 mar. 1922.

O monumento, o museu e o parque: lugar de memória da nação

uma segunda petição ao presidente do Estado, solicitando a constituição de uma "comissão de técnicos que constate com o maior rigor o que já se despendeu e o que é preciso despender ainda para a conclusão do monumento". Sugeria que o governo pagasse apenas os custos reais da construção, alegando que "o tempo de trabalho consagrado à execução da grande obra, não exigirei por ele retribuição; compensar-me-á o contentamento de ter sido útil ao Brasil e de ter ligado meu nome a tão extraordinário momento de sua história"[75].

O artista demonstrou preocupação diante da repercussão que o seu pedido teve na imprensa e dos diversos artigos publicados contra ele. Sabia que a opinião pública poderia ter um grande peso na decisão sobre o aumento e, por isso, procurou demonstrar que não pretendia tirar vantagem, mas apenas suprir seus gastos. Afirmava que havia feito "todos os esforços possíveis, empenhando todos os meus bens pessoais em garantia do desempenho da tarefa"[76] a que se obrigara, incluindo documentos para provar seus argumentos.

Nesse ínterim, Francisco de Paula Ramos de Azevedo foi nomeado para elaborar um parecer a respeito do custo da obra. Em junho de 1920, o jornal *O Estado de S. Paulo* divulgava a avaliação feita pelo engenheiro, em que se constatava que "o custo da construção excedia consideravelmente a importância do ajuste" e sugeria que fosse aberto um inquérito para apurar "as causas e o valor exato de tal excesso". A notícia divulgava ainda que a Secretaria de Agricultura havia indicado Victor Freire e Lucio Martins Rodrigues, diretor e chefe da seção de repartição de obras municipais, Alfredo Braga, diretor das obras públicas, e Mario Whately, chefe da comissão construtora da avenida da Independência, para realizar um inquérito, que foi enviado a Heitor Penteado, secretário do estado dos Negócios da Agricultura, Comércio e Obras Públicas[77]. No relatório dessa comissão, os técnicos afirmavam "desconhecer a variação de preço que na Itália sofreram os diferentes elementos considerados isoladamente". Apesar de não terem "dados seguros", afirmaram que, com a finalização da guerra, os salários na Itália deveriam baixar "em virtude do licenciamento dos operários mobilizados", mas

75 "Petição do Escultor Ximenes, Solicitando a Constituição de uma Comissão para Constatar o Dispêndio Feito e a Fazer, no Monumento da Independência, 21 de março de 1922", *Correio Paulistano*, p. 2, 11 set. 1925.
76 *Idem, ibidem.*
77 "O Monumento da Independência", *O Estado de S. Paulo*, p. 5, 21 jun. 1920.

[...] contra toda a expectativa subiu, e, de muito, e isso em consequência da elevação do custo de subsistência que se fez sentir naquele país, onde apresentou um acréscimo, logo após o armistício, de 320 % sobre os preços normais anteriores à conflagração, tendo mesmo atingido a 395% em fins de 1919, com tendência ainda a se elevar, segundo diz H. Truchy[78].

Recorrendo ao economista francês, a comissão demonstrava que realmente os preços haviam se elevado muito. No entanto, como só tinham dados sobre a elevação dos preços, calcularam a variação do valor da mão de obra pela flutuação ocorrida no Brasil, destacando que na Itália essa porcentagem seria ainda maior. Afirmavam também que não haviam computado no valor os gastos do artista com os moldes em gesso e, como resultado:

Assim sendo, conclui-se que o gasto total e atual do monumento para execução no país, sem se levar em consideração as despesas gerais, encargos do capital e retribuição dos serviços do artista contratante é de 2.786.495$375.

Admitindo-se agora que os acréscimos de preço unitários verificados na Itália fossem, no máximo, iguais aos que aqui foram observados, hipótese muito pouco provável, como mostramos, chegaremos, reduzindo-se o orçamento atual na proporção das percentagens estabelecidas, ao orçamento máximo provável para a época do contrato, na importância de 1.258:100$000 como mostra o documento de fls. E que vem mostrar a possibilidade de se ter feito o monumento dentro das condições ajustadas, se não fora as duas causas perturbadoras apontadas nesta exposição[79].

Com isso, a comissão afirmava que o custo do monumento em 1920 era de no máximo 1258 contos de réis, portanto, estava dentro do orçamento previsto em contrato. Porém, diante das "duas causas perturbadoras", ou seja, aumento de preço dos materiais e de mão de obra, esse valor havia se tornado no mínimo 2.786 contos de réis. Portanto, concordavam com as alegações do artista.

O articulista de *O Estado de S. Paulo*, no entanto, fez uma nova interpretação a partir do documento da comissão, acrescentando duas variáveis: a fundição feita no Brasil e a variação cambial. Afirmava que o cálculo dos gastos com a fundição

---

78 "Conclusões da Comissão Encarregada de Dar Parecer sobre o Pedido do Escritor [sic] Ximenes, S. Paulo 16 de junho de 1922", *Correio Paulistano*, p. 2, 11 set. 1925.

79 *Idem, ibidem.*

havia sido obtido em estabelecimentos paulistas, e que o governo havia proporcionado esses elementos ao artista por meio da oficina que "o próprio sr. Ximenes montou para seu exclusivo uso em Vila Prudente", portanto, o custo da fundição deveria ser subtraído do valor total. Ademais, indicou que as liras italianas valiam naquele momento o dobro da cotação do período do contrato. E afirmava que, se isso fosse levado em consideração, o valor total do monumento reduziria para menos de 1.300 contos fixados em contrato. Concluía, então, que "Ximenes poderia ter perfeitamente levado a cabo a execução do Monumento da Independência dentro das condições por ele ajustadas com o Governo do Estado de São Paulo"[80].

Essa era uma conclusão precipitada, uma vez que a comissão de técnicos havia considerado o trabalho de bronze realizado no Brasil e destacado que o trabalho arquitetônico, ou seja, a estrutura em granito, fora inteiramente realizado na Itália. Portanto, mesmo com o benefício da fundição na Vila Prudente, Ximenes precisou contratar profissionais italianos. Ademais, os valores pagos pelo governo ao escultor eram realizados em contos de réis, portanto, se a lira se tornou "o dobro" da cotação do período do contrato como afirma o articulista, ou seja, se ela valorizou[81], o escultor não tinha benefício, ao contrário, dificultava a sua situação para comprar materiais e pagar mão de obra italiana.

No mês seguinte, foi publicada uma série de artigos sobre o escultor no jornal *A Gazeta*, de autoria de Carlos da Maia. O relato é sobre uma visita que ele fez à Vila Prudente, juntamente com outros jornalistas e personalidades da sociedade paulistana. O encontro possivelmente fora motivado pelas novas polêmicas que envolviam o escultor, pois Maia menciona uma "palestra" de Ximenes a respeito do pedido de aumento da "dotação pecuniária de sua obra". Isso mostra o esforço do escultor para conquistar a opinião da imprensa, apesar de haver alegado anteriormente que a deixaria com "ampla liberdade" para o julgar, sem haver necessi-

80 "O Monumento da Independência", *O Estado de S. Paulo*, p. 5, 21 jun. 1920.
81 A lira sofreu uma grande desvalorização em fins de 1919, pois em junho custava 456 contos de réis e passou a valer 286 contos de réis em dezembro. O contrato, no entanto, foi firmado em junho de 1920, quando a lira custava 242 contos de réis, e, nos meses subsequentes, ela foi valorizada, passando a custar 285 contos de réis em novembro de 1920, aumentando para mais de 300 contos de réis em 1921 (em setembro, por exemplo, custava 355 contos de réis), chegando a 409 contos de réis em abril de 1922 ("Câmbio", *Correio Paulistano*, 19 jun. 1919; 30 dez. 1919; 9 jun. 1920; 22 nov. 1920; 10 set. 1921; 5 jan. 1922, 3 maio 1922. Portanto, considerando a flutuação cambial a partir da data de assinatura do contrato, o artista foi desfavorecido com a valorização das liras).

dade de lhe pedir proteção. Maia não pormenoriza o assunto, pois afirma ser ele de "somenos", mas emite sua opinião ao elogiar o escultor:

E é com justa indignação, rubro de cólera, que o escultor rebate o aleive. Aí não fala apenas o artista, mas o homem pundonoroso, de caráter ilibado, que sempre mereceu estima e consideração de toda gente e em toda parte, por seus predicados morais[82].

Com esse comentário, Maia reafirmava os argumentos usados anteriormente por Ximenes. Outros assuntos foram discutidos na visita à Vila Prudente, como os elogios feitos a Carlos Gomes por Ximenes, e falou-se também da aproximação entre o escultor e D. Pedro II e Pedro Américo, bem como da acusação feita pela "crítica indígena" de Ximenes ter plagiado o "Grito do Ipiranga". Maia promovia o artista, destacando as suas qualidades e suas aproximações com o Brasil. Diante de tantas críticas feitas a ele constantemente, o artigo era uma tentativa de reabilitar a sua imagem perante o público leitor[83]. Após o jantar, os visitantes assistiram à fundição de peças do monumento, que também foi relatada pelo jornalista:

Num pavilhão, a alguns metros da casa de residência, Ximenes instalou a fundição, confiando-a a um mestre napolitano, contratado para esse fim, especialmente, na Itália, donde vieram também outros artífices.

É aí que nós entramos – eu e meus companheiros de visita.

Está liquefeito o bronze, aproveitado de velhos canhões das guerras italianas da Independência. Trata-se de excelente liga. Mas não só por isso e pelo preço em conta que o escultor adquiriu nos arsenais de seu país essas antigas peças de artilharia que assistiram, muitas delas, às vitórias do rei "Galantuomo" e do "Leão de Caprera", quis também que por mais um laço – e esse eterno como o bronze que o traduz – ficassem unidas as duas nações amigas[84].

É evidente a constante tentativa de demonstrar as qualidades do escultor e justificar o seu pedido, indicando, por exemplo, que ele trouxera operários da Itália para trabalhar na obra, ou evidenciando o seu esforço em adquirir materiais

82 Carlos da Maia, "O Escultor Ximenes", *A Gazeta*, p. 1, 11 jul. 1922.
83 Carlos da Maia, "O Escultor Ximenes", *A Gazeta*, p. 1, 12 jul. 1922.
84 Carlos da Maia, "O Escultor Ximenes", *A Gazeta*, p. 1, 13 jul. 1922.

por um preço menor, mas que fossem de "excelente liga". Apelava-se até mesmo para o fato do bronze usado ser de canhões do rei Vittorio Emanuele II e que esta era uma maneira de aproximar Brasil e Itália. Explicitamente o articulista procura notabilizar Ettore Ximenes; no entanto, outros jornais continuavam a enxovalhá-lo.

O periódico carioca *Correio da Manhã*, por exemplo, publicou em julho um artigo cujo título era "A 'Facada' do sr. Ximenes". O articulista, que assinava como P. C., resgatava antigas denúncias e dizia que o governo havia recebido a primeira "facada" do escultor quando ele reclamou o aumento de trezentos contos, referindo-se ao valor acrescido em contrato[85]. Afirmava ainda que o pedido de 2600 contos teria tido o apoio de "patronos" do escultor. P.C. concordava que para realizar o projeto se gastariam 2800 contos, mas dizia "a opinião pública, que é um tribunal inapelável, já sentenciou: não se devia dar mais nem um vintém ao escultor italiano". Defendia que seria melhor não erguer o monumento a receber mais uma "facada" de Ximenes[86].

No mês seguinte, o jornal *O Estado de S. Paulo* publicou uma extensa reportagem sobre as comemorações do Centenário e o andamento das obras no Ipiranga. O articulista iniciava o texto demonstrando a insatisfação com o fato de São Paulo não ser o centro das festividades, tendo em vista que nesse estado,

> [...] mais do que qualquer outro Estado cabia tratar com o maior carinho da comemoração da Independência, pois, no solo paulista, ou melhor, no solo da capital paulista, foi onde se ouviu o brado promulgador da liberdade, e em terra de S. Paulo surgiram alguns dos mais eminentes coadjuvadores (*sic*) do feito histórico[87].

Afirmava que os outros estados e os países estrangeiros esperavam que a grande festa se realizasse em São Paulo, porém a maior comemoração seria feita no Rio de Janeiro, "onde está sendo preparada, com assombrosa atividade, a grande Exposição do Centenário". Ele se refere à agilidade das obras na capital federal, pois lá em pouco tempo foi possível demolir parte do Morro do Castelo,

---

85 Como foi visto, o edital previa que o monumento deveria custar até mil contos de réis, porém, os jurados decidiram aumentar para mil e trezentos quando firmaram o contrato.

86 "A 'Facada' do sr. Ximenes", *Correio da manhã*, p. 2, 28 jul. 1922.

87 "Novidades: O Centenário da Independência", *O Estado de S. Paulo*, p. 3, 18 ago. 1922.

abrir novas avenidas e construir diversos pavilhões. Em contrapartida, São Paulo, que na sua visão era o "berço da nação" e o lugar no qual deveriam se centralizar os festejos centenários, teria seus planos comemorativos frustrados:

Apesar de serem melhorias destinadas a perpetuar a data, a 7 de setembro só poderá ser admirada metade dos trabalhos a realizar, e isto devido não só à grandiosidade das obras, como também por causa da época tardia em que a elas foi dado início[88].

O que o articulista questionava não era o projeto que se realizava em São Paulo, já que ele mesmo destacava ser grandioso e considerava que o "embelezamento" que ocorria no bairro do Ipiranga, com a construção do monumento e da avenida, seria a maior "obra artística com que S. Paulo contará em um futuro muito próximo". O problema residia no fato de que as obras realizadas na colina do Ipiranga não estariam finalizadas para o Centenário, segundo ele, porque os trabalhos tinham se iniciado tardiamente.

Portanto, a despeito da declaração feita por Ximenes de que o monumento estaria pronto no prazo estipulado, isso não aconteceu. O elemento central das festas centenárias em São Paulo estaria incompleto no Sete de Setembro de 1922. Não se sabe ao certo o motivo para o atraso, pois pouco se disse na imprensa ou na documentação oficial desse ano sobre esse problema que envolvia a obra escultórica. Relatos realizados nos anos seguintes apontam que o atraso ocorrera por "problemas técnicos". A frustração, no entanto, não era apenas em relação ao monumento, já que as "obras acessórias" também estavam atrasadas. Na reportagem, o engenheiro-chefe da comissão construtora da avenida da Independência, Mario Whately, justificava o atraso da abertura da grande via por "embaraços criados por embargos judiciais propostos por pseudo-proprietários de grande parte da faixa de terreno cortada pela avenida"[89]. Esse conflito impactou outras obras, como a construção do jardim francês e do parque, que também não seriam concluídos a tempo.

Um problema semelhante era enfrentado por Afonso Taunay no Museu Paulista, pois diversas encomendas de obras para a decoração do prédio estavam atra-

---

88 "Novidades: O Centenário da Independência", *O Estado de S. Paulo,* p. 3, 18 ago. 1922 (grifos meus).

89 *Idem, ibidem.*

sadas. Uma delas o deixou particularmente aborrecido: a estátua de D. Pedro I, que ocuparia o centro da escadaria do Museu. Rodolpho Bernardelli, o escultor responsável pela obra, anunciou que não entregaria a escultura na data prometida. Taunay demonstrou a sua frustração na carta que enviou ao artista carioca:

> Será um terrível fiasco que eu não possa apresentar a estátua de D. Pedro I a dominar a escadaria do Museu, figura principal nas festas comemorativas cuja ausência certamente me trará mais acerbas queixas e reparos.

> O governo do Estado conta pela certa com a estátua tendo já passado pelo dissabor do fracasso do monumento Ximenes; meu superior, o Secretário do Interior, ainda há dias me dizia: ao menos que fique pronta a escadaria do Museu e como me perguntasse como iam os serviços da estátua de D. Pedro I eu lhe disse que tinha confiança em vê-la aqui, observou-me que os trabalhos tinham tido tempo de concluir, encomendados que haviam sido em novembro de 1921. Imagino como vai ficar despeitadíssimo e o mesmo se dará ao Presidente do Estado[90].

Pressionando o artista para que finalize a sua obra e demonstrando os transtornos que ele causava, Taunay citou um fato pouco divulgado: a decepção com o *Monumento à Independência*. Apesar de terem sido intensamente divulgadas na imprensa todas as etapas do concurso, todas as controvérsias sobre a escolha do escultor italiano e sobre o seu pedido de aumento de verba, pouco se falou sobre o atraso da obra[91]. Possivelmente, as elites dirigentes paulistas tenham evitado que a notícia se difundisse para poupar novas críticas, tendo em vista os esforços e os gastos que haviam sido dispendidos para a realização do monumento que, inacabado, poderia ameaçar as comemorações paulistas para o Centenário. Diante disso, decidiram inaugurar o monumento a despeito de sua incompletude. Contudo, por estar incompleto, o monumento deixou de ser o elemento central das comemorações em São Paulo e, portanto, perdeu destaque.

Na semana do Centenário, os jornais passaram a publicar diversas notícias sobre como seriam as comemorações na capital paulista e quais seriam os prin-

---

90 Correspondência de Taunay a Rodolpho Bernardelli em 19 de junho de 1922, Correspondências – Direção e administração, Pasta, APMP/FMP.

91 Na pesquisa realizada, não foi possível encontrar nenhuma notícia sobre o atraso das obras do Monumento e nenhum documento que relate a reação do governo paulista com o ocorrido.

cipais eventos, porém, a inauguração da obra escultórica não foi realçada. Em alguns periódicos, como *O Estado de São Paulo*[92], *O Combate*[93] e *A Imprensa*[94], apresentou-se o programa oficial do evento, sem fazer qualquer menção ao monumento, apesar de terem sido relatados detalhes sobre o evento, como as músicas e hinos que seriam tocados na ocasião. No *Correio Paulistano*[95], mencionou-se a inauguração do monumento como parte dos festejos, porém sem que fosse dado destaque. Algumas revistas ilustradas do Rio de Janeiro, como *O Malho* e *Illustração Brasileira* publicaram a programação das festas em São Paulo, mencionando apenas "inauguração da grande avenida, ligando ao centro da cidade ao local histórico do Ipiranga"[96]. Citava-se também a inauguração do monumento em Santos, porém, o de Ximenes não aparecia como parte dos eventos. De todos os periódicos consultados, a única revista encontrada que evidenciou o atraso e suas consequências durante a semana das comemorações foi a revista paulista *Vida Moderna*:

Infelizmente esta cidade de São Paulo que foi o berço da nossa independência, que se fez cenário da nossa maior data, nada fará, ou quase nada fará para comemorar tão grande acontecimento. E isso pela simples razão de que quis fazer muito e não pode vencer o tempo. [...] S. Paulo não quis fazer uma comemoração vulgar, transitória, fugaz. S. Paulo quis ficar na memória do Brasil. E ainda está cortando o pano magnífico das vestes com que se cobrirá. Naturalmente não podiam os nossos engenheiros vencer o tempo, porque o tempo corre mais que o nosso pensamento e quando S. Paulo pensou na celebração do Centenário já o tempo o assustava na sua corrida estonteadora. E não foi possível nem mesmo erguer na colina do Ipiranga o monumento Ximenes, porque a imensidade da obra, a extensão extraordinária de sacrifícios que provocou a demarcação e fundamentos da sua base, exigiu mais da engenharia que a arte escultural exigiu do seu artista. Assim é que custou mais cavar na terra movediça os alicerces do colosso que erguê-lo nas suas linhas. Foi maior o trabalho de escavação que o trabalho de justaposição. E a isso unicamente se deve a frieza com que São Paulo aparece no centenário do Brasil. Entretanto, apesar dessa

92   *O Estado de S. Paulo*, 6 set. 1922.
93   *O Combate*, 5 set. 1922; 6 set. 1922.
94   *A Imprensa*, 7 set. 1922.
95   *Correio Paulistano*, p. 3, 2 set. 1922.
96   "Comemorações do Centenário", *Illustração Brasileira*, p. 176, 7 set. 1922; "O Programa Oficial das Festas Centenárias", *O Malho*, p. 12, 7 set. 1922.

decepção que o próprio desejo de querer mais nos trouxe, haverá pequenas festas e serão erguidos monumentos de menor vulto, Bilac e Carlos Gomes serão duas realidades no bronze das praças públicas. E mesmo a cidade que não se tenha preparado como desejava, sentirá naturalmente em si o sabor de uma festa, a doçura chilreante de quem se regozija[97].

O cronista, de pseudônimo João Garôa, considera que as intenções paulistas para celebrar o Centenário eram grandiosas, destinadas a "ficar na memória". No entanto, não se concretizaram pelos atrasos das obras, justificados por ele pelo pouco tempo que se teve para realizá-las. João Garoa menciona a incompletude do *Monumento à Independência*, porém não culpa o artista e sim as obras de fundação. Independentemente do motivo, o que se nota é que pouco se falou sobre o monumento e seu retardamento.

Para as comemorações centenárias no Ipiranga, foi montada uma arquibancada em frente ao monumento e a tribuna oficial foi instalada sobre ele (Figura 98). De lá foram proferidos os discursos oficiais, portanto logo acima do painel representando o grito da Independência. Na impossibilidade de ter o monumento completo, optou-se por destacar o que mais importava aos paulistas: o brado da Independência ocorrido em solo paulistano. Por isso, mesmo com outros conjuntos escultóricos finalizados, preferiu-se ressaltar o alto-relevo. Houve uma cerimônia de inauguração do monumento, em que se desvelou apenas o painel *Independência ou Morte,* que estava coberto por panos (Figura 99).

O alto relevo da base do monumento foi descerrado. Majestoso, imortalizado no bronze, apareceu aos olhos da multidão o episódio da proclamação da Independência. Rompeu o Hino Nacional cantado por milhares de vozes. Firmes em continência, os pequenos escoteiros empolgavam as atenções. Foi um instante memorável, indescritível. Nunca mais essa manhã será esquecida[98].

Os periódicos cariocas *O Paiz* e *Jornal do Brasil* também mencionaram a inauguração, dizendo com as mesmas palavras: "O sr. Presidente do Estado encaminhou-se para o monumento e descerrou a cortina que revelava o alto rele-

97 João Garôa, "Cem Anos de Independência", *Vida Moderna*, pp. 6-7, 6 set. 1922.
98 "O Centenário", *Correio Paulistano*, p. 5, 8 set. 1922.

São Paulo na disputa pelo passado

Figura 98. Fotografia Washington Luis, "Inauguração do Monumento do Ipiranga", *Álbum n. 63*, set. 1922, Acervo do Museu Paulista da USP. Reproduções: Hélio Nobre e José Rosael.

Figura 99. Fotografia Washington Luis, "Inauguração do Monumento do Ipiranga", *Álbum n. 63,* set. 1922, Acervo do Museu Paulista da USP. Reproduções: Hélio Nobre e José Rosael.

vo, reproduzindo o célebre quadro de Pedro Américo"[99]. Se não se mencionava o fato de o monumento não estar finalizado, a imprensa destacou, por outro lado, o painel que, servindo de palanque aos políticos, apareceu na maioria das imagens divulgadas em revistas ilustradas, como *A Vida Moderna* (Figura 100) e *A Cigarra* (Figura 101). Apesar dessa tentativa de parte da imprensa de desviar a atenção dos problemas que envolviam a obra, na *Revista Moderna*, João Garoa reproduziu uma crônica de K. Loiro, que relatava uma fictícia história de um personagem[100] em passagem por São Paulo durante os festejos centenários. A crônica mencionava, cheia de ironia, os inúmeros projetos que deveriam ter sido inaugurados no Centenário, mas não o foram, e citava também o *Monumento à Independência*:

Às 8 horas seguiu, juntamente com o sr. Presidente do Estado, para o Ipiranga, onde foi assisti ao início das festas oficias em sua honra.

Do que aconteceu daqui por diante não nos vale a pena falar, porque já é sabido por todos.

Contarei apenas o que os jornais calaram.

No trajeto da grande Avenida da Independência, puseram uma venda nos olhos de S. Ex.ª e um lenço no seu nariz. Diante do *Monumento do Ximenes*, obrigaram S. Ex.ª a não levantar a cabeça[101].

Apesar das autoridades terem tentado deslocar a atenção das partes ausentes procurando evidenciar apenas o painel *Independência ou Morte*, a incompletude do monumento causou o seu desfoque. Alguns jornais, como *A Gazeta* e *O Combate*, não mencionaram a inauguração em seus relatos sobre a festa ocorrida no dia anterior. Nas revistas cariocas *A Careta* (Figura 102) e *O Malho*, a imagem do monumento do Ipiranga aparece junto às de outras obras que foram inauguradas, como o *Monumento a Olavo Bilac* e o *Monumento aos Andradas*.

A incompletude do monumento fez com que outros monumentos de "menor vulto", como afirmou João Garoa, ganhassem maior destaque. Na edição comemo-

99 "Em São Paulo, Início das Festas Comemorativas", *O Paiz*, p. 3, 9 set. 1922, Rio de Janeiro; "As Comemorações em S. Paulo", *Jornal do Brasil*, p. 8, 9 set. 1922, Rio de Janeiro.

100 A crônica não deixa claro quem era a personagem.

101 Joao Garôa, "S. Ex.ª. O Centenário", *Vida Moderna*, p. 7, 22 set. 1922.

Figura 100. *A Vida Moderna*, p. 20, 22 set. 1922.

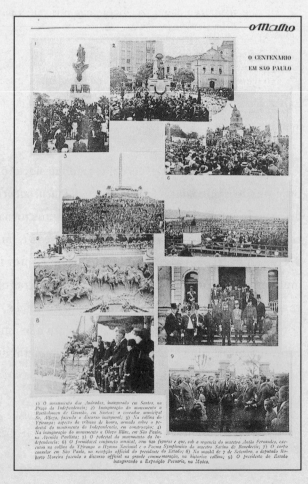

Figura 101. *O Malho*, 16 set. 1922, p. 33. Acervo Hemeroteca da Biblioteca Nacional.

rativa do jornal *O Estado de São Paulo* há uma parte destinada aos monumentos de São Paulo e são citados o *Monumento a Olavo Bilac* e o *Monumento a Carlos Gomes*, porém não se menciona o do Ipiranga. Ademais, as imagens da inauguração do *Monumento a Olavo Bilac* aparecem em duas páginas da *Revista Moderna* e em uma da *Cigarra*. Na edição comemorativa da *Illustração Brasileira*, três páginas são dedicadas à descrição e às imagens desse monumento. Essa revista já havia dedicado quatro páginas ao *Monumento a Carlos Gomes* e ao seu autor, Luigi Brizzolara, em 15 de agosto de 1922.

O *Monumento aos Andradas* foi o que mais recebeu atenção. *A Cigarra* dedicou três páginas a descrever o monumento e a Companhia Construtora Santos. Recebeu a atenção também das revistas cariocas *Careta* e a *Revista da Semana*. Nesta última, enquanto o monumento de Santos foi divulgado em diversas imagens, o monumento do Ipiranga não foi sequer mencionado. Até a pedra comemorativa encontrada durante as escavações da avenida da Independência recebeu mais atenção da revista[102]. O jornal de Buenos Aires *La Nación* fez uma edição comemorativa ao Centenário brasileiro, que também destacou o monumento de Sartorio em Santos e não citou o monumento do Ipiranga.

Durante os festejos, os periódicos que divulgaram imagem da maquete completa de Ximenes foram o *Correio Paulistano*, a *Illustração Brasileira*[103] (Figura 103) e o *Il Pasquino Coloniale*. Nas duas revistas, além das fotos, foi veiculada uma descrição do monumento, porém desatualizada. Tiradentes é citado como uma das figuras sedestres e não se mencionam Hipólito José da Costa e Joaquim Gonçalves Ledo. Os grupos laterais são descritos como "escravidão e jugo da metrópole portuguesa sobre o nosso país" e "a libertação do jugo do estrangeiro", porém as imagens divulgadas são as corretas, ou seja, "Inconfidentes mineiros" e "revolucionários de Pernambuco". Portanto, descreve-se o projeto inicial de Ximenes e não a obra após as alterações propostas pelos jurados. O periódico ítalo-brasileiro *Il Pasquino Coloniale*, que foi o que deu maior atenção ao *Monumento à Independência*, ressaltou as obras feitas por italianos. Por isso, além do conjunto escultórico de Ettore Ximenes, mencionou o

---

102 "A Pedra Comemorativa da Independência", *Revista da Semana*, p. 4, 16 set. 1922, Rio de Janeiro.

103 A revista *Illustração Brasileira* fez uma edição comemorativa ao Centenário da Independência que continha mais de trezentas páginas. O *Monumento à Independência* foi descrito em uma página, enquanto monumento a Olavo Bilac foi mencionado em três páginas. Ademais, o monumento a Carlos Gomes foi mencionado quatro páginas na edição de 15 de agosto. Portanto, dentre as três obras, a menos citada foi a de Ximenes.

São Paulo na disputa pelo passado

Figura 102. *Careta*, p. 34, 23 set. 1922.

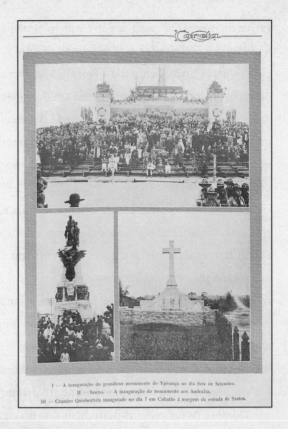

Figura 103. *Illustração Brasileira*, p. 169, 7 set. 1922.

bandeirante feito por Amadeo Zani para o Museu Paulista, o *Monumento a Carlos Gomes*, feito por Luigi Brizzolara, e o projeto do *Monumento ao Heroísmo Bandeirante*, como anunciava a legenda, feito por Nicola Rollo.

É inegável que as pretensões paulistas para os festejos do Centenário foram prejudicadas com a incompletude de sua obra principal. O *Monumento à Independência*, tão difundido antes de sua inauguração, não foi foco de atenção dos periódicos durante as comemorações centenárias, diferentemente do que ocorreu com a Exposição Universal do Rio de Janeiro, intensamente divulgada em jornais e revistas do Brasil e de outros países, como Argentina[104], Espanha[105], França[106], Inglaterra[107] e Itália[108].

Um mês depois do Centenário, em 7 de outubro de 1922, os jornais *Correio Paulistano*, *O Estado de São Paulo* e *O Combate* noticiavam: "Foi indeferido o pedido de aumento para a construção do monumento feito pelo escultor Ettore Ximenes". Heitor Penteado fundamentava a sua decisão no laudo feito pelos peritos que havia indicado que "embora tenham orçado o custo do monumento em quantia muito superior a estipulada no contrato, os peritos reconhecem que lhes faltam elementos seguros para uma estimativa rigorosa desse preço". Apesar dos peritos terem indicado a elevação do preço, o despacho de Heitor Penteado indicava que "essa causa já se fazia sentir quando se celebrou o contrato do governo com o requerente" e que, por isso, o governo havia elevado em 300 contos o preço estipulado. Ademais, a lei que autorizara a construção da

---

104 "Exposición Internacional del Centenario en Rio de Janeiro", *Caras y Caretas*, n. 1249, pp. 65, 70, sept. 1922.

105 "Inauguración de la Exposición Universal", *La Correspondencia de España*, p. 7, 9 sept. 1922; "El Brasil y la Exposición de Rio de Janeiro", *Alrededor del Mundo*, p. 14, 30 sept. 1922, Madrid; "La Independencia del Brasil", *El Globo*, p. 2, 12 sept. 1922.

106 "L'Exposition de Rio de Janeiro", *L'Illustration*, p. 239, 16 sept. 1922.

107 "The Centenary of the Brazilian State", *The Graphic*, p. 296, 26 aug. 1922.

108 "L'Esposizione di Rio de Janeiro", *La Domenica del Corriere*, anno XXIII, n. 46, p. 8, 12-19 nov. 1922; "L'Esposizione di Rio de Janeiro", *La Domenica del Corriere*, anno XXV, n. 42, p. 8, 21 ott. 192e; "Nel Centenario dell'Indipendenza Brasiliana", *L'Illustrazione Coloniale*, anno IV, n. 11, pp. 1-3, 1 nov. 1922, Milano; "Le Colonie Italiane del Brasile e le Feste per l'Indipendenza Brasiliana", *L'Illustrazione Coloniale*, anno IV, n. 12, p. 1, dic. 1922; "All'Esposizione Internazionale di Rio de Janeiro", *L'Illustrazione Coloniale*, anno V, n. 3, pp. 95-96, 1 mar. 1923; "L'Esposizione Internazionale di Rio de Janeiro", *L'Illustrazione Italiana*, anno 1, n. 1, pp. 24; 25, 7 gen. 1923; "Il Padiglione Italiano all'Esposizione di Rio de Janeiro", *L'Illustrazione Italiana*, anno 1, n. 2, 14 gen. 1923, pp. 51-53 (diversas fotos).

obra previa que o empreiteiro não teria "qualquer acréscimo no preço, ainda que o preço dos salários ou material se eleve" e que o pedido havia surpreendido "o governo com despesas superiores às previstas". Acrescentando ainda que "o preço pedido e contratado foi, realmente, uma das considerações que induziram o governo a encomendar ao requerente a obra aludida". Por fim, afirmava que deferir o pedido seria "neutralizar uma das mais salutares virtudes do contrato, que é, precisamente, colocar as partes ao abrigo das oscilações dos preços, o que, aliás, se na hipótese favoreceu o Estado pelo encarecimento dos materiais e da mão de obra, também o podia ter prejudicado pelo seu barateamento"[109].

Mais uma vez, a notícia dividiu opiniões. Em 30 de outubro, foi publicada uma nota na *A Gazeta* questionando as atitudes de Heitor Penteado e da comissão de técnicos que indeferiu o pedido[110]. No dia seguinte, *O Correio Paulistano* publicava uma resposta em que dizia que primeiro Ximenes pediu aumento de 300 contos[111], depois alegou que a construção da escadaria não lhe competia, o que acarretou mais 400 contos[112] e, por fim, pedia a "triplicação" da quantia fixada inicialmente, concluindo que, assim, o monumento custaria 3.900:000$000 (três mil e novecentos contos)[113]. O escultor havia perdido sua credibilidade e qualquer possibilidade de aumento de verba. Uma caricatura (Figura 104) veiculada no *Il Pasquino Coloniale* comparava Ximenes, que havia acabado de ter seu pedido de verba recusado, a Brizzolara, que inaugurava o *Monumento a Carlos Gomes*, com o título "A descoberta da América" – quem a comemora (Brizzolara) e quem a perdeu (Ximenes).

Nos meses seguintes, pouco se falou sobre o monumento. Sabe-se que continuou em construção, porque notas sobre pagamentos realizados pela Secretaria de Agricultura ou da chegada de matérias na Alfândega eram divulgadas no *Cor-*

109 "Monumento da Independência – Requerimento Indeferido", *Correio Paulistano*, p. 5, 7 out. 1922; "Monumento da Independência - Foi Indeferido o Pedido de Aumento para a Construção do Monumento Feito pelo Escultor Ettore Ximenes", *O Estado de S. Paulo*, p. 4, 7 out. 1922; "Monumento da Independência – O Escultor Ximenes não Receberá os 2.600 contos de Aumento", *O Combate*, p. 1, 7 out. 1922.

110 "O Escultor Ximenes", *A Gazeta*, p. 1, 30 out. 1922.

111 Os trezentos contos são aqueles incluídos no contrato por determinação dos jurados.

112 Não foi encontrada documentação sobre esse assunto.

113 "Monumento do Ipiranga", *Correio Paulistano*, p. 3, 31 out. 1922; depois, a mesma matéria foi publicada no *O Estado de S. Paulo*, p. 7, 2 nov. 1922.

Figura 104. "A Descoberta da América. Quem a Comemora: Brizzolara- Hoje a Comemoro, Amanhã a Farei. Quem a Perdeu: Ximenes: Havia Encontrado, Mas Agora a Pedi!", *Il Pasquino Coloniale*, p. 9, 14 out. 1922. Acervo Hemeroteca da Biblioteca Nacional.

reio Paulistano[114]. Em agosto de 1923, a inauguração da obra era mencionada em meio a uma pequena notícia:

O escultor Ettore Ximenes enaltece S. Paulo e o Brasil

Rio, 3 (A) – O escultor Ettore Ximenes, autor do maior monumento artístico erguido no Brasil, o monumento do Ipiranga, *a ser inaugurado no próximo dia 7 de setembro, em S. Paulo*, visitando hoje o Centro Paulista, deixou no livro de visitantes as seguintes palavras traduzidas do Italiano: "neste ambiente que me fala ao coração, com o pensamento em S. Paulo, sinto-me possuído da mais profunda emoção, porque a S. Paulo dei um dos meus maiores filhos – o monumento à independência do Brasil.

Ao sr. Alfredo Ellis, que reflete a alma de S. Paulo e do forte povo brasileiro, ofereço a minha devoção e a minha admiração. O Brasil que amei nos meus verdes anos, através de Carlos Gomes e Pedro Américo, ora me surge maior do que o sonho. À sua natureza, feita para ensinar a arte é digna de ser chamada nossa mestra, porque não vejo outra igual e eu, modesto cultor da arte, curvo-me para beijar esta terra bendita de Deus[115].

---

114 *Correio Paulistano*, p. 3, 12 nov. 1922; *Correio Paulistano*, p. 3, 8 fev. 1923; *Correio Paulistano*, p. 3, 5 abr. 1923; *Correio Paulistano*, p. 3, 16 jun. 1923.
115 "O Escultor Ettore Ximenes Enaltece S. Paulo e o Brasil", *Correio Paulistano*, p. 1, 4 ago. 1923.

Apelando para o lado sentimental, o artista procurava reabilitar a sua imagem e, para isso, utilizava os velhos argumentos das suas conexões com o Brasil por meio de Pedro Américo e Carlos Gomes. Enaltecia a sua obra sem fazer qualquer menção às polêmicas, já que queria conquistar a opinião pública a seu favor, agora que a inauguração da sua obra se aproximava. O *Monumento à Independência* foi inaugurado finalmente em sete de setembro de 1923 em grande silêncio. Foi possível saber que a cerimônia de inauguração aconteceu apenas por uma pequena nota divulgada no *Correio Paulistano*:

Rio, 7 – Em nome da diretoria do Centro Paulista e pessoalmente congratulo-me com v. exc. Pela memorável data de hoje, festejada em nosso Estado com a inauguração do grandioso monumento do Ipiranga e a participação das forças de terra e mar nessas manifestações cívicas. Cordiais saudações. – (a) Alfredo Ellis[116].

Outra evidência, indireta, da inauguração é uma carta que Afonso Taunay enviou a seu tio Luiz Goffredo Taunay, em que menciona o *Monumento à Independência* quando comentava sobre a também silenciosa inauguração da estátua de D. Pedro I, de Bernardelli, incluída na decoração do Museu Paulista em 1923. Justificava a ausência de comemorações dizendo "como poderia eu fazer uma inauguração solene quando para o Monumento do Ximenes o Governo nada fazia"[117]. Ademais, em 12 de dezembro de 1923, uma nota divulgada no *Correio Paulistano* indicava o pagamento da última prestação a Ettore Ximenes. É evidente que a decepção do governo estadual com os episódios do ano anterior impactou a recepção do *Monumento à Independência*, que foi introduzido na cidade de São Paulo com reticência. Esse silêncio certamente repercutiu na incorreta datação da obra, tendo em vista que a bibliografia brasileira indica que a finalização do Monumento teria ocorrido em 1926[118], quando, na realidade, ele estava pronto três anos antes.

116 *Correio Paulistano*, p. 4, 8 set. 1923.
117 Carta de Afonso Taunay enviada a Luiz Goffredo Taunay em 08 de setembro de 1923. Correspondências – Direção e administração, Pasta 120, APMP/FMP.
118 Ver Aracy Amaral, *As Artes Plásticas na Semana de 22*, São Paulo, Editora 34, 1998; Miriam Escobar, *Centenário da Independência: Monumento Cívico e Narrativa*, Tese de Doutorado, FAU-USP, 2005; Fabrício Andrade, *Ettore Ximenes: Monumentos e Encomendas (1855-1926)*, Dissertação de Mestrado, IEB-USP, 2016.

Após a discreta inauguração, o monumento e as polêmicas a ele associadas saíram dos holofotes e pouco se falou a seu respeito, exceto por pequenas notas publicadas nos jornais a respeito de pessoas que visitavam a obra. Ximenes permaneceu no Brasil, o que se constata em notas na imprensa sobre a presença dele e de sua esposa nas atividades da sociedade paulistana, como casamentos, encontros e palestras que proferia, além das eminentes visitas que recebia na sua residência na Vila Prudente. Sempre que havia oportunidade, o artista participava de eventos, muitas vezes conseguindo destacar o seu trabalho, como na homenagem a Vicente de Carvalho, ocasião em que ofertou um busto do poeta[119], ou obter encomendas, como a de Ruy Barbosa, quando foi feito o tributo ao político recém-falecido[120].

O monumento, no entanto, tornara-se assunto esquecido, até que, em 27 de dezembro de 1924, o deputado Azevedo Junior apresentou um projeto no Congresso Legislativo solicitando a gratificação de 1.500:000$000 (mil e quinhentos contos de réis) ao escultor "pela conclusão do Monumento do Ipiranga", argumentando que, com o fim da guerra e efeitos dos armistícios, houve a derrocada de todos os câmbios, sendo o italiano um dos que mais sofreu nessa ocasião.

E enquanto, na Itália e em Vila Prudente, ele fundia o bronze em que devia plasmar mais tarde as efígies e as alegorias do fato grandioso de 7 de setembro de 1922, ele fundia também, sr. Presidente, sem que de tal se apercebesse, a sua modesta fortuna, acumulada em uma existência inteira laboriosa e artística, espalhando o seu trabalho, por diversas capitais do mundo civilizado.

Simplesmente para quê?

Para que, da não realização do compromisso que assumira, não resultasse o descalabro de sua obra.

Motivos de ordem técnica não permitiram que o monumento fosse inaugurado a 7 de setembro de 1922. Entretanto em igual data do ano passado, foi ele entregue e solenemente inaugurado, e ele ali está, na nossa histórica colina, perpetuando o feito grandioso de 7 de setembro de

---

119 "O Busto Encontra-se no Largo do Arouche, no Centro de São Paulo", *Correio Paulistano*, p. 2, 3 mar. 1924; *Correio Paulistano*, p. 4, 11 mar. 1924.

120 *Correio Paulistano*, p. 7, 20 abr. 1924.

1822, monumento que é uma obra de arte, que os entendidos acham que, sem favor, poderia figurar em qualquer capital do mundo[121].

O deputado alegava que o encarecimento dos materiais, principalmente do bronze, fez com que o valor do monumento ficasse muito acima do preço por que fora contratado. Sugeria, então, que fosse dada uma "compensação" a Ximenes, pelos prejuízos verificados na construção. Salientava que não era uma indenização, nem o pagamento por trabalhos extraordinários, pois "ao escultor contratante falecem razões de direito", mas propunha a gratificação "em nome de um outro sentimento, irmão gêmeo do sentimento de justiça e ao qual chamamos de equidade". Questionava então o legado que deixariam ao saber que "o opulento Estado de São Paulo ostenta um monumento de arte, tendo arruinado o artista que o construiu". Afirmava que Ximenes havia sacrificado a sua "fortuna particular" para salvar o seu "nome de artista". Outro deputado, Sampaio Vidal, em apoio a Azevedo Junior, lembrava que o artista tinha sido "colaborador de Pedro Américo no quadro da independência"[122].

Uma extensa e calorosa discussão sobre a proposta de "gratificação" ao escultor tomou conta da Câmara dos Deputados na sessão do dia 29 de dezembro. O deputado Marrey Junior pronunciou-se veementemente contra o projeto. Ele afirmava que a questão do aumento do preço já havia sido discutida pela administração em 1922 e que Washington Luís havia indeferido o caso. José Rodrigues Alves[123], apoiando o deputado, afirmava que a oscilação cambial era "contingência natural dos negócios". Marrey sugeria até mesmo que "defensores de extra-Câmara" estariam envolvidos nesse projeto, apresentado "à última hora", após ter se passado tanto tempo sem se ouvir falar no assunto. Considerava que o projeto não tinha fundamento e que era improcedente usar o "conceito de equidade", recorrendo a definições jurídicas para fundamentar seus argumentos. Questionava por que o Estado deveria abrir mão da lei para gratificar o escultor com uma "quantia exorbitante", em uma

---

121   "Sessão de 27 de dezembro de 1924", *Correio Paulistano*, 30 dez. 1924.

122   *Correio Paulistano*, p. 4, 31 dez. 1924.

123   O deputado é referido como "Rodrigues Alves", porém não é "Oscar Rodrigues Alves", pois este era senador e ficou a favor do projeto, como se verá a seguir. Consultando a relação de deputados em 1924, foi possível identificar que José Rodrigues Alves Sobrinho era deputado em 1924. Ver Acervo Alesp, disponível em: <https://app.al.sp.gov.br/acervohistorico/base-de--dados/republica-velha/deputados/>. Acesso em dez. 2022.

"época em que, para serviços úteis, se alega impossibilidade financeira". Sugeria que se fizesse "liberalidade por outra forma. Conceda-se a gratificação por meio indireto. Deem-se novos serviços ao escultor"[124].

Enquanto Marrey Junior discursava, recebeu apoio dos deputados José Rodrigues Alves e Raphael Prestes. Este argumentou que o preço havia sido um dos aspectos considerados para escolher a maquete de Ettore Ximenes como vencedora, ou seja, pelo escultor ter se comprometido a cumprir o valor estipulado em edital. Ademais, argumentava que a aprovação desse projeto abria "precedente perigosíssimo", fazendo com que outros "empreiteiros" solicitassem indenizações ou gratificações por "equidade". Raphael Sampaio e Francisco Junqueira também se posicionavam contrariamente à gratificação[125].

Azevedo Junior insistiu na legalidade do seu projeto, defendendo que contratos possuem cláusulas que preveem "casos de força maior, que, quando devidamente comprovadas, chegam a suspender a execução dos contratos". Acrescentava que não podia aceitar "dizer-se que para podermos ostentar na nossa capital o mais belo monumento da América do Sul, seja necessário arruinar o artista que o construiu". Segundo ele, documentos da Secretaria da Agricultura comprovavam que, em 1920, a obra poderia ser feita por 1.258 contos de réis, mas que, pela elevação dos preços dos anos seguintes, o custo passou a ser pelo menos de 2.782 contos de réis. Afirmava que, mesmo com a gratificação, o artista não teria lucro, uma vez que o projeto só se propunha a pagar os custos da obra.

A ele bastará o orgulho de haver ligado o seu nome a uma obra que sob a forma plástica, imortalizou no bronze os gloriosos feitos dos mártires, dos heróis e dos pensadores que, por meio da conspiração, como os antigos cônsules, gravaram no grande livro da história os sagrados fatos da pátria brasileira[126].

Trajano Machado também defendeu o projeto, alegando que o câmbio sofreu uma oscilação "além das previsões ordinárias da nossa história financeira", por isso considerava um "motivo de força maior". Afirmava que o escultor poderia ter rescindido o contrato, porém não o fez e "nem abandonou a obra". Apoiava,

---

124 "Sessão de 29 de dezembro de 1924", *Correio Paulistano*, p. 2, 1 jan. 1925.
125 "Sessão de 29 de dezembro de 1924", *Correio Paulistano*, p. 3, 30 dez. 1924.
126 "Sessão de 29 de dezembro de 1924", *Correio Paulistano*, p. 4, 31 dez. 1924.

portanto, o que chamou de "indenização" por considerar que prejuízo é dano e que havia sido isso que o contrato havia lhe acarretado.

Sampaio Vidal votava a favor do projeto apoiando-se em argumentos que teria ouvido de Ramos de Azevedo, e afirmando que esta era uma "dívida que o Estado de São Paulo tem para com o maior artista vivo da Itália, que, há dezenas de anos, estuda os detalhes da famosa cena da proclamação". Relembrava a "ajuda" que Ximenes teria dado a Pedro Américo para realizar os trabalhos e, assim como Azevedo Junior, considerava o "mais belo e suntuoso monumento da América do Sul"[127]. Ao longo de três sessões, o tema foi intensamente debatido e, no final, o projeto foi aprovado com 24 votos a favor e 11 contra, e seguiu para aprovação no Senado estadual.

Argumentos semelhantes aos dos opositores do projeto foram citados pelo senador Reinaldo Porchat. Além das questões já citadas, como os aspectos jurídicas, contratuais e financeiros, Porchat apontou também para o fato do pedido ter ocorrido tanto tempo após a conclusão da obra, sugerindo que só havia sido colocado em pauta após findar o mandato de Washington Luís[128], pois ele já havia indeferido o pedido do artista durante o seu mandato. Azevedo Júnior e seus apoiadores, dentre eles Oscar Rodrigues Alves, que era o secretário do Interior e jurado do concurso na época da contratação de Ximenes, alegavam que eles concordavam com as decisões tomadas pelo antigo presidente do estado e por Heitor Penteado, já que, naquela ocasião, o artista havia pedido um aumento muito elevado, pois configurava 200% do valor estipulado em contrato.

Nota-se que tanto na Câmara como no Senado as notícias veiculadas nos jornais tinham grande impacto. Muitos discursos eram baseados em dados publicados em jornais. O deputado Marrey Junior até leu duas extensas matérias publicadas n'*O Estado de São Paulo* e no *Correio Paulistano*. No entanto, algumas informações divulgadas pelos periódicos eram imprecisas, como a alegação de que o escultor havia solicitado aumento de trezentos contos, quando, na realidade, o contrato fora firmado por esse valor. Na disputa entre a defesa de um artista considerado arruinado contra a do gasto público desnecessário e improcedente, venceu o primeiro grupo e o projeto foi aprovado. Os únicos deputados que se opuseram foram Reynaldo Porchat, Cesario Bastos e Guimarães Junior. Em 18 de setembro, Carlos de Campos, presidente do estado de São Paulo, promulgou a lei

---

127 *Idem, ibidem.*
128 Washington Luís foi presidente do estado de São Paulo de 1º de maio de 1920 a 1º maio de 1924.

2063, que autorizava a abertura de um crédito de 1.500:000$000 "para pagamento de uma gratificação ao escultor Ettore Ximenes, pela conclusão do monumento do Ipiranga"[129]. Fosse por sua fama, fosse por sua influência no meio político, Ettore Ximenes logrou finalmente obter parte da remuneração adicional solicitada, valor que configurava um acréscimo de mais de 115% ao preço do monumento estabelecido em contrato.

No ano seguinte, 1926, Ettore Ximenes retornou à Itália a fim de realizar a obra *Marcha Sobre Roma*, em que figurava Benito Mussolini sobre um cavalo conduzindo o povo italiano, que passa sob um arco do triunfo. Retornaria ainda ao Brasil, pois havia sido contratado para executar o *Monumento à República* no Rio de Janeiro. Seus planos, no entanto, foram interrompidos, pois o escultor faleceu em 30 de dezembro de 1926.

É notória a importância que a obra brasileira adquiriu na carreira do artista, pois nos obituários divulgados em periódicos italianos, o *Monumento à Independência* é sempre citado, demonstrando como era uma grande conquista do escultor[130] e evidenciando uma vez mais a importância das vitórias em concursos nos países americanos para a carreira dos artistas italianos[131].

O projeto monumental de consagração da colina do Ipiranga, a despeito da sua prorrogação e do fracasso na intenção de inaugurá-lo em 1922, foi concretizado. O bairro do Ipiranga, antes distante e de difícil acesso, foi conectado à cidade com um eixo monumental ímpar em São Paulo, a avenida da Independên-

---

129 *O Estado de S. Paulo*, 20 set. 1925.

130 Michelli Cristine Scapol Monteiro, *Affari d'America: il Monumento all'Indipendenza del Brasile di Ettore Ximenes. Studi di Scultura: Età moderna e contemporanea*, vol. 1/2019, pp. 105-119, 2019.

131 No longo necrológio escrito por Ugo Fleres, o autor faz uma breve descrição da trajetória de Ximenes e, em seguida, discorre sobre as principais obras do escultor, iniciando com as obras realizadas no Brasil. As imagens das maquetes divulgadas na revista são todas de obras para o Brasil: duas do *Monumento à República* (erroneamente mencionado como *Monumento à Independência*), do Rio de Janeiro, e a do *Monumento à Amizade Sírio Libanesa* (Ugo Fleres, "Necrologio Ettore Ximenes", *Emporium, Rivista Mensile Illustrata d'Arte e di Coltura*, pp. 61-64, gen. 1924, Bergamo); o monumento brasileiro também é mencionado na Nota Sobre a Morte do Artista na revista *L'Artista Moderno*, p. XIII, 25 gen. 1927, Torino. O monumento é citado no obituário escrito por Carlo Montani e publicado em 31 de dezembro de 1926, porém, não se sabe em qual jornal italiano. Há um recorte dessa notícia no Arquivo Bioiconográfico de Ettore Ximenes na Galleria Nazionale d'Arte Moderna e Contemporanea. No jornal francês *La Presse*, a nota sobre o obituário de Ximenes menciona apenas três obras: o *Monumento à Independência do Brasil*, o *Mausoléu a Belgrano*, em Buenos Aires, e o Monumento a Garibaldi, em Milão. "La Mort d'um Grand Sculpteur Italien", *La Presse*, p. 4, 1 jan. 1927, Paris.

cia, que foi finalizada em 1923[132]. É certo que o eixo acabou sendo simplificado, uma vez que muitas das obras previstas não foram realizadas, como o *Monumento às Bandeiras*, destinado ao "jardim francês", e o *Monumento à República* previsto para o cruzamento da avenida da Independência com a avenida do Estado. Contudo, os esforços para erigir um monumento que assinalasse o lugar do grito da Independência, iniciados ainda no período imperial, resultaram em um grande conjunto escultórico que, apesar das polêmicas e delongas que envolveram a sua construção, cumpriu o propósito para o qual foi idealizado. Ele deixou um marco na cidade, conformando, com suas esculturas, a memória do Sete de Setembro de 1822 e dialogando com o Museu Paulista, que narrava a história do Brasil pelo olhar paulista, consagrando a importância de São Paulo no contexto da nação. Sua repercussão nacional e internacional foi, contudo, reticente, desempenhando um papel frágil nas disputas simbólicas entre Rio de Janeiro e São Paulo que, de várias maneiras, seriam muito redirecionadas a partir da década de 1930 e, sobretudo, após o Estado Novo.

132. A avenida, bem como o *Monumento à Independência*, os parques, a canalização do córrego Ipiranga e a reforma e acabamento do edifício do museu são citados na lista de obras "autorizadas e contratadas no quatriênio anterior, algumas nos últimos dias de abril de 1920, foram totalmente executadas e pagas pelo atual" ("Mensagem apresentada ao Exmo. Snr. Dr. Carlos de Campos, em 1º de maio de 1924, pelo Exmo. sr. dr. Washington Luis Pereira de Sousa", *Relatório do Presidente do Estado de São Paulo*, 1924, p. 36).

Considerações finais

Nos anos 1920, a construção de um imaginário sobre a Independência e o estabelecimento da colina do Ipiranga como "lugar de memória" da nação foram processos marcados por ferrenhas disputas. As reivindicações simbólicas das elites dirigentes paulistas durante os festejos do Centenário concentraram-se na construção do *Monumento à Independência*. Edificar a maior obra escultórica até então erguida no Brasil, por meio de um concurso público de dimensão internacional, tornou-se a grande aposta para obter o destaque desejado, capaz mesmo de extrapolar o âmbito nacional de divulgação de São Paulo como centro propulsor da nação.

Esta obra procurou compreender todo o processo do concurso, identificando os escultores participantes e evidenciando as críticas e denúncias que envolveram a seleção do projeto vencedor. Com isso, foi possível perceber o quanto a construção desse monumento suscitou embates e divergências, oposições essas que partiram de diversos veículos da imprensa, de segmentos do público e muitas vezes dos próprios artistas, que procuravam evidenciar suas obras e contestar procedimentos que julgavam indevidos. Esse ambiente de grande rivalidade colaborou para que a obra vencedora fosse alvo de críticas contundentes, que se tornaram muito conhecidas por serem justamente o ponto mais destacado na bibliografia existente sobre o *Monumento à Independência*.

São Paulo na disputa pelo passado

Fundamental era, portanto, revisitar velhas e reiteradas afirmações a respeito da obra e entender em que medida elas eram procedentes. O que se constatou é que muitos estudos, ao tratarem do *Monumento à Independência*, neutralizaram e descontextualizaram o posicionamento de alguns críticos contemporâneos à obra, por exemplo, assumindo, como *parti pris*, os parâmetros estéticos do modernismo. Dessa maneira, esses estudos contribuíram para que se destacasse apenas o que poderia haver de equivocado no monumento de Ettore Ximenes, já que seu estilo era visto por muitos como "ultrapassado" e contrário aos preceitos defendidos por artistas do grupo modernista. Por isso, informações imprecisas, como a alegação dele ser uma cópia servil de outro monumento, foram reiteradas. As três linhas que Mario de Andrade dedicou à obra de Ettore Ximenes foram intensamente reproduzidas, ganhando um destaque muito maior do que elas de fato lograram ter quando foram escritas.

Na visão de alguns, o enorme monumento acadêmico de Ximenes, que mobilizou a imprensa nacional e internacional, não deveria ser lembrado e, quando lembrado, deveria ser por aquilo que o desmerecesse. O estilo do *Monumento à Independência* não condizia com a visão de São Paulo como centro propagador de ideias inovadoras, como a Pauliceia dos modernistas. Por isso, a menção ao *Monumento à Independência* foi reduzida a poucas palavras, assim como aconteceu com os festejos do Centenário da Independência, ele sim evento de grande proporção e divulgação, mas que foi progressivamente substituído pela Semana de Arte Moderna de 1922, um acontecimento de repercussão bem menor àquele tempo.

Esta tese contribuiu, portanto, para retirar o monumento da posição incômoda e deslocada em que se encontrava e reposicioná-lo como o centro do projeto das comemorações centenárias em São Paulo e como elemento que merecia ser disputado, já que concentrava as intenções simbólicas dos paulistas em 1922. Por isso, os jurados se certificaram de incluir na obra os episódios que eles consideravam os mais relevantes para compor uma narrativa da Independência, que tinha como ponto culminante o Sete de Setembro em solo paulista, em evidente paralelo e complementaridade à exposição criada para o Museu Paulista. Além disso, foi possível perceber que a obra faria parte de um projeto urbano ainda maior, de constituição de uma narrativa histórica no espaço público, por meio da criação de um eixo viário monumental que seria ornado com esculturas que rememorariam os principais episódios dessa história nacional de viés paulista que então se

Considerações finais

forjava. Para tanto, além do *Monumento à Independência,* seriam erguidos aqueles dedicados às Bandeiras e à República, pontuando a imensa perspectiva constituída pela avenida da Independência (hoje avenida D. Pedro I) e pelo novo parque da Independência. Dessa maneira, a revisão do passado brasileiro ultrapassaria os limites da escrita da história e da exposição museológica, sob responsabilidade do Museu Paulista reorganizado por Affonso Taunay para as comemorações de 1922, e ganharia a amplitude do espaço urbano.

Outra dimensão explorada pelo trabalho foi a circulação de artistas estrangeiros, notadamente italianos, em São Paulo nos anos 1920. Eles participaram dos concursos, receberam encomendas, venderam suas obras e, portanto, contribuíram para a conformação da memória nacional em monumentos públicos que passaram a pontuar e ornar o espaço da cidade. Ettore Ximenes era um desses escultores, que bem soube aproveitar as oportunidades de trabalho e consagração advindas dos países americanos. A sua carreira foi aqui detalhada, permitindo identificar a importância e a visibilidade que o seu nome tinha internacionalmente, bem como a rede de contatos de que o artista dispunha. Se por um lado isso evidencia um aspecto estratégico da escolha do projeto de Ettore Ximenes para obter divulgação do *Monumento à Independência* em periódicos estrangeiros, por outro demonstra a grande relevância do mercado de arte brasileiro para escultores italianos e para a própria carreira de Ximenes.

Nesse sentido, este livro também se lançou à compreensão de o quanto os novos mercados do continente americano foram de grande importância para o campo artístico europeu, nomeadamente para italianos e franceses que buscavam oportunidades de trabalho e de projeção internacional. Se hoje a formação das vastas coleções de obras de arte por norte-americanos é algo indispensável à reflexão sobre a configuração do campo artístico francês ou do mercado de antiguidades na Itália, na França e na Inglaterra da segunda metade do século XIX em diante, o mesmo ainda se está por fazer para as encomendas de esculturas monumentais. Desafio semelhante pode ser lançado para o estudo das oportunidades ambicionadas por arquitetos e urbanistas europeus que se aventuravam nas Américas durante esse mesmo período, especialmente antes da Primeira Guerra Mundial, algo que também permanece pouco explorado, com raros trabalhos dedicados ao exame dessas trajetórias profissionais no Brasil.

Esta obra compreende que a escolha do nome de Ximenes e de seu projeto foi tida como capaz de ampliar a circulação da imagem do monumento e divulgar internacionalmente São Paulo. No entanto, essa pretensão certamente teria sido de maior eficácia se o conjunto escultórico estivesse inteiramente concluído para os festejos do centenário. As intenções celebrativas paulistas foram frustradas pela incompletude das obras de construção da avenida, dos jardins e, principalmente, do *Monumento à Independência*. As comemorações de 1922 em São Paulo foram, assim, ofuscadas pela Exposição Internacional ocorrida no Rio de Janeiro. E o monumento acabou sendo inaugurado silenciosamente um ano depois, em 1923, datação que também foi revista por esta pesquisa, pois incorretamente atribuía--se o ano de 1926 como data de finalização da obra.

Ao mesmo tempo em que este estudo aprofundou o entendimento a respeito dessa obra escultórica, dos seus agentes e de seus críticos, identificou-se um rol de aspectos que deverão ser investigados por novas pesquisas. Diversas esculturas foram erguidas em São Paulo impulsionadas pelas comemorações centenárias, muitas das quais concebidas por artistas italianos. É necessário explorar mais detidamente essa geração de escultores que transitaram entre Brasil e Itália, um desafio que até o momento só suscitou trabalhos sobre Nicola Rollo e Luigi Brizzolara.

Outro aspecto que surgiu como uma nova perspectiva de pesquisa são as festas centenárias em São Paulo, para a qual esforços foram empreendidos desde 1912. A despeito da tentativa de alguns meios de comunicação, como o jornal *A Gazeta*, de defender que a festa "excedeu a toda expectativa"[1], outros evidenciaram o completo fracasso do evento. O entendimento sobre o Centenário em São Paulo, e mesmo no Rio de Janeiro e em outras capitais, merece ser aprofundado, para que se possa configurar com maior precisão a amplitude das disputas simbólicas travadas em São Paulo e entre essa cidade e as demais capitais do país.

Ainda que a inauguração do *Monumento à Independência* tenha ocorrido com um ano de atraso, em meio a um bairro do Ipiranga ainda em obras, sua função como "lugar de memória" da República e da cidade seria fortalecido ao longo do tempo. A frustração das elites dirigentes da cidade, que foi certamente também a de Ettore Ximenes, em não ser o monumento o ponto central das comemorações centenárias, foi suavizada com a centralidade que o imenso monumento escul-

---

1   "A Comemoração do Centenário em S. Paulo Excedeu a Toda Expectativa em Brilho e Entusiasmo", *A Gazeta*, p. 1, 8 set. 1922.

Considerações finais

tórico – ainda o maior do país – adquiriu ao se tornar o local por excelência das comemorações anuais do Sete de Setembro.

A crescente importância do monumento ao longo do século XX foi renovada sobretudo com a construção do cenotáfio para abrigar os despojos de D. Pedro I. O amplo espaço interno existente no monumento foi reformado para tal finalidade e inaugurado vazio em 1952. Dois anos depois, os despojos de dona Leopoldina de Habsburgo-Lorena foram transladados do Rio de Janeiro para o Ipiranga. Transformado em capela imperial em 1959, o espaço ganharia ainda mais importância simbólica quando os restos mortais de D. Pedro I foram finalmente inumados na sua cripta subterrânea, em 1972, durante as comemorações do Sesquicentenário da Independência. Em 1982, foi a vez dos restos de dona Amélia de Leuchtenberg serem ali sepultados, reforçando mais uma vez o caráter oficial do espaço funerário e do próprio monumento. Construir a narrativa do protagonismo dos paulistas na história do país não era mais, a esse tempo, uma ambição prioritária das elites dirigentes do estado, algo já obsoleto num momento em que a cidade era a mais populosa metrópole brasileira e uma das maiores cidades do mundo. O "lugar de memória" tinha então outros patronos – as forças armadas que governavam o país em regime de exceção e seus aliados no governo estadual e municipal – o que renovou também o caráter político e simbólico desse monumento, então voltado muito mais à celebração do passado da família imperial do que do passado paulista.

Tombado pelas três esferas de proteção do patrimônio cultural desde 1998, quando o Instituto do Patrimônio Histórico e Artístico Nacional (Iphan) passou finalmente a protegê-lo como patrimônio nacional, junto ao chamado "conjunto do Ipiranga", o *Monumento à Independência* integrou-se mais uma vez à simbologia nacional, ampliando mais uma vez as camadas semânticas que já haviam sido atribuídas pelos órgãos de preservação municipal e estadual, numa metamorfose de sentidos que se expande há quase um século e que desafia permanentemente os pesquisadores.

Lista de figuras

CAPÍTULO 1

Figura 1. Louis Rochet, *Estátua Equestre D. Pedro I,* 1861, Praça Tiradentes, Rio de Janeiro. Foto de Carlos Luis M. C. da Cruz, *site* Wikipedia: https://commons.wikimedia.org/w/index.php?curid=20474335, acesso dez. 2022.

Figura 2. François René Moreaux, *Proclamação da Independência,* 1844. Óleo sobre tela, medindo 244 X 383 cm. Museu Imperial de Petrópolis. *Site* Wikipédia. *Revista de História da Biblioteca Nacional* n. 24 / n. 48. Domínio público: https://commons.wikimedia.org/w/index.php?curid=4798550. Acesso em dez. 2022.

Figura 3. *Mapa Museu Paulista com indicação da avenida D. Pedro I,* 1912. Arquivo do Estado de São Paulo.

Figura 4. *Planta do conjunto Monumental.* Retirado de Affonso d'Escragnolle Taunay. "A Transformação do Scenario de Sete de Setembro", *Revista Nacional*, p. 7, em *Diários de Taunay*. Arquivo Museu Paulista.

São Paulo na disputa pelo passado

CAPÍTULO 2

Figura 5. "As Maquetes do Monumento", *Revista Miscellânea*, n. 1, n. 13, 26 de março de 1920. Arquivo Público do Estado de São Paulo, acervo Bibliográficos/Periódicos.

Figura 6. *Projeto Monumento à Independência*. Autoria desconhecida. *Monumento do Ipiranga*, C06017. Arquivo do Estado de São Paulo.

Figura 7. *Entrada de Stilo Gótico para o Antro Duartopolis*. Caricatura do projeto A. Serup Hansen, *Álbum Monumentos para o Centenário* provavelmente pertencente a Milcíades de Luné Porchat. Arquivo Histórico de São Paulo.

Figura 8. "Projeto *Monumento à Independência do Brasil* de Felipe Pedro Menini, Luiz Raffo e Antonio Banchini", *Revista Miscellânea*, ano 1, n. 13, 26 mar. 1920. Arquivo Público do Estado de São Paulo, acervo Bibliográficos/Periódicos.

Figura 9. *"Entra, Friendereich!"* BELMONTE, Caricatura projeto de P. Menini, L. Raffo e A. Banchini. *Álbum Monumentos para o Centenário*. Arquivo Histórico de São Paulo.

Figura 10. "Caçada de borboletas" ou "Deodoro entra na dança como Pilatos no Credo". BELMONTE, "Caricatura Projeto Francesco Garuffi", *Álbum Monumentos para o Centenário*. Arquivo Histórico de São Paulo.

Figura 11. *Projeto Edgardo Simone. Monumento do Ipiranga*, C06017. Acervo Iconográfico, Arquivo do Estado de São Paulo.

Figura 12. *"A los toros"*. Caricatura Projeto Edgardo Simone. *Álbum Monumentos para o Centenário*. Arquivo Histórico de São Paulo.

Figura 13. *Projeto Giuseppe Macchiavello*. São Paulo, 17 mar. 1920, p. 3.

Figura 14. *Projeto Monumento à Independência da Argentina de G. Chedanne e P. Gasq.* Hemeroteca digital Biblioteca Nacional de España. Disponível em: https://hemerotecadigital.bne.es/hd/viewer?oid=0001596896. Acesso em jan. 2023.

Figura 15. "Projeto *Monumento à Independência do Brasil* de G. Chedanne e P. Gasq, E. Boutry e G. Gardet". *Revista Miscellânea*, ano 1, n. 13, 26 mar. 1920. Arquivo Público do Estado de São Paulo, acervo Bibliográficos/Periódicos.

Figura 16. "Projeto francês: – Socorro!!! Rebentou a caixa d'agua!!!", Belmonte, Caricatura Projeto G. Chedanne e P. Gasq, E. Boutry e G. Gardet. *Álbum Monumentos para o Centenário*. Arquivo Histórico de São Paulo.

Figura 17. Projeto Inocencio Soriano. Monumento do Ipiranga, C06017, Arquivo do Estado de São Paulo.

Figura 18. "Artístico carimbo de borracha" Caricatura Projeto Inocencio Soriano. Álbum *Monumentos para o Centenário*. Arquivo Histórico de São Paulo.

Figura 19. *Projeto Angel Garcia Dias. Monumento do Ipiranga*, C06017. Acervo Iconográfico. Arquivo do Estado de São Paulo.

Figura 20. *Grande Alegoria a Ópera "Aida" de Verdi*. Caricatura projeto Angel Garcia Dias. *Álbum Monumentos para o Centenário*. Arquivo Histórico de São Paulo.

Figura 21. Projeto Angel Garcia Dias. Monumento do Ipiranga, C06017, Acervo Iconográfico, Arquivo do Estado de São Paulo.

Figura 22. *Elegante Paliteiro de Prata*. Caricatura projeto Angel Garcia Dias, *Álbum "Monumentos para o Centenário"*. Arquivo Histórico de São Paulo.

Figura 23. Projeto Charles Keck e Adolfo Weber, *Monumento do Ipiranga*. C06017, Acervo Iconográfico, Arquivo do Estado de São Paulo.

Figura 24. "Belo projeto para um Hipódromo". Caricatura projeto Jorge Krug e A. G. Moya. *Álbum "Monumentos para o Centenário"*. Arquivo Histórico de São Paulo.

Figura 25. Projeto Bibiano Silva. *Monumento do Ipiranga*. C06017. Acervo Iconográfico. Arquivo do Estado de São Paulo.

Figura 26. "Projeto Ultra-nacionalista". Caricatura projeto Bibiano Silva. *Álbum "Monumentos para o Centenário"*. Arquivo Histórico de São Paulo.

Figura 27. Projeto Donini Cesare e Aldo Scala, *Monumento do Ipiranga*. C06017, Acervo Iconográfico. Arquivo do Estado de São Paulo.

Figura 28. "O Monumento Careca". Caricatura projeto C. Donine e A. Scala. *Álbum Monumentos para o Centenário*. Arquivo Histórico de São Paulo.

Figura 29. "Projeto *Monumento à Independência do Brasil* de T. Tasso e J. Ferrer", *Miscellânea*, ano 1, n. 13, 26 de março de 1920. Arquivo Público do Estado de São Paulo, acervo Bibliográficos/Periódicos.

Figura 30. "Farol monumental para o Guarujá". Caricatura projeto de Francisco Terencio Gianotti e Troiani Troiano (Barroso). *Álbum "Monumentos para o Centenário"*. Arquivo Histórico de São Paulo.

Figura 31. "A Maquete de Arnaldo Zocchi". *A Platéa*, p. 1, 16 de março, 1920. Arquivo Público do Estado de São Paulo, acervo Bibliográficos/Periódicos.

Figura 32. "A saída do picadeiro". Caricatura projeto Arnaldo Zocchi. *Álbum "Monumentos para o Centenário"*. Arquivo Histórico de São Paulo.

Figura 33. Projeto Mario Ribeiro Pinto e Fernando Frick, *Memorial Descritivo*. Arquivo Histórico de São Paulo.

São Paulo na disputa pelo passado

Figura 34. Projeto Mario Ribeiro Pinto e Fernando Frick. *Memorial Descritivo.* Arquivo Histórico de São Paulo.

Figura 35. "Enorme 'badalo' artístico". Caricatura Projeto Mario R. Pinto e F. Frick. *Álbum "Monumentos para o Centenário".* Arquivo Histórico de São Paulo.

Figura 36. Projeto Roberto Etzel e Luigi Contratti, *Memorial Descritivo.* Arquivo Histórico de São Paulo.

Figura 37. Projeto Roberto Etzel e Luigi Contratti. *Memorial Descritivo.* Arquivo Histórico de São Paulo.

Figura 38. Projeto Roberto Etzel e Luigi Contratti. *Memorial Descritivo.* Arquivo Histórico de São Paulo.

Figura 39. Projeto Nicola Rollo. *Álbum "Monumentos para o Centenário".* Arquivo Histórico de São Paulo.

Figura 40. Projeto Nicola Rollo. Álbum "Monumentos para o Centenário". Arquivo Histórico de São Paulo.

Figura 41. Projeto Nicola Rollo. *Álbum "Monumentos para o Centenário".* Arquivo Histórico de São Paulo.

Figura 42. "A influência do nome: um rolo!" (BELMONTE. Caricatura Projeto Nicola Rollo. *Miscellânea,* ano 1, n. 15, 9 de abril de 1920. Arquivo Público do Estado de São Paulo, acervo Bibliográficos/Periódicos.

Figura 43. Projeto Luigi Brizzolara. Memorial Descritivo. C06017. Arquivo do Estado de São Paulo.

Figura 44. Projeto Luigi Brizzolara. *Monumento do Ipiranga.* C06017. Arquivo do Estado de São Paulo.

Figura 45. Projeto Luigi Brizzolara. *Monumento do Ipiranga.* C06017. Arquivo do Estado de São Paulo.

Figura 46. "Três sorvetes" (BELMONTE. Caricatura Luigi Brizzolara. *Miscellânea,* ano 1, n. 14, 2 de abril de 1920. Arquivo Público do Estado de São Paulo, acervo Bibliográficos/Periódicos.

Figura 47. Projeto Ettore Ximenes. Paolo Barbaro, *Il Gesso e la Creta. Studio Vasari Roma, L'Atelier Ximenes.* Parma. Autor: Zanella, São Paulo. CSAC dell'Università di Parma, 1994. Foto: Vasari.

Figura 48. Projeto Ettore Ximenes. BARBARO, Paolo. *Il Gesso e la Creta. Studio Vasari Roma, L'Atelier Ximenes.* Parma. Autor: Zanella, São Paulo. CSAC dell'Università di Parma, 1994. Foto: Vasari.

Figura 49. "Bem acabadinho para o Te Deum na futura Catedral". Caricatura Projeto Ettore Ximenes. *Álbum "Monumentos para o Centenário".* Arquivo Histórico de São Paulo.

Figura 50. Projeto *Monumento a la Revolución de Mayo,* de Luigi Brizzolara e Gaetano Moretti. *La Ilustración Artística* (Barcelona), 27 jul. 1908, p. 9. Biblioteca Nacional de España.

CAPÍTULO 3

Figura 51. "O Concurso para o Monumento do Ipiranga – O Submarino em Ação", *Il Pasquino Coloniale*, n. 650, 27 de março de 1920, p. 17. Acervo da Hemeroteca da Biblioteca Nacional do Brasil.

Figura 52. *Revista do Brasil*, vol. XIV, ano V, maio-ago. 1920, p 96. A frase diz: "Ximenez – Agora v. v. excs aprovem doze mil contos para a construção do monumento". Acervo da Biblioteca da Faculdade de Arquitetura e Urbanismo da USP.

Figura 53. Depois do Concurso. "O Triunfador: Deixem que Cantem os Adversários. Coloquei-me bem no alto porque poderiam me derrubar". *Il Pasquino Coloniale*, n. 651, p. 20, 10 de abril de 1920. Acervo da Hemeroteca da Biblioteca Nacional do Brasil.

Figura 54. Ernest Meissonier, 1807, Friedland, 1875, 1,44 x 2,52, The Metropolitan Museum of Art, Nova York. Retirado de: http://metmuseum.org/.

Figura 55. Pedro Américo, *Independência ou Morte!*, 1888, 4,15 x 7,60, Acervo Museu Paulista da USP.

Figura 56. Ettore Ximenes, *Painel Independência ou Morte, Monumento à Independência*, 1922. São Paulo. Foto da autora, 2021.

Figura 57. "Il Monumento a Garibaldi, che s'Inaugura oggi a Milano. Ettore Ximenes, scultore, – Augusto Guidini, Architetto". *L'Illustrazione Italiana*, 3 de novembro de 1895, capa. Biblioteca Galleria Nazionale d'Arte Moderna e Contemporanea Roma.

Figura 58. Ettore Ximenes, *Quadriga da Corte di Cassazione (Palazzo di Giustizia)*, Roma. Foto da autora, 2014.

Figura 59. Ettore Ximenes, *Il Diritto, Monumento Nazionale a Vittorio Emanuele II*, Roma. Foto da autora, 2015.

Figura 60. *Monumento a Stolipin*, Ettore Ximenes, Kiev FLERES, Ugo. Ettore Ximenes: sua vita e sue opere. Bergamo: Istituto Italiano d'arte grafiche, 1928, p. 165.

São Paulo na disputa pelo passado

Figura 61. Monumento a Alexandre I em Kishinev, na Bessarábia (hoje Chişinău, capital da Moldávia). Retirado de: https://static.locals.md/2017/07/oldchisinau_com-alexl_17.jpg. Acesso em nov. 2022.

Figura 62. *L'Illustrazione Italiana*, 27 giugno 1920, p. 750. Acervo da Biblioteca da Galleria d'Arte Moderna e Contemporanea, Roma.

Figura 63. *Ilustración Española y Americana*, n. 35, 22 septiembre 1920, p. 517. Acervo da Hemeroteca Digital Biblioteca Nacional España.

Figura 64. *The Graphic,* July 3, 1920, p. 19. Acervo Biblioteca Mario de Andrade.

Figura 65. *La Domenica del Corriere*, n. 29, 18-25 giuglio, p. 6. Acervo Biblioteca Nacionale Centrale, Roma.

Figura 66. Ettore Ximenes, projeto Monumento ao czar Alexandre II. Retirado de http://www.rah.ru/news/detail.php?ID=15685, acesso em nov. 2022.

Figura 67. Ettore Ximenes, *Monumento ao Czar Alexandre II,* 1911, Kiev. Retirado de <http://primetour.ua/pictures/files/Image/pam_AleksandrII-1910e.jpg>, acesso nov. 2022.

Figura 68. Ettore Ximenes, projeto *Monumento aos Andrada* (Paolo Barbaro. *II Gesso e la Creta. Studio Vasari Roma, L'Atelier Ximenes*. Parma, CSAC dell'Università di Parma, 1994. Foto: Vasari (a legenda indica, incorretamente, ser o projeto ao *Monumento a Czar Alexandre II*).

CAPÍTULO 4

Figura 69. Plano da avenida monumental, Edital Concurso *Monumento à Independência*, 1917. Arquivo do Estado de São Paulo.

Figura 70. Perspectiva panorâmica da Avenida, Edital Concurso *Monumento à Independência*, 1917. Arquivo do Estado de São Paulo.

Figura 71. Ettore Ximenes, projeto *Monumento à Independência* – grupo A Opressão e a Escravidão com o Sacrifício e o Juramento Clássico". Ugo Fleres, *Ettore Ximenes: Sua Vita e Sue Opere*, Bergamo, Istituto Italiano d'Arte Grafiche, 1928, p. 200). Foto: Vasari.

Figura 72. Ettore Ximenes, projeto *Monumento à Independência* – grupo "– grupo "A Opressão e a Escravidão com o Sacrifício e o Juramento Clássico" (Ugo Fleres, *Ettore Ximenes: Sua Vita e Sue Opere,* Bergamo: Istituto Italiano d'arte grafiche, 1928, p. 201). Foto: Vasari.

Figura 73. Ettore Ximenes, *Monumento à Independência do Brasil – Grupo Inconfidentes Mineiros*, 1922, São Paulo. Foto da autora, 2017.

Figura 74. Décio Villares, *Tiradentes, Litografia, Igreja Positivista do Brasil*. Retirado de: https://blogdaipb.wordpress.com/2015/04/21/o-rosto-de-tiradentes/. Acesso em nov. 2022.

Figura 75. Ettore Ximenes, *Ciceruacchio*, Roma, 1907. Foto da autora, 2015.

Figura 76. Giulio Starace, *Monumento à Terra Mineira – Detalhe Tiradentes*, 1930, Belo Horizonte. Retirado de https://statues.vanderkrogt.net/object.php?webpage=ST&record=brmg008. Acesso em nov. 2022.

Figura 77. Ettore Ximenes, *Monumento à Independência do Brasil – Grupo Inconfidentes Mineiros*, 1922, São Paulo. Foto da autora, 2017.

Figura 78. Ettore Ximenes, *Monumento à Independência do Brasil – Grupo Revolucionários Pernambucanos*, 1922, São Paulo. Foto da autora, 2017.

Figura 79. Ettore Ximenes, *Monumento à Independência do Brasil – Grupo Revolucionários Pernambucanos,* 1922, São Paulo. Foto da autora, 2017.

Figura 80. Ettore Ximenes, *Monumento à Independência do Brasil – José Bonifácio*, 1923, São Paulo. Foto da autora, 2017.

Figura 81. Ettore Ximenes, *Monumento à Independência do Brasil – Diogo Feijó*, 1923, São Paulo. Foto da autora, 2017.

Figura 82. Ettore Ximenes, *Monumento à Independência do Brasil – Hipólito José da Costa,* 1923, São Paulo. Foto da autora, 2017.

Figura 83. Ettore Ximenes, *Monumento à Independência do Brasil – Joaquim Gonçalves Ledo*, 1923, São Paulo. Foto da autora, 2017.

Figura 84. Ettore Ximenes, *Monumento à Independência do Brasil – Brasão de São Paulo*, 1923, São Paulo. Foto da autora, 2017.

Figura 85. Ettore Ximenes, *Monumento à Independência do Brasil – Brasão de Estados Unidos do Brasil*, 1923, São Paulo. Foto da autora, 2017.

Figura 86. Ettore Ximenes, *Monumento à Independência do Brasil – Entrada de D. Pedro I na rua do Carmo em São Paulo na tarde de 7 de setembro de 1822*, 1923, São Paulo. Foto da autora, 2017.

Figura 87. Ettore Ximenes, *Monumento à Independência do Brasil – Combate do Pirajá* – Campana da Independência para a libertação da Bahia – Episódio do Corneta Luis Lopes, 1923, São Paulo. Foto da autora, 2017.

Figura 88. Ettore Ximenes, *Monumento à Independência do Brasil – Detalhe arquitetônico*, 1922, São Paulo. Foto da autora, 2017.

Figura 89. Ettore Ximenes, *Monumento à Independência do Brasil – Detalhe arquitetônico*, 1922, São Paulo. Foto da autora, 2017.

Figura 90. *Monumento Nazionale Vittorio Emanuele II*, 1911, Roma. Foto da autora, 2014.

Figura 91. Ettore Ximenes, *Monumento à Independência do Brasil – Detalhe*, 1923, São Paulo. Foto da autora, 2017.

Figura 92. *Monumento Nazionale Vittorio Emanuele II*, 1911, Roma Foto da autora, 2014.

Figura 93. Ettore Ximenes, *Monumento à Independência do Brasil – Detalhe*, 1923, São Paulo. Foto da autora, 2017.

Figura 94. *Monumento Nazionale Vittorio Emanuele II*, 1911, Roma. Foto da autora, 2014.

Figura 95. Ettore Ximenes, *Monumento à Independência do Brasil – Marcha Triunfal*, 1923, São Paulo. Foto da autora, 2017.

Figura 96. Ettore Ximenes, *Monumento à Independência do Brasil – Marcha Triunfal*, 1923, São Paulo. Foto da autora, 2017.

Figura 97. *Il Pasquino Coloniale*, p. 28, 9 settembre 1922. Acervo Hemeroteca da Biblioteca Nacional.

Figura 98. Fotografia Washington Luis, *Álbum nº 63 – Inauguração do Monumento do Ipiranga*, set. 1922, Acervo do Museu Republicano Convenção de Itu – USP.

Figura 99. Fotografia Washington Luis, *Álbum nº 63 – Inauguração do Monumento do Ipiranga*, set. 1922, Acervo do Museu Republicano Convenção de Itu – USP.

Figura 100. *A Vida Moderna*, p. 20, 22 de setembro de 1922. Arquivo Público do Estado de São Paulo, acervo Bibliográficos/Periódicos.

Figura 101. *O Malho*, p. 33, 16 de setembro de 1922. Acervo Hemeroteca da Biblioteca Nacional.

Figura 102. *Careta*, p. 34, 23 de setembro de 1922. Acervo Hemeroteca da Biblioteca Nacional.

Figura 103. *Illustração Brasileira*, p. 169, 7 de setembro de 1922. Acervo Hemeroteca da Biblioteca Nacional.

Figura 104. "A Descoberta da América. Quem a Comemora: Brizzolara – Hoje a comemoro, amanhã a farei. Quem a perdeu: Ximenes: Havia encontrado, mas agora a pedi!, *Il Pasquino Coloniale*, p. 9, 14 ottobre 1922. Acervo Hemeroteca da Biblioteca Nacional.

Fontes consultadas

Correio Paulistano – São Paulo

Correio Paulistano, p. 2, 13 de fevereiro de 1876.

Correio Paulistano, p. 2, 7 de outubro de 1876.

Correio Paulistano, p. 3, 12 de outubro de 1876.

"Anúncios. Monumento do Ypiranga". *Correio Paulistano*, p. 3, 13 dez. 1876.

"Editais. Proposta Relativa a Praça do Monumento do Ipiranga e Rua em Direção à Cidade". *Correio Paulistano*, pp. 2-3, 21 dez. 1876.

DUARTE, João Raimundo. "Monumento do Ipiranga". *Correio Paulistano*, p. 3, 4 jan. 1877.

Correio Paulistano, 21 jan. 1877.

"Comunicado. O Monumento do Ipiranga". *Correio Paulistano*, p. 1, 29 jul. 1877.

"Seção Livre. Monumento do Ipiranga. 13ª Reunião da Comissão". *Correio Paulistano*, p. 2, 7 out. 1877.

"Seção Livre. Monumento do Ipiranga". *Correio Paulistano*, p. 2, 4 dez. 1879.

Correio Paulistano, 11 dez. 1879.

"Seção Livre. Comissão do Monumento do Ipiranga. 15ª Sessão". *Correio Paulistano*, p. 2, 22 maio 1880.

Correio Paulistano, p. 2, 03 de setembro de 1880.

Correio Paulistano, p. 1, 15 de setembro de 1880.

"Monumento do Ipiranga". *Correio Paulistano*, p. 2, 11 de dezembro de 1882.

"Concurso Ipiranga". *Correio Paulistano*, p. 2, 24 de setembro de 1884.

Correio Paulistano, p. 2, 27 de setembro de 1884.

"Viagem de SS.MM.II." *Correio Paulistano*, p. 1, 21 de outubro de 1886.

Correio Paulistano , p. 3, 24 de abril de 1910.

Correio Paulistano, p. 1, 25 de setembro de 1912.

"Congresso Legislativo". *Correio Paulistano*, p. 2, 25 de outubro de 1912.

"Congresso Legislativo". *Correio Paulistano*, p. 2, 30 de outubro de 1912, São Paulo.

Correio Paulistano, p. 4, 27 de fevereiro do 1913.

Correio Paulistano, p. 4, 7 de julho de 1916.

Correio Paulistano, p. 2, 1 de julho de 1916.

Correio Paulistano, p. 4, 19 de dezembro de 1916.

"Notas". *Correio Paulistano*, p. 1, 29 de dezembro de 1918, São Paulo.

"Escultor Ettore Ximenes". *Correio Paulistano*, p. 3, 13 de março de 1919.

"Registro de Arte – Arquiteto Donini". *Correio Paulistano*, p. 2, 15 de maio de 1919, São Paulo.

"Monumento da Independência em S. Paulo - O Escultor Bibiano Silva Parte para S. Paulo com a sua 'Maquete'". *Correio Paulistano*, p. 3, 28 de junho de 1919.

"Monumento da Independência Brasileira em São Paulo". *Correio Paulistano*, p. 4, 28 de junho de 1919.

"Avenida da Independência". *Correio Paulistano*, p. 3, 6 de julho de 1919.

Correio Paulistano, p. 4, 20 de julho de 1919.

Correio Paulistano, p. 1, 23 de julho de 1919.

"O Monumento da Independência". *Correio Paulistano*, p. 4, 7 de setembro de 1919.

"Telegramas". *Correio Paulistano*, p. 5, 15 de novembro de 1919.

Correio Paulistano, p. 1, 11 de dezembro de 1919.

Correio Paulistano, p. 1, 22 de janeiro de 1920.

"Commendador Ermelino Matarazzo". *Correio Paulistano*, p. 2, 4 de fevereiro de 1920.

Correio Paulistano, p. 1, 9 de março de 1920.

"Notas". *Correio Paulistano*, p. 3, 10 de março de 1920, São Paulo.

"No Palácio das Indústrias". *Correio Paulistano*, p. 6, 11 de março de 1920.

"No Palácio das Indústrias", *Correio Paulistano*, p. 43, 12 de março de 1920.

"No Palácio das Indústrias". *Correio Paulistano*, p. 4, 13 de março de 1920.

"No Palácio das Indústrias". *Correio Paulistano*, p. 2, 15 de março de 1920.

"No Palácio das Indústrias". *Correio Paulistano*, p. 2, 16 de março de 1920.

"No Palácio das Indústrias". *Correio Paulistano*, p. 1, 18 de março de 1920.

"No Palácio das Indústrias". *Correio Paulistano*, p. 4, 19 de março de 1920.

"No Palácio das Indústrias". *Correio Paulistano*, p. 3, 20 de março de 1920.

"No Palácio das Indústrias". *Correio Paulistano*, p. 3, 21 de março de 1920.

"Notas". *Correio Paulistano*, p. 1, 31 de março de 1920.

"O Monumento da Independência – Entrevista com o Escultor Ettore Ximenes". *Correio Paulistano*, p. 3, 1 de abril de 1920.

"Notas". *Correio Paulistano*, p. 1, 22 de maio de 1920.

Correio Paulistano, 23 de junho de 1920.

Correio Paulistano, 24 de junho de 1920.

"Monumento das 'Bandeiras'". *Correio Paulistano*, p. 1, 26 de julho de 1920.

"Notas". *Correio Paulistano*, p. 1, 27 de agosto de 1920, São Paulo.

Correio Paulistano, p. 5, 6 de março de 1921.

"Notas". *Correio Paulistano*, p. 1, 11 de março de 1921.

Correio Paulistano, p. 1, 30 de abril de 1921.

Correio Paulistano, 28 de outubro de 1921.

"As Comemorações em São Paulo". *Correio Paulistano*, p. 4, 10 de fevereiro de 1922.

Correio Paulistano, p. 3, 2 de setembro de 1922.

"O Centenário". *Correio Paulistano*, p. 5, 8 de setembro de 1922.

"Monumento da Independência – Requerimento Indeferido". *Correio Paulistano*, p. 5, 7 de outubro de 1922, São Paulo.

"Monumento do Ipiranga". *Correio Paulistano*, p. 3, 31 de outubro de 1922.

Correio Paulistano, p. 3, 12 de novembro de 1922.

Correio Paulistano, p. 3, 8 de fevereiro de 1923.

Correio Paulistano, p. 3, 5 de abril de 1923.

Correio Paulistano, p. 3, 16 de junho de 1923.

Correio Paulistano, p. 1, 4 de agosto de 1923.

Correio Paulistano, p. 4, 8 de setembro de 1923.

Correio Paulistano, p. 2, 3 de março de 1924.

Correio Paulistano, p. 4, 11 de março de 1924.

Correio Paulistano, p. 7, 20 de abril de 1924.

"Sessão de 27 e 29 de Dezembro de 1924, Publicada no *Correio Paulistano*", pp. 3 e
4, 30 de dezembro de 1924.

Correio Paulistano, p. 4, 31 de dezembro de 1924.

"Sessão de 29 de Dezembro de 1924, Publicada no *Correio Paulistano*", p. 2, 1 de
janeiro de 1925.

Correio Paulistano, p. 2, 11 de setembro de 1925.

"Gratidão aos Sírios". *Correio Paulistano*, p. 5, 8 de março de 1926.

"Uma Homenagem dos Sírios-Libaneses para o Brasil". *Correio Paulistano*, p. 2, 4
de maio de 1928.

O Estado de S. Paulo

O Estado de São Paulo, p. 7, 18 de janeiro de 1911.

"Notas e Informações". *O Estado de S. Paulo*, p. 4, 3 de maio de 1911.

O Estado de S. Paulo, 20 de maio de 1911.

O Estado de São Paulo, p. 4, 25 de maio de 1911.

O Estado de São Paulo, p. 4, 16 de maio de 1911.

"Monumento dos Heróis da Independência: Projeto do Sr. Dr. Rodrigues Alves".
O Estado de S. Paulo, p. 4, 7 de setembro de 1912.

O Estado de S. Paulo, p. 6, 5 de novembro de 1912.

"Monumento Comemorativo da Independência do Brasil". *O Estado de S. Paulo*, p.
11, 7 de setembro de 1917.

"A Exposição Industrial – O Estado Devia Auxiliar o Município no Preparo do
Grande Certâmen de 1922". *O Combate*, p. 1, 19 de agosto de 1918, São Paulo.

"O Centenário da Independência. O Monumento de Pedro I no Ipiranga". *O Estado de S. Paulo*, p. 7, 5 de abril de 1919.

"Coisas da Cidade". *O Estado de S. Paulo*, p. 5, 12 de junho de 1919.

O Estado de S. Paulo, p. 2, 7 de julho de 1919.

O Estado de S. Paulo, p. 4, 21 de julho de 1919.

"Artes e Artistas – Escultor Brizzolara". *O Estado de S. Paulo*, São Paulo, 26 de
agosto de 1919.

P.P. "O Centenário da Independência". *O Estado de S. Paulo*, p. 3, 7 de setembro
de 1919.

"Congresso do Estado", *O Estado de S. Paulo*, p. 19, 3 de dezembro de 1919.

O Estado de S. Paulo, p. 3, 6 de fevereiro de 1920.

O Estado de S. Paulo, p. 3, 10 de março de 1920.

LOBATO, Monteiro. "A 'Maquete' de Nicolo Rollo". *O Estado de São Paulo*, p. 3, 25 de março 1920.

MESQUITA FILHO, Julio. "O Monumento da Independência". *O Estado de S. Paulo*, p. 3, 26 de março de 1920.

"O Monumento da Independência". *O Estado de S. Paulo*, p. 3, 31 de março de 1920.

PINHEIRO JUNIOR, José Machado. "Coisas da Cidade – As 'Maquetes'". *O Estado de S. Paulo*, p. 5, 31 de março de 1920.

LOBATO, Monteiro. "Royal-Flush Arquitetônico". *O Estado de S. Paulo*, p. 10, 31 de março de 1920.

"O Monumento da Independência". *O Estado de S. Paulo*, p. 5, 21 de junho de 1920.

"Monumento da Independência". *O Estado de S. Paulo*, p. 5, 29 de agosto 1920.

"Monumento aos Andradas em Santos". *O Estado de S. Paulo*, p. 3, 8 de novembro de 1920.

O Estado de S. Paulo, p. 3, 14 de março de 1922.

"Novidades: o Centenário da Independência". *O Estado de S. Paulo*, p. 3, 18 de agosto de 1922.

"Notas e Informações". *O Estado de S. Paulo*, p. 3, 3 de setembro de 1920.

O Estado de S. Paulo, 6 de setembro de 1922.

"Monumento da Independência – Foi Indeferido o Pedido de Aumento para a Construção do Monumento Feito pelo Escultor Ettore Ximenes", *O Estado de S. Paulo*, p. 4, 7 de outubro de 1922.

O Estado de S. Paulo, p. 7, 2 de novembro de 1922.

O Estado de S. Paulo, 20 de setembro de 1925.

"Homenagem Síria". *O Estado de S. Paulo*, p. 9, 3 de maio de 1928.

"Homenagem Síria". *O Estado de S. Paulo*, p. 7, 4 de maio de 1928.

Jornal do Commercio – São Paulo

"Gazetilha – O Monumento da Independência". *Jornal do Commercio*, p. 2, 16 de março de 1920.

"Gazetilha – O Monumento da Independência". *Jornal do Commercio*, p. 2, 17 de março de 1920.

"Gazetilha – O Monumento da Independência". *Jornal do Commercio*, p. 4, 18 de março de 1920.

"Gazetilha – O Monumento da Independência". *Jornal do Commercio*, p. 4, 19 de março de 1920.

"Gazetilha – O Monumento da Independência". *Jornal do Commercio*, pp. 3-4, 20 de março de 1920.

"Gazetilha – O Monumento da Independência". *Jornal do Commercio* , p. 4, 21 de março de 1920.

"Gazetilha – O Monumento da Independência". *Jornal do Commercio*, p. 4, 22 de março de 1920.

"Gazetilha – O Monumento da Independência". *Jornal do Commercio*, p. 4, 23 de março de 1920.

"Várias Notícias". *Jornal do Commercio*, p. 3, 31 de março de 1920, São Paulo.

A Capital – São Paulo

"Cousas do Centenário – As Maquetes". *A Capital*, p. 1, 4 de março de 1920.

"Cousas do Centenário – As Maquetes". *A Capital*, p. 1, 19 de março de 1920.

"Cousas do Centenário – As Maquetes". *A Capital*, p. 1, 20 de março de 1920.

"Cousas do Centenário – As Maquetes". *A Capital*, p. 1, 22 de março de 1920.

"Cousas do Centenário – As Maquetes". *A Capital*, p. 4, 23 de março de 1920.

"Cousas do Centenário – As Maquetes". *A Capital*, p. 1, 24 de março de 1920.

"Cousas do Centenário – As Maquetes". *A Capital*, p. 4, 25 de março de 1920.

"Cousas do Centenário – As Maquetes". *A Capital*, p. 4, 26 de março de 1920.

"Coisas do Centenário – As Maquetes". *A Capital*, p. 1, 30 de março de 1920.

A Platéa – São Paulo

"As Maquetes do Monumento". *A Platéa*, p. 6, 16 de março de 1920.

"As Maquetes do Monumento". *A Platéa*, p. 6, 23 de março de 1920.

"As Maquetes do Monumento". *A Platéa*, p. 6, 24 de março de 1920.

"As Maquetes do Monumento". *A Platéa*, p. 6, 25 de março de 1920.

A Gazeta – São Paulo

"Canalização do Ipiranga". *A Gazeta*, p. 6, 10 de março de 1921.

"Em torno do custo do Monumento do Ipiranga". *A Gazeta*, p. 1, 31 de março de 1922.

MAIA, Carlos da. "O Escultor Ettore Ximenes". *A Gazeta*, p. 1, 11 de julho de 1922.

_____. "O Escultor Ximenes". *A Gazeta*, p. 1, 12 de julho de 1922.

_____. "O Escultor Ximenes". *A Gazeta*, p. 1, 13 de julho de 1922.

_____. "Impressões de Arte". *A Gazeta*, p. 1, 27 de junho de 1922.

_____. "O Escultor Ximenes". *A Gazeta*, p. 1, 30 de outubro de 1922.

O Combate – São Paulo

O Combate, p. 3, 30 de março de 1920.

"O Monumento da Independência – Julgamento das Maquetes". *O Combate*, p. 1, 31 de março de 1920.

"O 'Grillo' Ximenes. Quem Foi Roubado: Nós ou a Bélgica? Será possível?" *O Combate*, p. 1, 27 de agosto de 1920.

"O 'Grillo' Ximenes. Será Mesmo Enganos dos Jornais? O Silêncio do Comendador". *O Combate*, p. 1, 30 de agosto de 1920.

"Parque Francês". *O Combate*, p. 3, 26 de outubro de 1921.

O Combate, 5 de setembro de 1922.

O Combate, 6 de setembro de 1922.

"Monumento da Independência – O Escultor Ximenes Não Receberá os 2.600 Contos de Aumento", *O Combate*, p. 1, 7 de outubro de 1922.

Il Pasquino Coloniale

I Pasquino Coloniale, n. 638, p. 23, 20 jan. 1920.

"Il Centenario della Indipendenza Brasiliana". *Il Pasquino Coloniale*, p. 24, 9 set. 1922.

Fanfulla – São Paulo

"L'Arrivo dell'Amb. Azeredo a S. Paulo". *Fanfulla*, p. 4, 28 dicembre 1919.

"Il Monumento dell'Indipendenza – Il Bozzetto di Arnaldo Zocchi". *Fanfulla*, p. 3, 12 marzo 1920.

"Il Monumento dell'Indipendenza: Nicola Rollo". *Fanfulla*, p. 3, 13 marzo 1920.

"Il Monumento dell'Indipendenza: Il Bozzetto di Etzel-Contratti". *Fanfulla*, p. 3, 14 marzo 1920.

"Il monumento dell'Indipendenza Brasiliana – Il Bozzetto di Luigi Brizzolara". *Fanfulla*, p. 3, 16 marzo 1920, São Paulo.

"Il Monumento dell'Indipendenza Brasiliana – Il Bozzetto dello Scultore Macchiavello". *Fanfulla*, p. 3, 17 marzo 1920.

"Il Monumento dell'Indipendenza Brasiliana – Ettore Ximenes". *Fanfulla*, p. 3, 21 marzo 1920.

Fanfulla, p. 4, 31 marzo 1920.

Fanfulla, p. 3, 10 aprile 1921.

Fanfulla, pp. 3 e 4, 25 ottobre 1921.

Vida Moderna – São Paulo

GARÔA, João. "Cem Anos de Independência". *Vida Moderna*, pp. 6 e 7, 6 de setembro de 1922.

_____. "O Centenário". *Vida Moderna*, p. 7, 22 set. 1922.

Revista do Brasil – São Paulo

PINTO, Adolpho. "O Centenário da Independência". *Revista do Brasil*, ano 1, vol. 1, pp. 12-13, jan.-abr., 1916.

A Revista do Brasil, vol. 11, 1919.

Revista do IHGSP

Revista do Instituto Histórico e Geográfico de São Paulo, vol. XVI, 1911.

O País – Rio de Janeiro

"Notícia dos Estados – S. Paulo". *O País*, p. 5, 22 de janeiro de 1920.

"Notícia dos Estados – S. Paulo". *O País*, p. 2, 9 de março de 1920.

Fontes consultadas

"Notícia dos Estados – S. Paulo". *O Paíz*, p. 2, 15 de março de 1920.

"Monumento da Independência". *O Paíz*, p. 4, 31 de março de 1920.

O Paíz, p. 3, 9 de setembro de 1922.

A Imprensa – Rio de Janeiro

A Imprensa, 7 de setembro de 1922.

Gazeta de Notícias – Rio de Janeiro

"Senador Lauro Muller em S. Paulo". *Gazeta de Notícias*, p. 3, 15 de março de 1920.

"O Monumento da Independência em S. Paulo". *Gazeta de Notícias*, p. 5, 31 de março de 1920.

Correio da Manhã – Rio de Janeiro

"*Monumento à Independência* – O Julgamento das Maquetes em S. Paulo". *Correio da Manhã*, p. 4, 31 de março de 1920.

LOBATO, Monteiro. "O Grillo Ximenes". *Correio da Manhã*, 4 de abril de 1920, p. 2.

Correio da Manhã, p. 2, 28 de agosto de 1920.

"O Monumento da Independência em S. Paulo". *Correio da Manhã*, p. 3, 6 de setembro de 1920.

"A 'Facada' do sr. Ximenes". *Correio da Manhã*, p. 2, 28 de julho de 1922.

O Jornal – Rio de Janeiro

"O Monumento da Independência – O Projeto de Roberto Etzel". *O Jornal*, p. 3, 1 de fevereiro de 1920.

A Rua – Rio de Janeiro

"O Monumento da Independência – O Projeto do Escultor Bibiano Silva". *A Rua*, p. 1, 20 de janeiro de 1920.

A Rua, p. 3, 30 de março de 1920.

"Monumentos por Atacado". *A Rua*, p. 1, 30 de agosto de 1920.

"Monumentos por Atacado. O Escândalo do Monumento do Centenário em S. Paulo. O Escultor Ettore Ximenes Faz o Mesmo Trabalho para o Brasil e para a Bélgica". *A Rua*, p. 1, 30 de agosto de 1920.

A Rua, p. 3, 10 de março de 1922.

Jornal do Brasil – Rio de Janeiro

"Cavalcanti de Albuquerque. Ecos de S. Paulo – Monumento da Independência". *Jornal do Brasil*, p. 6, 13 de março de 1920.

"As Comemorações em S. Paulo". *Jornal do Brasil*, p. 8, 9 de setembro de 1922.

A União – Rio de Janeiro

"Dos Estados". *A União*, p. 2, 4 de abril de 1920.

O Malho – Rio de Janeiro

"Ercole Cremona (Pseudônimo de Adalberto Pinto de Mattos)". Bellas Artes: Independências... *O Malho*, p. 30, 25 de março de 1922.

"Monumento da Independência em S. Paulo". O Malho. anno XIX, n. 896, p. 27, 15 de novembro de 1919.

"O Programa Oficial das Festas Centenárias". *O Malho*, p. 12, 7 de setembro de 1922.

Fon Fon – Rio de Janeiro

"O Projeto Norte-americano ao Monumento do Centenário". *Fon Fon*, ano XIII, n. 40, p. 29, 4 de outubro de 1919.

"Monumento da Independência". *Fon Fon*. ano XIII, n. 38, p. 39, 20 de setembro de 1919.

Illustração Brasileira – Rio de Janeiro

ANDRADE. Mário de, "De São Paulo". *Illustração Brasileira*, novembro de 1920.

"Comemorações do Centenário". *Illustração Brasileira*, p. 176, 7 de setembro de 1922.

Revista da Semana – Rio de Janeiro

"A Pedra Comemorativa da Independência". *Revista da Semana*, p. 4, 16 de setembro de 1922.

A Época – Rio de Janeiro

"Projeto de um Monumento da Independência". *A Época*, p. 3, 31 de maio de 1919.

Jornal do Recife

"Telegramas", Jornal do Recife, p. 2, 1 de abril de 1920.
JUDEU, Paulo [Osvaldo Almeida]. "O Movimento para o Centenário da Independência". *Jornal do Recife*, p. 3, 8 de abril de 1920.

L'Illustrazione Italiana – Milano

L'Illustrazione italiana, p. 118, 25 febbraio 1883.
L'Illustrazione italiana, pp. 295, 296, 297, 9 novembre 1884.
L'Illustrazione italiana, p. 7, 4 gennaio 1885.
L'Illustrazione italiana, p. 123, 23 agosto 1885.
L'Illustrazione italiana, pp. 152, 153, 160, 6 settembre 1885.
L'Illustrazione italiana, p. 331, 8 maggio 1887.
L'Illustrazione italiana, p. 320, 4 novembre 1888.
L'Illustrazione italiana, pp. 338, 339, 341, 11 novembre 1888.
L'Illustrazione italiana, pp. 355, 361, 18 novembre 1888.
L'Illustrazione italiana, p. 390, 2 dicembre 1888.
L'Illustrazione italiana, 15 giugno 1890.
"Noterelle". *L'Illustrazione italiana*, p. 323, 24 maggio 1891.
L'Illustrazione italiana, p. 110, 16 agosto 1891.
L'Illustrazione italiana, p. 174, 12 marzo 1893.
L'Illustrazione italiana, p. 207, 1 aprile 1894.
L'Illustrazione italiana, p. 297, 12 maggio 1895.
L'Illustrazione italiana, capa, pp. 275, 278, 280, 281, 3 Novembre 1895.
L'Illustrazione italiana, capa, pp. 290, 296, 297, 303, 10 Novembre 1895.

L'Illustrazione italiana, p. 150, 28 agosto 1898.

L'Illustrazione italiana, p. 362, 17 novembre 1898.

L'Illustrazione italiana, p. 473, 31 dicembre 1899.

L'Illustrazione italiana, p. 195, 17 marzo 1901.

L'Illustrazione italiana, p. 283, 3 ottobre 1901.

"Il Re in Visita agli Studii di ter Artisti". *L'illustrazione Italiana*, p. 14, 2 luglio 1905.

"Le Feste di Scienze e d'Arte a Parma". *L'Illustrazione Italiana*, p. 337, 6 ottobre, 1907.

"Per un Monumento ad Alessandro II a Kiew". *L'Illustrazione Italiana*, p. 583, 12 giugno 1910.

L'Illustrazione Italiana, p. 289, 17 settembre 1910.

"Parma: L'Inaugurazione del Monumento a Giuseppe Verdi". *L'Illustrazione Italiana*, p. 238, 29 febbraio 1920.

L'Illustrazione Italiana, p. 750, 27 luglio 1920.

"L'Esposizione Internazionale di Rio de Janeiro", *L'Illustrazione Italiana*, anno 1, no 1, pp. 24 e 25, 7 gennaio 1923.

"Il Padiglione Italiano all'Esposizione di Rio de Janeiro". *L'illustrazione Italiana*, anno 1, no 2, pp. 51, 52 e 53, 14 gennaio 1923.

L'Illustrazione Coloniale – Milano

"Nel Centenario dell'Indipendenza Brasiliana". *L'Illustrazione coloniale*, anno IV, no 11, pp. 1-3, 1 novembre 1922.

"Le Colonie Italiane del Brasile e le Feste per l'Indipendenza Brasiliana". *L'Illustrazione Coloniale*, anno IV, n. 12, p. 1, dicembre 1922.

"All'Esposizione Internazionale di Rio de Janeiro". *L'Illustrazione Coloniale*. anno V, n. 3, pp. 95-96, 1 Marzo 1923.

La Domenica del Corriere – Milano

La Domenica del Corriere, Anno L, no 29, p. 4, 23 luglio 1899.

"L'Esposizione di Rio de Janeiro". *La Domenica del Corriere*, anno XXIII, n. 46, p. 8, 12-19 novembre 1922.

"L'Esposizione di Rio de Janeiro". *La Domenica del Corriere*, anno XXV, n. 42, p. 8, 21 Ottobre 1922.

Fontes consultadas

Natura ed Arte – Milano/Roma

ZERBI, Giacomo de. "Arte e Artisti". *Natura ed Arte*, p. 888, 1 maggio 1898.

CHIRTANI. "Il Monumento a Garibaldi in Milano". *Natura ed Arte*, p. 60, 1 dicembre 1895-96.

Il Messaggero – Roma

Il Messaggero, p. 3, 2 aprile 1920.

L'Artista Moderno – Torino

L'Artista Moderno, p. 319, 25 novembre 1917.

"Concorsi". *L'Artista Moderno*, Anno XVI, n. 22, p. 319, 25 novembre 1917.

"Concorsi". *L'Artista Moderno*, Anno XVI, n. 23, p. 336, 10 dicembre 1917.

"Concorsi". *L'Artista Moderno*, Anno XVI, n. 24, p. 352, 25 dicembre 1917.

"Concorsi". *L'Artista Moderno*, Anno XVII, n. 9, p. 142, 10 maggio 1918.

"Concorso Internazionale per un Monumento al Brasile". *La Stampa*, p. 2, 4 novembre 1917.

L'artista Moderno, Anno XX, n. 1-2, p. 29, gennaio 1921.

Periódicos Espanhóis – Madrid

"Concurso de Monumentos". *El Imparcial*, p. 3, 28 de diciembre de 1917.

"Concurso de Monumentos". *El imparcial*, p. 4, 29 de diciembre de 1917.

La Construcción Moderna, p. 12, 30 enero 1918.

"Concurso de Monumentos". *El Imparcial*, p. 4, 29 de diciembre de 1917.

"La 'Gaceta' de Ayer". *La Nación*, p. 7, 19 de diciembre de 1918.

"*La 'Gaceta'*. El Siglo Futuro", p. 4, 18 de octubre de 1918.

Instrucción Pública. La Correspondencia de España, p. 4, 31 de enero de 1918.

La Gaceta de Instrucción Pública. Revista General de Ensenanza y Belas Artes, p. 6, 1 de noviembre de 1918.

La "Gaceta". El Sol, p. 7, 15 octubre 1918.

"Crónica e Información". *La Construcción Moderna*, Año XVI, n. 2, p. 12, 30 enero 1918.

"El Grito de Ipiranga". *El Figaro*, p. 4, 21 abril 1919.

"Concurso Artístico". *El Día*, p. 8, 21 de abril 1919.

Diario Espanhol, p. 7, 12 de março de 1922.

"Inauguración de la Exposición Universal", *La Correspondencia de España*, p. 7, 9 de septiembre de 1922.

"El Brasil y la Exposición de Rio de Janeiro". *Alrededor del Mundo*, p. 14, 30 de septiembre de 1922.

"La Independencia del Brasil". *El Globo*, p. 2, 12 septiembre 1922.

Periódicos Franceses – Paris

"Amérique Latine". *Le Figaro*, p. 2, 8 mars 1919.

"Les Arts". *L'intransigeant*, p. 2, 24 juin 1919.

"Concours Publics: Monument Brésilien". *L'architecture – Journal Bi-mensuel de la Societé Centrale des Architects*, n. 6, p. 138, 1919.

La Presse, p. 4, 1 janvier 1927.

"L'Exposition de Rio-de-Janeiro". *L'Illustration*, p. 239, 16 septembre 1922.

Periódicos Argentinos – Buenos Aires

"Exposición Internacional del Centenario en Rio de Janeiro". *Caras y Caretas*, n. 1249, pp. 65 e 70, setembro de 1922.

"Mausoleo á Belgrano". *La Illustración Sud-Americana*, ano VI, n. 136, p. 316, 16 de agosto de 1898.

The Sun – Nova York

"Monument to Commemorate the Independence of Brazil". *The Sun*, p. 11, March 24, 1919.

"Monument to Commemorate the Independence of Brazil". *The Sun*, p. 11, March 31, 1919.

"Monument to Commemorate the Independence of Brazil". *The Sun*, p. 12, April 7, 1919.

The Graphic – Londres

"The Centenary of the Brazilian State". *The Graphic*, p. 296, August 26, 1922.

Il Progresso Italo-americano – Nova York

"Ettore Ximenes Parte". Il *Progresso Italo-Americano*, p. 2, 2 aprile 1910.

"Ximenes ha Finito il Bozzetto del Monumento a Dante per Nuova York". *Il Progresso Italo-Americano*, p. 1, 18 settembre 1910.

Il progresso Italo-Americano, p. 1, 25 giugno 1911.

Il progresso Italo-Americano, p. 1, 23 luglio 1911.

Il Progresso Italo-Americano, p. 2, 17 settembre 1911.

Il Progresso Italo-Americano, p. 1, 21 settembre 1912.

Arquivo histórico de São Paulo

Álbum Monumentos para o Centenário. Arquivo Histórico de São Paulo.

Memoriais descritivo.

Arquivo do Estado

Monumento do Ipiranga, C06016. Arquivo do Estado de São Paulo.

Monumento do Ipiranga, C06017. Arquivo do Estado de São Paulo.

Secretaria do Interior.

Secretaria de Agricultura e Obras Públicas.

Museu Paulista

Correspondências (1917-1926).

Relatórios Anuais do Museu Paulista (1917-1926).

Diários de Taunay.

Dossiê Monumento do Ipiranga.

Acervo Iconográfico.

Câmara municipal de São Paulo

Anais da Câmara da Cidade de São Paulo, Sessão de 05 de Agosto de 1875.

Anais da Câmara Municipal de São Paulo, Sessão de 18 de julho de 1908, p. 207.

Anais da Câmara Municipal de São Paulo. Sessão de 12 de setembro de 1908.

Anais da Câmara Municipal de São Paulo, Sessão de 17 de dezembro de 1910.

Anais da Câmara Municipal de São Paulo, Sessão de 28 de abril de 1911.

Anais da Câmara Municipal de São Paulo, Sessão de 23 de junho de 1911.

Anais da Câmara Municipal de São Paulo, 20 de setembro de 1912, p. 372.

Anais da Câmara Municipal de São Paulo, Sessão de 20 de setembro de 1913.

Lei 1.124 de 12 de Setembro de 1912.

Referências bibliográficas

ABREU, Alzira. *Dicionário Histórico-Biográfico da Primeira República (1889-1930)*. Rio de Janeiro, Editora FGV, 2015.

ABREU, Regina. *A Fabricação do Imortal: Memória, História e Estratégias de Consagração no Brasil*. Rio de Janeiro, Lapa/Rocco, 1996.

AGULHON, Maurice. *Histoire Vagabonde*. Paris, Gallimard, 1988.

_____. *Marianne au Pouvoir – L'Imagerie et la Symbolique Républicaines de 1880 a 1914*. Paris, Flammarion, 1989.

ALMEIDA, Anamaria Rego de. "Uma Exposição Internacional no Rio de Janeiro". *Anais do Museu Histórinco Nacional*, vol. XXXIV, pp. 372-385, 2002, Rio de Janeiro.

ALMEIDA, Marcelina das Graças de. "A Morte dos Grandes – Status e Poder Simbólico, Interpretando a Construção Funerária em Honra a Raul Soares". *Anais do XV Encontro Regional de História da Anpuh*. Rio de Janeiro, 2012. Disponível em: <http://www.encontro2012.rj.anpuh.org/resources/anais/15/1338142824_ARQUIVO_AmortedosgrandesMarcelinaAlmeida.pdf>. Acesso em janeiro 2017.

ALVES, Ana Maria de Alencar. *Um Museu Científico na História de São Paulo: O Museu do Ipiranga*. FFLCH-USP, 1998 (Dissertação de Mestrado em História Social).

AMARAL, Aracy. *Artes Plásticas na Semana de 22*. São Paulo, Editora 34, 1998.

ANDERSON, Benedict. *Comunidades Imaginadas*. São Paulo, Companhia das Letras, 2007.

ANDRADE, Fabrício. *Ettore Ximenes: Monumentos e Encomendas (1855-1926)*. IEB-USP, 2016 (Dissertação de Mestrado).

ARGAN, Giulio Carlo. *A Cidade como Monumento. História da Arte Italiana*. São Paulo, Cosac & Naify, 2003.

ARGAN, Giulio Carlo. *História da Arte como História da Cidade*. São Paulo, Martins Fontes, 2005.

ARRUDA, Maria Arminda do Nascimento. *Metrópole e Cultura: São Paulo no Meio do Século XX*. Bauru, SP, Edusc, 2001.

ASSIS, Célia & MORAIS, Frederico. *Monumentos Urbanos: Obras de Arte na Cidade do Rio de Janeiro*. São Paulo, Prêmio Editorial, 1999.

BACZKO, Bronislaw. "Imaginação Social". *In:* ROMANO. Ruggiero (org.). *Enciclopédia Einaudi*. Vol. 5: *Anthropos-Homem*. Lisboa, Imprensa Nacional/Casa da Moeda, 1985, pp. 296-332.

BARBARO, Paolo. "*Il Gesso e la Creta". Studio Vasari Roma, L'Atelier Ximenes*. Parma, CSAC dell'Università di Parma, 1994.

BARBIERI, Sergio. "El Monumento a Sarmiento Realizado por Rodin". *Miscelânea*, n. 103, 2004, Cordoba.

BARDI, Pietro Maria. *Em Torno da Escultura no Brasil*. São Paulo, Banco Sudameris Brasil, 1989.

BARRICELLI, Anna. "Ettore Ximenes, Una Vita per la Scultura". *Kálos Arte in Sicilia*, edição monográfica de mestres sicilianos, ano 7, n. 2, mar-abr. 1995, Palermo.

BATISTA, Marta Rossetti. *Bandeiras de Brecheret: História de um Monumento (1920-1953)*. São Paulo, Departamento do Patrimônio Histórico, 1985.

BENEZIT, E. *Dictionnaire Critique et Documentaire des Peintres, Sculpteurs, Dessinateurs et Graveurs*. Saint-Ouen, Librairie Gründ, 1949.

BOCHICCHIO, Luca. "La Diffusione della Scultura Italiana in America tra Ottocento e Novecento: Metodologie per una Definizione Generale del Fenomeno". *L'Uomo Nero*, nova série, ano X, n. 1 0, dez. 2013.

_____. *La Scultura Italiana nelle Americhe fra '800 e '900. Studio di un Modello Generale di Diffusione in America Latina*. Università di Genova, 2011 (Tese de Doutorado).

_____. "Transported Art: 19th Century Italian Sculptures Across Continents and Cultures". *Material Culture Review*, vols. 74-75, Spring 2012.

Referências bibliográficas

BONASEGALE, Giovanna. *Catalogo Generale della Galleria Comunale D 'Arte Moderna e Contemporanea.* Roma, Edizione de Luca, 1995

BORGES, Maria Elizia. "Cemitério de La Recoleta: O Melancólico Prazer de Contemplá-lo". *XII Encontra Nacional da Associação Nacional de Pesquisadores em Artes Plásticas.* UnB, 2003.

BREFE, Ana Cláudia Fonseca & MOREL-DELEDALLE, Myriame. *O Monumento aos Andradas.* Santos, Fundação Arquivo e Memória de Santos, 2005.

BREFE, Ana Cláudia Fonseca. "História Nacional em São Paulo: O Museu Paulista em 1922". *Anais do Museu Paulista – História e Cultura Material*, n. 10 -11, pp. 79-104, 2002- 2003, São Paulo.

_____. *O Museu Paulista: Affonso de Taunay e a Memória Nacional (1917-1945).* Editora Unesp/Museu Paulista, 2005.

CAMARGOS, Marcia. *Villa Kyrial: Crônica da Belle Époque Paulistana.* São Paulo, Editora Senac, 2001.

CAPELATO, Maria Helena & PRADO, Maria Lígia. *O Bravo Matutino. Imprensa e Ideologia no Jornal "O Estado de S. Paulo".* São Paulo, Alfa-Ômega, 1980.

CARNEIRO, Maria Luiza Tucci & KOSSOY, Boris. *A Imprensa Confiscada pelo Deops, 1924-1954.* Cotia/São Paulo, Ateliê Editorial/Imprensa Oficial/Arquivo do Estado, 2003.

CARVALHO, José Murilo de. *A Formação das Almas. O Imaginário da República no Brasil.* São Paulo, Companhia das Letras, 1990.

CARVALHO, Paula Carolina de Andrade. "O Museu Sertório: Uma Coleção Particular em São Paulo no Final do Século XIX (Primeiro Acervo do Museu Paulista)". *Anais do Museu Paulista*, vol. 22, n. 2, pp. 105-152, dez. 2014, São Paulo. Disponível em: <http://doi.org/10.1590/S0101-47142014000200005> . Acesso em dez. 2022.

CASSESE, Giovanna (curadoria). *Accademie/ Patrimoni di Belle Arti.* Roma, Gangemi, 2013.

CASTRO, Ana Claudia Veiga de. *A São Paulo de Menotti del Picchia: Arquitetura, Arte e Cidade nas Crônicas de um Modernista.* São Paulo, Alameda, 2008.

CASTRO, Ana Claudia & SILVA, Joana Mello de Carvalho. "Inventar o Passado, Construir o Futuro: São Paulo entre Nacionalismos e Cosmopolitismos nas Primeiras Décadas do Século 20". *Revista Pós*, vol. 21, n. 36, pp. 24-53, dez. 2014, São Paulo. Disponível em: < http://www.revistas.usp.br/posfau/article/view/90242>. Acesso em dez. 2022.

CECCHINI, Francesca Coiro. *Ville Villini nella Roma della Belle Époque*. Roma, Edilazio, 2010.

CENNI, Franco. *Italianos no Brasil*, São Paulo, Edusp, 2003.

CHARTIER, Roger. *A História Cultural: Entre Práticas e Representações*. Lisboa, Difel, 1990.

_____. "O Mundo como Representação". *Estudos Avançados*, vol. 5, n. 11, pp. 173-191, 1991, São Paulo.

CHIARELLI, Tadeu. "Anotações sobre Arte e História no Museu Paulista". *In*: FABRIS, Annateresa (org.). *Arte & Política: Algumas Possibilidades de Leitura*. Belo Horizonte/São Paulo, C/Arte/Fapesp, 1998, pp. 21-46.

_____. *Um Jeca nos Vernissages: Monteiro Lobato e o Desejo de uma Arte Nacional no Brasil (1850-1919)*. ECA-USP, 1989 (Dissertação de Mestrado).

_____. "Rodolfo Bernardelli". *Skultura*, n. 31, pp. 3-5, jun.-set. 1990.

CHILLÓN, Alberto. "Anseios da Eternidade: O Uso do Mármore no Brasil Imperial". *Arte & Ensaios*, n. 30, pp. 92-101, dez. 2015, Rio de Janeiro.

CHRISTO, Maraliz de C. V. "Desbravadores do Brasil Colônia: Disputas Iconográficas". *Revista Caiana*, n. 3, dez. 2013, Buenos Aires.

_____. "Bandeirantes na Contramão da História: Um Estudo Iconográfico". Projeto História, vol. 24, pp. 313-314, jun. 2002.

CINTRA, Marcelo. *A Imprensa Imigrante*: Trajetória da Imprensa das Comunidades Imigrantes em São Paulo. São Paulo, Memorial do Imigrante/ Imprensa Oficial, 2010.

COLI, Jorge. *Como Estudar a Arte Brasileira do Século XIX?* São Paulo, Editora Senac, 2005.

COMISSÃO de Patrimônio Cultural. *Obras Escultóricas em Espaços Externos da USP*. São Paulo, Edusp, 1997.

COSTA, Júlia Furia. "O 'Culto da Saudade' nas Comemorações do Centenário da Independência do Brasil: A Criação do Museu Histórico Nacional, 1922". *Em Tempo de História*, n. 18, pp. 46-64, jan.-jul. 2011, Brasília.

CRESTI, Carlo. *Architetture e Statue per Gli Eroi – L'Italia dei Monumenti ai Caduti*. Florença, Angelo Pontecorboli, 2006.

CRISTOLFI, Renato Brancaglione. *O Orientalismo Arquitetônico em São Paulo – 1895-1937*. FAU-USP, 2016 (Dissertação de Mestrado).

CRUZ, Heloísa de Faria (org.). *São Paulo em Revista: Catálogo de Publicações da Imprensa Cultural e de Variedade Paulistana 1870-1930*. São Paulo, Arquivo do Estado, 1997.

_____. *São Paulo em Papel e Tinta: Periodismo e Vida Urbana 1890-1915*. São Paulo, Arquivo do Estado, 2013.

DICIONÁRIO FGV CPDOC. Disponível em: <http://www.fgv.br/cpdoc/acervo/dicionarios/verbete-tematico/plateia-a>. Acesso em jan. 2023.

D'ELBOUX, Roseli Maria Martins. *Joseph-Antoine Bouvard no Brasil. Os Melhoramentos de São Paulo e a Criação da Companhia City: Ações Interligadas*. FAU-USP, 2015 (Tese de Doutorado).

DIMITROV, Eduardo. *Regional como Opção, Regional como Prisão: Trajetórias Artísticas no Modernismo Pernambucano*. FFLCH-USP, 2013 (Tese de Doutorado).

DOBERSTEIN, Arnoldo Walter. *Estatuários, Catolicismo e Gauchismo*. Porto Alegre, Edipucrs, 2002.

ELKIN, Noah Charles. 1922, "O Encontro do Efêmero com a Permanência: As Exposições (Inter)nacionais, os Museus e a Origem do Museu Histórico Nacional". *Anais do Museu Histórico Nacional*, vol. XXIX, pp. 121-140, 1997, Rio de Janeiro.

ENCICLOPÉDIA *Itaú Cultural*. Disponível em: <http://enciclopedia.itaucultural.org.br/>. Acesso em dez. 2022.

ENCICLOPÉDIA *Trecanni, la Cultura Italiana*. Disponível em: <http://www.treccani.it/> . Acesso em dez. 2022.

ENDERS, Armelle. "Les Lieux de Mémoire, Dez Anos Depois" . *Estudos Históricos*, vol. 6, n. 11, pp. 132-137, 1993, Rio de Janeiro.

_____. "O Plutarco Brasileiro. A Produção dos Vultos Nacionais no Segundo Reinado". *Estudos Históricos*, vol. 14, n. 25, pp. 41-62, jul. 2000, Rio de Janeiro. Disponível em: <http://bibliotecadigital.fgv.br/ojs/index.php/reh/article/view/2114>. Acesso em dez. 2022.

ESCOBAR, Miriam. *Centenário da Independência: Monumento Cívico e Narrativa*, São Paulo, FAU-USP, 2005 (Tese de Doutorado).

_____. *Esculturas no Espaço Público em São Paulo*. São Paulo, Vega, 1998.

FABRIS, Annateresa (org.). *Monumento a Ramos de Azevedo: Do Concurso ao Exílio*. Campinas, Mercado de Letras, 1997.

FERGONZI, Flavio. *Dalla Monumentomania alla Scultura Monumentale. In*: FERGONZI, Flavio & ROBERTO, Maria Teresa (org.). *La Scultura Monumentale Neglianni del Fascismo*. Torino, Fondazione Guido et Ettore de Fornaris/ Umberto Allemandi, 1992.

FERREIRA, Antonio Celso. *A Epopéia Bandeirante: Letrados, Instituições, Invenção Histórica (1870-1940)*. São Paulo, Editora Unesp, 2002.

FICHER, Sylvia. *Os Arquitetos da Poli: Ensino e Profissão em São Paulo.* São Paulo, Fapesp/ Edusp, 2005, pp. 87-88.

FLERES, Ugo. *Ettore Ximenes: Sua Vita e Sue Opere.* Bergamo, Istituto Italiano D'Arte Grafiche, 1928.

GARCIA, Ana Maria Fernandez. *Arte y Emigración. La Pintura Española em Buenos Aires (1880-1930).* Oviedo, Universidade de Oviedo/Universidad de Buenos Aires, 1997.

GIOVANETTI, Bruno. *Artistas Italianos nas Praças de São Paulo.* São Paulo, Empresa das Artes, 1993.

HERKENHOFF, Paulo. *Arte Brasileira na Coleção Fadel: Da Inquietação do Moderno à Autonomia da Linguagem.* Rio de Janeiro, Andrea Jakobsson Estúdio, 2002.

HOBSBAWM, Eric. "A Produção em massa de tradições: Europa 1870 a 1914". *In:* HOBSBAWM, Eric & RANGER, Terence (orgs.). *A Invenção das Tradições.* 10. ed. São Paulo, Paz e Terra, 2015.

KLEIN, Herbert. "A Integração dos Imigrantes Italianos no Brasil, na Argentina e Estados Unidos". *Novos Estudos Cebrap,* n. 25, pp. 95-117, out. 1989.

KNAUSS, Paulo. "Do Academicismo ao Arte Déco: Arquitetura e Escultura Pública no Rio de Janeiro". *Revista do Instituto Histórico e Geográfico Brasileiro,* ano 170, n. 444, p. 386, jul.-set. 2009.

KNAUSS, Paulo (coord.). *Cidade Vaidosa: Imagens Urbanas do Rio de Janeiro.* Rio de Janeiro, Sette Letras, 1999.

_____. "A Festa da Imagem: A Afirmação da Escultura Pública no Brasil do Século XIX". *19&20,* vol. V, n. 4, out.- dez. 2010, Rio de Janeiro. Disponível em: <http://www.dezenovevinte.net/obras/pknauss.htm>. Acesso em 20 de nov. 2016.

KOCH, Alex. *Academy Architecture and Architectural Review.* London, Academy Architecture, 1910.

KRAAY, Hendrik. "Between Brazil and Bahia: Celebrating Dois de Julho in Nineteenth-Century Salvador". *Journal of Latin American Studies,* vol. 31, pp. 255-286, 1999.

KUNIGK, Maria Cecília. *Nicola Rollo (1889-1970): Um Escultor na Modernidade Brasileira.* ECA-USP, 2001 (Dissertação de Mestrado).

LANFRANCONI, Matteo. *Galleria Nazionale D'arte Moderna. Le Collezioni. Il XIX Secolo.* Roma, Electa, 2006.

LE GOFF, Jacques. "Documento/Monumento". *História e Memória.* 4. ed. São Paulo, Editora Unicamp, 1996.

LEITE, José Teixeira. *Dicionário Crítico da Pintura no Brasil*. Rio de Janeiro, Artlivre, 1988.

LEME, Luiz Gonzaga da Silva. *Genealogia Paulistana*. São Paulo, Duprat, 1904-1905, vol. IV.

LESSER, Jeff. *A Negociação da Identidade Nacional: Imigrantes, Minorias e a Luta pela Etnicidade no Brasil*. São Paulo, Edusp, 2001.

LIMA JR., Carlos Rogério. *Um Artista às Margens do Ipiranga: Oscar Pereira da Silva, o Museu Paulista e a Reelaboração do Passado Nacional*. IEB- USP, 2015 (Dissertação de Mestrado).

LOBO, Manuel da Costa & SIMÕES JR., José Geraldo (org.). *Urbanismo de Colina: Uma Tradição Luso-Brasileira*. São Paulo, Universidade Presbiteriana Mackenzie/Mackpesquisa/IST Press, 2012.

LOPES, Fanny Tamisa. *Cenografia e Paisagem Urbana: Um Estudo de Caso da Cidade de São Paulo*. São Paulo, Unicamp, 2012 (Dissertação de Mestrado).

LOPEZ, Telê Ancona. "Mário de Andrade e Brecheret nos Primórdios do Modernismo". *Revista USP*, n. 94, jun-ago. 2012.

LOURENÇO, Maria Cecília F. (org.). *Bens Imóveis Tombados ou em Processo de Tombamento da USP*. São Paulo, Edusp/Imprensa Oficial, 1999.

MAKINO, Miyoko. "Ornamentação do Museu Paulista para o Primeiro Centenário: Construção de Identidade Nacional na Década de 1920". *Anais do Museu Paulista – História e Cultura Material*, n. 10-11, pp. 167-195, 2002 -2003, São Paulo.

MARINS, Paulo César Garcez. "Habitação e Vizinhança: Limites da Privacidade no Surgimento das Metrópoles Brasileira". *In:* SEVCENKO, Nicolau (org.). *História da Vida Privada no Brasil*, vol. 3: *República – da Belle Époque à Era do Rádio*. São Paulo, Companhia das Letras, 1998.

_____. "O Parque do Ibirapuera e a Construção da Identidade Paulista". *Anais do Museu Paulista: História e Cultura Material*, vol. 6 -7, pp. 9-36, 1998-1999 (editado em 2003), São Paulo. Disponível em: <http://www.scielo.br/pdf/anaismp/v6-7n1/02.pdf>. Acesso em dez. 2022.

MARTINS, Ana Luiza. *Revistas em Revista: Imprensa e Práticas Culturais em Tempos de República, São Paulo (1890-1922)*. São Paulo, Edusp/Fapesp/Imprensa Oficial, 2001.

MATTOS, Claudia Valladão de. "Da Palavra à Imagem: Sobre o Programa Decorativo de Affonso Taunay para o Museu Paulista". *Anais do Museu Paulista*, vol. 6-7, n. 1, pp. 123-145, 1999, São Paulo.

MENESES, Ulpiano T. Bezerra de (org.). *Às Margens do Ipiranga: 1890-1990*. São Paulo, Museu Paulista – USP, 1990.

_____. *Como Explorar um Museu Histórico*. São Paulo, Museu Paulista-USP, 1992.

_____. "Fontes Visuais, Cultura Visual, História Visual. Balanço Provisório, Propostas Cautelares". *Revista Brasileira de História*, vol. 23, n. 45, pp. 11-36, 2003, São Paulo.

_____. "Museu Paulista". *Estudos Avançados*, vol. 8, n. 22, pp. 573-578, 1994. Disponível em <http://www.scielo.br/scielo.php?script=sci_arttext&pid=S0103-40141994000300084&lng=en&nrm=iso>. Acesso em dez. 2022.

MICELI, Sergio. *Intelectuais e Classes Dirigentes no Brasil (1920-1945)*. São Paulo, Difel, 1979.

_____. *Nacional Estrangeiro: História Social e Cultural do Modernismo Artístico em São Paulo*. São Paulo, Companhia da Letras, 2003.

MOLINA, Fabio Silveira. *Mega-Eventos e Produção do Espaço Urbano no Rio de Janeiro: Da "Paris dos Trópicos " à "Cidade Olímpica"*. FFLCH-USP, 2013 (Tese de Doutorado).

MONTEIRO, Michelli Cristine Scapol. "O Mausoléu a Belgrano, de Ettore Ximenes, e a Presença Artística Italiana na Argentina". *Revista de História del Arte y Cultura Visual del Centro Argentino e Investigadores de Arte Caiana*, n. 8, jan-jun. 2016, Buenos Aires. Disponível em: <http://caiana.caia.org.ar/template/caiana.php?pag=default.php>. Acesso em dez. 2022.

_____. "Mercado e Consagração: O Concurso Internacional do *Monumento à Independência do Brasil*", H-ART. *Revista de História, Teoría y Crítica de Arte*, n. 4, pp. 79-102, jan.-jun. 2019.

_____. "Affai d'America: il Monumento all'Independenza del Brasile di Ettore Ximenes". *Studi di Scultura: Etá Moderna e Contemporanea*, vol. 1, pp. 105-119, 2019.

_____. "A América como consagração: Esculturas de Ettore Ximenes em Nova York (1909-1921)". *Revista de História*, São Paulo, n. 178, a09617, 2019. Disponível em: <https://doi.org/10.11606/issn.2316-9141.rh.2019.141992>. Acesso em dez. 2022.

MOTTA, Marly Silva da. *A Nação Faz 100 anos: A Questão Nacional no Centenário da Independência*. Rio de Janeiro, Editora da Fundação Getúlio Vargas – CPDOC, 1992.

MUSEU de Arte de São Paulo. *Um Século de Escultura no Brasil*. São Paulo, MASP, 1982.

Referências bibliográficas

NASCIMENTO, Ana Paula. *Espaços e a Representação de uma Nova Cidade: São Paulo (1895-1929)*. Programa de Pós-Graduação em História e Fundamentos da Arquitetura e Urbanismo, FAU-USP, 2009 (Tese de Doutorado).

NERY, Pedro. *Arte, Pátria e Civilização: A Formação do Museu Paulista e da Pinacoteca do Estado de São Paulo, 1893-1912.* Interunidades em Museologia-USP, 2015 (Dissertação de Mestrado).

NORA, Pierre. "Entre Memória e História: A Problemática dos Lugares". *Revista Projeto História*, n. 10, 1993, São Paulo.

_____. & AGERON, Charles-Robert. *Les Lieux des Mémoires – La Nation.* Paris, Gallimard, 1982, vol. 1.

OLIVEIRA, Cecilia Helena de Salles. "Museu Paulista: Espaço de Evocação do Passado e Reflexão sobre a História". *Anais do Museu Paulista: História e Cultura Material*, vol. 10- 11, pp. 105-126, 2002-2003, São Paulo.

_____. *O "Espetáculo do Ypiranga": Mediações Entre História e Memória.* Museu Paulista-USP, 1999 (Tese de Livre-docência).

_____. "O Espetáculo do Ipiranga: Reflexões Preliminares Sobre o Imaginário da Independência". *Anais do Museu Paulista*, nova série, vol. 3, pp. 195-208, 1995, São Paulo. Disponível em: <http://doi.org/10.1590/S0101-47141995000100018>. Acesso em dez. 2022.

_____. "O Museu Paulista da USP e a Memória da Independência". *Caderno Cedes*, vol. 22, n. 58, pp. 65-80, dez. 2002, Campinas. Disponível em: <http://doi.org/10.1590/S0101-32622002000300005>. Acesso em dez. 2022.

_____. & MATTOS, Cláudia Valladão de (orgs.). *O Brado do Ipiranga.* São Paulo, Edusp/Museu Paulista, 1999.

OLIVEIRA, Renato Edson. *O Brasil Imaginado em José Francisco da Rocha Pombo.* Universidade Federal de Goiás, 2015 (Dissertação de Mestrado em História).

PICON, Antoine, "Racionalidade Técnica e Utopia: a Gênese da Hausamannização". *In*: SALGUEIRO, Heliana Angotti (org.). *Cidades Capitais do Século XIX: Racionalidade, Cosmopolitismo e Transferência de Modelos.* São Paulo, Edusp, 2001.

PIGALLO, Oscar. *História da Imprensa Paulista: Jornalismo e Poder de D. Pedro I a Dilma.* São Paulo, Três Estrelas, 2012.

PINHEIRO, Maria Lúcia Bressan. *Neocolonial, Modernismo e Preservação do Patrimônio no Debate Cultural dos Anos 1920 no Brasil.* São Paulo, Edusp, 2012.

PITTA, Fernanda Mendonça. *"Um Povo Pacato e Bucólico": Costume, História e Imaginário na Pintura de Almeida Júnior.* ECA-USP, 2013 (Tese de Doutorado).

PROST, Antoine. "Les Monuments aux Morts: Culte Républicain Culte Civique? Culte Patriotique?". *In*: NORA, Pierre & AGERON, Charles-Robert. *Les Lieux des Mémoires – La Nation.* Paris, Gallimard, 1982, vol. 1.

QUEIROZ, Adolfo. GONZALES, Lucilene (org.). *Sotaques Regionais da Propaganda.* São Paulo, Arte e Ciência Editora, 2006.

RIBEIRO, Josefina Eloina. *Escultores Italianos e a Sua Contribuição à Arte Tumular Paulista.* FFLCH-USP, 1999 (Tese de Doutorado).

RICCI, Magda. "Os Republicanos Revisitam o Regente: A História da Construção de um Monumento ao Regente Feijó na São Paulo de 1913". *Anais do XX Simpósio Nacional de História.* São Paulo, Humanitas – FFLCH-USP/ANPUH, 1999.

ROCHA POMBO, José Francisco da. *História do Brazil*, vol. VII, pp. 744-746

ROCHA, Ricardo de Souza. *Monumento no Brasil: Arquitetura, Autoridade e Modernidade.* FAU-USP, 2006 (Tese de Doutorado).

SAGREDO, Alberto Manodori (coord.). *La Corte di Cassazione: Le Opere d'Arte del Palazzo di Giustizia di Roma.* Roma, Gangemi, 2007.

SALGUEIRO, Valéria. *De Pedra e Bronze: Um Estudo Sobre Monumentos. O Monumento a Benjamin Constant.* Niterói, Eduff, 2008.

SANTA'ANA, Thais Rezende da Silva. *A Exposição Internacional do Centenário da Independência: Modernidade e Política no Rio de Janeiro do Início dos Anos 1920.* IFCH-Unicamp, 2008 (Dissertação de Mestrado).

SANTOS, Maria Célia Teixeira Moura. "O Papel dos Museus na Construção de ' Uma Identidade Nacional'" . *Anais do Museu Histórico Nacional*, vol. XXVIII, pp. 21-36, 1996, Rio de Janeiro.

SAVALIEV, Yuri (Юрий Савельев). *Power and Monument* (власть и монумент: Памятники державным правителям России и Европы *1881-1914).* São Petersburgo, Liki Rossii Editora (Лики России), 2011.

_____. " Il Monumento Pubblico Russo Agli Inizi del Novecento. Gli Scultori e Gli Incarichi Pubblici". *In:* MOZZONI, Loretta & SANTINI, Stefano. *Archiettura dell'Eclettismo. Il Rapporto tra l'Architettura e le Arti (1930-1960).* Napoli, Liguori Editore, 2009.

SAVORRA, Massimiliano. "La Monumentomania e i Concorsi Artistici nell'Italia Unita". *In:* MANGONE, F. & TAMPIERI, M. G. (orgs.), *Architettare l'Unità.*

Architettura e Istituzioni nelle Città della Nuova Italia, Catalogo della Mostra, pp. 335-347, 26 abr.-28 maio. 2011, Roma.

SBORGI, Franco. "Percorsi del Marmo in America Latina". *In:* BARRESFORD, Sandra. *Carrara e il Mercato della Scultura*. Milano, Frederico Motta Editore, 2007.

SEGAWA, Hugo. *Prelúdio da Metrópole: Arquitetura e Urbanismo em São Paulo na Passagem do Século XIX ao XX*. São Paulo, Ateliê Editorial, 2000.

_____. "São Paulo, Veios e Fluxos: 1872-1954". *In:* PORTA, Paulo. *História da Cidade de São Paulo*. Vol. 3: *A Cidade da Primeira Metade do Século XX*. São Paulo, Paz e Terra, 2004.

SEVCENKO, Nicolau. "Museu Paulista: História, Mito e Crítica". *In:* MENESES, Ulpiano Bezerra de (org.). *Às Margens do Ipiranga: 1890-1990*. São Paulo, Museu Paulista – USP, 1990.

SILVA, Joana Mello de C. *Ricardo Severo: da Arquiologia Portuguesa à Arquitetura Brasileira*. São Paulo, Amablume/Fapesp, 2007.

SIMIONI, Ana Paula Cavalcanti. "Modernismo Brasileiro: Entre a Consagração e a Contestação". *Perspective: Actualité en Histoire de L'art*, n. 2, pp. 1-17, 2013.

SODRÉ, Nelson Werneck. *História da Imprensa no Brasil*. São Paulo, Martins Fontes, 1983.

THIESSE, Anne-Marie. *La Création des Identités Nationales: Europe XVIIIᵉ-XXᵉ Siècle*. Paris, Editions du Seuil, 1999.

TRENTO, Angelo. *Do Outro Lado do Atlântico – Um Século de Imigração Italiana no Brasil*. São Paulo, Nobel, 1989.

UHLE, Ana Rita. *Da Casaca ao Pé da Estação: História do Monumento a Campos Sales*. Unicamp, 2006 (Dissertação de Mestrado).

_____. "Operários da Memória: Artistas Escultores do Início do Século XX e o Concurso do Monumento Glória Imortal aos Fundadores de São Paulo". *Anais do Museu Paulista*, vol. 23, n. 2, pp. 139-163, jul.-dez. 2015, São Paulo. Disponível em: <http://doi.org/10.1590/1982-02672015v23n0205>. Acesso em dez. 2022.

VILLA. Giovamai. "Scolpire Gli Eroi". *In:* BELTRAMI, Cristina; CARLO, Giovanni & VILLA, Frederico. *Scolpire Gli Eroi: La Scultura al Servizio della Memoria*. Cinisello Balsamo, Milano, Silvana, 2011.

VIANO, Francesca Lidia. *La Statua della Libertà: Una Storia Globale*. Roma, Editori Laterza, 2010.

WITTER, José Sebastião (ed.) & BARBUY, Heloisa (org.). *Museu Paulista, um Monumento no Ipiranga*. São Paulo, Fiesp/Ciesp/Sesi/Senai/IRS, 1997.

WOLF, Caroline Olivia M. "Innovación e Inmigración em el Centenário Brasileño: El Monumento Amizade Sírio Libanesa como Expresión Moderna de Identidade Transnacional". *Primer Congreso Iberoamericano de Historia Urbana, Ciudades en el Tiempo: Infraestructuras, Territorios, Patrimonio*. Santiago, Chile, 23-25 nov. 2016. Disponível em: <http://media.wix.com/ugd/ea4362_3fe-99cb8c2cf45929fa4da421b621b80.pdf>. Acesso em dez. 2022.

YORICK [Pietro Coccoluto Ferrigni]. *In:* DE GUBERNATIS, Angelo. *Dizionario Degli Artisti Italiani Viventi. Pittori, Scultori e Architetti*. Firenze, Successori Le Monnier, 1906, pp. 556-557.

Agradecimentos

Este livro é resultado da minha tese de doutorado defendida em 2017. Para que ela se concretizasse, foi imprescindível a orientação impecável do Professor Paulo César Garcez Marins, a quem devo agradecimento especial. Exemplo de historiador competente e de professor dedicado, agradeço as correções rigorosas e bem-humoradas, o entusiasmo de cada nova descoberta e a grande confiança depositada em mim. Mais que um mentor, tornou-se um grande amigo.

Todos os professores que me acompanharam foram fundamentais. Ana Lanna, Gabriela Pellegrino Soares, Tadeu Chiarelli e Paulo Knauss por terem participado da minha banca e aprimorado este trabalho com sugestões assertivas e inteligentes. Sou muito grata a Ana Paula Simioni, Ana Magalhães, Annateresa Fabris, Cecília Helena Salles de Oliveira e João Paulo Pimenta. E também às professoras italianas Barbara Cinelli e Giovanna Capitelli, que contribuíram para uma etapa essencial deste trabalho.

Agradeço a generosidade de Yuri Savaliev, Maria Isabel Baldasarre, Silvia Bignami, Luca Bocchichio, Angelo Trento, Paolo Barbaro, Matthew Coody e Michele Borgarts e o auxílio de todos os pesquisadores e funcionários das instituições em que pesquisei.

Sou grata à Fundação de Amparo à Pesquisa do Estado de São Paulo (Fapesp) pelas bolsas concedidas no Brasil e na Itália (processo n. 2013/08905-2 e 2014/14185-5), que permitiram a minha plena dedicação à pesquisa.

Sinto-me lisonjeada por ter sido contemplada com o prêmio 3 VEZES 22, da Biblioteca Brasiliana Guita e José Mindlin. Agradeço às Edições Sesc por me honrar com a coedição deste livro e a todos que trabalharam para que ele se concretizasse.

Aos amigos de jornada acadêmica, que são os que melhor compreendem as angústias e as alegrias de ser pesquisador no Brasil: Eduardo Polidori, Marina Cerchiaro, Marcelo Paiva, Pedro Nery, Carlos Lima Junior, Tatiana Vasconcelos e Thaís Waldman. Aos amigos do coração, Andrea Nakamura, Marcio Noguchi, Paula Mello, Sandra Fogaça, Felipe Kerche, Mariana Marangoni, Karen Yuri, Renata Freitas, Juliana Mantovani, Amanda Prado e Adriana Palma.

À minha família devo eterno agradecimento. Meu pai, José Luiz, que despertou meu gosto pela leitura e pelo conhecimento. Minha mãe, Arlete, por me dar o suporte emocional necessário para enfrentar os desafios. Minha irmã, Lilian, por me ouvir em momentos difíceis e mostrar que as dificuldades nos fazem crescer. Doralice e Toninho, por me acolherem como filha e comemorarem comigo cada conquista.

Ao João Lucas, nenhuma palavra será suficiente para demonstrar meu agradecimento. Foi quem esteve ao meu lado em cada passo, cada texto, cada foto, cada comunicação, cada obstáculo e cada conquista, sempre me fortalecendo e me incentivando. Certamente o caminho seria muito mais árduo sem o conforto dos seus braços, sem suas palavras de encorajamento e sem sua paciência infinita. Muito obrigada por compreender minha tão constante ausência e por me estimular a ir cada vez mais longe. Com você e, agora, com a nossa "misturinha", sinto-me confiante para os próximos desafios.

Sobre a autora

Michelli Cristine Scapol Monteiro é curadora-adjunta e pesquisadora de pós-doutorado no Museu do Ipiranga da USP, financiada pela Fapesp. Bacharel (2009) e licenciada (2010) em História pela FFLCH-USP, mestre (2012) e doutora (2017) em História e Fundamentos da Arquitetura pela FAUUSP. Realizou dois estágios de pesquisa na Itália (2015 e 2020), na Università degli Studi Roma Tre, financiados pela Fapesp. Desenvolve pesquisa sobre representações visuais e construção de imaginários simbólicos, com ênfase em pintura histórica e monumentos públicos. Atua principalmente nos seguintes temas: museus, história cultural, história urbana, história da arquitetura no Brasil e patrimônio cultural.

Formato	17 x 26 cm
Tipologia	Spectral
	Suisse Int'l
Papel	Color plus Porto Seguro 240 g/m²
	Pólen natural 70 g/m²
Impressão e acabamento	Gráfica e Editora Pifferprint Ltda.
Data	Março de 2023

MISTO
Papel | Apoiando o manejo
florestal responsável
FSC® C044162